ALLAN KARDEC

O EVANGELHO
SEGUNDO
O ESPIRITISMO

Explicação e tradução de
J. Herculano Pires

OBRAS DE ALLAN KARDEC

1. O Livro dos Espíritos (18/4/1857)
2. O que é o Espiritismo (1859)
3. O Livro dos Médiuns (Janeiro/1861)
4. O Evangelho Segundo o Espiritismo (1864)
5. O Céu e o Inferno ou a Justiça Divina Segundo o Espiritismo (01/08/1865)
6. A Gênese, os Milagres e as Predições Segundo o Espiritismo (Janeiro/1868)
7. Obras Póstumas (1890)
8. Revista Espírita (de 1858 a 1869)

ALLAN KARDEC

O EVANGELHO
SEGUNDO
O ESPIRITISMO

Contendo: a explicação das máximas morais do Cristo, sua concordância com o Espiritismo e sua aplicação às diversas situações da vida.

"Fé inabalável é somente aquela que pode encarar a razão, face a face, em todas as épocas da humanidade".

Explicação e tradução de
J. HERCULANO PIRES

LAKE - Livraria Allan Kardec Editora (Instituição Filantrópica)
Rua do Lucas, 84 e 86 - Brás - CEP 03005-000
Tel.: (011) 3229-1227 e WhatsApp (11) 98275-0156
São Paulo - Brasil

101ª Edição - Do 2057º ao 2066º milheiro
Outubro de 2022
Nota: A LAKE é uma entidade sem fins lucrativos, cuja diretoria não possui remuneração.
Capa: Celso Zonatto
Registro: Nº 19.989 da Secção de Direitos Autorais da Biblioteca Nacional, do M.E.C.
Traduzido do original francês *"L'Evangile selon le spiritisme"* (1864)

LAKE - Livraria Allan Kardec Editora
        (Instituição Filantrópica)
Rua do Lucas, 84 e 86 – Brás – CEP 03005-000
Fones: (011) 3229-1227 e WhatsApp (11) 98275-0156
São Paulo – Brasil
e-mail: lakelivraria@uol.com.br e editoralake@gmail.com
http://www.lake.org.br

C.N.P.J.: 00.351.779/0001-90   I.E.: 114.216.289.118
Fundada em 30/10/1936

Dados Internacionais de Catalogação na Publicação (CIP)
(Câmara Brasileira do Livro, SP, Brasil)

Kardec, Allan; 1804 - 1869

O Evangelho Segundo o Espiritismo: Contendo a explicação das máximas de Jesus Cristo, sua concordância com o Espiritismo e sua aplicação às diversas situações da vida.
Allan Kardec: tradução de J. Herculano Pires 101ª edição
São Paulo - LAKE, 2022.
1. Espiritismo - I. Pires, J. Herculano, 1914-1979 - II. Título

95-1875   CDD-133.9

Índices para Catálogo Sistemático:

1. Espiritismo   133.9
2. Evangelho: Exegese Espírita   133.9

ÍNDICE

Explicação.. 9

Prefácio... 11

Introdução: Objetivo desta obra. Autoridade da doutrina espírita. Controle universal do ensino dos Espíritos. Notícias históricas. Sócrates e Platão, precursores da doutrina cristã e do Espiritismo.. 13

Capítulo I. *Não vim destruir a lei:* As três revelações: Moisés, Cristo, o Espiritismo. Aliança da ciência com a religião. *Instruções dos Espíritos:* A nova era.................................. 37

Capítulo II. *Meu reino não é deste mundo:* A vida futura. A realeza de Jesus. O ponto de vista. *Instruções dos Espíritos:* Uma realeza terrena.. 46

Capítulo III. *Há muitas moradas na casa de meu Pai:* Diferentes estados da alma na erraticidade. Diversas categorias de mundos habitados. Destino da Terra e causas das misérias humanas. *Instruções dos Espíritos:* Mundos superiores e inferiores. Mundos de expiações e de provas. Mundos regeneradores. Progressão dos mundos............................ 52

Capítulo IV. *Ninguém pode ver o Reino de Deus, se não nascer de novo:* Ressurreição e reencarnação. Os laços de família são fortalecidos pela reencarnação e rompidos pela unicidade de existência. *Instruções dos Espíritos:* Limites da encarnação. A necessidade da encarnação............................ 62

Capítulo V. *Bem-aventurados os aflitos:* Justiça das aflições. Causas atuais das aflições. Causas anteriores das aflições. Esquecimento do passado. Motivos de resignação. O suicídio e a loucura. *Instruções dos Espíritos* : Bem sofrer e mal sofrer. O mal e o remédio. A felicidade não é deste mundo. Perda de pessoas amadas e mortes prematuras. Um homem de bem teria morrido. Os tormentos voluntários. A verdadeira desgraça. A melancolia. Provas voluntárias e verdadeiro cilício... 74

Capítulo VI. *O Cristo Consolador* : O jugo leve. Consolador prometido. *Instruções dos Espíritos:* Advento do Espírito de Verdade.. 100

Capítulo VII. *Bem-aventurados os pobres de espírito:* O que se deve entender por pobres de espírito. Quem se elevar será rebaixado. Mistérios ocultos aos sábios e prudentes. *Instruções dos Espíritos:* O orgulho e a humildade. Missão do homem inteligente na Terra 105

Capítulo VIII. *Bem-aventurados os puros de coração*: Deixai vir a mim os pequeninos. Pecado por pensamento e adultério. Verdadeira pureza e mãos não lavadas. Escândalos: cortar a mão. *Instruções dos Espíritos:* Deixai vir a mim os pequeninos. Bem-aventurados os que têm os olhos fechados 116

Capítulo IX. *Bem-aventurados os mansos e pacíficos:* Injúrias e violências. *Instruções dos Espíritos*: A afabilidade e a doçura. A paciência. Obediência e resignação. A cólera. 127

Capítulo X. *Bem-aventurados os misericordiosos:* Perdoai para que Deus vos perdoe. Reconciliar-se com os adversários. O sacrifício mais agradável a Deus. O argueiro e a trave no olho. Não julgueis para não serdes julgados. Aquele que estiver sem pecado atire a primeira pedra. *Instruções dos Espíritos:* Perdão das ofensas. A indulgência. É permitido repreender os outros? 133

Capítulo XI. *Amar o próximo como a si mesmo:* O maior mandamento. Dai a César o que é de César. *Instruções dos Espíritos:* A lei de amor. O egoísmo. A fé e a caridade. Caridade com os criminosos 145

Capítulo XII. *Amai os vossos inimigos:* Pagar o mal com o bem. Os inimigos desencarnados. Se alguém te ferir na face direita. *Instruções dos Espíritos*: A vingança. O ódio. O duelo 157

Capítulo XIII. *Que a mão esquerda não saiba o que faz a direita.* Fazer o bem sem ostentação. Os infortúnios ocultos. O óbolo da viúva. Convidar os pobres e estropiados. *Instruções dos Espíritos*: A caridade material e a caridade moral. A beneficência. A piedade. Os órfãos 169

Capítulo XIV. *Honra a teu pai e a tua mãe:* Piedade filial. Quem é minha mãe e quem são meus irmãos? Parentescos corporal e espiritual. *Instruções dos Espíritos*: A ingratidão dos filhos e os laços de família 188

Capítulo XV. *Fora da caridade não há salvação:* O necessário para salvar-se. O bom samaritano. O maior mandamento. A caridade segundo São Paulo. Fora da Igreja não há salvação. Fora da verdade não há salvação. *Instruções dos Espíritos*: Fora da caridade não há salvação 197

Capítulo XVI. *Servir a Deus e a Mamon:* Salvação dos ricos. Guardai-vos da avareza. Jesus em casa de Zaqueu. Parábola do mau rico. Parábola dos talentos. Utilidade providencial da fortuna. Desigualdade das riquezas. *Instruções dos Espíritos:* A verdadeira propriedade. Emprego da fortuna. Desprendimento dos bens terrenos 204

Capítulo XVII. *Sede perfeitos*: Caracteres da perfeição. O homem de bem. Os bons espíritas. Parábola do semeador. *Instruções dos Espíritos*: O dever. A virtude. Superiores e inferiores. O homem no mundo. Cuidar do corpo e do espírito 220

Capítulo XVIII. *Muitos os chamados e poucos os escolhidos:* Parábola da festa de núpcias. A porta estreita. Os que dizem: Senhor! Senhor! A quem muito foi dado, muito será pedido. *Instruções dos Espíritos:* Ao que tem se lhe dará. Reconhece-se o cristão pelas suas obras 233

Capítulo XIX. *A fé que transporta montanhas:* Poder da fé. A fé religiosa. Condição da fé inabalável. Parábola da figueira seca. *Instruções dos Espíritos:* Fé, mãe da esperança e da caridade. A fé divina e a fé humana 243

Capítulo XX. *Trabalhadores da última hora: Instruções dos Espíritos:* Os últimos serão os primeiros. Missão dos espíritas. Os Obreiros do Senhor 250

Capítulo XXI. *Falsos Cristos e Falsos Profetas:* Conhece-se a árvore pelos frutos. Prodígios dos falsos profetas. Não acrediteis em todos os Espíritos. *Instruções dos Espíritos:* Os falsos profetas. Caracteres do verdadeiro profeta. Os falsos profetas da erraticidade. Jeremias e os falsos profetas 256

CAPÍTULO XXII. *Não separar o que Deus juntou:* Indissolubilidade do casamento. O divórcio 267

CAPÍTULO XXIII. *Moral estranha:* Aborrecer pai e mãe. Abandonar pai, mãe e filhos. Deixai os mortos enterrar os seus mortos. Não vim trazer a paz, mas a espada 271

CAPÍTULO XXIV. *Não por a candeia debaixo do alqueire:* A candeia debaixo do alqueire. Porque fala Jesus por parábolas. Não ir aos gentios. Os sãos não precisam de médico. A coragem da fé. Carregar a cruz. Quem quiser salvar a vida 280

CAPÍTULO XXV. *Buscai e achareis.* Ajuda-te, e o céu te ajudará. Olhai as aves do céu. Não vos canseis pelo ouro 288

CAPÍTULO XXVI. *Dar de graça o que de graça receber:* Dom de curar. Preces pagas. Vendilhões expulsos do templo. Mediunidade gratuita 294

CAPÍTULO XXVII. *Pedi e obtereis:* Condições da prece. Eficácia da prece. Ação da prece. Transmissão do pensamento. Preces inteligíveis. Da Prece pelos mortos e pelos espíritos sofredores. *Instruções dos Espíritos:* Modo de orar. Ventura da prece 299

CAPÍTULO XXVIII. Coletânea de preces espíritas.

    Preâmbulo 312
    I. Preces gerais 313
    II. Preces pessoais 322
    III. Preces pelos outros 333
    IV. Preces pelos Espíritos 339
    V. Preces pelos doentes e os obsedados 348

Nota Explicativa 355

EXPLICAÇÃO

Este livro foi publicado, inicialmente, com o título de **Imitação do Evangelho**. Kardec explica o seguinte: *"Mais tarde, por força das observações reiteradas do Sr. Didier e de outras pessoas, mudei-o para "O Evangelho Segundo o Espiritismo".* Trata-se do desenvolvimento dos tópicos religiosos de **O Livro dos Espíritos**, e representa um manual de aplicação moral do Espiritismo.

A 9 de agosto de 1863, Kardec recebeu uma comunicação dos seus Guias, sobre a elaboração deste livro. A comunicação assinalava o seguinte: "Esse livro de doutrina terá influência considerável, porque explana questões de interesse capital. Não somente o mundo religioso encontrará nele as máximas de que necessita, como as nações, em sua vida prática, dele haurirão instruções excelentes. Fizeste bem ao enfrentar as questões de elevada moral prática, do ponto de vista dos interesses gerais, dos interesses sociais e dos interesses religiosos".

Em comunicação posterior, a 14 de setembro de 1863, declaravam os Guias de Kardec: "Nossa ação, principalmente a do Espírito da Verdade, é constante ao teu redor, e de tal maneira, que não a podes negar. Assim, não entrarei em detalhes desnecessários, sobre o plano da tua obra, que, segundo os meus conselhos ocultos, modificaste tão ampla e completamente". E logo adiante acentuavam: "Com esta obra, o edifício começa a libertar-se dos andaimes, e já podemos ver-lhe a cúpula a desenhar-se no horizonte".

Estas comunicações, cuja leitura completa pode ser feita em **Obras Póstumas**, revelam-nos a importância fundamental de **O Evan-**

gelho Segundo o Espiritismo, na Codificação Kardeciana. Enquanto **O Livro dos Espíritos** nos apresenta a Filosofia Espírita em sua inteireza e **O Livro dos Médiuns** a Ciência Espírita em seu desenvolvimento, este livro nos oferece a base e o roteiro da Religião Espírita.

Livro de cabeceira, de leitura diária obrigatória, de leitura preparatória de reuniões doutrinárias, deve ser encarado também como livro de estudo, para melhor compreensão da Doutrina. A comunicação do Espírito da Verdade, colocada como prefácio, deve ser lida atentamente pelos estudiosos, pois cada uma de suas frases tem um sentido mais profundo do que parece à primeira leitura.

A Introdução e o Capítulo I constituem verdadeiro estudo sobre a natureza, o sentido e a finalidade do Espiritismo. Devem ser estudados atenciosamente, e não apenas lidos. Formam uma peça de grande valor para a verdadeira compreensão da Doutrina.

J. Herculano Pires

PREFÁCIO

Os Espíritos do Senhor, que são as virtudes dos céus, como um imenso exército que se movimenta, ao receber a ordem de comando, espalham-se sobre toda a face da Terra. Semelhantes a estrelas cadentes, vêm iluminar o caminho e abrir os olhos aos cegos.

Eu vos digo, em verdade, que são chegados os tempos em que todas as coisas devem ser restabelecidas no seu verdadeiro sentido, para dissipar as trevas, confundir os orgulhosos e glorificar os justos.

As grandes vozes do céu ressoam como o toque da trombeta, e os coros dos anjos se reúnem. Homens, nós vos convidamos ao divino concerto: que vossas mãos tomem a lira, que vossas vozes se unam e, num hino sagrado, se estendam e vibrem, de um extremo do Universo ao outro.

Homens, irmãos amados, estamos juntos de vós. Amai-vos também uns aos outros e dizei, do fundo de vosso coração, fazendo a vontade do Pai que está no Céu: "Senhor! Senhor!" e podereis entrar no Reino dos Céus.

O Espírito da Verdade

Nota – A instrução acima, transmitida por via mediúnica, resume ao mesmo tempo o verdadeiro caráter do Espiritismo e o objetivo desta obra. Por isso, foi aqui colocada como prefácio.

INTRODUÇÃO

I – OBJETIVO DESTA OBRA

Podemos dividir as matérias contidas nos Evangelhos em cinco partes:

1) *Os atos comuns da vida do Cristo;*
2) *Os milagres;*
3) *As profecias;*
4) *As palavras que serviram para o estabelecimento dos dogmas da Igreja;*
5) *O ensino moral.*

Se as quatro primeiras partes têm sido objeto de discussões, a última permanece inatacável. Diante desse código divino, a própria incredulidade se curva. É o terreno em que todos os cultos podem encontrar-se, a bandeira sob a qual todos podem abrigar-se, por mais diferentes que sejam as suas crenças. Porque nunca foi objeto de disputas religiosas, sempre e por toda parte provocadas pelos dogmas. Se o discutissem, as seitas teriam, aliás, encontrado nele a sua própria condenação, porque a maioria delas se apegaram mais à parte mística do que à parte moral, que exige a reforma de cada um. Para os homens, em particular, é uma regra de conduta, que abrange todas as circunstâncias da vida privada e pública, o princípio de todas as relações sociais fundadas na mais rigorosa justiça. É, por fim, e acima de tudo, o caminho infalível da felicidade a conquistar, uma ponta do véu erguida sobre a vida futura. É essa parte que constitui o objeto exclusivo desta obra.

Todo o mundo admira a moral evangélica; todos proclamam a sua sublimidade e a sua necessidade; mas muitos o fazem confiando naquilo que ouviram, ou apoiados em algumas máximas que se tornaram proverbiais, pois poucos a conhecem a fundo, e menos ainda a compreendem e sabem tirar-lhe as consequências. A razão disso está, em grande parte, nas dificuldades apresentadas pela leitura do Evangelho, ininteligível para a maioria. A forma alegórica, o misticismo intencional da linguagem, fazem que a maioria o leiam por desencargo de consciência e por obrigação, como leem as preces sem as compreender, o que vale dizer sem proveito. Os preceitos de moral, espalhados no texto, misturados com as narrativas, passam despercebidos. Torna-se impossível apreender o conjunto e fazê--los objeto de leitura e meditação separadas.

Fizeram-se, é verdade, tratados de moral evangélica, mas a adaptação ao estilo literário moderno tira-lhe a ingenuidade primitiva, que lhe dá, ao mesmo tempo, encanto e autenticidade. Acontece o mesmo com as máximas destacadas, reduzidas à mais simples expressão proverbial, que não passam então de aforismos, perdendo uma parte de seu valor e de seu interesse, pela falta dos acessórios e das circunstâncias em que foram dadas.

Para evitar esses inconvenientes, reunimos nesta obra os trechos que podem constituir, propriamente falando, um código de moral universal, sem distinção de cultos. Nas citações, conservamos tudo o que era de utilidade ao desenvolvimento do pensamento, suprimindo apenas as coisas estranhas ao assunto. Além disso, respeitamos escrupulosamente a tradução original de Sacy, assim como a divisão por versículos. Mas, em vez de nos prendermos a uma ordem cronológica impossível, e sem vantagem real em semelhante assunto, as máximas foram agrupadas e distribuídas metodicamente segundo a sua natureza, de maneira a que umas se deduzam das outras, tanto quanto possível. A indicação dos números de ordem dos capítulos e dos versículos permite recorrer à classificação comum, caso se julgue conveniente.

Esse seria apenas um trabalho material, que por si só não teria mais do que uma utilidade secundária. O essencial era pô--lo ao alcance de todos, pela explicação das passagens obscuras e o desenvolvimento de todas as suas consequências, com vistas à aplicação às diferentes situações da vida. Foi o que procuramos fazer, com ajuda dos bons Espíritos que nos assistem.

Muitas passagens do Evangelho, da Bíblia, e dos autores sagrados em geral são ininteligíveis, e muitas mesmo parecem absurdas, por falta de uma chave que nos dê o seu verdadeiro sentido. Essa chave está inteirinha no Espiritismo, como já se convenceram os que estudaram seriamente a doutrina, e como ainda melhor se reconhecerá mais tarde. O Espiritismo se encontra por toda parte, na Antiguidade, e em todas as épocas da humanidade. Em tudo encontramos os seus traços, nos escritos, nas crenças e nos monumentos, e é por isso que, se ele abre novos horizontes para o futuro, lança também uma viva luz sobre os mistérios do passado.

Como complemento de cada preceito, damos algumas instruções, escolhidas entre as que foram ditadas pelos Espíritos em diversos países, através de diferentes médiuns. Se essas instruções tivessem surgido de uma fonte única, poderiam ter sofrido uma influência pessoal ou do meio, enquanto diversidade de origens prova que os Espíritos dão os seus ensinamentos por toda parte, e que não há ninguém privilegiado a esse respeito[1].

Esta obra é para o uso de todos; cada qual pode dela tirar os meios de conformar sua conduta à moral do Cristo. Os espíritas nela encontrarão, além disso, as aplicações que lhes concernem mais especialmente. Graças às comunicações estabelecidas, de agora em diante, de maneira permanente, entre os homens e o mundo invisível, a lei evangélica, ensinada a todas as nações pelos próprios espíritos, não será mais letra morta, porque cada qual a compreenderá, e será incessantemente solicitado a pô-la em prática, pelos conselhos de seus guias espirituais. As instruções dos Espíritos são verdadeiramente as *vozes do céu* que vêm esclarecer os homens e convidá-los *à prática do Evangelho*.

---

(1) Poderíamos dar, sem dúvida, sobre cada assunto, maior número de comunicações obtidas numa multidão de outras cidades e centros espíritas, além dos que citamos. Mas quisemos, antes de tudo, evitar a monotonia das repetições inúteis, e limitar a nossa escolha às que, por seu fundo e por sua forma, cabem mais especialmente no quadro desta obra, reservando para publicações posteriores as que não entraram aqui. Quanto aos médiuns, deixamos de citá-los. Na maioria, em virtude de seus próprios pedidos, e depois, porque não convinha fazer exceções. Os nomes dos médiuns não acrescentariam, aliás, nenhum valor à obra dos Espíritos. Sua citação seria apenas uma satisfação do amor-próprio, pela qual os médiuns verdadeiramente sérios não se interessam. Eles compreendem que, sendo puramente passivo seu papel, o valor das comunicações não aumenta em nada o seu mérito pessoal, e que seria pueril envaidecerem-se de um trabalho intelectual a que prestam apenas o seu concurso mecânico.

II – AUTORIDADE DA DOUTRINA ESPÍRITA
Controle Universal do Ensino dos Espíritos

Se a doutrina espírita fosse uma concepção puramente humana, não teria como garantia senão as luzes daquele que a tivesse concebido. Ora, ninguém neste mundo poderia ter a pretensão de possuir, sozinho, a verdade absoluta. Se os Espíritos que a revelaram se houvessem manifestado a apenas um homem, nada lhe garantiria a origem, pois seria necessário crer sob palavra no que dissesse haver recebido os seus ensinos. Admitindo-se absoluta sinceridade de sua parte, poderia no máximo convencer as pessoas do seu meio, e poderia fazer sectários, mas não chegaria nunca a reunir a todos.

Deus quis que a nova revelação chegasse aos homens por meio mais rápido e mais autêntico. Eis porque encarregou os Espíritos de a levarem de um polo ao outro, manifestando-se por toda parte, sem dar a ninguém o privilégio exclusivo de ouvir a sua palavra. Um homem pode ser enganado e pode enganar-se a si mesmo, mas não aconteceria assim, quando milhões veem e ouvem a mesma coisa: isto é uma garantia para cada um e para todos. Demais, pode fazer-se desaparecer um homem, mas não se faz desaparecerem as massas; podem-se queimar livros, mas não se podem queimar Espíritos. Ora, queimem-se todos os livros, e a fonte da doutrina não será menos inesgotável, porque não se encontra na Terra, surge de toda parte e cada um pode captá-la. Se faltarem homens para a propagar, haverá sempre os Espíritos, que atingem a todos e que ninguém pode atingir.

São realmente os próprios Espíritos que fazem a propaganda, com a ajuda de inumeráveis médiuns, que eles despertam por toda parte. Se houvesse um intérprete único, por mais favorecido que esse fosse, o Espiritismo estaria apenas conhecido. Esse intérprete, por sua vez, qualquer que fosse a sua categoria, provocaria a prevenção de muitos; não seria aceito por todas as nações. Os Espíritos, entretanto, comunicando-se por toda parte, a todos os povos, a todas as seitas e a todos os partidos, são aceitos por todos. O Espiritismo não tem nacionalidade, independe de todos os cultos particulares, não é imposto por nenhuma classe social, visto que cada um pode receber instruções de seus parentes e amigos de além-túmulo. Era necessário que assim fosse, para que ele pudesse conclamar todos os homens à fraternidade, pois se não se colocasse em terreno neutro, teria mantido as dissenções, em lugar de apaziguá-las.

Esta universalidade do ensino dos Espíritos faz a força do Espiritismo, e é ao mesmo tempo a causa de sua tão rápida propagação. Enquanto a voz de um só homem, mesmo com o auxílio da imprensa, necessitaria de séculos para chegar aos ouvidos de todos, eis que milhares de vozes se fazem ouvir simultaneamente, em todos os pontos da Terra, para proclamar os mesmos princípios e os transmitir aos mais ignorantes e aos mais sábios, a fim de que ninguém seja deserdado. É uma vantagem de que não pode gozar nenhuma das doutrinas aparecidas até hoje. Se, portanto, o Espiritismo é uma verdade, ele não teme nem a má vontade dos homens, nem as revoluções morais, nem as transformações físicas do globo, porque nenhuma dessas coisas pode atingir os Espíritos.

Mas não é esta a única vantagem que resulta dessa posição excepcional. O Espiritismo ainda encontra nela uma poderosa garantia contra os cismas que poderiam ser suscitados, quer pela ambição de alguns, quer pelas contradições de certos Espíritos. Essas contradições são certamente um escolho, mas carregam em si mesmas o remédio ao lado do mal.

Sabe-se que os Espíritos, em consequência das suas diferenças de capacidade, estão longe de possuir individualmente toda a verdade; que não é dado a todos penetrar certos mistérios; que o seu saber é proporcional à sua depuração; que os Espíritos vulgares não sabem mais do que os homens; que há, entre eles, como entre estes, presunçosos e falsos sábios, que creem saber aquilo que não sabem; sistemáticos, que tomam suas próprias ideias pela verdade; enfim, que os Espíritos da ordem mais elevada, que são completamente desmaterializados, são os únicos libertos das ideias e das preocupações terrenas. Mas sabe-se também que os Espíritos embusteiros não têm escrúpulos para esconder-se atrás de nomes emprestados, a fim de fazerem aceitar suas utopias. Disso resulta que, para tudo o que está fora do ensino exclusivamente moral, as revelações que alguém possa obter são de caráter individual, sem autenticidade, e devem ser consideradas como opiniões pessoais deste ou daquele Espírito, sendo imprudência aceitá-las e propagá-las levianamente como verdades absolutas.

O primeiro controle é, sem contradita, o da razão, ao qual é necessário submeter, sem exceção, tudo o que vem dos Espíritos. Toda teoria em contradição manifesta com o bom senso, com uma lógica rigorosa, com os dados positivos que possuímos, por mais respeitável que seja o nome que a assine, deve ser rejeitada.

Mas esse controle é incompleto para muitos casos, em virtude da insuficiência de conhecimentos de certas pessoas, e da tendência de muitos, de tomarem seu próprio juízo por único árbitro da verdade. Em tais casos, que fazem os homens que não confiam absolutamente em si mesmos? Aconselham-se com os outros, e a opinião da maioria lhes serve de guia. Assim deve ser no tocante ao ensino dos Espíritos, que nos fornecem por si mesmos os meios de controle.

A concordância no ensino dos Espíritos é portanto o seu melhor controle, mas é ainda necessário que ela se verifique em certas condições. A menos segura de todas é quando um médium interroga por si mesmo numerosos Espíritos sobre uma questão duvidosa. É claro que, se ele está sob o império de uma obsessão, ou se tem relações com um Espírito embusteiro, este Espírito pode dizer-lhe a mesma coisa sob nomes diferentes. Não há garantia suficiente, da mesma maneira, na concordância que se possa obter pelos médiuns de um mesmo centro, porque eles podem sofrer a mesma influência.

A única garantia segura do ensino dos Espíritos está na concordância das revelações feitas espontaneamente, através de um grande número de médiuns, estranhos uns aos outros, e em diversos lugares.

Compreende-se que não se trata aqui de comunicações relativas a interesses secundários, mas das que se referem aos próprios princípios da doutrina. A experiência prova que, quando um novo princípio deve ser revelado, ele é ensinado *espontaneamente*, ao mesmo tempo, em diferentes lugares, e de maneira idêntica, senão na forma, pelo menos quanto ao fundo. Se, portanto, apraz a um Espírito formular um sistema excêntrico, baseado em suas próprias ideias e fora da verdade, pode-se estar certo de que esse sistema ficará *circunscrito*, e cairá diante da unanimidade das instruções dadas por toda parte, como já mostraram numerosos exemplos. É esta unanimidade que tem posto abaixo todos os sistemas parciais surgidos na origem do Espiritismo, quando cada qual explicava os fenômenos a seu modo, antes que se conhecessem as leis que regem as relações do mundo visível com o mundo invisível.

Esta é a base em que nos apoiamos, para formular um princípio da doutrina. Não é por concordar ele com as nossas ideias, que o damos como verdadeiro. Não nos colocamos, absolutamente, como árbitro supremo da verdade, e não dizemos a ninguém: "Crede em tal coisa, porque nós vo-la dizemos".

Nossa opinião não é, aos nossos próprios olhos, mais do que uma opinião pessoal, que pode ser justa ou falsa, porque não somos mais infalíveis do que os outros. E não é também porque um princípio nos foi ensinado que o consideramos verdadeiro, mas porque ele recebeu a sanção da concordância.

Na nossa posição, recebendo as comunicações de cerca de mil centros espíritas sérios, espalhados pelos mais diversos pontos do globo, estamos em condições de ver quais os princípios sobre que essa concordância se estabelece. É esta observação que nos tem guiado até hoje, e é igualmente ela que nos guiará, através dos novos campos que o Espiritismo está convocado a explorar. É assim que, estudando atentamente as comunicações recebidas de diversos lugares, tanto da França como do exterior, reconhecemos, pela natureza toda especial das revelações, que há uma tendência para entrar numa nova via, e que chegou o momento de se dar um passo à frente. Essas revelações, formuladas às vezes com palavras veladas, passaram quase sempre despercebidas para muitos daqueles que as obtiveram, e muitos outros acreditaram tê-las recebido sozinhos. Tomadas isoladamente, elas seriam para nós sem valor; somente a coincidência lhes confere gravidade. Depois, quando chega o momento de publicá-las, cada um se lembrará de haver recebido instruções no mesmo sentido. É esse o movimento geral que observamos e estudamos, com a assistência dos nossos guias espirituais, e que nos ajuda a avaliar a oportunidade de fazermos uma coisa ou de nos abstermos.

Esse controle universal é uma garantia para a unidade futura do Espiritismo, e anulará todas as teorias contraditórias. É nele que, no futuro, se procurará o *criterium* da verdade. O que determinou o sucesso da doutrina formulada no O Livro dos Espíritos e no O Livro dos Médiuns, foi que, por toda parte, cada qual pode receber, diretamente dos Espíritos, a confirmação do que eles afirmavam. Se, de todas as partes, os Espíritos os contradissessem, esses livros teriam, após tão longo tempo, sofrido a sorte de todas as concepções fantásticas. O apoio mesmo da imprensa não os teria salvo do naufrágio, enquanto que, privados desse apoio, não deixaram de fazer rapidamente o seu caminho, porque tiveram o dos Espíritos, cuja boa vontade compensou, com vantagem, a má vontade dos homens. Assim acontecerá com todas as ideias emanadas dos Espíritos ou dos homens, que puderem suportar a prova desse controle, cujo poder ninguém pode contestar.

Suponhamos, portanto, que alguns Espíritos queiram ditar, com qualquer título, um livro de sentido contrário; suponhamos mesmo que com intenção hostil, e com o fim de desacreditar a doutrina, a malevolência suscitasse comunicações apócrifas. Que influência poderiam ter esses escritos, se eles são desmentidos de todos os lados pelos Espíritos? É da adesão desses últimos que se precisa assegurar, antes de lançar um sistema em seu nome. Do sistema de um só, ao sistema de todos, há a distância da unidade ao infinito. Que podem, mesmo, todos os argumentos dos detratores contra a opinião das massas, quando milhões de vozes amigas, vindas do espaço, chegam de todas as partes do Universo, e no seio de cada família os repelem vivamente? A experiência já não confirmou a teoria, no tocante a este assunto? Que foi feito de todas essas publicações que deviam, segundo afirmavam, destruir o Espiritismo? Qual delas conseguiu, pelo menos, deter-lhe a marcha? Até hoje não se havia considerado a questão desse ponto de vista, sem dúvida um dos mais graves? Cada um contou consigo mesmo, sem contar com os Espíritos.

O princípio da concordância é ainda uma garantia contra as alterações que, em proveito próprio, pretendessem introduzir no Espiritismo as seitas que dele quisessem apoderar-se, acomodando-o à sua maneira. Quem quer que tentasse fazê-lo desviar de seu fim providencial fracassaria, pela bem simples razão de que os Espíritos, através da universalidade dos seus ensinos, farão cair toda modificação que se afaste da verdade.

Resulta de tudo isto uma verdade capital: é que quem desejasse atravessar-se na corrente de ideias estabelecida e sancionada, poderia provocar uma pequena perturbação local e momentânea, mas jamais dominar o conjunto, mesmo no presente, quanto menos no futuro.

E resulta mais, que as instruções dadas pelos Espíritos, sobre os pontos da doutrina ainda não esclarecidos, não teriam força de lei, enquanto permanecessem isoladas, só devendo, por conseguinte, ser aceita sob todas as reservas, a título de informações.

Daí a necessidade da maior prudência na sua publicação, e no caso de julgar-se que devem ser publicadas, só devem ser apresentadas como opiniões individuais, mais ou menos prováveis, mas tendo, em todo o caso, necessidade de confirmação. É esta confirmação que se deve esperar, antes de apresentar um princípio como verdade absoluta, se não se quiser ser acusado de leviandade ou de credulidade irrefletida.

Os Espíritos Superiores procedem, nas suas revelações, com extrema prudência. Só abordam as grandes questões da doutrina de maneira gradual, à medida que a inteligência se torna apta a compreender as verdades de uma ordem mais elevada, e que as circunstâncias são propícias para a emissão de uma ideia nova. Eis porque, desde o começo, eles não disseram tudo, e nem o disseram até agora, não cedendo jamais à impaciência de pessoas muito apressadas, que desejam colher os frutos antes de amadurecerem. Seria, pois, inútil, querer antecipar o tempo marcado pela Providência para cada coisa, porque então os Espíritos verdadeiramente sérios recusam-se positivamente a ajudar. Os Espíritos levianos, porém, pouco se incomodando com a verdade, a tudo respondem. É por essa razão que, sobre todas as questões prematuras, há sempre respostas contraditórias.

Os princípios acima não são o resultado de uma teoria pessoal, mas a forçosa consequência das condições em que os Espíritos se manifestam. É evidente que, se um Espírito diz uma coisa num lugar, enquanto milhões dizem o contrário por toda parte, a presunção de verdade não pode estar com aquele que ficou só, e nem aproximar-se da sua opinião, pois pretender que um só tenha razão, contra todos, seria tão ilógico de parte de um Espírito como de parte dos homens. Os Espíritos verdadeiramente sábios, quando não se sentem suficientemente esclarecidos sobre uma questão, não a resolvem jamais de maneira absoluta. Declaram tratar do assunto de acordo com a sua opinião pessoal, e aconselham esperar-se a confirmação.

Por maior, mais bela e justa que seja uma ideia, é impossível que reúna, desde o princípio, todas as opiniões. Os conflitos que dela resultam são a consequência inevitável do movimento que se processa, e são mesmo necessários, para melhor fazer ressaltar a verdade. É também útil que eles surjam no começo, para que as ideias falsas sejam mais rapidamente desgastadas. Os espíritas que revelam alguns temores devem ficar tranquilos. Todas as pretensões isoladas cairão, pela força mesma das coisas, diante do grande e poderoso *criterium* do controle universal.

Não será pela opinião de um homem que se produzirá a união, mas pela unanimidade da voz dos Espíritos. Não será um homem, *e muito menos nós que qualquer outro*, que fundará a ortodoxia espírita. Nem será tampouco um Espírito, vindo impor-se a quem quer que seja. É a universalidade dos Espíritos, comunicando-se sobre toda a Terra, por ordem de Deus. Este é o caráter essencial da doutrina espírita, nisto está a sua força e a sua autoridade. Deus quis que a sua lei fosse assentada sobre uma base inabalável, e foi por isso que não a fez repousar sobre a cabeça frágil de um só.

É diante desse poderoso areópago, que nem conhece o conluio, nem as rivalidades ciumentas, nem o sectarismo, nem as divisões nacionais, que virão quebrar-se todas as oposições, todas as ambições, todas as pretensões à supremacia individual, *que nós quebraríamos nós mesmos, se quiséssemos substituir esses decretos soberanos por nossas próprias ideias*. Será ele somente que resolverá todas as questões litigiosas, que fará calar as dissidências e dará falta ou razão a quem de direito. Diante desse grandioso acordo de todas as *vozes do céu*, que pode a opinião de um homem ou de um Espírito? Menos que uma gota d'água que se perde no oceano, menos que a voz de uma criança abafada pela tempestade.

A opinião universal, eis portanto o juiz supremo, aquele que pronuncia em última instância. Ela se forma de todas as opiniões individuais. Se uma delas é verdadeira, tem na balança o seu peso relativo; se uma é falsa, não pode sobrepujar as outras. Nesse imenso concurso, as individualidades desaparecem, e eis aí um novo revés para o orgulho humano.

Esse conjunto harmonioso já se esboça; portanto, este século não passará antes que ele brilhe em todo o seu esplendor, de maneira a resolver todas as incertezas; porque daqui para diante vozes poderosas terão recebido a missão de se fazerem ouvir, para reunir os homens sob a mesma bandeira, uma vez que o campo esteja suficientemente preparado. Enquanto isso, aquele que flutuar entre dois sistemas opostos poderá observar em que sentido se forma a opinião geral: é o indício seguro do sentido em que se pronuncia a maioria dos Espíritos, dos diversos pontos sobre os quais se comunicam; é um sinal não menos seguro de qual dos dois sistemas predominará.

III – NOTÍCIAS HISTÓRICAS

Para bem compreender certas passagens dos Evangelhos, é necessário conhecer o valor de muitas palavras que são frequentemente empregadas nos textos, e que caracterizam o estado dos costumes e da sociedade judia naquela época. Essas palavras, não tendo para nós o mesmo sentido, foram quase sempre mal interpretadas, gerando algumas incertezas. A compreensão da sua significação explica também o verdadeiro sentido de certas máximas, que à primeira vista parecem estranhas.

SAMARITANOS – Após o cisma das dez tribos, Samaria tornou-se a capital do reino dissidente de Israel. Destruída e reconstruída numerosas vezes, ela foi, sob o domínio romano, sede administrativa da Samaria, uma das quatro divisões da Palestina. Herodes, chamado o Grande, a embelezou com suntuosos monumentos, e para agradar Augusto, deu-lhe o nome de Augusta, em grego *Sebaste*.

Os samaritanos estiveram quase sempre em guerra com os reis de Judá. Uma aversão profunda, datando da época da separação, perpetuou-se entre os dois povos, que se esquivavam a todas as formas de relações recíprocas. Os samaritanos, para tornarem a cisão mais profunda e não terem de ir a Jerusalém, para a celebração das festas religiosas, construíram um templo próprio e adotaram certas reformas: admitiam somente o Pentateuco, que contém a lei de Moisés, e rejeitavam todos os livros que lhe haviam sido posteriormente anexados. Seus livros sagrados eram escritos em caracteres hebraicos da mais alta Antiguidade. Para os judeus ortodoxos, eles eram heréticos, e por isso mesmo eram desprezados, anatematizados e perseguidos. O antagonismo das duas nações tinha, portanto, como único princípio, a divergência de opiniões religiosas, embora as suas crenças tivessem a mesma origem. Eles eram os protestantes da época.

Ainda hoje encontram-se samaritanos em algumas regiões do Oriente, particularmente em Naplusa e Jafa. Observam a lei de Moisés com maior rigor do que os outros judeus, e só se casam entre eles.

NAZARENOS – Nome dado, na antiga lei, aos judeus que faziam votos, por toda a vida ou por algum tempo, de conservar-se em pureza perfeita: adotavam a castidade, a abstinência de bebidas alcoólicas e não cortavam os cabelos. Sansão, Samuel e João Batista eram nazarenos. Mais tarde, os judeus deram esse nome aos primeiros cristãos, por alusão a Jesus de Nazaré.

Esse foi, também, o nome de uma seita herética dos primeiros séculos da era cristã, que, à semelhança dos ebionitas, dos quais adotara certos princípios, misturava práticas mosaicas aos dogmas cristãos. Essa seita desapareceu no quarto século.

PUBLICANOS – Eram assim chamados, na Roma antiga, os cavaleiros arrendatários das taxas públicas, encarregados da cobrança dos impostos e das rendas de toda espécie, fosse na própria Roma ou em outras partes do Império. Assemelhavam-se aos *fermier généraux* (arrendatários gerais) e aos *traitants* (contratantes) do antigo regime na França, e aos que ainda existem em algumas regiões. Os riscos a que estavam sujeitos faziam que se fechassem os olhos para o seu enriquecimento que, para muitos, eram produtos de cobranças e de lucros escandalosos. O nome de publicanos foi estendido mais tarde a todos os que lidavam com o dinheiro público e aos seus agentes subalternos. Hoje, a palavra é tomada em sentido pejorativo, para designar os negocistas e seus agentes pouco escrupulosos; às vezes dizemos: "ávido como publicano; rico como um publicano", referindo-nos a fortunas de má procedência.

Durante a dominação romana, foi o imposto o que os judeus mais dificilmente aceitaram, e o que mais causava irritações entre eles. Provocou numerosas revoltas e foi transformado numa questão religiosa, porque era considerado como contrário à lei. Chegou-se mesmo a formar um partido poderoso, que tinha por chefe um certo Judas, chamado o Gaulonita, que estabelecera como princípio o não pagamento do imposto. Os judeus tinham, portanto, horror ao imposto e, por consequência, a todos os que se encarregavam de arrecadá-lo. Esse o motivo de sua aversão pelos publicanos de todas as categorias, entre os quais podiam encontrar-se pessoas estimáveis, mas que, em virtude de suas funções, eram desprezadas, juntamente com as pessoas de suas relações, todas confundidas na mesma repulsa. Os judeus bem considerados julgavam comprometer-se, tendo relações íntimas com eles.

PEAGEIROS – Eram os cobradores inferiores, encarregados de receber a peagem (pagamento) para entrada nas cidades. Suas funções correspondiam mais ou menos a dos funcionários aduaneiros e dos cobradores de taxas sobre mercadorias. Sofriam também a reprovação aplicada aos publicanos em geral. É por essa razão que encontramos frequentemente no Evangelho o nome de publicano ligado à designação de gente de má vida. Essa qualificação não se referia aos dissolutos e aos vagabundos; era uma expressão de menosprezo, sinônimo de gente de má companhia, indigna de relações com gente de bem.

FARISEUS – (Do hebraico: *parasch*, divisão, separação). – A tradição constituía parte importante da teologia judaica. Consistia na reunião das interpretações sucessivas dadas aos trechos das escrituras, que se haviam transformado em artigos de dogma. Isso era, entre os doutores, motivo de discussões intermináveis, na maioria das vezes sobre simples questões de palavras ou de formas, à semelhança das disputas teológicas e das sutilezas da escolástica medieval. Daí surgiram diferentes seitas, que pretendiam cada qual o monopólio da verdade, e como acontece quase sempre, detestando-se cordialmente entre si.

Entre essas seitas, a mais influente era a dos Fariseus, que tinha Hilel como chefe, doutor judeu nascido na Babilônia, fundador de uma célebre escola, onde se ensinava que a fé só era dada pelas Escrituras. Sua origem remonta aos anos 180 ou 200 antes de Cristo. Os Fariseus foram perseguidos em diversas épocas, notadamente sob o domínio de Hircânio, sumo pontífice e rei dos Judeus, e sob o domínio de Aristóbulo e Alexandre, reis da Síria. Não obstante, como este último lhes restituiu as honras e os bens, eles recuperaram o poder, conservando-o até à ruína de Jerusalém, no ano 70 da era cristã, quando então o seu nome desapareceu, em consequência da dispersão dos Judeus.

Os Fariseus desempenhavam papel ativo nas controvérsias religiosas. Observadores servis das práticas exteriores do culto e das cerimônias, tomados de ardoroso proselitismo, inimigos das inovações, afetavam grande severidade de princípios. Mas, sob as aparências de uma devoção meticulosa, escondiam costumes dissolutos, muito orgulho, e sobretudo excessivo desejo de dominação. A religião, para eles, era mais um meio de subir do que objeto de uma fé sincera. Tinham apenas exterioridades e ostentação de virtudes, mas com isso exerciam grande influência sobre o povo, passando para este como santos personagens. Eis porque eram muito poderosos em Jerusalém.

Criam, ou pelo menos professavam crer na Providência, na imortalidade da alma, na eternidade das penas e na ressurreição dos mortos. (Cap. IV, n-º 4). Jesus, que acima de tudo prezava a simplicidade e as qualidades de coração, que preferia da lei o *espírito que vivifica à letra que mata*, entregou-se, durante toda a sua missão, a desmascarar essa hipocrisia, e em consequência os transformou em seus inimigos encarniçados. Foi por isso que eles se ligaram com os príncipes dos sacerdotes para revoltar o povo contra Ele e fazê-lo sacrificar.

ESCRIBAS – Nome dado, a princípio, aos secretários dos reis de Judá e a certos intendentes dos exércitos judeus. Mais tarde, essa designação foi aplicada especialmente aos doutores que ensinavam a lei de Moisés e a interpretavam para o povo. Faziam causa comum com os Fariseus, participando dos seus princípios e de sua aversão aos inovadores. Por isso, Jesus os envolve na mesma reprovação.

SINAGOGA – (Do grego: *Sunagoguê*, assembleia, congregação) – Só um templo existia na Judeia: o de Salomão, sito em Jerusalém, onde se celebravam as grandes cerimônias do culto. Todos os anos os Judeus se dirigiam a ele em peregrinação, para as festas principais, como a de Páscoa, a da Dedicação e a dos Tabernáculos. Foi nessas ocasiões que Jesus fez numerosas viagens a Jerusalém. As demais cidades não tinham templos, mas sinagogas, edifícios em que os judeus se reuniam aos sábados, para fazerem suas preces públicas sob a direção dos Anciãos, dos Escribas e dos Doutores da Lei. Ali se faziam também leituras dos livros sagrados, seguidas de comentários e explicações. Cada um podia participar, e foi por isso que Jesus, sem ser sacerdote, ensinava nas sinagogas aos sábados.

Depois da ruína de Jerusalém e da dispersão dos Judeus, as sinagogas, nas cidades em que passaram a residir, servem-lhes de templo para a celebração do culto.

SADUCEUS – Seita judia que se formou por volta do ano 248 antes de Cristo, assim chamada em virtude do nome de seu fundador, Sadoc. Os saduceus não acreditavam na imortalidade da alma, nem na ressurreição, ou na existência dos anjos bons e maus. Apesar disso, acreditavam em Deus, e embora nada esperassem após a morte, serviam-no com interesse de recompensas temporais, ao que, segundo acreditavam, se limitava à sua providência. A satisfação dos sentidos era para eles o fim principal da vida. Quanto às Escrituras, apegavam-se ao texto da antiga lei, não admitindo nem a tradição, nem qualquer outra interpretação. Colocavam as boas obras e a execução pura e simples da lei acima das práticas exteriores do culto. Eram, como se vê, os materialistas, os deístas e os sensualistas da época. Essa seita era pouco numerosa, mas contava com personagens importantes, e tornou-se um partido político sempre oposto aos Fariseus.

ESSÊNIOS – Seita judia fundada cerca do ano 150 antes de Cristo, no tempo dos Macabeus. Seus membros moravam em edifícios semelhantes a mosteiros, e formavam uma espécie de associação moral e religiosa. Distinguiam-se pelos costumes suaves e as virtudes austeras, ensinando o amor a Deus e ao próximo, a imortalidade da alma, e crendo na ressurreição. Eram celibatários, condenavam a escravidão e a guerra, tinham seus bens em comum e se entregavam à agricultura. Opostos aos Saduceus sensuais, que negavam a imortalidade, e aos Fariseus enrijecidos por suas práticas exteriores, para os quais a virtude nada mais era do que aparência, não tomavam nenhuma participação nas disputas dessas duas seitas. Aproximavam-se, por seu gênero de vida, dos primeiros cristãos, e os princípios de moral que professavam fizeram algumas pessoas suporem que Jesus fizera parte dessa seita, antes do início de sua missão pública. O que é certo, é que Ele devia conhecê-la, mas nada prova que lhe fosse filiado, e tudo quanto se tem escrito a respeito é hipotético[1].

TERAPEUTAS – (Do grego: *thérapeutai*, derivado do verbo *therapeuein*, servir, curar; quer dizer: servidores de Deus ou curadores.) – Sectários judeus contemporâneos do Cristo, estabelecidos principalmente em Alexandria, no Egito. Tinham intensas relações com os Essênios, cujos princípios professavam, e como eles se davam à prática de todas as virtudes. Eram extremamente frugais na alimentação, votados ao celibato, à contemplação e à vida solitária, constituindo uma verdadeira ordem religiosa. Filon, filósofo judeu de Alexandria, platônico, foi o primeiro a se referir aos Terapeutas, apresentando-os como uma seita judaica. Eusébio, São Jerônimo, e outros Pais da Igreja, pensam que eles eram cristãos. Quer tenham sido judeus ou cristãos, é evidente que, como os Essênios, representavam um traço de união entre o Judaísmo e o Cristianismo.

IV. SÓCRATES E PLATÃO, PRECURSORES DA DOUTRINA CRISTÃ E DO ESPIRITISMO

Da suposição de que Jesus devia conhecer a seita dos Essênios, seria errado concluir que ele bebeu nessa seita a sua doutrina, e que, se tivesse vivido em outro meio, professaria outros princípios. As grandes ideias não aparecem nunca de súbito. As que tem a verdade por base contam sempre com precursores, que lhes preparam

---

(1) A Morte de Jesus, **que se diz escrita por um irmão essênio, é um livro completamente apócrifo, escrito a serviço de determinada opinião, e que traz em si mesmo a prova da sua origem moderna.**

parcialmente o caminho. Depois, quando o tempo é chegado, Deus envia um homem com a missão de resumir, coordenar e completar os elementos esparsos, com eles formando um corpo de doutrina. Dessa maneira, não tendo surgido bruscamente, a doutrina encontra, ao aparecer, espíritos inteiramente preparados para a aceitar. Assim aconteceu com as ideias cristãs, que foram pressentidas muitos séculos antes de Jesus e dos Essênios, e das quais foram Sócrates e Platão os principais precursores.

Sócrates, como o Cristo, nada escreveu, ou pelo menos nada deixou escrito. Como ele, morreu a morte dos criminosos, vítima do fanatismo, por haver atacado as crenças tradicionais e colocado a verdadeira virtude acima da hipocrisia e da ilusão dos formalismos, ou seja: por haver combatido os preconceitos religiosos. Assim como Jesus foi acusado pelos Fariseus de corromper o povo com os seus ensinos, ele também foi acusado pelos Fariseus do seu tempo – pois que os tem havido em todas as épocas, – de corromper a juventude, ao proclamar o dogma da unicidade de Deus, da imortalidade da alma e da existência da vida futura. Da mesma maneira porque hoje não conhecemos a doutrina de Jesus senão pelos escritos dos seus discípulos, também não conhecemos a de Sócrates, senão pelos escritos do seu discípulo Platão. Consideramos útil resumir aqui os seus pontos principais, para demonstrar sua concordância com os princípios do Cristianismo.

Aos que encarassem este paralelo como uma profanação, pretendendo não ser possível haver semelhanças entre a doutrina de um pagão e a do Cristo, responderemos que a doutrina de Sócrates não era pagã, pois tinha por finalidade combater o paganismo, e que a doutrina de Jesus, mais completa e mais depurada que a de Sócrates, nada tem a perder na comparação. A grandeza da missão divina do Cristo não poderá ser diminuída. Além disso, trata-se de fatos históricos, que não podem ser escondidos. O homem atingiu um ponto em que a luz sai por si mesma debaixo do alqueire e o encontra maduro para enfrentar. Tanto pior para os que temem abrir os olhos. É chegado o tempo de encarar as coisas do alto e com amplitude, e não mais do ponto de vista mesquinho e estreito dos interesses de seitas e de castas.

Estas citações provarão, além disso, que, se Sócrates e Platão pressentiram as ideias cristãs, encontram-se igualmente na sua doutrina os princípios fundamentais do Espiritismo.

RESUMO DA DOUTRINA DE SÓCRATES E PLATÃO

I – O homem é *uma alma encarnada*. Antes de sua encarnação, ela existia junto aos modelos primordiais, às ideias do verdadeiro, do bem e do belo. Separou-se delas ao encarnar-se, e *lembrando seu passado*, sente-se mais ou menos atormentada pelo desejo de a elas voltar.

Não se pode enunciar mais claramente a distinção e a independência dos dois princípios, o inteligente e o material. Além disso, temos aí a doutrina da preexistência da alma; da vaga intuição que ela conserva, da existência de outro mundo, ao qual aspira; de sua sobrevivência à morte do corpo; de sua saída do mundo espiritual, para encarnar-se; e da sua volta a esse mundo, após a morte. É, enfim, o germe da doutrina dos anjos decaídos.

II – A Alma se perturba e confunde, quando se serve do corpo para considerar algum objeto; sente vertigens, como se estivesse ébria, porque se liga a coisas que são, por sua natureza, sujeitas a transformações. Em vez disso, quando contempla sua própria essência, ela se volta para o que é puro, eterno, imortal, e sendo da mesma natureza permanece nessa contemplação tanto tempo quanto possível. Cessam então as suas perturbações, e esse estado da alma é o que chamamos de *sabedoria*.

Assim, o homem que considera as coisas de baixo, terra à terra, do ponto de vista material, vive iludido. Para apreciá-las com justeza, é necessário vê-las do alto, ou seja, do ponto de vista espiritual. O verdadeiro sábio deve, portanto, de algum modo, isolar a alma do corpo, para ver com os olhos do espírito. É isso o que ensina o Espiritismo (Cap. II, n-º 5).

III – Enquanto tivermos o nosso corpo e a nossa alma se encontrar mergulhada nessa corrupção, jamais possuiremos o objeto de nossos desejos: a verdade. De fato, o corpo nos oferece mil obstáculos, pela necessidade que temos de cuidar dele; além disso, ele nos enche de desejos, de apetites, de temores, de mil quimeras e de mil tolices, de maneira que, com ele, é impossível sermos sábios por um instante. Mas, se nada se pode conhecer puramente enquanto a alma está unida ao corpo, uma destas coisas se impõe: ou que jamais se conheça a verdade, ou que se conheça após a morte. Livres da loucura do corpo, então conversaremos, é de esperar-se, com homens igualmente livres, e conhecermos por nós mesmos a essência das coisas. Eis porque os verdadeiros filósofos se preparam para morrer, e a morte não lhes parece de maneira alguma temível. (*O Céu e o Inferno*, I-ª parte, cap. 2-º, e II-ª parte, cap. 1-º)

Temos aí o princípio das faculdades da alma obscurecidas pela mediação dos órgãos corporais, e da expansão dessas faculdades depois da morte. Mas trata-se, aqui, das almas evoluídas, já depuradas; não acontece o mesmo com as almas impuras.

IV – A alma impura, nesse estado, encontra-se pesada, e é novamente arrastada para o mundo visível, pelo horror do que é invisível e imaterial. Ela erra, então, segundo se diz, ao redor dos monumentos e dos túmulos, junto dos quais foram vistos às vezes fantasmas tenebrosos, como devem ser as imagens das almas que deixaram o corpo sem estar inteiramente puras, e que conservam alguma coisa da forma material, o que permite aos nossos olhos percebê-las. Essas não são as almas dos bons, mas as dos maus, que são forçadas a errar nesses lugares, onde carregam as penas de sua vida passada, e onde continuam a errar, até que os apetites inerentes à sua forma material as devolvam a um corpo. Então, elas retomam sem dúvida os mesmos costumes que, durante a vida anterior, eram de sua predileção.

Não somente o princípio da reencarnação está aqui claramente expresso, mas também o estado das almas que ainda estão sob o domínio da matéria é descrito tal como o Espiritismo o demonstra, nas evocações. E há mais, pois, afirma-se que a reencarnação é uma consequência da impureza da alma, enquanto as almas purificadas estão livres dela. O Espiritismo não diz outra coisa, apenas acrescenta que a alma que tomou boas resoluções na erraticidade, e que tem conhecimentos adquiridos, trará menos defeitos ao renascer, mais virtudes e mais ideias intuitivas do que na existência precedente, e que, assim, cada existência marca para ela um progresso intelectual e moral. (O Céu e o Inferno, II-ª parte: exemplos).

V – Após a nossa morte, o gênio (*daimon, démon*) que nos havia sido designado durante a vida, nos leva a um lugar onde se reúnem todos os que devem ser conduzidos ao *Hades*, para o julgamento. As almas, depois de permanecerem no *Hades* o tempo necessário, são reconduzidas a esta vida, *por numerosos e longos períodos.*

Esta é a doutrina dos Anjos-guardiães ou Espíritos protetores, e das reencarnações sucessivas, após intervalos mais ou menos longos de erraticidade.

VI – Os demônios preenchem o espaço que separa o Céu da Terra; são os laços que ligam o Grande Todo consigo mesmo. A divindade não entra jamais em comunicação direta com os homens, mas é por meio dos demônios que os deuses se relacionam e conversam com eles, seja durante o estado de vigília, seja durante o sono.

A palavra **daimon***, da qual se originou demônio, não era tomada no mau sentido pela Antiguidade, como entre os modernos. Não se aplicava essa palavra exclusivamente aos seres malfazejos, mas aos Espíritos em geral, entre os quais se distinguiam os Espíritos menos elevados, ou demônios propriamente ditos, que se comunicavam diretamente com os homens. O Espiritismo ensina também que os Espíritos povoam o espaço; que Deus não se comunica com os homens senão por intermédio dos Espíritos puros, encarregados de nos transmitir a sua vontade; que os Espíritos se comunicam conosco durante o estado de vigília e durante o sono. Substitui a palavra* demônio *pela palavra* Espírito*, e tereis a doutrina espírita; ponde a palavra* anjo*, e tereis a doutrina cristã.*

VII – A preocupação constante do filósofo (tal como o compreendem Sócrates e Platão) é a de ter o maior cuidado com a alma, menos em vista desta vida, que é apenas um instante, do que em vista da eternidade. Se a alma é imortal, não é sábio viver com vistas à eternidade?

O Cristianismo e o Espiritismo ensinam a mesma coisa.

VIII – Se a alma é imaterial, ela deve passar, após esta vida, para um mundo igualmente invisível e imaterial, da mesma maneira que o corpo, ao se decompor, retorna à matéria. Importa somente distinguir bem a alma pura, verdadeiramente imaterial, que se nutre, como Deus, da ciência e de pensamentos, da alma *mais ou menos* manchada de impurezas materiais, que a impede de elevar-se ao divino, retendo-a nos lugares de sua passagem pela Terra.

Sócrates e Platão, como se vê, compreendiam perfeitamente os diferentes graus de desmaterialização da alma. Eles insistem sobre as diferenças de situação que resultam para ela, de sua maior ou menor pureza. Isso que eles diziam por intuição, o Espiritismo o prova, pelos numerosos exemplos que nos põe diante dos olhos (O Céu e o Inferno, II-ª parte).

IX – Se a morte fosse a dissolução total do homem, isso seria de grande vantagem para os maus, que após a morte estariam livres, ao mesmo tempo, de seus corpos, de suas almas e de seus vícios. Aquele que adornou sua alma, não com enfeites estranhos, mas com os que lhes são próprios, ele somente poderá esperar com tranquilidade a hora de sua partida para o outro mundo.

Em outros termos, quer dizer que o materialismo, que proclama o nada após a morte, seria a negação de toda a responsabilidade moral ulterior, e por conseguinte um estímulo ao mal; que o malvado tem tudo a ganhar com o nada; que o homem que se livrou dos seus vícios e se enriqueceu de virtudes é o único que pode esperar tranquilamente o despertar na outra vida. O Espiritismo nos mostra, pelos exemplos que diariamente nos põe ante os olhos, quanto é penosa para o malvado a passagem de uma para a outra vida, a entrada na vida futura (O Céu e o Inferno, II-ª parte, cap. 1-º).

X – O corpo conserva os vestígios bem marcados dos cuidados que se teve com ele ou dos acidentes que sofreu. Acontece o mesmo com a alma. Quando ela se despoja do corpo, conserva os traços evidentes de seu caráter, de seus sentimentos, e as marcas que cada um dos seus atos lhe deixou. Assim, a maior desgraça que pode acontecer a um homem, é a de ir para o outro mundo com uma alma carregada de culpas. Tu vês, Calicles, que nem tu, nem Polus, nem Górgias, poderíeis provar que se deve seguir outra vida que nos seja mais útil, quando formos para lá. De tantas opiniões, a única que permanece inabalável é a de que *mais vale sofrer que cometer uma injustiça*, e que antes de tudo devemos aplicar-nos, não a parecer, mas a ser um homem de bem. (Conversações de Sócrates com os discípulos na prisão).

Aqui se encontra outro ponto capital, hoje confirmado pela experiência, segundo o qual a alma não purificada conserva as ideias, as tendências, o caráter e as paixões que tinha na Terra. Esta máxima: mais vale sofrer do que cometer uma injustiça, *não é inteiramente cristã? É o mesmo pensamento que Jesus exprime por esta figura: "Se alguém te bater numa face, oferece-lhe a outra". (Cap. XII, MATEUS, V: 38-42 e n-º 7 e 8).*

XI – De duas, uma: ou a morte é a destruição absoluta, ou é a passagem de uma alma para outro lugar. Se tudo deve extinguir-se, a morte é como uma dessas raras noites que passamos sem sonhar e sem nenhuma consciência de nós mesmos. Mas se a morte é apenas uma mudança, a passagem para um lugar em que os mortos devem reunir-se, que felicidade a de ali reencontrar os nossos conhecidos! Meu maior prazer seria o de examinar de perto os habitantes dessa morada, e dentre eles distinguir, como aqui, os que são sábios dos que creem sê-lo e não o são. Mas já é tempo de partirmos, eu para morrer e vós para viver. (Sócrates a seus julgadores).

Segundo Sócrates, os homens que viveram na Terra encontram-se depois da morte e se reconhecem. O Espiritismo no-los mostra continuando suas relações, de tal maneira que a morte não é uma interrupção, nem uma cessação da vida, mas uma transformação, sem solução de continuidade.

Sócrates e Platão, se tivessem conhecido os ensinamentos que o Cristo daria quinhentos anos mais tarde, e os que o Espiritismo hoje nos dá, não teriam falado de outra maneira. Nisso, nada há que nos deva surpreender, se considerarmos que as grandes verdades são eternas, e que os Espíritos adiantados devem tê-las conhecido antes de vir para a Terra, para onde as trouxeram. Se considerarmos ainda que Sócrates, Platão, e os grandes filósofos do seu tempo, podiam estar, mais tarde, entre aqueles que secundaram o Cristo na sua divina missão, sendo escolhidos precisamente porque estavam mais aptos do que outros a compreender os seus sublimes ensinos. E que eles podem, por fim, participar hoje da grande plêiade de Espíritos encarregados de vir ensinar aos homens as mesmas verdades.

XII – Não se deve nunca retribuir a injustiça com a injustiça, nem fazer mal a ninguém, qualquer que seja o mal que nos tenham feito. Poucas pessoas, entretanto, admitem esse princípio, e as que não concordam com ele só podem desprezar-se umas às outras.

Não é este o princípio da caridade, que nos ensina a não retribuir o mal com o mal e a perdoar aos inimigos?

XIII – É pelos frutos que se conhece a árvore. É necessário qualificar cada ação segundo o que ela produz: chamá-la má quando a sua consequência é má, e boa quando produz o bem.

Esta máxima: "É pelos frutos que se reconhece a árvore", encontra-se textualmente repetida, muitas vezes, no Evangelho.

XIV – A riqueza é um grande perigo. Todo homem que ama a riqueza, não ama nem a ele nem ao que possui, mas a uma coisa que é ainda mais estranha do que aquilo que ele possui. *(Cap. XVI).*

XV – As mais belas preces e os mais belos sacrifícios agradam menos à Divindade, do que uma alma virtuosa que se esforça por assemelhar-se a ela. Seria grave que os deuses se interessassem mais pelas nossas oferendas do que pelas nossas almas. Dessa maneira, os maiores culpados poderiam conquistar os seus favores. Mas não, pois só são verdadeiramente sábios e justos os que, por suas palavras e seus atos, resgatam o que devem aos deuses e aos homens. *(Cap. X, n.º 7 e 8).*

XVI – Chamo de homem vicioso ao amante vulgar, que ama mais ao corpo que à alma. O amor está por toda a natureza, e incita-nos a exercer a nossa inteligência: encontramo-lo até mesmo no movimento dos astros. É o amor que adorna a natureza com suas ricas alfombras: ele se enfeita e fixa a sua morada onde encontra flores e perfumes. É ainda o amor que traz a paz aos homens, a calmaria ao mar, o silêncio aos ventos e o sossego à dor.

O amor, que deve unir os homens por um sentimento de fraternidade, é uma consequência dessa teoria de Platão sobre o amor universal, como lei da natureza. Sócrates, tendo dito que "o amor não é um deus nem um mortal, mas um grande demônio", ou seja, um grande Espírito que preside ao amor universal; esta afirmação lhe foi sobretudo imputada como crime.

XVII – A virtude não pode ser ensinada; ela vem por um dom de Deus aos que a possuem.

É quase a doutrina cristã sobre a graça. Mas se a virtude é um dom de Deus, é um favor, e pode perguntar-se por que ela não é concedida a todos? De outro lado, se ela é um dom, não há mérito de parte daquele que a possui. O Espiritismo é mais explícito. Ele ensina que aquele que a possui, a adquiriu pelos seus esforços nas vidas sucessivas, ao se livrar pouco a pouco das suas imperfeições. A graça é a força que Deus concede a todo homem de boa-vontade, para se livrar do mal e fazer o bem.

XVIII – Há uma disposição natural, em cada um de nós, para nos apercebermos bem menos dos nossos defeitos, do que dos defeitos alheios.

O Evangelho diz: "Vês a aresta no olho do teu irmão, e não vês a trave no teu?" (Cap. X, MATEUS, VII: 3-5, n.º 9 e 10).

XIX – Se os médicos fracassam na maior parte das doenças, *é porque tratam do corpo sem a alma*, e porque, se o todo não se encontra em bom estado, é impossível que a parte esteja bem.
O Espiritismo oferece a chave das relações entre a alma e o corpo, e prova que existe incessante reação de um sobre o outro. Ele abre, assim, novo caminho à ciência: mostrando-lhe a verdadeira causa de certas afecções, dá-lhe o meio de combatê--las. Quando ela levar em conta a ação do elemento espiritual na economia orgânica, fracassará menos.

XX – Todos os homens, desde a infância, fazem mais mal do que bem.
Estas palavras de Sócrates tocam à grave questão da predominância do mal sobre a Terra, questão insolúvel sem o conhecimento da pluralidade dos mundos e do destino da Terra, onde se encontra apenas uma pequena fração da Humanidade. Só o Espiritismo lhe dá solução, que é desenvolvida logo adiante, nos capítulos II, III e V.

XXI – A sabedoria está em não pensares que sabes aquilo que não sabes.
Isto vai endereçado àqueles que criticam as coisas de que, frequentemente, nada sabem. Platão completa este pensamento de Sócrates, ao dizer: "Tentemos primeiro torná-los, se possível, mais honestos nas palavras; se não conseguirmos, não nos ocupemos mais deles, *e não busquemos mais do que a verdade. Tratemos de nos instruir, mas não nos aborreçamos". É assim que devem agir os espíritas, com relação aos seus contraditores de boa ou má-fé. Se Platão revivesse hoje, encontraria as coisas mais ou menos como no seu tempo, e poderia usar a mesma linguagem. Sócrates também encontraria quem zombasse de sua crença nos Espíritos e o tratasse de louco, assim como ao seu discípulo Platão.*
Por haver professado esses princípios, Sócrates foi primeiro ridicularizado, depois acusado de impiedade e condenado a beber a cicuta. Tanto é certo que as grandes verdades novas, levantando contra elas os interesses e os preconceitos que ferem, não podem ser estabelecidas sem lutas e sem mártires.

CAPÍTULO I

NÃO VIM DESTRUIR A LEI

AS TRÊS REVELAÇÕES: MOISÉS, CRISTO, O ESPIRITISMO – ALIANÇA DA CIÊNCIA COM A RELIGIÃO – *INSTRUÇÕES DOS ESPÍRITOS:* A NOVA ERA

1. Não penseis que vim destruir a lei ou os profetas; não vim para destruí-los, mas para dar-lhes cumprimento. Porque em verdade vos digo que o céu e a Terra não passarão, até que não se cumpra tudo quanto está na lei, até o último jota e o último ponto. (Mateus, V: 17-18)

MOISÉS

2. Há duas partes distintas na lei mosaica: a lei de Deus, promulgada sobre o Monte Sinai, e a lei civil ou disciplinar, estabelecida por Moisés. Uma é invariável; a outra é apropriada aos costumes e ao caráter do povo, e se modifica com o tempo.

A lei de Deus está formulada nos dez mandamentos seguintes:

I – Eu sou o Senhor teu Deus, que te tirei da terra do Egito, da casa da servidão. Não terás deuses estrangeiros diante de mim. Não farás para ti imagens de escultura, nem figura alguma de tudo

o que há em cima no céu, e do que há embaixo na terra, nem de coisa que haja nas águas debaixo da terra. Não adorarás nem lhes darás culto.

II – Não tomarás o nome do Senhor teu Deus em vão.

III – Lembra-te de santificar o dia de sábado.

IV – Honrarás a teu pai e a tua mãe, para teres uma dilatada vida sobre a terra que o Senhor teu Deus te há de dar.

V – Não matarás.

VI – Não cometerás adultério.

VII – Não furtarás.

VIII – Não dirás falso testemunho contra o teu próximo.

IX – Não desejarás a mulher do próximo.

X – Não cobiçarás a casa do teu próximo, nem o seu servo, nem a sua serva, nem o seu boi, nem o seu jumento, nem outra coisa alguma que lhe pertença.

Esta lei é de todos os tempos e de todos os países, e tem, por isso mesmo, um caráter divino. Todas as demais são leis estabelecidas por Moisés, obrigado a manter pelo temor um povo naturalmente turbulento e indisciplinado, no qual tinha de combater alguns abusos arraigados e preconceitos adquiridos durante a servidão no Egito. Para dar autoridade às suas leis, ele teve de lhes atribuir uma origem divina, como o fizeram todos os legisladores dos povos primitivos. A autoridade do homem devia apoiar-se sobre a autoridade de Deus. Mas só a ideia de um Deus terrível podia impressionar homens ignorantes, em que o senso moral e o sentimento de uma estranha justiça estavam ainda pouco desenvolvidos. É evidente que aquele que havia estabelecido em seus mandamentos: "não matarás" e "não farás mal ao teu próximo", não poderia contradizer-se, ao fazer do extermínio um dever. As leis mosaicas, propriamente ditas, tinham, portanto, um caráter essencialmente transitório.

CRISTO

3. Jesus não veio destruir a lei, o que quer dizer: a lei de Deus. Ele veio cumpri-la, ou seja, desenvolvê-la, dar-lhe o seu verdadeiro sentido e apropriá-la ao grau de adiantamento dos homens. Eis porque encontramos nessa lei o princípio dos deveres para com Deus e para com o próximo, que constitui a base de sua doutrina. Quanto às leis de Moisés propriamente ditas, ele, pelo contrário, as modificou profundamente, no fundo e na forma. Combateu constantemente o abuso das práticas exteriores e as falsas interpretações, e não podia fazê-las passar por uma reforma mais radical do que reduzindo-as a estas palavras: "Amar a Deus sobre todas as coisas, e ao próximo como a si mesmo", e ao acrescentar: "Esta é toda a lei e os profetas".

Por estas palavras: "O céu e a terra não passarão, enquanto não se cumprir até o último jota", Jesus quis dizer que era necessário que a lei de Deus fosse cumprida, ou seja, que fosse praticada sobre a terra, em toda a sua pureza, com todos os seus desenvolvimentos e todas as suas consequências. Pois de que serviria estabelecer essa lei, se ela tivesse de ficar como privilégio de alguns homens ou mesmo de um só povo? Todos os homens, sendo filhos de Deus, são, sem distinções, objetos da mesma solicitude.

4. Mas o papel de Jesus não foi simplesmente o de um legislador moralista, sem outra autoridade que a sua palavra. Ele veio cumprir as profecias que haviam anunciado o seu advento. Sua autoridade decorria da natureza excepcional do seu Espírito e da natureza divina da sua missão. Ele veio ensinar aos homens que a verdadeira vida não está na terra, mas no Reino dos Céus; ensinar-lhes o caminho que os conduz até lá, os meios de se reconciliarem com Deus, e os advertir sobre a marcha das coisas futuras, para o cumprimento dos destinos humanos. Não obstante, ele não disse tudo, e sobre muitos pontos limitou-se a lançar o germe de verdades que ele mesmo declarou não poderem ser então compreendidas. Falou de tudo, mas em termos mais ou menos claros, de maneira que, para entender o sentido oculto de certas palavras, era preciso que novas ideias e novos conhecimentos viessem dar-nos a chave. Essas ideias não podiam surgir antes de um certo grau de amadurecimento do espírito humano. A ciência devia contribuir poderosamente para o aparecimento e o desenvolvimento dessas ideias. Era preciso, pois, dar tempo à ciência para progredir.

O ESPIRITISMO

5. O Espiritismo é a nova ciência que vem revelar aos homens, por meio de provas irrecusáveis, a existência e a natureza do mundo espiritual e suas relações com o mundo material. Ele nos mostra esse mundo, não mais como sobrenatural, mas, pelo contrário, como uma das forças vivas e incessantemente atuantes na natureza, como a fonte de uma infinidade de fenômenos até então incompreendidos, e por essa razão rejeitados para o domínio do fantástico e do maravilhoso. É a essas relações que o Cristo se refere em muitas circunstâncias, e é por isso que muitas coisas que ele disse ficaram ininteligíveis ou foram falsamente interpretadas. O Espiritismo é a chave que nos ajuda a tudo explicar com facilidade.

6. A lei do Antigo Testamento está personificada em Moisés; a do Novo Testamento, em Cristo. O Espiritismo é a terceira revelação da lei de Deus. Mas não está personificado em ninguém, porque ele é o produto do ensinamento dado, não por um homem, mas pelos Espíritos, que são *as vozes do céu*, em todas as partes da Terra e por inumerável multidão de intermediários. Trata-se, de qualquer maneira, de um ser coletivo, compreendendo o conjunto dos seres do mundo espiritual, cada qual trazendo aos homens o tributo de suas luzes, para fazê-los conhecer esse mundo e a sorte que nele os espera.

7. Da mesma maneira que disse o Cristo: "Eu não venho destruir a lei, mas dar-lhe cumprimento", também diz o Espiritismo: "Eu não venho destruir a lei cristã, mas dar-lhe cumprimento". Ele nada ensina contrário ao ensinamento do Cristo, mas o desenvolve, completa e explica, em termos claros para todos, o que foi dito sob forma alegórica. Ele vem cumprir, na época predita, o que o Cristo anunciou, e preparar o cumprimento das coisas futuras. Ele é, portanto, obra do Cristo, que o preside, assim como preside ao que igualmente anunciou: a regeneração que se opera e que prepara o Reino de Deus sobre a Terra.

ALIANÇA DA CIÊNCIA COM A RELIGIÃO

8. A Ciência e a Religião são as duas alavancas da inteligência humana. Uma revela as leis do mundo material, e a outra as leis do mundo moral. Mas *aquelas e estas leis, tendo* *o mesmo princípio, que é Deus*, não podem contradizer-se. Se umas forem a negação das outras, umas estarão necessariamente erradas e as outras certas, porque Deus não pode querer destruir a sua própria obra. A incompatibilidade, que se acredita existir entre essas duas ordens de ideias, provém de uma falha de observação, e do excesso de exclusivismo de uma e de outra parte. Disso resulta um conflito, que originou a incredulidade e a intolerância.

São chegados os tempos em que os ensinamentos do Cristo devem receber o seu complemento; em que o véu lançado intencionalmente sobre algumas partes dos ensinos deve ser levantado; em que a Ciência, deixando de ser exclusivamente materialista, deve levar em conta o elemento espiritual; e em que a Religião, deixando de desconhecer as leis orgânicas e imutáveis da matéria, essas duas forças, apoiando-se mutuamente e marchando juntas, sirvam uma de apoio para a outra. Então a Religião, não mais desmentida pela Ciência, adquirirá uma potência indestrutível, porque estará de acordo com a razão e não se lhe poderá opor a lógica irresistível dos fatos.

A Ciência e a Religião não puderam entender-se até agora, porque, encarando cada uma as coisas do seu ponto de vista exclusivo, repeliam-se mutuamente. Era necessário alguma coisa para preencher o espaço que as separava, um traço de união que as ligasse. Esse traço está no conhecimento das leis que regem o mundo espiritual e suas relações com o mundo corporal, leis tão imutáveis como as que regulam o movimento dos astros e a existência dos seres. Uma vez constatadas pela experiência dessas relações, uma nova luz se fez: a fé se dirigiu à razão, esta nada encontrou de ilógico na fé, e o materialismo foi vencido.

Mas nisto, como em tudo, há os que ficam retardados, até que sejam arrastados pelo movimento geral, que os esmagará, se quiserem resistir em vez de se entregarem. É toda uma revolução moral que se realiza neste momento, sob a ação dos Espíritos. Depois de elaborada durante mais de dezoito séculos, ela chega ao momento de eclosão, e marcará uma nova era da humanidade. São fáceis de prever as suas consequências: ela deve produzir inevitáveis modificações nas relações sociais, contra o que ninguém poderá opor-se, porque elas estão nos desígnios de Deus e são o resultado da lei do progresso, que é uma lei de Deus.

INSTRUÇÕES DOS ESPÍRITOS

A NOVA ERA

• Um Espírito Israelita •
Mulhouse, 1861

9. Deus é único, e Moisés o Espírito que Deus enviou com a missão de fazê-lo conhecer, não somente pelos hebreus, mas também pelos povos pagãos. O povo hebreu foi o instrumento de que Deus se serviu para fazer sua revelação, através de Moisés e dos Profetas, e as vicissitudes da vida desse povo foram feitas para chocar os homens e arrancar-lhes dos olhos o véu que lhes ocultava a divindade.

Os mandamentos de Deus, dados por Moisés, trazem o germe da mais ampla moral cristã. Os comentários da Bíblia reduziam-lhes o sentido, porque, postos em ação em toda a sua pureza, não seriam então compreendidos. Mas os Dez Mandamentos de Deus nem por isso deixaram de ser o brilhante frontispício da obra, como um farol que devia iluminar para a humanidade o caminho a percorrer.

A moral ensinada por Moisés era apropriada ao estado de adiantamento em que se encontram os povos chamados à regeneração. E esses povos, semisselvagens quanto ao aperfeiçoamento espiritual, não teriam compreendido a adoração de Deus sem os holocaustos ou sacrifícios, nem que se pudesse perdoar a um inimigo. Sua inteligência, notável no tocante às coisas materiais, e mesmo em relação às artes e às ciências, estava muito atrasada em moralidade, e eles não se submeteriam ao domínio de uma religião inteiramente espiritual. Necessitavam de uma representação semimaterial, como a que então lhes oferecia a religião hebraica. Os sacrifícios, pois, lhes falavam aos sentidos, enquanto a ideia de Deus lhes falava ao espírito.

O Cristo foi o iniciador da mais pura moral, a mais sublime: a moral evangélica, cristã, que deve renovar o mundo, aproximar os homens e torná-los fraternos; que deve fazer jorrar de todos os corações humanos a caridade e o amor do próximo, e criar entre todos os homens uma solidariedade comum. Uma moral, enfim, que deve transformar a Terra, fazê-la morada de Espíritos superiores aos que hoje a habitam. É a lei do progresso, a que a natureza está sujeita, que se cumpre, e o Espiritismo é a alavanca de que Deus se serve para elevar a humanidade.

São chegados os tempos em que suas ideias morais devem desenvolver-se, para que se realizem os progressos que estão nos desígnios de Deus. Elas devem seguir o mesmo roteiro que as ideias de liberdade seguiram, como suas precursoras. Mas não se pense que esse desenvolvimento se fará sem lutas. Não, porque elas necessitam, para chegar ao amadurecimento, de agitações e discussões, a fim de atraírem a atenção das massas. Uma vez despertada a atenção, a beleza e a santidade da moral tocarão os Espíritos, e eles se dedicarão a uma ciência que lhes traz a chave da vida futura e lhe abre a porta da felicidade eterna. Foi Moisés quem abriu o caminho; Jesus continuou a obra; o Espiritismo a concluirá.

❋

• Fénelon •
Poitiers, 1861

10. Um dia, Deus em sua inesgotável caridade, permitiu ao homem ver a verdade através das trevas. Esse dia foi o do advento de Cristo. Depois do vivo clarão, porém, as trevas se fecharam de novo. O mundo, após alternativas de verdade e obscuridade, novamente se perdia. Então, semelhantes aos profetas do Antigo Testamento, os Espíritos começaram a falar e a vos advertir. O mundo foi abalado nas suas bases: o trovão ribombará; sede firmes!

O Espiritismo é de ordem divina, pois repousa sobre as próprias leis da natureza. E crede que tudo o que é de ordem divina tem um objetivo elevado e útil. Vosso mundo se perdia. A ciência, desenvolvida com o sacrifício dos interesses morais, vos conduzia unicamente ao bem-estar material, revertendo-se em proveito do espírito das trevas. Vós o sabeis, cristãos: o coração e o amor devem marchar unidos à ciência. O Reino do Cristo, ai de nós! Após dezoito séculos, e apesar do sangue de tantos mártires, ainda não chegou. Cristãos, voltai para o Mestre que vos quer salvar. Tudo é fácil para aquele que crê e que ama: o amor o enche de gozo inefável. Sim, meus filhos, o mundo está abalado. Os bons Espíritos vo-lo dizem sempre. Curvai-vos sob o sopro precursor da tempestade, para não serdes derrubados. Quero dizer: preparai-vos e não vos assemelheis às virgens loucas, que foram apanhadas desprevenidas à chegada do esposo.

A revolução que se prepara é mais moral do que material. Os grandes Espíritos, mensageiros divinos, insuflam a fé, para que todos vós, obreiros esclarecidos e ardentes, façais ouvir vossa humilde voz. Porque vós sois o grão de areia, mas sem os grãos de areia não haveria montanhas. Assim, portanto, que estas palavras: "Nós somos pequenos", não tenha sentido para vós. A cada um a sua missão, a cada um o seu trabalho. A formiga não constrói o seu formigueiro, e animalzinhos insignificantes não formam continentes? A nova cruzada começou: apóstolos da paz universal, e não da guerra, modernos São Bernardos, olhai para a frente e marchai! A lei dos mundos é a lei do progresso.

• **Erasto, Discípulo de São Paulo** •
Paris, 1863

11. Santo Agostinho é um dos maiores divulgadores do Espiritismo. Ele se manifesta por quase toda parte, e a razão disso a encontramos na vida desse grande filósofo cristão. Pertence a essa vigorosa falange dos Pais da Igreja, a que a Cristandade deve as suas mais sólidas bases. Como muitos, ele foi arrancado ao paganismo, ou melhor diremos, à mais profunda impiedade, pelo clarão da verdade. Quando, em meio de seus desregramentos, ele sentiu na própria alma a estranha vibração que o chamava para si mesmo e lhe fez compreender que a felicidade não estava nos prazeres enervantes e fugidios; quando, enfim, na sua Estrada de Damasco, ele também ouviu a santa voz que lhe clamava: "Saulo, Saulo, por que me persegues?" Exclamou: "Meu Deus! Meu Deus, perdoa-me, eu creio, sou cristão!" E desde então se tornou um dos mais firmes pilares do Evangelho. Podemos ler, nas notáveis confissões desse eminente Espírito, as palavras características e proféticas, ao mesmo tempo, que ele pronunciou ao ter perdido Santa Mônica: "*Estou* *certo de que minha mãe virá visitar-me e dar-me os seus conselhos, revelando-me o que nos espera na vida futura".* Que lição nestas palavras, e que brilhante previsão da futura doutrina! É por isso que hoje, vendo chegada a hora de divulgação da verdade, que ele já havia pressentido, faz-se o seu ardente propagador, e se multiplica, por assim dizer, para atender a todos os que o chamam.

NOTA – Santo Agostinho vem, por acaso, modificar aquilo que ensinou? Não, seguramente, mas como tantos outros, ele vê com os olhos do espírito o que não podia ver como homem. Sua alma liberta percebe claridades novas, e compreende o que antes não compreendia. Novas ideias lhe revelaram o verdadeiro sentido de certas palavras. Quando na Terra, julgava as coisas segundo os conhecimentos que possuía; mas, quando uma nova luz se fez para ele, pode julgá-las com maior clareza. É assim que ele deve revisar sua crença referente aos espíritos íncubos e súcubos, bem como o anátema que havia lançado contra a teoria dos antípodas. Agora, que o Cristianismo lhe aparece em toda a sua pureza, ele pode, sobre certos pontos, pensar de maneira diversa de quando vivia, sem deixar de ser o apóstolo cristão. Pode, sem renegar a sua fé, fazer-se o propagador do Espiritismo, porque nele vê o cumprimento das predições. Ao proclamá-lo, hoje, nada mais faz do que conduzir-nos a uma interpretação mais sã e mais lógica dos textos. Assim também acontece com outros Espíritos, que se encontram numa posição semelhante.

CAPÍTULO II

MEU REINO NÃO É DESTE MUNDO

A VIDA FUTURA – A REALEZA DE JESUS – O PONTO DE VISTA –
INSTRUÇÕES DOS ESPÍRITOS: UMA REALEZA TERRENA

1. "Tornou pois a entrar Pilatos no pretório, e chamou a Jesus, e disse-lhe: Tu és o Rei dos Judeus? Respondeu-lhe Jesus: O meu reino não é deste mundo: se o meu reino fosse deste mundo, certo que os meus ministros haviam de pelejar para que eu não fosse entregue aos judeus; mas por agora o meu reino não é daqui. Disse-lhe então Pilatos: Logo, tu és rei? Respondeu Jesus: Tu o dizes, que eu sou rei. Eu não nasci nem vim a este mundo senão para dar testemunho da verdade; todo aquele que é da verdade ouve a minha voz". (JOÃO, cap. XVIII, 33-37).

A VIDA FUTURA

2. Por estas palavras, Jesus se refere claramente à vida futura, que ele apresenta, em todas as circunstâncias, como o fim a que se destina a humanidade, e como devendo ser o objeto das principais preocupações do homem sobre a Terra. Todas as suas máximas se referem a esse grande princípio. Sem a vida futura, com efeito, a maior parte dos seus preceitos de moral não teriam nenhuma razão de ser. É por isso que os que não creem na vida futura, pensando que ele apenas falava da vida presente, não os compreendem ou os acham pueris.

Esse dogma pode ser considerado, portanto, como o ponto central do ensinamento do Cristo. Eis porque está colocado entre os primeiros, no início desta obra, pois deve ser a meta de todos os homens. Só ele pode justificar os absurdos da vida terrestre e harmonizar-se com a justiça de Deus.

3. Os judeus tinham ideias muito imprecisas sobre a vida futura. Acreditavam nos anjos, que consideravam como os seres privilegiados da criação, mas não sabiam que os homens, um dia, pudessem tornar-se anjos e participar da felicidade angélica. Segundo pensavam, a observação das leis de Deus era recompensada pelos bens terrenos, pela supremacia de sua nação no mundo, pelas vitórias que obteriam sobre os inimigos. As calamidades públicas e as derrotas eram os castigos da desobediência. Moisés o confirmou, ao dizer essas coisas, ainda mais fortemente, a um povo ignorante, de pastores, que precisava ser tocado antes de tudo pelos interesses deste mundo. Mais tarde, Jesus veio lhes revelar que existe outro mundo, onde a justiça de Deus se realiza. É esse mundo que ele promete aos que observam os mandamentos de Deus. É nele que os bons são recompensados. Esse mundo é o seu reino, no qual se encontra em toda a sua glória, e para o qual voltará ao deixar a Terra.

Jesus, entretanto, conformando o seu ensino ao estado dos homens da época, evitou de lhes dar o esclarecimento completo, que os deslumbraria em vez de iluminar, porque eles não o teriam compreendido. Ele se limitou a colocar, de certo modo, a vida futura como um princípio, uma lei da natureza, à qual ninguém pode escapar. Todo cristão, portanto, crê forçosamente na vida futura, mas a ideia que muitos fazem dela é vaga, incompleta, e por isso mesmo falsa em muitos pontos. Para grande número, é apenas uma crença, sem nenhuma certeza decisiva, e daí as dúvidas, e até mesmo a incredulidade.

O Espiritismo veio completar, nesse ponto, como em muitos outros, o ensinamento do Cristo, quando os homens se mostraram maduros para compreender a verdade. Com o Espiritismo, a vida futura não é mais simples artigo de fé, ou simples hipótese. É uma realidade material, provada pelos fatos. Porque são as testemunhas oculares que a vem descrever em todas as suas fases e peripécias, de tal maneira, que não somente a dúvida já não é mais possível, como a inteligência mais vulgar pode fazer uma ideia dos seus mais variados aspectos, da mesma forma que imaginaria um país do qual se lê uma descrição detalhada. Ora, esta descrição da vida futura é de tal maneira circunstanciada, são tão racionais as condições da existência feliz ou infeliz dos que nela se encontram, que acabamos por concordar que não podia ser de outra maneira, e que ela bem representa a verdadeira justiça de Deus.

A REALEZA DE JESUS

4. O reino de Jesus não é deste mundo. Isso todos compreendem. Mas sobre a Terra ele não terá também uma realeza? O título de rei nem sempre exige o exercício do poder temporal. Ele é dado, por consenso unânime, aos que, por seu gênio, se colocam em primeiro lugar em alguma atividade, dominando o seu século e influindo sobre o progresso da humanidade. É nesse sentido que se diz: o rei ou o príncipe dos filósofos, dos artistas, dos poetas, dos escritores, etc. Essa realeza, que nasce do mérito pessoal, consagrada pela posteridade, não tem muitas vezes maior preponderância que a dos reis coroados? Ela é imperecível enquanto a outra depende das circunstâncias; ela é sempre abençoada pelas gerações futuras, enquanto a outra é, às vezes, amaldiçoada. A realeza terrena acaba com a vida, mas a realeza moral continua a imperar, sobretudo, depois da morte. Sob esse aspecto, Jesus não é um rei mais poderoso que muitos potentados? Foi com razão, portanto, que ele disse a Pilatos: Eu sou rei, mas o meu reino não é deste mundo.

O PONTO DE VISTA

5. A ideia clara e precisa que se faz da vida futura dá uma fé inabalável no porvir, e essa fé tem consequências enormes sobre a moralização dos homens, porque muda completamente *o ponto de vista pelo qual eles encaram a vida terrena.* Para aquele que se coloca, pelo pensamento, na vida espiritual, que é infinita, a vida corporal não é mais do que rápida passagem, uma breve permanência num país ingrato. As vicissitudes e as tribulações da vida são apenas incidentes que ele enfrenta com paciência, porque sabe que são de curta duração e devem ser seguidos de uma situação mais feliz. A morte nada tem de pavoroso, não é mais a porta do nada, mas a da libertação, que abre para o exilado a morada da felicidade e da paz. Sabendo que se encontra numa condição temporária e não definitiva, ele encara as dificuldades da vida com mais indiferença, do que resulta uma calma de espírito que lhe abranda as amarguras.

Pela simples dúvida sobre a vida futura, o homem concentra todos os seus pensamentos na vida terrena. Incerto do porvir, dedica-se inteiramente ao presente. Não entrevendo bens mais preciosos que os da terra, ele se porta como a criança que nada vê além dos seus brinquedos e tudo faz para os obter. A perda do menor dos seus bens causa-lhe pungente mágoa. Um desengano, uma esperança perdida, uma ambição insatisfeita, uma injustiça de que for vítima, o orgulho ou a vaidade feridas, são tantos outros tormentos, que fazem da vida uma angústia perpétua, pois que *se entrega voluntariamente a uma verdadeira tortura de todos os instantes.*

Sob o ponto de vista da vida terrena, em cujo centro se coloca, tudo se agiganta ao seu redor. O mal que o atinge, como o bem que toca aos outros, tudo adquire aos seus olhos enorme importância. É como o homem que, dentro de uma cidade, vê tudo grande em seu redor: os cidadãos eminentes como os monumentos; mas que, subindo a uma montanha, tudo lhe parece pequeno.

Assim acontece com aquele que encara a vida terrena do ponto de vista da vida futura: a humanidade, como as estrelas no céu, se perde na imensidade; ele então se apercebe de que grandes e pequenos se confundem como as formigas num monte de terra; que operários e poderosos são da mesma estatura; e ele lamenta essas criaturas efêmeras, que tanto se esfalfam para conquistar uma posição que os eleva tão pouco e por tão pouco tempo. É assim que a importância atribuída aos bens terrenos está sempre na razão inversa da fé que se tem na vida futura.

6. Se todos pensarem assim, dir-se-á, ninguém mais se ocupando das coisas da Terra, tudo perigará. Mas não, porque o homem procura instintivamente o seu bem-estar, e mesmo tendo a certeza de que ficará por pouco tempo em algum lugar, ainda quererá estar o melhor ou o menos mal possível. Não há uma só pessoa que, sentindo um espinho sob a mão, não a retire para não ser picada. Ora, a procura do bem-estar força o homem a melhorar todas as coisas, impulsionado como ele é pelo instinto do progresso e da conservação, que decorre das próprias leis da natureza. Ele trabalha, portanto, por necessidade, por gosto e por dever, e com isso cumpre os desígnios da Providência, que o colocou na Terra para esse fim. Só aquele que considera o futuro pode dar ao presente uma importância relativa, consolando-se facilmente de seus revezes, ao pensar no destino que o aguarda.

Deus não condena, portanto, os gozos terrenos, mas o abuso desses gozos, em prejuízo dos interesses da alma. É contra esse abuso que se previnem os que compreendem estas palavras de Jesus: *O meu reino não é deste mundo.*

Aquele que se identifica com a vida futura é semelhante a um homem rico, que perde uma pequena soma sem se perturbar; e aquele que concentra os seus pensamentos na vida terrestre é como o pobre que, ao perder tudo o que possui, cai em desespero.

7. O Espiritismo dá amplitude ao pensamento e abre-lhe novos horizontes. Em vez dessa visão estreita e mesquinha, que o concentra na vida presente, fazendo do instante que passa sobre a Terra o único e frágil esteio do futuro eterno, ele nos mostra que esta vida é um simples elo do conjunto harmonioso e grandioso da obra do Criador, e revela a solidariedade que liga todas as existências de um mesmo ser, todos os seres de um mesmo mundo e os seres de todos os mundos. Oferece, assim, uma base e uma razão de ser à fraternidade universal, enquanto a doutrina da criação da alma, no momento do nascimento de cada corpo, faz que todos os seres sejam estranhos uns aos outros. Essa solidariedade das partes de um mesmo todo explica o que é inexplicável, quando apenas consideramos uma parte. Essa visão de conjuntos, os homens do tempo de Cristo não podiam compreender, e por isso o seu conhecimento foi reservado para mais tarde.

INSTRUÇÕES DOS ESPÍRITOS

UMA REALEZA TERRENA

• Uma Rainha de França •
Havre, 1863

8. Quem poderia, melhor do que eu, compreender a verdade destas palavras de Nosso Senhor: *meu reino não é deste mundo?* O orgulho me perdeu sobre a Terra. Quem, pois, compreenderia o nada dos reinos do mundo, se eu não compreendesse? O que foi que eu levei comigo, da minha realeza terrena? Nada, absolutamente nada. E como para tornar a lição mais terrível, ela não me acompanhou sequer até o túmulo! Rainha eu fui entre os homens, e rainha pensei chegar no reino dos céus. Mas que desilusão! E que humilhação, quando, em vez de ser ali recebida como soberana, tive de ver acima de mim, mas muito acima, homens que eu considerava pequeninos e os desprezava, por não terem nas veias um sangue nobre! Oh, só então compreendi a fatuidade dos homens e das grandezas que tão avidamente buscamos sobre a Terra!

Para preparar um lugar nesse reino são necessárias a abnegação, a humildade, a caridade, a benevolência para com todos. Não se pergunta o que fostes, que posição ocupastes, mas o bem que fizestes, as lágrimas que enxugastes.

Oh, Jesus! Disseste que teu reino não era deste mundo, porque é necessário sofrer para chegar ao céu, e os degraus do trono não levam até lá. São os caminhos mais penosos da vida os que conduzem a ele. Procurai, pois, o caminho através de espinhos e abrolhos e não por entre as flores!

Os homens correm atrás dos bens terrenos, como se os pudessem guardar para sempre. Mas aqui não há ilusões, e logo eles se apercebem de que conquistaram apenas sombras, desprezando os únicos bens sólidos e duráveis, os únicos que lhes aproveitariam na morada celeste, e que lhes podiam abrir as portas dessa morada.

Tende piedade dos que não ganharam o reino dos céus. Ajudai-os com as vossas preces, porque a prece aproxima o homem do Altíssimo, é o traço de união entre o céu e a terra. Não o esqueçais!

CAPÍTULO III

HÁ MUITAS MORADAS NA CASA DE MEU PAI

DIFERENTES ESTADOS DA ALMA NA ERRATICIDADE – DIVERSAS CATEGORIAS DE MUNDOS HABITADOS – DESTINO DA TERRA E CAUSA DAS MISÉRIAS HUMANAS – *INSTRUÇÕES DOS ESPÍRITOS:* MUNDOS SUPERIORES E INFERIORES – MUNDOS DE EXPIAÇÕES E DE PROVAS – MUNDOS REGENERADORES – PROGRESSÃO DOS MUNDOS

1. Não se turbe o vosso coração. Crede em Deus, crede também em mim. – Há muitas moradas na casa de meu pai. **Se assim não fosse, eu vo-lo teria dito; pois vou preparar-vos o lugar. E depois que eu me for, e vos aparelhar o lugar, virei outra vez e tomar-vos-ei para mim, para que lá onde estiver, estejais vós também.** (João, XIV: 1/3).

DIFERENTES ESTADOS DA ALMA NA ERRATICIDADE

2. A Casa do Pai é o Universo. As diferentes moradas são os mundos que circulam no espaço infinito, oferecendo aos Espíritos desencarnados estações apropriadas ao seu adiantamento.

Independentemente da diversidade dos mundos, essas palavras podem também ser interpretadas pelo estado feliz ou infeliz dos Espíritos na erraticidade. Conforme for ele mais ou menos puro e liberto das atrações materiais, o meio em que estiver, o aspecto das coisas, as sensações que experimentar, as percepções que possuir, tudo isso varia ao infinito. Enquanto uns, por exemplo, não podem afastar-se do meio em que viveram, outros se elevam e percorrem o espaço e os mundos. Enquanto certos Espíritos culpados erram nas trevas, os felizes gozam de uma luz resplandecente e do sublime espetáculo do infinito. Enquanto, enfim, o malvado, cheio de remorsos e pesares, frequentemente só, sem consolações, separado dos objetos da sua afeição, geme sob a opressão dos sofrimentos morais, o justo, junto aos que ama, goza de uma indizível felicidade. Essas também são, portanto, diferentes moradas, embora não localizadas nem circunscritas.

DIVERSAS CATEGORIAS DE MUNDOS HABITADOS

3. Do ensinamento dado pelos Espíritos, resulta que os diversos mundos possuem condições muito diferentes uns dos outros, quanto ao grau de adiantamento ou de inferioridade dos seus habitantes. Dentre eles, há os que são ainda inferiores à Terra, física e moralmente. Outros estão no mesmo grau, e outros lhe são mais ou menos superiores, em todos os sentidos. Nos mundos inferiores a existência é toda material, as paixões reinam soberanas, a vida moral quase não existe. À medida que esta se desenvolve, a influência da matéria diminui, de maneira que, nos mundos mais avançados, a vida é por assim dizer toda espiritual.

4. Nos mundos intermediários, o bem e o mal se misturam, e um predomina sobre o outro, segundo o grau de adiantamento em que se encontrarem. Embora não possamos fazer uma classificação absoluta dos diversos mundos, podemos, pelo menos, considerando o seu estado e o seu destino, com base nos seus aspectos mais destacados, dividi-los assim, de um modo geral: mundos primitivos, onde se verificam as primeiras encarnações da alma humana; mundos de expiação e de provas, em que o mal predomina; mundos regeneradores, onde as almas que ainda têm o que expiar adquirem novas forças, repousando das fadigas da luta; mundos felizes, onde o bem supera o mal; mundos celestes ou divinos, morada dos Espíritos purificados, onde o bem reina sem mistura. A Terra pertence à categoria dos mundos de expiações e de provas, e é por isso que nela o homem está exposto a tantas misérias.

5. Os Espíritos encarnados num mundo não estão ligados a ele indefinidamente, e não passam nesse mundo por todas as fases do progresso que devem realizar, para chegar à perfeição. Quando atin-

gem o grau de adiantamento necessário, passam para outro mundo mais adiantado, e assim sucessivamente, até chegarem ao estado de Espíritos puros. Os mundos são as estações em que eles encontram os elementos de progresso proporcionais ao seu adiantamento. É para eles uma recompensa passarem a um mundo de ordem mais elevada, como é um castigo prolongarem sua permanência num mundo infeliz, ou serem relegados a um mundo ainda mais infeliz, por se haverem obstinado no mal.

DESTINO DA TERRA E CAUSAS DAS MISÉRIAS HUMANAS

6. Admira-se de haver sobre a Terra tantas maldades e tantas paixões inferiores, tantas misérias e enfermidades de toda sorte, concluindo-se que miserável coisa é a espécie humana. Esse julgamento decorre de uma visão estreita, que dá uma falsa ideia do conjunto. É necessário considerar que toda a humanidade não se encontra na Terra, mas apenas uma pequena fração dela. Porque a espécie humana abrange todos os seres dotados de razão, que povoam os inumeráveis mundos do Universo. Ora, o que seria a população da Terra, diante da população total desses mundos? Bem menos que a de um lugarejo em relação à de um grande império. A condição material e moral da humanidade terrena nada tem, pois, de estranho, se levarmos em conta o destino da Terra e a natureza de sua população.

7. Faríamos uma ideia muito falsa da população de uma grande cidade, se a julgássemos pelos moradores dos bairros mais pobres e sórdidos. Num hospital, só vemos doentes e estropiados; numa galé, vemos todas as torpezas, todos os vícios reunidos; nas regiões insalubres, a maior parte dos habitantes são pálidos, fracos e doentes. Pois bem: consideremos a Terra como um arrabalde, um hospital, uma penitenciária, um pantanal, porque ela é tudo isso a um só tempo, e compreenderemos porque as suas aflições sobrepujam os prazeres. Porque não se enviam aos hospitais as pessoas sadias, nem às casas de correção os que não praticaram crimes, e nem os hospitais, nem as casas de correção, são lugares de delícias.

Ora, da mesma maneira que, numa cidade, toda a população não se encontra nos hospitais ou nas prisões, assim a humanidade inteira não se encontra na Terra. E como saímos do hospital quando estamos curados, e da prisão quando cumprimos a pena, o homem sai da Terra para mundos mais felizes, quando se acha curado de suas enfermidades morais.

INSTRUÇÕES DOS ESPÍRITOS

MUNDOS SUPERIORES E INFERIORES

(Resumo do ensinamento de todos os Espíritos superiores).

8(*). A classificação de mundos inferiores e mundos superiores é antes relativa do que absoluta, pois um mundo é inferior ou superior em relação aos que se acham abaixo ou acima dele, na escala progressiva.

Tomando a Terra como ponto de comparação, pode fazer-se uma ideia do estado de um mundo inferior, supondo os seus habitantes no grau evolutivo dos povos selvagens e das nações bárbaras que ainda se encontram em nosso planeta, como restos do seu estado primitivo. Nos mundos mais atrasados, os homens são de certo modo rudimentares. Possuem a forma humana, mas sem nenhuma beleza; seus instintos não são temperados por nenhum sentimento de delicadeza ou benevolência, nem pelas noções do justo e do injusto; a força bruta é sua única lei. Sem indústrias, sem invenções, dedicam sua vida à conquista de alimentos. Não obstante, Deus não abandona nenhuma de suas criaturas. No fundo tenebroso dessas inteligências encontra-se, latente, a vaga intuição de um Ser Supremo, mais ou menos desenvolvida. Esse instinto é suficiente para que uns se tornem superiores aos outros, preparando-se para a eclosão de uma vida mais plena. Porque eles não são criaturas degradadas, mas crianças que crescem.

Entre esses graus inferiores e mais elevados, há inumeráveis degraus, e entre os Espíritos puros, desmaterializados e resplandecentes de glória, é difícil reconhecer os que animaram os seres primitivos, da mesma maneira que, no homem adulto, é difícil reconhecer o antigo embrião.

(*) Vide Nota Explicativa no final do livro.

9. Nos mundos que atingiram um grau superior de evolução, as condições da vida moral e material são muito diferentes das que encontramos na Terra. A forma dos corpos é sempre, como por toda parte, a humana, mas embelezada, aperfeiçoada, e sobretudo purificada. O corpo nada tem da materialidade terrena, e não está, por isso mesmo, sujeito às necessidades, às doenças e às deteriorações decorrentes do predomínio da matéria. Os sentidos, mais sutis, têm percepções que a grosseria dos nossos órgãos sufoca. A leveza específica dos corpos torna a locomoção rápida e fácil. Em vez de se arrastarem penosamente sobre o solo, eles deslizam, por assim dizer, pela superfície ou pelo ar, pelo esforço apenas da vontade, à maneira das representações de anjos ou dos manes dos antigos nos Campos Elíseos. Os homens conservam à vontade os traços de suas existências passadas, e aparecem aos amigos em suas formas conhecidas, mas iluminadas por uma luz divina, transfiguradas pelas impressões interiores, que são sempre elevadas. Em vez de rostos pálidos, arruinados pelos sofrimentos e as paixões, a inteligência e a vida esplendem, com esse brilho que os pintores traduziram pela auréola dos santos.

A pouca resistência que a matéria oferece aos Espíritos já bastante adiantados, facilita o desenvolvimento dos corpos, e abrevia ou quase anula o período de infância. A vida, isenta de cuidados e angústias, é proporcionalmente muito mais longa que a da Terra. Em princípio, a longevidade é proporcional ao grau de adiantamento dos mundos. A morte não tem nenhum dos horrores da decomposição, e longe de ser motivo de pavor, é considerada como uma transformação feliz, pois não existem dúvidas quanto ao futuro. Durante a vida, não estando a alma encerrada numa matéria compacta, irradia e goza de uma lucidez que a deixa num estado quase permanente de emancipação, permitindo a livre transmissão do pensamento.

10. Nos mundos felizes, as relações de povo para povo, sempre amigáveis, jamais são perturbadas pelas ambições de dominação e pelas guerras que lhes são consequentes. Não existem senhores nem escravos, nem privilegiados de nascimento. Só a superioridade moral e intelectual determina as diferentes condições e confere a supremacia. A autoridade é sempre respeitada, porque decorre unicamente do mérito e se exerce sempre com justiça. *O homem não procura elevar-se sobre o seu semelhante, mas sobre si mesmo, aperfeiçoando-se.* Seu objetivo é atingir a classe dos Espíritos puros, e esse desejo incessante não constitui um tormento, mas uma nobre ambição, que o faz estudar com ardor para os igualar. Todos os sentimentos ternos e elevados da natureza humana apresentam-se engrandecidos e purificados. Os ódios, as mesquinharias do ciúme, as baixas cobiças da inveja, são ali desconhecidos. Um sentimento de amor e fraternidade une a todos os homens, e os mais fortes ajudam os mais fracos. Suas posses são correspondentes às possibilidades de aquisição de suas inteligências, mas ninguém sofre a falta do necessário, porque ninguém ali se encontra em expiação. Em uma palavra, o mal não existe.

11. No vosso mundo, tendes necessidades do mal para sentir o bem, da noite para admirar a luz, da doença para apreciar a saúde. Lá, esses contrastes não são necessários. A eterna luz, a eterna bondade, a paz eterna da alma, proporcionam uma alegria eterna, que nem as angústias da vida material, nem os contatos dos maus, que ali não têm acesso, poderiam perturbar. Eis o que o Espírito humano só dificilmente compreende. Ele foi engenhoso para pintar os tormentos do inferno, mas jamais pode representar as alegrias do céu. E isso por quê? Porque, sendo inferior, só tem experimentado penas e misérias, e não pode entrever as claridades celestes. Ele não pode falar daquilo que não conhece. Mas, à medida que se eleva e se purifica, o seu horizonte se alarga e ele compreende o bem que está à sua frente, como compreendeu o mal que deixa para trás.

12. Esses mundos afortunados, entretanto, não são mundos privilegiados. Porque Deus não usa de parcialidade para nenhum de seus filhos. A todos concede os mesmos direitos e as mesmas facilidades para chegarem até lá. Fez que todos partissem do mesmo ponto, e não dota a uns mais do que aos outros. Os primeiros lugares são acessíveis a todos: cabe-lhes conquistá-los pelo trabalho, atingi-los o mais cedo possível, ou abandonar-se durante séculos e séculos no meio da escória humana.

MUNDOS DE EXPIAÇÕES E DE PROVAS

• Santo Agostinho •
Paris, 1862

13. Que vos direi, que já não conheçais, dos mundos de expiações, pois que basta considerar a Terra que habitais? A superioridade da inteligência, num grande número de seus habitantes, indica que ela não é um mundo primitivo, destinado à encarnação de Espíritos ainda mal saídos das mãos do Criador. Suas qualidades inatas são a prova de que já viveram e realizaram um certo progresso, mas também os numerosos vícios a que se inclinam são o indício de uma grande imperfeição moral. Eis porque Deus os colocou num mundo ingrato, para expiarem suas faltas através de um trabalho penoso e das misérias da vida, até que se façam merecedores de passar para um mundo mais feliz.

14(*). Não obstante, não são todos os Espíritos encarnados na Terra que se encontram em expiação. As raças que chamais selvagens constituem-se de Espíritos apenas saídos da infância, e que estão, por assim dizer, educando-se e desenvolvendo-se ao contato de Espíritos mais avançados. Vêm a seguir as raças semicivilizadas, formadas por esses mesmos Espíritos em progresso. Essas são, de algum modo, as raças indígenas da Terra, que se desenvolveram pouco a pouco, através de longos períodos seculares, conseguindo algumas atingir a perfeição intelectual dos povos mais esclarecidos.

Os Espíritos em expiação aí estão, se assim nos podemos exprimir, como estrangeiros. Já viveram em outros mundos, dos quais foram excluídos por sua obstinação no mal, que os tornava causa de perturbação para os bons. Foram relegados, por algum tempo, entre os Espíritos mais atrasados, tendo por missão fazê-los avançar, porque trazem uma inteligência desenvolvida e os germes dos conhecimentos adquiridos. É por isso que os Espíritos punidos se encontram entre as raças mais inteligentes, pois são estas também as que sofrem mais amargamente as misérias da vida, por possuírem maior sensibilidade e serem mais atingidas pelos atritos do que as raças primitivas, cujo senso moral é mais obtuso.

15. A Terra nos oferece, pois, um dos tipos de mundos expiatórios, em que as variedades são infinitas, mas têm por caráter comum servirem de lugar de exílio para os Espíritos rebeldes à lei de Deus. Nesses mundos, os Espíritos exilados têm de lutar, ao mesmo tempo, contra a perversidade dos homens e a inclemência da natureza, trabalho duplamente penoso, que desenvolve a uma só vez as qualidades do coração e as da inteligência. É assim que Deus, na sua bondade, torna o próprio castigo proveitoso para o progresso do Espírito.

(*) Vide Nota Explicativa no final do livro.

MUNDOS REGENERADORES

• Santo Agostinho •
Paris, 1862

16. Entre essas estrelas que cintilam na abóbada azulada, quantas delas são mundos, como o vosso, designados pelo Senhor para expiação e provas! Mas há também entre elas mundos mais infelizes e melhores, como há mundos transitórios, que podemos chamar de regeneradores. Cada turbilhão planetário, girando no espaço em torno de um centro comum, arrasta consigo mundos primitivos, de provas, de regeneração e de felicidade. Já ouvistes falar desses mundos em que a alma nascente é colocada, ainda ignorante do bem e do mal, para que possa marchar em direção a Deus, senhora de si mesma, na posse do seu livre-arbítrio. Já ouvistes falar das amplas faculdades de que a alma foi dotada, para praticar o bem. Mas ai! Existem as que sucumbem! Então Deus, que não quer aniquilá-las, permite-lhes ir a esses mundos em que, de encarnações em encarnações, podem fazer-se novamente dignas da glória a que foram destinadas.

17. Os mundos regeneradores servem de transição entre os mundos de expiação e os felizes. A alma que se arrepende, neles encontra a paz e o descanso, acabando por se purificar. Sem dúvida, mesmo nesses mundos, o homem ainda está sujeito às leis que regem a matéria. A humanidade experimenta as vossas sensações e os vossos desejos, mas está isenta das paixões desordenadas que vos escravizam. Neles, não há mais o orgulho que emudece o coração, a inveja que o tortura e o ódio que o asfixia. A palavra amor está escrita em todas as frontes; uma perfeita equidade regula as relações sociais; todos manifestam-se a Deus e procuram elevar-se a Ele, seguindo as suas leis.

Nesses mundos, contudo, ainda não existe a perfeita felicidade, mas a aurora da felicidade. O homem ainda é carnal, e por isso mesmo sujeito às vicissitudes de que só estão isentos os seres completamente desmaterializados. Ainda tem provas a sofrer, mas estas não se revestem das pungentes angústias da expiação. Comparados à Terra, esses mundos são mais felizes, e muitos de vós gostariam de habitá-los, porque representam a calma após a tempestade, a convalescença após uma doença cruel. Menos absorvido pelas coisas materiais, o homem entrevê melhor o futuro do que vós, compreende que são outras as alegrias prometidas pelo Senhor aos que se tornam dignos, quando a morte ceifar novamente os seus corpos, para lhes dar a verdadeira vida. É então que a alma liberta poderá pairar sobre os horizontes. Não mais os sentidos materiais e grosseiros, mas os sentidos de um perispírito puro e celeste, aspirando as emanações de Deus, sob os aromas do amor e da caridade, que se expandem no seu seio.

18. Mas, ah! Nesses mundos o homem ainda é falível, e o Espírito do mal ainda não perdeu completamente o seu domínio sobre ele. Não avançar é recuar, e se ele não estiver firme no caminho do bem, pode cair novamente em mundos de expiação, onde o esperam novas e mais terríveis provas. Contemplai, pois, durante a noite, na hora do repouso e da prece, essa abóbada azulada, e entre as inumeráveis esferas que brilham sobre as vossas cabeças, procurai as que levam a Deus, e pedi que um mundo regenerador vos abra o seu seio, após a expiação na Terra.

PROGRESSÃO DOS MUNDOS

• **Santo Agostinho** •
Paris, 1862

19. O progresso é uma das leis da natureza. Todos os seres da Criação, animados e inanimados, estão submetidos a ela, pela bondade de Deus, que deseja que tudo se engrandeça e prospere. A própria destruição, que parece, para os homens, o fim das coisas, é apenas um meio de levá-las, pela transformação, a um estado mais perfeito, pois tudo morre para renascer, e nada volta para o nada.

Ao mesmo tempo que os seres vivos progridem moralmente, os mundos que eles habitam progridem materialmente. Quem pudesse seguir um mundo em suas diversas fases, desde o instante em que se aglomeraram os primeiros átomos da sua constituição, o veria percorrer uma escala incessantemente progressiva, mas em graus insensíveis para cada geração, e oferecer aos seus habitantes uma morada mais agradável, à medida que eles também avançam na senda do progresso. Assim marcham paralelamente o progresso do homem, o dos animais seus auxiliares, o dos vegetais e o das formas de habitação, porque nada fica estacionário na natureza.

Quanto esta ideia é grandiosa e digna da majestade do Criador! E como, ao contrário, é pequena e indigna do seu poder aquela que concentra a sua solicitude e a sua providência no imperceptível grão de areia da Terra, e restringe a humanidade a algumas criaturas que o habitam!

A Terra, seguindo essa lei, esteve material e moralmente num estado inferior ao de hoje, e atingirá, sob esses dois aspectos, um grau mais avançado. Ela chegou a um de seus períodos de transformação, e vai passar de mundo expiatório a mundo regenerador. Então os homens encontrarão nela a felicidade, porque a lei de Deus a governará.

CAPÍTULO IV

NINGUÉM PODE VER O REINO DE DEUS, SE NÃO NASCER DE NOVO

RESSURREIÇÃO E REENCARNAÇÃO – OS LAÇOS DE FAMÍLIA SÃO FORTALECIDOS PELA REENCARNAÇÃO E ROMPIDOS PELA UNICIDADE DE EXISTÊNCIA – *INSTRUÇÕES DOS ESPÍRITOS:* LIMITES DA ENCARNAÇÃO – A NECESSIDADE DA ENCARNAÇÃO

1. "E veio Jesus para os lados de Cesareia de Felipe, e interrogou seus discípulos, dizendo: Quem dizem os homens que é o Filho do Homem? E eles responderam: Uns dizem que é João Batista, mas outros que é Elias, e outros que Jeremias ou alguns dos Profetas. Disse-lhes Jesus: E vós, quem dizeis que sou eu? Respondendo Simão Pedro, disse: Tu és o Cristo, filho do Deus vivo. E respondendo Jesus, lhe disse: Bem-aventurado és, Simão, filho de Jonas, porque não foi a carne e o sangue que te revelaram isso, mas sim meu Pai, que está nos céus". (MATEUS, XVI: 13-17).

2. "E chegou a Herodes, o Tetrarca, notícia de tudo o que Jesus obrava, e ficou como suspenso, porque diziam uns: É João que ressurgiu dos mortos; e outros: É Elias que apareceu; e outros: É um dos antigos profetas que ressuscitou. Então disse Herodes: Eu mandei degolar a João; quem é, pois, este, de quem ouço semelhantes coisas? E buscava ocasião de o ver. (MARCOS, VI: 14-15; LUCAS, IX: 7-9).

3. (Após a transfiguração). E os discípulos lhe perguntaram, dizendo: Pois por que dizem os escribas que importa vir Elias primeiro? Mas ele, respondendo, lhes disse: Elias certamente

há de vir, e restabelecerá todas as coisas: digo-vos, porém, que Elias já veio, e eles não o conheceram, antes fizeram dele quanto quiseram.

Assim também o Filho do Homem há de padecer às suas mãos. Então compreenderam os discípulos que de João Batista é que ele lhes falara. (Mateus, XVII: 10-13; Marcos, XVIII: 10-12).

RESSURREIÇÃO E REENCARNAÇÃO

4. A reencarnação fazia parte dos dogmas judeus, sob o nome de ressurreição. Somente os saduceus, que pensavam que tudo acabava com a morte, não acreditavam nela. As ideias dos judeus sobre essa questão, como sobre muitas outras, não estavam claramente definidas, porque só tinham noções vagas e incompletas sobre a alma e sua ligação com o corpo. Eles acreditavam que um homem podia reviver, sem terem uma ideia precisa da maneira porque isso se daria, e designavam pela palavra ressurreição o que o Espiritismo chama, mais justamente, de reencarnação. Com efeito, a ressurreição supõe o retorno à vida do próprio cadáver, o que a Ciência demonstra ser materialmente impossível, sobretudo quando os elementos desse corpo já estão há muito dispersos e consumidos. A reencarnação é a volta da alma ou Espírito à vida corpórea, mas num outro corpo, novamente constituído, e que nada tem a ver com o antigo. A palavra ressurreição podia, assim, aplicar-se a Lázaro, mas não a Elias, nem aos demais profetas. Se, portanto, segundo sua crença, João Batista era Elias, o corpo de João não podia ser o de Elias, pois que João tinha sido visto criança e seus pais eram conhecidos. João podia ser, pois, Elias reencarnado, mas não ressuscitado.

5. "E havia um homem dentre os Fariseus, por nome Nicodemos, senador dos Judeus. Este, uma noite, veio buscar a Jesus, e disse-lhe: Rabi, sabemos que és mestre, vindo da parte de Deus, porque ninguém pode fazer estes milagres, que tu fazes, se Deus não estiver com ele. Jesus respondeu e lhe disse: Na verdade, na verdade te digo que não pode ver o Reino de Deus, senão aquele que renascer de novo. Nicodemos lhe disse: Como pode um homem nascer, sendo velho? Porventura pode entrar no ventre de sua mãe e nascer outra vez? Respondeu-lhe Jesus: Em verdade, em verdade te digo que quem não nascer da água e do Espírito, não pode entrar no Reino de Deus. O que é nascido da carne é carne, e o que

é nascido do Espírito é Espírito. Não te maravilhes de eu te dizer que importa-vos nascer de novo. O Espírito sopra onde quer, e tu ouves a sua voz, mas não sabes de onde ele vem, nem para onde vai. Assim é todo aquele que é nascido do Espírito. Perguntou Nicodemos: Como se pode fazer isto? Respondeu Jesus: Tu és mestre em Israel, e não sabes estas coisas? Em verdade, em verdade te digo, que nós dizemos o que sabemos, e damos testemunho do que vimos, e vós, com tudo isso, não recebeis o nosso testemunho. Se quando eu vos tenho falado das coisas terrenas, ainda assim não me credes, como creríeis, se eu vos falasse das celestiais?" (João, III: 1-12)

6. A ideia de que João Batista era Elias, e de que os profetas podiam reviver na Terra, encontra-se em muitas passagens dos Evangelhos, notadamente nas acima reproduzidas (n-os 1, 2 e 3). Se essa crença fosse um erro, Jesus não deixaria de combatê-la, como fez com tantas outras. Longe disso, porém, ele a sancionou com toda a sua autoridade, e a transformou num princípio, fazendo-a condição necessária, quando disse: *Ninguém pode ver o Reino dos Céus, se não nascer de novo.* E insistiu, acrescentando: *Não te maravilhes de eu ter dito que é necessário nascer de novo.*

7. Estas palavras: *Se não renascer da água e do Espírito*, foram interpretadas no sentido da regeneração pela água do batismo. Mas o texto primitivo diz simplesmente: *Não renascer da água e do Espírito*, enquanto que, em algumas traduções, a expressão do *Espírito* foi substituída pela do *Espírito Santo*, o que não corresponde ao mesmo pensamento. Esse ponto capital ressalta dos primeiros comentários feitos sobre o Evangelho, assim como um dia será constatado seu equívoco[1].

8. Para compreender o verdadeiro sentido dessas palavras, é necessário reportar à significação da palavra água, que não foi empregada no seu sentido específico. Os antigos tinham conhecimentos imperfeitos sobre as ciências físicas, e acreditavam que a Terra havia saído das águas. Por isso, consideravam a água como o elemento gerador absoluto. É assim que encontramos no Gênesis: "O Espírito de Deus era levado sobre as águas",

[1] **A tradução de Osterwald está conforme o texto primitivo, e traz: não renascer da água e do** Espírito. **A de Sacy diz:** do Espírito Santo. **A de Lamennais também diz:** Espírito Santo.

"flutuava sobre as águas", "que o firmamento seja feito no meio das águas", "que as águas que estão sob o céu se reúnam num só lugar, e que o elemento árido apareça", "que a água produza animais viventes, que nadem na água, e pássaros que voem sobre a terra e debaixo do firmamento".

Conforme essa crença, a água se transformara no símbolo da natureza material, como o Espírito o era da natureza inteligente. Essas palavras: "Se o homem não renascer da água e do Espírito", ou "na água e no Espírito", significam, pois: "Se o homem não renascer com o corpo e a alma". Neste sentido é que foram compreendidas no princípio.

Esta interpretação se justifica, aliás, por estas outras palavras: "O que é nascido da carne é carne, e o que é nascido do Espírito é Espírito". Jesus faz aqui uma distinção positiva entre o Espírito e o corpo. "O que é nascido da carne é carne", indica claramente que o corpo procede apenas do corpo, e que o Espírito é independente dele.

9. "O Espírito sopra onde quer, e ouves a sua voz, mas não sabes de onde vem nem para onde vai", é uma passagem que se pode entender pelo Espírito de Deus que dá a vida a quem quer, ou pela alma do homem. Nesta última acepção, a sequência: "mas não sabes de onde vem nem para onde vai", significa que não se sabe o que foi nem o que será o Espírito. Se, pelo contrário, o Espírito, ou alma, fosse criado com o corpo, saberíamos de onde ele vem, pois conheceríamos o seu começo. Em todo caso, esta passagem é a consagração do princípio da preexistência da alma, e por conseguinte da pluralidade das existências.

10. "Desde os tempos de João Batista até agora, o Reino dos Céus é tomado pela força, e os que fazem violência são os que o arrebatam. Porque todos os profetas e a lei, até João, profetizaram. E se vós o quereis bem compreender, ele mesmo é o Elias que há de vir. O que tem ouvidos de ouvir, ouça". (Mateus, XI: 12-15)

11. Se o princípio da reencarnação, expresso em São João, podia a rigor, ser interpretado num sentido puramente místico, já não aconteceria o mesmo nesta passagem de São Mateus, onde não há equívoco possível: "Ele mesmo é o Elias que há de vir". Aqui não existe figura, nem alegoria; trata-se de uma afirmação positiva. "Desde o tempo de João Batista até agora, o Reino dos Céus é tomado pela força", que significam estas palavras, pois João ainda vivia no momento em que foram ditas? Jesus as explica, ao dizer: "E se vós o quereis bem compreender, ele mesmo é o Elias que há de vir".

Ora, João tendo sido Elias, Jesus alude ao tempo em que João vivia com o nome de Elias. "Até agora, o Reino dos Céus é tomado pela força", é outra alusão à violência da lei mosaica, que ordenava o extermínio dos infiéis, para a conquista da Terra Prometida, Paraíso dos Hebreus, enquanto que, segundo a nova lei, o céu é ganho pela caridade e pela brandura. A seguir, acrescenta: "O que tem ouvidos de ouvir, ouça". Essas palavras, tão frequentemente repetidas por Jesus, exprimem claramente que nem todos estavam em condições de compreender certas verdades.

12. "Os teus mortos viverão. Os meus, a quem tiraram a vida, ressuscitarão. Despertai e cantai louvores, vós os que habitais no pó, porque o orvalho que cai sobre vós é orvalho de luz, e arruinareis a Terra e o reino dos gigantes". (Isaías, XXVI:19)

13. Esta passagem de Isaías é também bastante clara: "Os teus mortos viverão". Se o profeta tivesse querido falar da vida espiritual, se tivesse querido dizer que os mortos não estavam mortos em Espírito teria dito: "ainda vivem", e não: "viverão". Do ponto de vista espiritual, essas palavras seriam um contrassenso, pois implicariam uma interrupção na vida da alma. No sentido de regeneração moral, seriam a negação das penas eternas, pois estabelecem o princípio de que *todos os mortos reviverão.*

14. "Quando o homem morre uma vez, e seu corpo, separado do espírito, é consumido, em que se torna ele? Tendo o homem morrido uma vez, poderia ele reviver de novo? Nesta guerra em que me encontro, todos os dias de minha vida, estou esperando que chegue a minha mutação". (Job, XIV:10-14, segundo a tradução de Sacy).

"Quando o homem morre, perde toda a sua força e expira: depois, onde está ele? Se o homem morre, tornará a viver? Esperarei todos os dias de meu combate, até que chegue minha transformação" (Id. Tradução protestante de Osterwald).

"Quando o homem está morto, vive sempre; findando-se os dias da minha existência terrestre, esperarei, porque a ela voltarei novamente" (Id. Versão da Igreja Grega).

15. O princípio da pluralidade das existências está claramente expresso nessas três versões. Não se pode supor que Job quisesse falar da regeneração pela água do batismo, que ele certamente não conhecia. "Tendo o homem morrido uma vez, poderia ele reviver de novo?" A ideia de morrer uma vez e reviver implica a de morrer e reviver muitas vezes. A versão da Igreja Grega é ainda mais explícita, se possível: "Findando-se os dias da minha existência terrestre, esperarei, porque a ela voltarei novamente". Quer dizer: eu voltarei à existência terrena. Isto é tão claro como se alguém dissesse: "Saio de casa, mas a ela retornarei".

"Nesta guerra em que me encontro, todos os dias de minha vida, estou esperando que chegue a minha mutação". Job quer falar evidentemente, da luta que sustenta contra as misérias da vida. Ele espera a sua mutação, ou seja, ele se resigna. Na versão grega, a expressão "esperarei", parece antes aplicar-se à nova existência: "Findando-se os dias da minha existência terrestre, esperarei, porque a ela voltarei novamente", Job parece colocar-se, após a morte, num intervalo que separa uma existência de outra, e dizer que ali esperará o seu retorno.

16. Não é, pois, duvidoso, que sob o nome de ressurreição, o princípio da reencarnação fosse uma das crenças fundamentais dos judeus, e que ela foi confirmada por Jesus e pelos profetas, de maneira formal. Donde se segue que negar a reencarnação é renegar as palavras de Cristo. Suas palavras, um dia, constituirão autoridade sobre este ponto, como sobre muitos outros, quando forem meditadas sem partidarismo.

17. A essa autoridade, de natureza religiosa, virá juntar-se no plano filosófico, a das provas que resultam da observação dos fatos. Quando dos efeitos se quer remontar às causas, a reencarnação aparece como uma necessidade absoluta, uma condição inerente à humanidade, em uma palavra, como uma lei da natureza. Ela se revela, pelos seus resultados, de maneira por assim dizer material, como o motor oculto se revela pelo movimento que produz. Somente ela pode dizer ao homem de onde ele vem, para onde vai, porque se encontra na Terra, e justificar todas as anomalias e todas as injustiças aparentes da vida[1].

---

(1) Para o desenvolvimento do dogma da reencarnação, ver O Livro dos Espíritos, **caps. IV e V;** O que é o Espiritismo, **cap. II; ambos de Allan Kardec; e a** Pluralidade das Existências, **de Pezzani. (Nota do Tradutor: A palavra "dogma" figura aqui no sentido racional e não fideísta, como "princípio" e não como dogma de fé. O Espiritismo não é dogmático, no sentido religioso da palavra, mas tem princípios fundamentais, que filosoficamente são chamados dogmas).**

Sem o princípio da preexistência da alma e da pluralidade das existências, a maior parte das máximas do Evangelho são ininteligíveis, e por isso têm dado motivo a interpretações tão contraditórias. Esse princípio é a chave que deve restituir-lhes o verdadeiro sentido.

OS LAÇOS DE FAMÍLIA SÃO FORTALECIDOS PELA REENCARNAÇÃO E ROMPIDOS PELA UNICIDADE DE EXISTÊNCIA

18. Os laços de família não são destruídos pela reencarnação, como pensam certas pessoas. Pelo contrário, são fortalecidos e reapertados. O princípio oposto é que os destrói.

Os Espíritos formam, no espaço, grupos ou famílias, unidos pela afeição, pela simpatia e a semelhança de inclinações. Esses Espíritos, felizes de estarem juntos, procuram-se. A encarnação só os separa momentaneamente, pois que, uma vez retornado à erraticidade, eles se reencontram, como amigos na volta de uma viagem. Muitas vezes eles seguem juntos na encarnação, reunindo-se numa mesma família ou num mesmo círculo, e trabalham juntos para o seu progresso comum. Se uns estão encarnados e outros não, continuarão unidos pelo pensamento. Os que estão livres velam pelos que estão cativos, os mais adiantados procurando fazer progredir os retardatários. Após cada existência, terão dado mais um passo na senda da perfeição.

Cada vez menos apegados à matéria, seu afeto é mais vivo, por isso mesmo que mais purificado, não perturbado pelo egoísmo nem obscurecido pelas paixões. Assim, eles podem percorrer um número ilimitado de existências corporais, sem que nenhum acidente perturbe sua afeição comum.

Entenda-se bem que se trata aqui da verdadeira afeição espiritual, de alma para alma, a única que sobrevive à destruição do corpo, pois os seres que se unem na Terra apenas pelos sentidos, não têm nenhum motivo para se preocuparem no mundo dos Espíritos. Só são duráveis as afeições espirituais. As afeições carnais extinguem-se com a causa que as provocou; ora, essa causa deixa de existir no mundo dos Espíritos, enquanto a alma sempre existe. Quanto às pessoas que se unem somente por interesse, nada são realmente uma para a outra: a morte as separa na terra e no céu.

19⁽*⁾. A união e a afeição entre parentes indicam a simpatia anterior que as aproximou. Por isso, diz-se de uma pessoa cujo caráter, cujos gostos e inclinações nada têm de comum com os dos parentes, que ela não pertence à família. Dizendo isso, enuncia-se uma verdade maior do que a que se pensa. Deus permite essas encarnações de Espíritos antipáticos ou estranhos nas famílias, com a dupla finalidade de servirem de provas para uns e de meio de progresso para outros. Os maus se melhoram pouco a pouco, ao contato dos bons e pelas atenções que deles recebem, seu caráter se abranda, seus costumes se depuram, as antipatias desaparecem. É assim que se produz a fusão das diversas categorias de Espíritos, como se faz na Terra entre as raças e os povos.

20. O medo do aumento indefinido da parentela, em consequência da reencarnação, é um medo egoísta, provando que não se possui uma capacidade de amor suficientemente ampla, para abranger um grande número de pessoas. Um pai que tem numerosos filhos, por acaso os amaria menos do que se tivesse apenas um? Mas que os egoístas se tranquilizem, pois esse medo não tem fundamento. Do fato de ter um homem dez encarnações, não se segue que tenha de encontrar no mundo dos Espíritos dez pais, dez mães, dez esposas e um número proporcional de filhos e de novos parentes. Ele sempre encontrará os mesmos que foram objetos de sua afeição, que lhe estiveram ligados na Terra por diversas formas, e talvez pelas mesmas maneiras.

21. Vejamos agora as consequências da doutrina antirreencarnacionista. Essa doutrina exclui necessariamente a preexistência da alma, e as almas sendo criadas ao mesmo tempo que os corpos, não existe entre elas nenhuma ligação anterior. São, pois, completamente estranhas umas às outras. O pai é estranho para o filho, e a união das famílias fica assim reduzida unicamente à filiação corporal, sem nenhuma ligação espiritual. Não haverá portanto nenhum motivo de vanglória por se ter entre os antepassados algumas personagens ilustres. Com a reencarnação, antepassados e descendentes podem ser conhecidos, ter vivido juntos, podem se ter amado, e mais tarde se reunirem de novo para estreitar os seus laços de simpatia.

22. Isso no tocante ao passado. Quanto ao futuro, segundo os dogmas fundamentais que decorrem do princípio antirreencarnacionista, a sorte das almas está irrevogavelmente fixada após uma única existência. Essa fixação definitiva da sorte implica a negação

(*) **Vide Nota Explicativa no final do livro.**

de todo o progresso, pois se há algum progresso, não pode haver fixação definitiva da sorte. Segundo tenham elas bem ou mal vivido, vão imediatamente para a morada dos bem-aventurados ou para o inferno eterno. *Ficam assim imediatamente separadas para sempre, sem esperanças de jamais se reunirem*, de tal maneira que pais, mães e filhos, maridos e esposas, irmãos e amigos, não têm nunca a certeza de se reverem: é a mais absoluta ruptura dos laços de família.

Com a reencarnação, e o progresso que lhe é consequente, todos os que se amam se encontram na terra e no espaço, e juntos gravitam para Deus. Se há os que fracassam no caminho, retardam o seu adiantamento e a sua felicidade. Mas nem por isso as esperanças estão perdidas. Ajudados, encorajados e amparados pelos que os amam, sairão um dia do atoleiro em que caíram. Com a reencarnação, enfim, há perpétua solidariedade entre os encarnados e os desencarnados, do que resulta o estreitamento dos laços de afeição.

23. Em resumo, quatro alternativas se apresentam ao homem, para o seu futuro de além-túmulo: 1-º) o nada, segundo a doutrina materialista; 2-º) a absorção no todo universal, segundo a doutrina panteísta; 3-º) a conservação da individualidade, com fixação definitiva da sorte, segundo a doutrina da igreja; 4-º) a conservação da individualidade, com o progresso infinito, segundo a doutrina espírita. De acordo com as duas primeiras, os laços de família são rompidos pela morte, e não há nenhuma esperança de se reencontrarem; com a terceira, há possibilidade de se reverem, contanto que estejam no mesmo meio, podendo esse meio ser o inferno ou o paraíso; com a pluralidade das existências, que é inseparável do progresso gradual, existe a certeza da continuidade das relações entre os que se amam, e é isso o que constitui a verdadeira família.

INSTRUÇÕES DOS ESPÍRITOS

LIMITES DA ENCARNAÇÃO

• São Luís •
Paris, 1859

24. *Quais são os limites da encarnação?*

– A encarnação não tem, propriamente falando, limites nitidamente traçados, se por isto se entende o envoltório que constitui o corpo do Espírito, pois a materialidade desse envoltório diminui à medida que o Espírito se purifica. Em certos mundos, mais avançados que a Terra, ele já se apresenta menos compacto, menos pesado e menos grosseiro, e consequentemente menos sujeito a vicissitudes. Num grau mais elevado, desmaterializa-se e acaba por se confundir com o perispírito. De acordo com o mundo a que o Espírito é chamado a viver, ele se reveste do envoltório apropriado à natureza desse mundo.

O perispírito mesmo sofre transformações sucessivas. Eteriza-se mais e mais, até a purificação completa, que constitui a natureza dos Espíritos puros. Se mundos especiais estão destinados, como estações, aos Espíritos mais avançados, estes não ficam sujeitos a eles, como nos mundos inferiores; o estado de libertação que já atingiram permite-lhes viajar para toda parte, onde quer que sejam chamados pelas missões que lhes foram confiadas.

Se considerarmos a encarnação do ponto de vista material, tal como a vemos na Terra, podemos dizer que ela se limita aos mundos inferiores. Depende do Espírito, portanto, libertar-se mais ou menos rapidamente da encarnação, trabalhando pela sua purificação.

Temos ainda a considerar que, no estado de erraticidade, ou seja, no intervalo das existências corporais, a situação do Espírito está em relação com a natureza do mundo a que o liga o seu grau de adiantamento. Assim, na erraticidade, ele é mais ou menos feliz, livre e esclarecido, segundo for mais ou menos desmaterializado.

A NECESSIDADE DA ENCARNAÇÃO

• São Luís •
Paris, 1859

25. *A encarnação é uma punição, e somente os Espíritos culpados é que lhe estão sujeitos?*

A passagem dos Espíritos pela vida corpórea é necessária, para que eles possam realizar, com a ajuda do elemento material, os propósitos cuja execução Deus lhes confiou. É ainda necessária por eles mesmos, pois a atividade que então se veem obrigados a desempenhar ajuda-os a desenvolver a inteligência. Deus, sendo soberanamente justo, deve aquinhoar equitativamente a todos os seus filhos. É por isso que Ele concede a todos o mesmo ponto de partida, a mesma aptidão, as *mesmas obrigações a cumprir e a mesma liberdade de ação.* Todo privilégio seria uma preferência, e toda preferência uma injustiça. Mas a encarnação, para todos os Espíritos, é apenas um estado transitório. É uma tarefa que Deus lhes impõe, no princípio da existência, como primeira prova do uso que farão do seu livre-arbítrio. Os que executam essa tarefa com zelo, sobem rapidamente, e de maneira menos penosa, os primeiros degraus da iniciação, e gozam mais cedo o resultado do seu trabalho. Os que, ao contrário, fazem mau uso da liberdade que Deus lhes concede, retardam o seu progresso. E é assim que por sua obstinação, podem prolongar indefinidamente a necessidade de se reencarnarem. E é então que a encarnação se torna um castigo.

26. Observação – Uma comparação vulgar nos fará melhor compreender esta diferença. O estudante não atinge os graus superiores, sem ter percorrido a série de classes que o levam até lá. Essas classes, por mais trabalho que exijam, são o meio de atingir o fim, e não uma punição. O estudante laborioso abrevia a caminhada, encontrando menos dificuldades. Acontece o contrário com aquele que a negligência e a preguiça obrigam a repetir certas classes. Não é, porém, o estudo que constitui uma punição, mas a obrigação de recomeçá-lo em cada classe.

É o que se passa com o homem na Terra. Para o Espírito do selvagem, que está quase no começo da vida espiritual, a encarnação é um meio de desenvolver a inteligência. Mas, para o homem esclarecido, em que o senso moral está largamente desenvolvido, e que se vê obrigado a repetir as etapas de uma vida corporal cheia de angústias, enquanto já podia ter atingido o fim, é um castigo, pela necessidade em que se acha de prolongar a sua permanência nos mundos inferiores e infelizes. Aquele que, ao contrário, trabalha ativamente para o seu progresso moral, pode não somente abreviar a duração de sua encarnação material, mas franquear de uma vez os graus intermediários, que o distanciam dos mundos superiores.

Os Espíritos não poderiam encarnar-se uma só vez num mesmo globo, e passar suas diversas encarnações em diferentes esferas? Esta opinião seria admissível, se todos os homens estivessem na Terra, exatamente no mesmo nível intelectual e moral. As diferenças existentes entre eles, desde o selvagem até o homem civilizado, revelam os graus que têm de percorrer. A encarnação, aliás, deve ter uma finalidade útil. Ora, qual seria a finalidade das encarnações efêmeras, das crianças que morrem em tenra idade? Teriam sofrido sem qualquer proveito, nem para elas nem para os outros? Deus, cujas leis são todas soberanamente sábias, nada faz de inútil. Pelas reencarnações no mesmo globo, quis que os mesmos Espíritos se ponham de novo em contato, tendo assim ocasião de reparar as suas faltas recíprocas. E tendo em conta as suas relações anteriores, quis, ainda, fundar sobre uma base espiritual os laços de família, apoiando numa lei natural os princípios de solidariedade, fraternidade e igualdade.

CAPÍTULO V

BEM-AVENTURADOS OS AFLITOS

JUSTIÇA DAS AFLIÇÕES – CAUSAS ATUAIS DAS AFLIÇÕES – CAUSAS ANTERIORES DAS AFLIÇÕES – ESQUECIMENTO DO PASSADO – MOTIVOS DE RESIGNAÇÃO – O SUICÍDIO E A LOUCURA – *INSTRUÇÕES DOS ESPÍRITOS:* BEM SOFRER E MAL SOFRER – O MAL E O REMÉDIO – A FELICIDADE NÃO É DESTE MUNDO – PERDA DE PESSOAS AMADAS E MORTES PREMATURAS – UM HOMEM DE BEM TERIA MORRIDO – OS TORMENTOS VOLUNTÁRIOS – A VERDADEIRA DESGRAÇA – A MELANCOLIA – PROVAS VOLUNTÁRIAS E VERDADEIRO CILÍCIO

1. Bem-aventurados os que choram, porque serão consolados. Bem-aventurados os que têm fome e sede de justiça, porque serão fartos. Bem-aventurados os que padecem perseguição por amor da justiça, porque deles é o Reino dos Céus. (Mateus, V: 4, 6 e 10).

2. Bem-aventurados vós, os pobres, porque vosso é o Reino de Deus. Bem-aventurados os que agora tendes fome, porque sereis fartos. Bem-aventurados vós, que agora chorais, porque rireis. (Lucas, VI: 20, 21).

Mas ai de vós, ricos, porque tendes no mundo a vossa consolação. Ai de vós, os que estais fartos, porque tereis fome. Ai de vós, os que agora rides, porque gemereis e chorareis (Lucas, VI: 24, 25).

JUSTIÇA DAS AFLIÇÕES

3. As compensações que Jesus promete aos aflitos da Terra só podem realizar-se na vida futura. Sem a certeza do porvir, essas máximas seriam um contrassenso, ou mais ainda, seriam um engodo.

Mesmo com essa certeza, compreende-se dificilmente a utilidade de sofrer para ser feliz. Diz-se que é para haver mais mérito. Mas então se pergunta por que uns sofrem mais do que outros; por que uns nascem na miséria e outros na opulência, sem nada terem feito para justificar essa posição; por que para uns nada dá certo, enquanto para outros tudo parece sorrir? Mas o que ainda menos se compreende é ver os bens e os males tão desigualmente distribuídos entre o vício e a virtude; ver homens virtuosos sofrer ao lado de malvados que prosperam. A fé no futuro pode consolar e proporcionar paciência, mas não explica essas anomalias, que parecem desmentir a justiça de Deus.

Entretanto, desde que se admite a existência de Deus, não é possível concebê-lo sem suas perfeições infinitas. Ele deve ser todo-poderoso, todo justiça, todo bondade, pois sem isso não seria Deus. E se Deus é soberanamente justo e bom, não pode agir por capricho ou com parcialidade. *As vicissitudes da vida têm, pois, uma causa, e como Deus é justo, essa causa deve ser justa.* Eis do que todos devem compenetrar-se. Deus encaminhou os homens na compreensão dessa causa pelos ensinos de Jesus, e hoje, considerando-se suficientemente maduros para compreendê-la, revela-a por completo através do Espiritismo, ou seja, *pela voz dos Espíritos.*

CAUSAS ATUAIS DAS AFLIÇÕES

4. As vicissitudes da vida são de duas espécies, ou, se quisermos, têm duas origens bem diversas, que importa distinguir: umas têm sua causa na vida presente; outras, fora desta vida.

Remontando à fonte dos males terrenos, reconhece-se que muitos são a consequência natural do caráter e da conduta daqueles que os sofrem. Quantos homens caem por sua própria culpa! Quantos são vítimas de sua imprevidência, de seu orgulho e de sua ambição! Quantas pessoas arruinadas por falta de ordem, de perseverança, por mau comportamento ou por não terem limitado os seus desejos!

Quantas uniões infelizes, porque resultaram dos cálculos do interesse ou da vaidade, nada tendo com isso o coração! Que de dissensões, de disputas funestas, poderiam ser evitadas com mais moderação e menos suscetibilidade! Quantas doenças e aleijões são o efeito da intemperança e dos excessos de toda ordem!

Quantos pais infelizes com os filhos, por não terem combatido as suas más tendências desde o princípio. Por fraqueza ou indiferença, deixaram que se desenvolvessem neles os germes do orgulho, do egoísmo e da tola vaidade, que ressecam o coração. Mais tarde colhendo o que semearam, admiram-se e afligem-se com a sua falta de respeito e a sua ingratidão.

Que todos os que têm o coração ferido pelas vicissitudes e as decepções da vida, interroguem friamente a própria consciência. Que remontem passo a passo à fonte dos males que os afligem, e verão se, na maioria das vezes, não podem dizer: "Se eu tivesse ou não tivesse feito tal coisa não estaria nesta situação".

A quem, portanto, devem todas essas aflições, senão a si mesmos? O homem é, assim, num grande número de casos, o autor de seus próprios infortúnios. Mas, em vez de reconhecê-lo, acha mais simples, e menos humilhante para a sua vaidade, acusar a sorte, a Providência, a falta de oportunidade, sua má estrela, enquanto, na verdade, sua má estrela é a sua própria incúria.

Os males dessa espécie constituem, seguramente, um número considerável das vicissitudes da vida. O homem os evitará, quando trabalhar para o seu adiantamento moral e intelectual.

5. A lei humana alcança certas faltas e as pune. O condenado pode então dizer que sofreu a consequência do que praticou. Mas a lei não alcança nem pode alcançar a todas as faltas. Ela castiga especialmente as que causam prejuízos à sociedade, e não as que prejudicam apenas os que as cometem. Mas Deus vê o progresso de todas as criaturas. Eis porque não deixa impune nenhum desvio do caminho reto. Não há uma só falta, por mais leve que seja, uma única infração à sua lei, que não tenha consequências forçosas e inevitáveis, mais ou menos desagradáveis. Donde se segue que, nas pequenas como nas grandes coisas, o homem é sempre punido naquilo em que pecou. Os sofrimentos consequentes são então uma advertência de que ele andou mal. Dão-lhe a experiência e o fazem sentir a diferença entre o bem e o mal, bem como a necessidade de se melhorar, para evitar no futuro o que já foi para ele uma causa de mágoas. Sem isso, ele não teria nenhum motivo para se emendar, e confiante na impunidade, retardaria o seu adiantamento, e portanto a sua felicidade futura.

Mas a experiência chega, algumas vezes, um pouco tarde; e quando a vida já foi desperdiçada e perturbada, gastas as forças, e o mal é irremediável, então o homem se surpreende a dizer:

"Se no começo da vida eu soubesse o que hoje sei, quantas faltas teria evitado; *se tivesse de recomeçar*, eu me portaria de maneira inteiramente outra; mas já não há mais tempo!" Como o trabalhador preguiçoso que diz: "Perdi o meu dia", ele também diz: "Perdi a minha vida". Mas, assim como para o trabalhador o sol nasce no dia seguinte, e começa uma nova jornada, em que pode recuperar o tempo perdido, para ele também brilhará o sol de uma vida nova, após a noite do túmulo, e na qual poderá aproveitar a experiência do passado e pôr em execução suas boas resoluções para o futuro.

CAUSAS ANTERIORES DAS AFLIÇÕES

6. Mas se há males, nesta vida, de que o homem é a própria causa, há também outros que, pelo menos em aparência, são estranhos à sua vontade e parecem golpeá-lo por fatalidade. Assim, por exemplo, a perda de entes queridos e dos que sustentam a família. Assim também os acidentes que nenhuma previdência pode evitar; os revezes da fortuna, que frustram todas as medidas de prudência; os flagelos naturais; e ainda as doenças de nascença, sobretudo aquelas que tiram aos infelizes a possibilidade de ganhar a vida pelo trabalho: as deformidades, a idiotia, a imbecilidade etc.

Os que nascem nessas condições, nada fizeram, seguramente, nesta vida, para merecer uma sorte tão triste, sem possibilidade de compensação, e que eles não puderam evitar, sendo impotentes para modificá-las e ficando à mercê da comiseração pública. Por que, pois, esses seres tão desgraçados, enquanto ao seu lado, sob o mesmo teto e na mesma família, outros se apresentam favorecidos em todos os sentidos?

Que dizer, por fim, das crianças que morrem em tenra idade e só conheceram da vida o sofrimento? Problemas, todos esses, que nenhuma filosofia resolveu até agora, anomalias que nenhuma religião pode justificar, e que seriam a negação da bondade, da justiça e da providência de Deus, segundo a hipótese da criação da alma ao mesmo tempo que o corpo, e da fixação irrevogável da sua sorte após a permanência de alguns instantes na Terra. Que fizeram elas, essas almas que acabam de sair das mãos do Criador, para sofrerem tantas misérias no mundo, e receberem, no futuro, uma recompensa ou uma punição qualquer, se não puderam seguir nem o bem nem o mal?

Entretanto, em virtude do axioma de que *todo efeito tem uma causa*, essas misérias são efeitos que devem ter a sua causa, e desde que se admita a existência de um Deus justo, essa causa deve ser justa. Ora, a causa sendo sempre anterior ao efeito, e desde que não se encontra na vida atual, é que pertence a uma existência precedente. Por outro lado, Deus não podendo punir pelo bem que se fez, nem pelo mal que não se fez, se somos punidos, é que fizemos o mal. E se não fizemos o mal nesta vida, é que o fizemos em outra. Esta é uma alternativa a que não podemos escapar, e na qual a lógica nos diz de que lado está a justiça de Deus.

O homem não é, portanto, punido sempre, ou completamente punido, na sua existência presente, mas jamais escapa às consequências de suas faltas. A prosperidade do mau é apenas momentânea, e se ele não expia hoje, expiará amanhã, pois aquele que sofre está sendo submetido à expiação do seu próprio passado. A desgraça que, à primeira vista, parece imerecida, tem portanto a sua razão de ser, e aquele que sofre pode sempre dizer: "Perdoai-me, Senhor, porque eu pequei".

7. Os sofrimentos produzidos por causas anteriores são sempre, como os decorrentes de causas atuais, uma consequência natural da própria falta cometida. Quer dizer que, em virtude de uma rigorosa justiça distributiva, o homem sofre aquilo que fez os outros sofrerem. Se ele foi duro e desumano, poderá ser, por sua vez, tratado com dureza e desumanidade; se foi orgulhoso, poderá nascer numa condição humilhante; se foi avarento, egoísta, ou se empregou mal a sua fortuna, poderá ver-se privado do necessário; se foi mau filho, poderá sofrer com os próprios filhos; e assim por diante.

É dessa maneira que se explicam, pela pluralidade das existências e pelo destino na Terra, como mundo expiatório que é, as anomalias da distribuição da felicidade e da desgraça, entre os bons e os maus neste mundo. Essa anomalia é apenas aparente, porque só encaramos o problema em relação à vida presente; mas quando nos elevamos, pelo pensamento, de maneira a abranger uma série de existências, compreendemos que a cada um é dado o que merece, sem prejuízo do que lhe cabe no mundo dos Espíritos, e que a justiça de Deus nunca falha.

O homem não deve esquecer-se jamais de que está num mundo inferior, onde só é retido pelas suas imperfeições. A cada vicissitude, deve lembrar que, se estivesse num mundo mais avançado, não teria de sofrê-la, e que dele depende não voltar a este mundo, desde que trabalhe para se melhorar.

8. As tribulações da vida podem ser impostas aos Espíritos endurecidos, ou demasiado ignorantes para fazerem uma escolha consciente, mas são livremente escolhidas e aceitas pelos Espíritos *arrependidos*, que querem reparar o mal que fizeram e tentar fazer melhor. Assim é aquele que, tendo feito mal a sua tarefa, pede para recomeçá-la, a fim de não perder as vantagens do seu trabalho. Essas tribulações, portanto, são ao mesmo tempo expiações do passado, que castigam, e provas para o futuro, que preparam. Rendamos graças a Deus que, na sua bondade, concede aos homens a faculdade da reparação, e não o condena irremediavelmente pela primeira falta.

9. Não se deve crer, entretanto, que todo sofrimento porque se passa neste mundo seja necessariamente o indício de uma determinada falta: trata-se frequentemente de simples provas escolhidas pelo Espírito, para acabar a sua purificação e acelerar o seu adiantamento. Assim, a expiação serve sempre de prova, mas a prova nem sempre é uma expiação. Mas provas e expiações são sempre sinais de uma inferioridade relativa, pois aquele que é perfeito não precisa de ser provado. Um Espírito pode, portanto, ter conquistado um certo grau de elevação, mas querendo avançar mais, solicita uma missão, uma tarefa, pela qual será tanto mais recompensado, se sair vitorioso, quanto mais penosa tiver sido a sua luta. Esses são, mais especialmente, os casos das pessoas de tendências naturalmente boas, de alma elevada, de sentimentos nobres inatos, que parecem nada trazer de mau de sua precedente existência, e que sofrem com resignação cristã as maiores dores, pedindo forças a Deus para suportá-las sem reclamar. Podem-se, ao contrário, considerar como expiações as aflições que provocam reclamações e levam o homem à revolta contra Deus.

O sofrimento que não provoca murmurações pode ser, sem dúvida, uma expiação, mas indica que foi antes escolhido voluntariamente do que imposto; é a prova de uma firme resolução, o que constitui sinal de progresso.

10. Os Espíritos não podem aspirar à perfeita felicidade enquanto não estão puros; toda mancha lhes impede a entrada nos mundos felizes. Assim acontece com os passageiros de um navio tomado pela peste, aos quais fica impedida a entrada numa cidade, até que estejam purificados. É nas diversas existências corpóreas que os Espíritos se livram, pouco a pouco, de suas imperfeições. As provas da vida fazem progredir, quando bem suportadas; como expiações, apagam as faltas e purificam; são o remédio que limpa a ferida e cura o doente, e quanto mais grave o mal, mais enérgico deve ser o remédio. Aquele, portanto, que muito sofre, deve dizer que tinha muito a expiar e alegrar-se de ser curado logo. Dele depende, por meio da resignação, tornar proveitoso o seu sofrimento e não perder os seus resultados por causa de reclamações, sem o que teria de recomeçar.

ESQUECIMENTO DO PASSADO

11. É em vão que se aponta o esquecimento como um obstáculo ao aproveitamento da experiência das existências anteriores. Se Deus considerou conveniente lançar um véu sobre o passado, é que isso deve ser útil. Com efeito, a lembrança do passado traria inconvenientes muito graves. Em certos casos, poderia humilhar-nos estranhamente, ou então exaltar o nosso orgulho, e por isso mesmo dificultar o exercício do nosso livre-arbítrio. De qualquer maneira, traria perturbações inevitáveis às relações sociais.

O Espírito renasce frequentemente no mesmo meio em que viveu, e se encontra em relação com as mesmas pessoas, a fim de reparar o mal que lhes tenha feito. Se nelas reconhecesse as mesmas que havia odiado, talvez o ódio reaparecesse. De qualquer modo, ficaria humilhado perante aquelas pessoas que tivesse ofendido.

Deus nos deu, para nos melhorarmos, justamente o que necessitamos e nos é suficiente: a voz da consciência e as tendências instintivas; e nos tira o que poderia prejudicar-nos.

O homem traz, ao nascer, aquilo que adquiriu. Ele nasce exatamente como se fez. Cada existência é para ele um novo ponto de partida. Pouco lhe importa saber o que foi: se está sendo punido, é porque fez o mal, e suas más tendências atuais indicam o que lhe resta corrigir em si mesmo. É sobre isso que ele deve concentrar toda a sua atenção, pois daquilo que foi completamente corrigido já não restam sinais. As boas resoluções que tomou são a voz da consciência, que o adverte do bem e do mal e lhe dá a força de resistir às más tentações.

De resto, esse esquecimento só existe durante a vida corpórea. Voltando à vida espiritual, o Espírito reencontra a lembrança do passado. Trata-se, portanto, apenas de uma interrupção momentânea, como a que temos na própria vida terrena, durante o sono, e que não nos impede de lembrar, no outro dia, o que fizemos na véspera e nos dias anteriores.

Da mesma maneira, não é somente após a morte que o Espírito recobra a lembrança do passado. Pode dizer-se que ele nunca a perde, pois a experiência prova que, encarnado, durante o sono do corpo, ele goza de certa liberdade e tem consciência de seus atos anteriores. Então, ele sabe porque sofre, e que sofre justamente. A lembrança só se apaga durante a vida exterior de relação. A falta de uma lembrança precisa, que poderia ser-lhe penosa e prejudicial às suas relações sociais, permite-lhes haurir novas forças nesses momentos de emancipação da alma, se ele souber aproveitá-los.

MOTIVOS DE RESIGNAÇÃO

12. Pelas palavras *bem-aventurados os aflitos, porque eles serão consolados*, Jesus indica, ao mesmo tempo, a compensação que espera os que sofrem e a resignação que nos faz bendizer o sofrimento, como o prelúdio da cura.

Essas palavras podem, também, ser traduzidas assim: deveis considerar-vos felizes por sofrer, porque as vossas dores neste mundo são as dívidas de vossas faltas passadas, e essas dores, suportadas pacientemente na Terra, vos poupam séculos de sofrimento na vida futura. Deveis, portanto, estar felizes por Deus ter reduzido vossas dívidas, permitindo-vos quitá-las no presente, o que vos assegura a tranquilidade para o futuro.

O homem que sofre é semelhante a um devedor de grande soma, a quem o credor dissesse: "Se me pagares hoje mesmo a centésima parte, darei quitação do resto e ficarás livre; se não, vou perseguir-te até que pagues o último centavo". O devedor não ficaria feliz de submeter-se a todas as privações, para se livrar da dívida, pagando somente a centésima parte da mesma? Em vez de queixar-se do credor, não lhe agradeceria?

É esse o sentido das palavras: "Bem-aventurados os aflitos, porque eles serão consolados". Eles são felizes porque pagam suas dívidas, e porque, após a quitação, estarão livres. Mas se, ao procurar quitá-las de um lado, de outro se endividarem, nunca se tornarão livres. Ora, cada nova falta aumenta a dívida, pois não existe uma única falta, qualquer que seja, que não traga consigo a própria punição, necessária e inevitável. Se não for hoje, será amanhã; se não for nesta vida, será na outra. Entre essas faltas, devemos colocar em primeiro lugar a falta de submissão à vontade de Deus, de maneira que, se reclamamos das aflições, se não as aceitamos com resignação, como alguma coisa que merecemos, se acusamos a Deus de injusto, contraímos uma nova dívida, que nos faz perder os benefícios do sofrimento. Eis porque precisamos recomeçar, exatamente como se, a um credor que nos atormenta, enquanto pagamos as contas, vamos pedindo novos empréstimos.

Ao entrar no mundo dos Espíritos, o homem é semelhante ao trabalhador que comparece no dia de pagamento. A uns, dirá o patrão: "Eis a paga do teu dia de trabalho". A outros, aos felizes da Terra, aos que viveram na ociosidade, que puseram a sua felicidade na satisfação do amor-próprio e dos prazeres mundanos, dirá: "Nada tendes a receber, porque já recebestes o vosso salário na Terra. Ide, e recomeçai a vossa tarefa".

13. O homem pode abrandar ou aumentar o amargor das suas provas, pela maneira de encarar a vida terrena. Maior é o seu sofrimento, quando o considera mais longo. Ora, aquele que se coloca no ponto de vista da vida espiritual, abrange na sua visão a vida corpórea, como um ponto do infinito, compreendendo a sua brevidade, sabendo que esse momento penoso passa bem depressa. A certeza de um futuro próximo e mais feliz o sustenta e encoraja, e em vez de lamentar-se, ele agradece ao céu as dores que o fazem avançar. Para aquele que, ao contrário, só vê a vida corpórea, esta parece interminável, e a dor pesa sobre ele com todo o seu peso. O resultado da maneira espiritual de encarar a vida é a diminuição de importância das coisas mundanas, a moderação dos desejos humanos, fazendo o homem contentar-se com a sua posição, sem invejar a dos outros, e sentir menos os seus revezes e decepções. Ele adquire, assim, uma calma e uma resignação tão úteis à saúde do corpo como à da alma, enquanto com a inveja, o ciúme e a ambição, entrega-se voluntariamente à tortura, aumentando as misérias e as angústias de sua curta existência.

O SUICÍDIO E A LOUCURA

14. A calma e a resignação adquiridas na maneira de encarar a vida terrena, e a fé no futuro, dão ao Espírito uma serenidade que é o melhor preservativo da loucura e do suicídio. Com efeito, a maior parte dos casos de loucura são provocados pelas vicissitudes que o homem não tem forças de suportar. Se, portanto, graças à maneira porque o Espiritismo o faz encarar as coisas mundanas, ele recebe com indiferença, e até mesmo com alegria, os revezes e as decepções que em outras circunstâncias o levariam ao desespero, é evidente que essa força, que o eleva acima dos acontecimentos, preserva a sua razão dos abalos que o poderiam perturbar.

15. O mesmo se dá com o suicídio. Se excetuarmos os que se verificam por força da embriaguez e da loucura, e que podemos chamar de inconscientes, é certo que, sejam quais forem os motivos particulares, a causa geral é sempre o descontentamento. Ora, aquele que está certo de ser infeliz apenas um dia, e de se encontrar melhor nos dias seguintes, facilmente adquire paciência. Ele só se desespera se não vê um termo para os seus sofrimentos. E o que é a vida humana, em relação à eternidade, senão bem menos que um dia? Mas aquele que não crê na eternidade, que pensa tudo acabar com a vida, que se deixa abater pelo desgosto e o infortúnio, só vê na morte o fim dos seus pesares. Nada esperando, acha muito natural, muito lógico mesmo, abreviar as suas misérias pelo suicídio.

16. A incredulidade, a simples dúvida quanto ao futuro, as ideias materialistas, em uma palavra, são os maiores *incentivadores do suicídio*: elas produzem a *frouxidão moral*. Quando vemos, pois, homens de ciência, que se apoiam na autoridade do seu saber, esforçarem-se para provar aos seus ouvintes ou aos seus leitores, que eles nada têm a esperar depois da morte, não o vemos tentando convencê-los de que, se são infelizes, o melhor que podem fazer é matar-se? Que poderiam dizer para afastá-los dessa ideia? Que compensação poderão oferecer-lhes? Que esperanças poderão propor-lhes? Nada além do nada! De onde é forçoso concluir que, se o nada é o único remédio heróico, a única perspectiva possível, mais vale atirar-se logo a ele, do que deixar para mais tarde, aumentando assim o sofrimento.

A propagação das ideias materialistas é, portanto, o veneno que inocula em muitos a ideia do suicídio, e os que se fazem seus apóstolos assumem uma terrível responsabilidade. Com o Espiritismo, a dúvida não sendo mais permitida, modifica-se a visão da vida. O crente sabe que a vida se prolonga indefinidamente para além do túmulo, mas em condições inteiramente novas. Daí a paciência e a resignação, que muito naturalmente afastam a ideia do suicídio. Daí, numa palavra, a *coragem moral*.

17. O Espiritismo tem ainda, a esse respeito, outro resultado igualmente positivo, e talvez mais decisivo. Ele nos mostra os próprios suicidas revelando a sua situação infeliz, e prova que ninguém pode violar impunemente a lei de Deus, que proíbe ao homem abreviar a sua vida. Entre os suicidas, o sofrimento temporário, em lugar do eterno, nem por isso é menos terrível, e sua natureza dá o que pensar a quem quer que seja tentado a deixar este mundo antes da ordem de Deus. O espírita tem, portanto, para opor à ideia do suicídio, muitas razões: a certeza de uma vida futura, na qual ele sabe que será tanto mais feliz quanto mais infeliz e mais resignado tiver sido na Terra; a certeza de que, abreviando sua vida, chega a um resultado inteiramente contrário ao que esperava; que foge de um mal para cair noutro ainda pior, mais demorado e mais terrível; que se engana ao pensar que, ao se matar, irá mais depressa para o céu; que o suicídio é um obstáculo à reunião, no outro mundo, com as pessoas de sua afeição, que lá espera encontrar. De tudo isso resulta que o suicídio, só lhe oferecendo decepções, é contrário aos seus próprios interesses. Por isso o número de suicídios que o Espiritismo impede é considerável, e podemos concluir que, quando todos forem espíritas, não haverá mais suicídios conscientes. Comparando, pois, os resultados das doutrinas materialista e espírita, sob o ponto de vista do suicídio, vemos que a lógica de uma conduz a ele, enquanto a lógica de outra o evita, o que é confirmado pela experiência.

INSTRUÇÕES DOS ESPÍRITOS

BEM SOFRER E MAL SOFRER

• Lacordaire •
Havre, 1863

18. Quando Cristo disse: "Bem-aventurados os aflitos, porque deles é o Reino dos Céus", não se referia aos sofredores em geral, porque todos os que estão neste mundo sofrem, quer estejam num trono ou na miséria, mas ah! Poucos sofrem bem, poucos compreendem que somente as provas bem suportadas podem conduzir ao Reino de Deus. O desânimo é uma falta; Deus vos nega consolações, se não tiverdes coragem. A prece é um sustentáculo da alma, mas não é suficiente por si só: é necessário que se apóie numa fé ardente na bondade de Deus. Tendes ouvido frequentemente que Ele não põe um fardo pesado em ombros frágeis. O fardo é proporcional às forças, como a recompensa será proporcional à resignação e à coragem. A recompensa será tanto mais esplendente, quanto mais penosa tiver sido a aflição. Mas essa recompensa deve ser merecida, e é por isso que a vida está cheia de tribulações.

O militar que não é enviado à frente de batalha não fica satisfeito, porque o repouso no acampamento não lhe proporciona nenhuma promoção. Sede como o militar, e não aspireis a um repouso que enfraqueceria o vosso corpo e entorpeceria a vossa alma. Ficai satisfeitos, quando Deus vos envia à luta. Essa luta não é o fogo das batalhas, mas as amarguras da vida, onde muitas vezes necessitamos de mais coragem que num combate sangrento, pois aquele que enfrenta firmemente o inimigo poderá cair sob o impacto de um sofrimento moral. O homem não recebe nenhuma recompensa por essa espécie de coragem, mas Deus lhe reserva os seus louros e um lugar glorioso. Quando vos atingir um motivo de dor ou de contrariedade, tratai de elevar-vos acima das circunstâncias. E quando chegardes a dominar os impulsos da impaciência, da cólera ou do desespero, dizei, com justa satisfação: "Eu fui o mais forte!"

Bem-aventurados os aflitos, pode, portanto, ser assim traduzido; bem-aventurados os que têm a oportunidade de provar a sua fé, a sua firmeza, a sua perseverança e a sua submissão à vontade de Deus, porque eles terão centuplicadas as alegrias que lhes faltam na Terra, e após o trabalho virá o repouso.

O MAL E O REMÉDIO
• Santo Agostinho •
Paris, 1863

19. Vossa terra é por acaso um lugar de alegrias, um paraíso de delícias? A voz do profeta não soa ainda aos vossos ouvidos? Não clamou ele que haveria choro e ranger de dentes para os que nascessem neste vale de dores? Vós que nele viestes viver, esperai portanto lágrimas ardentes e penas amargas, e quanto mais agudas e profundas forem as vossas dores, voltai os olhos ao céu e bendizei ao Senhor, por vos ter querido provar! Oh, homens! Não reconhecereis o poder de vosso Senhor, senão quando ele curar as chagas de vosso corpo e encher os vossos dias de beatitude e de alegria? Não reconhecereis o seu amor, senão quando ele adornar vosso corpo com todas as glórias, e lhe der o seu brilho e o seu alvor? Imitai aquele que vos foi dado para exemplo. Chegado ao último degrau da abjeção e da miséria, estendido sobre um monturo, ele clamou a Deus: "Senhor! Conheci todas as alegrias da opulência, e vós me reduzistes à mais profunda miséria! Graças, graças, meu Deus, por terdes querido provar o vosso servo!" Até quando os vossos olhos só alcançarão os horizontes marcados pela morte? Quando, enfim, vossa alma quererá lançar-se além dos limites do túmulo? Mas ainda que tivésseis de sofrer uma vida inteira, que seria isso, ao lado da eternidade de glória reservada àquele que houver suportado a prova com fé, amor e resignação? Procurai, pois, a consolação para os vossos males no futuro que Deus vos prepara, e vós, os que mais sofreis, julgar-vos-eis os bem-aventurados da Terra.

Como desencarnados, quando vagueáveis no espaço, escolhestes a vossa prova, porque vos consideráveis bastante fortes para suportá-la. Por que murmurais agora? Vós que pedistes a fortuna e a glória, o fizestes para sustentar a luta com a tentação e vencê-la. Vós, que pedistes para lutar de alma e corpo contra o mal moral e físico, sabíeis que quanto mais dura fosse a prova, mais gloriosa seria a vitória, e que, se saísseis triunfantes, mesmo que vossa carne fosse lançada sobre um monturo, na ocasião da morte, ela deixaria escapar uma alma esplendente de alvura, purificada pelo batismo da expiação e do sofrimento.

Que remédios, pois, poderíamos dar aos que foram atingidos por obsessões cruéis e males pungentes? Um só é infalível: a fé, voltar os olhos para o céu. Se, no auge de vossos mais cruéis sofrimentos, cantardes em louvor ao Senhor, o anjo de vossa guarda vos mostrará o símbolo da salvação e o lugar que devereis ocupar um dia. A fé é o remédio certo para o sofrimento. Ele aponta sempre os horizontes do infinito, ante os quais se esvaem os poucos dias de sombras do presente. Não mais nos pergunteis, portanto, qual o remédio que curará tal úlcera ou tal chaga, esta tentação ou aquela prova. Lembrai-vos de que aquele que crê se fortalece com o remédio da fé, e aquele que duvida um segundo da sua eficácia é punido, na mesma hora, porque sente imediatamente as angústias pungentes da aflição.

O Senhor pôs o seu selo em todos os que creem nele. Cristo vos disse que a fé transporta montanhas. Eu vos digo que aquele que sofre e que tiver a fé como apoio, será colocado sob a sua proteção e não sofrerá mais. Os momentos mais dolorosos serão para ele como as primeiras notas de alegria da eternidade. Sua alma se desprenderá de tal maneira de seu corpo que, enquanto este se torcer em convulsões, ela pairará nas regiões celestes, cantando com os anjos os hinos de reconhecimento e de glória ao Senhor.

Felizes os que sofrem e choram! Que suas almas se alegrem, porque serão atendidas por Deus.

A FELICIDADE NÃO É DESTE MUNDO

• **François-Nicolas-Madelaine** •
Cardeal Morlot, Paris, 1863

20. Não sou feliz! A felicidade não foi feita para mim! Exclama geralmente o homem, em todas as posições sociais. Isto prova, meus caros filhos, melhor que todos os raciocínios possíveis, a verdade desta máxima do Eclesiastes: "A felicidade não é deste mundo". Com efeito nem a fortuna, nem o poder, nem mesmo a juventude em flor, são condições essenciais da felicidade. Digo mais: nem mesmo a reunião dessas três condições, tão cobiçadas, pois que ouvimos constantemente, no seio das classes privilegiadas, pessoas de todas as idades lamentarem amargamente a sua condição de existência.

Diante disso, é inconcebível que as classes trabalhadoras invejem com tanta cobiça a posição dos favorecidos da fortuna. Neste mundo, seja quem for, cada qual tem a sua parte de trabalho e de miséria, seu quinhão de sofrimento e desengano. Pelo que é fácil chegar-se à conclusão de que a Terra é um lugar de provas e de expiações.

Assim, pois, os que pregam que a Terra é a única morada do homem, e que somente nela, e numa única existência, lhe é permitido alcançar o mais elevado grau de felicidade que a sua natureza comporta, iludem-se e enganam aqueles que os ouvem. Basta lembrar que está demonstrado, por uma experiência plurisecular, que este globo só excepcionalmente reúne as condições necessárias à felicidade completa do indivíduo.

Num sentido geral, pode afirmar-se que a felicidade é uma utopia, a cuja perseguição se lançam as gerações, sucessivamente, sem jamais a alcançarem. Porque, se o homem sábio é uma raridade neste mundo, o homem realmente feliz não se encontra com maior facilidade.

Aquilo em que consiste a felicidade terrena é de tal maneira efêmera, para quem não se guiar pela sabedoria, que por um ano, um mês, uma semana de completa satisfação, todo o resto da existência se passa numa sequência de amarguras e decepções. E notai, meus caros filhos, que estou falando dos felizes da Terra, desses que são invejados pelas massas populares.

Consequentemente, se a morada terrena se destina a provas e expiações, é forçoso admitir que existem, além, moradas mais favorecidas, em que o Espírito do homem, ainda prisioneiro de um corpo material, desfruta em sua plenitude as alegrias inerentes à vida humana. Foi por isso que Deus semeou, no vosso turbilhão, esses belos planetas superiores para os quais os vossos esforços e as vossas tendências vos farão um dia gravitar, quando estiverdes suficientemente purificados e aperfeiçoados.

Não obstante, não se deduza das minhas palavras que a Terra esteja sempre destinada a servir de penitenciária. Não, por certo! Porque, do progresso realizado podeis facilmente deduzir o que será o progresso futuro, e das melhoras sociais já conquistadas, as novas e mais fecundas melhoras que virão. Essa é a tarefa imensa que deve ser realizada pela nova doutrina que os Espíritos vos revelaram.

Assim, pois, meus queridos filhos, que uma santa emulação vos anime, e que cada um dentre vós se despoje energicamente do homem velho. Entregai-vos inteiramente à divulgação desse Espiritismo, que já deu início à vossa própria regeneração. É um dever fazer vossos irmãos participarem dos raios dessa luz sagrada. À obra, portanto, meus caros filhos! Que nesta reunião solene, todos os vossos corações se voltem para esse alvo grandioso, de preparar para as futuras gerações um mundo em que felicidade não seja mais uma palavra vã.

PERDA DE PESSOAS AMADAS E MORTES PREMATURAS

• Sansão •
Antigo membro da Sociedade Espírita de Paris, 1863

21. Quando a morte vem ceifar em vossas famílias, levando sem consideração os jovens em lugar dos velhos, dizeis frequentemente

"Deus não é justo, pois sacrifica o que está forte e com o futuro pela frente, para conservar os que já viveram longos anos, carregados de decepções: leva os que são úteis, e deixa os que não servem para nada mais; fere um coração de mãe, privando-o da inocente criatura que era toda a sua alegria".

Criaturas humanas, é nisto que tendes necessidade de vos elevar, para compreender que o bem está muitas vezes onde pensais ver a cega fatalidade. Por que medir a justiça divina pela medida da vossa? Podeis pensar que o Senhor dos Mundos queira, por um simples capricho, infligir-vos penas cruéis? Nada se faz sem uma finalidade inteligente, e tudo o que acontece tem a sua razão de ser. Se perscrutásseis melhor todas as dores que vos atingem, sempre encontraríeis nelas a razão divina, razão regeneradora, e vossos miseráveis interesses representariam uma consideração secundária, que relegaríeis ao último plano.

Acreditai no que vos digo: a morte é preferível, mesmo numa encarnação de vinte anos, a esses desregramentos vergonhosos que desolam as famílias respeitáveis, ferem um coração de mãe, e fazem branquear antes do tempo os cabelos dos pais. A morte prematura é quase sempre um grande benefício, que Deus concede ao que se vai, sendo assim preservado das misérias da vida, ou das seduções que poderiam arrastá-lo à perdição. Aquele que morre na flor da idade não é uma vítima da fatalidade, pois Deus julga que não lhe será útil permanecer maior tempo na Terra.

É uma terrível desgraça, dizeis, que uma vida tão cheia de esperanças seja cortada tão cedo! Mas de que esperanças quereis falar? Das esperanças da Terra onde aquele que se foi poderia brilhar, fazer sua carreira e sua fortuna? Sempre essa visão estreita, que não consegue elevar-se acima da matéria! Sabeis qual teria sido a sorte dessa vida tão cheia de esperanças, segundo entendeis? Quem vos diz que ela não poderia estar carregada de amarguras? Considerais como nada as esperanças da vida futura, preferindo as da vida efêmera que arrastais pela terra? Pensais, então, que mais vale um lugar entre os homens que entre os Espíritos bem-aventurados?

Regozijai-vos em vez de chorar, quando apraz a Deus retirar um de seus filhos deste vale de misérias. Não é egoísmo desejar que ele fique, para sofrer convosco? Ah! Essa dor se concebe entre os que não têm fé, e que veem na morte a separação eterna. Mas vós, espíritas, sabeis que a alma vive melhor quando livre de seu invólucro corporal. Mães, sabeis que vossos filhos bem-amados estão perto de vós; sim, eles estão bem perto; seus corpos fluídicos vos envolvem, seus pensamentos vos protegem, vossa lembrança os inebria de contentamento; mas também as vossas dores sem razão os afligem, porque revelam uma falta de fé e constituem uma revolta contra a vontade de Deus.

Vós que compreendeis a vida espiritual, escutai as pulsações de vosso coração, chamando esses entes queridos. E se pedirdes a Deus para os abençoar, sentireis em vós mesmas a consolação poderosa que faz secarem as lágrimas, e essas aspirações sedutoras, que vos mostram o futuro prometido pelo Soberano Senhor.

UM HOMEM DE BEM TERIA MORRIDO

• Fénelon •
Sens, 1861

22. Dizeis frequentemente, ao falar de um malvado que escapa a um perigo: *se fosse um homem de bem, teria morrido*. Pois bem, ao dizer isso, estais com a verdade, porque, efetivamente, Deus concede muitas vezes, a um Espírito ainda jovem na senda do progresso, uma prova mais longa que a um bom, que receberá, em recompensa ao seu mérito, o favor de uma prova tão curta quanto possível. Assim, pois, quando empregais este axioma, não duvideis de que não estais cometendo uma blasfêmia.

Se morre um homem de bem, vizinho de um malvado, apressai-vos a dizer: *seria bem melhor se tivesse morrido aquele*. Cometeis então um grande erro, porque aquele que parte terminou a sua tarefa, e o que ficou talvez nem a tenha começado. Por que, então, quereis que o mau não tenha tempo de acabá-la, e que o outro continue preso à gleba terrena? Que diríeis de um prisioneiro que, tendo concluído a sua pena, continuasse na prisão, enquanto se desse a liberdade a outro que não tinha direito? Ficai sabendo, pois, que a verdadeira liberdade está no desprendimento dos laços corporais, e que enquanto estais na Terra, estais em cativeiro.

Habituai-vos a não censurar o que não podeis compreender, e crede que Deus é justo em todas as coisas. Frequentemente, o que vos parece um mal é um bem. Mas as vossas faculdades são tão limitadas, que o conjunto do grande todo escapa aos vossos sentidos obtusos. Esforçai-vos por superar, pelo pensamento, a vossa estreita esfera, e à medida que vos elevardes, a importância da vida terrena diminuirá aos vossos olhos. Porque, então, ela vos aparecerá como um simples incidente, na infinita duração da vossa existência espiritual, a única verdadeira existência.

OS TORMENTOS VOLUNTÁRIOS

• Fénelon •
Lyon, 1860

23. O homem está incessantemente à procura da felicidade, que lhe escapa a todo instante, porque a felicidade sem mescla não existe na Terra. Entretanto, apesar das vicissitudes que formam o inevitável cortejo desta vida, ele poderia pelo menos gozar de uma felicidade relativa. Mas ele a procura nas coisas perecíveis, sujeitas às mesmas vicissitudes, ou seja, nos gozos materiais, em vez de buscá-la nos gozos da alma, que constituem uma antecipação das imperecíveis alegrias celestes. Em vez de buscar a paz do coração, única felicidade verdadeira neste mundo, ele procura com avidez tudo o que pode agitá-lo e perturbá-lo. E, coisa curiosa, parece criar de propósito os tormentos, que só a ele cabia evitar.

Haverá maiores tormentos que os causados pela inveja e o ciúme? Para o invejoso e o ciumento não existe repouso: sofrem ambos de uma febre incessante. As posses alheias lhes causam insônias; os sucessos dos rivais lhes provocam vertigens; seu único interesse é o de eclipsar os outros; toda a sua alegria consiste em provocar, nos insensatos como eles, a cólera do ciúme. Pobres insensatos, com efeito, que não se lembram de que, talvez amanhã, tenham de deixar todas as futilidades, cuja cobiça lhes envenena a vida! Não é a eles que se aplicam estas palavras: "Bem-aventurados os aflitos, porque serão consolados", pois os seus cuidados não têm compensação no céu.

Quantos tormentos, pelo contrário, consegue evitar aquele que sabe contentar-se com o que possui, que vê sem inveja o que não lhe pertence, que não procura parecer mais do que é! Está sempre rico, pois, se olha para baixo, em vez de olhar para acima de si mesmo, vê sempre os que possuem menos do que ele. Está sempre calmo, porque não inventa necessidades absurdas, e a calma em meio das tormentas da vida não será uma felicidade?

A VERDADEIRA DESGRAÇA

• Delphine de Girardin •
Paris, 1861

24. Todos falam da desgraça, todos a experimentaram e julgam conhecer o seu caráter múltiplo. Venho dizer-vos, porém, que quase todos se enganam, pois a verdadeira desgraça não é, de maneira alguma, aquilo que os homens, ou seja, os desgraçados, supõem. Eles a veem na miséria, na lareira sem fogo, no credor impaciente, no berço vazio do anjo que antes sorria, nas lágrimas, no féretro que se acompanha de cabeça descoberta e coração partido, na angústia da traição, na privação do orgulhoso que desejava vestir-se de púrpura e esconde sua nudez nos farrapos da vaidade. Tudo isso, e muitas outras coisas ainda, chamam-se desgraça, na linguagem humana. Sim, realmente são a desgraça, para aqueles que nada veem além do presente. Mas a verdadeira desgraça está mais nas consequências de uma coisa do que na própria coisa.

Dizei-me se o mais feliz acontecimento no momento, que traz funestas consequências, não é, na realidade, mais desgraçado que aquele inicialmente aborrecido, que acaba por produzir o bem? Dizei-me se a tempestade, que despedaça as árvores, mas purifica a atmosfera, dissipando os miasmas insalubres que poderiam causar a morte, não é antes uma felicidade que uma desgraça?

Para julgar uma coisa, é necessário, portanto, ver-lhe as consequências. É assim que, para julgar o que é realmente feliz ou desgraçado para o homem, é necessário transportar-se para além desta vida, porque é lá que as consequências se manifestam. Ora, tudo aquilo que ele chama desgraça, de acordo com a sua curta visão, cessa com a vida e tem sua compensação na vida futura.

Vou revelar-vos a desgraça sob uma nova forma, sob a forma bela e florida que acolheis e desejais, com todas as forças de vossas almas iludidas. A desgraça é a alegria, o prazer, a fama, a fútil inquietação, a louca satisfação da vaidade, que asfixiam a consciência, oprimem o pensamento, confundem o homem quanto ao seu futuro. A desgraça, enfim é o ópio do esquecimento, que buscais com o mais ardente desejo.

Tende esperanças, vós que chorais! Tremei, vós que rides, porque tendes o corpo satisfeito! Não se pode enganar a Deus: ninguém escapa ao destino. As provas, credoras, mais impiedosas que a malta que vos acossa na miséria, espreitam o vosso repouso ilusório, para vos mergulhar de súbito na agonia da verdadeira desgraça, daquela que surpreende a alma enlanguescida pela indiferença e o egoísmo.

Que o Espiritismo vos esclareça, portanto, e restabeleça sob a verdadeira luz da verdade e o erro, tão estranhamente desfigurados pela vossa cegueira. Então, agireis como bravos soldados que, longe de fugir ao perigo, preferem a luta nos combates arriscados, à paz que não oferece nem glória nem progresso. Que importa ao soldado perder as armas, o equipamento e a farda na refrega, contanto que saia vitorioso e coberto de glória? Que importa, àquele que tem fé no porvir, deixar a vida no campo de batalha, sua fortuna e sua veste carnal, contanto que sua alma possa entrar, radiosa, no reino celeste?

A MELANCOLIA

• **François de Genève** •
Bordeaux

25. Sabeis por que uma vaga tristeza se apodera por vezes de vossos corações, e vos faz sentir a vida tão amarga? É o vosso Espírito que aspira à felicidade e à liberdade, mas, ligado ao corpo que lhe serve de prisão, se cansa em vãos esforços para escapar. E, vendo que esses esforços são inúteis, cai no desânimo, fazendo o corpo sofrer sua influência, com a languidez, o abatimento e uma espécie de apatia, que de vós se apoderam, tornando-vos infelizes.

Acreditai no que vos digo e resisti com energia a essas impressões que vos enfraquecem a vontade. Essas aspirações de uma vida melhor são inatas no Espírito de todos os homens, mas não a busqueis neste mundo. Agora, que Deus vos envia os seus Espíritos, para vos instruírem sobre a felicidade que vos está reservada, esperai pacientemente o anjo da libertação, que vos ajudará a romper os laços que mantêm cativo o vosso Espírito. Pensai que tendes a cumprir, durante vossa prova na Terra, uma missão de que já não podeis duvidar, seja pelo devotamento à família, seja no cumprimento dos diversos deveres que Deus vos confiou.

E se, no curso dessa prova, no cumprimento de vossa tarefa, virdes tombarem sobre vós os cuidados, as inquietações e os pesares, sede fortes e corajosos para os suportar. Enfrentai-os decisivamente, pois são de curta duração e devem conduzir-vos junto aos amigos que chorais, que se alegrarão com a vossa chegada e vos estenderão os braços, para vos conduzirem a um lugar onde não tem acesso as amarguras terrenas.

PROVAS VOLUNTÁRIAS E VERDADEIRO CILÍCIO

• Um Anjo da Guarda •
Paris, 1863

26. Perguntais se é permitido abrandar as vossas provas. Essa pergunta lembra estas outras: é permitido ao que se afoga procurar salvar-se? E a quem espetou-se num espinho, retirá-lo? Ao que está doente, chamar um médico? As provas têm por fim exercitar a inteligência, assim como a paciência e a resignação. Um homem pode nascer numa posição penosa e difícil, precisamente para obrigá-lo a procurar os meios de vencer as dificuldades. Mérito consiste em suportar sem murmurações as consequências dos males que não se podem evitar, em perseverar na luta, em não se desesperar quando não se sai bem, e nunca em deixar as coisas correrem, que seria antes preguiça que virtude.

Essa questão nos conduz naturalmente a outra. Desde que Jesus disse: "Bem-aventurados os aflitos", há méritos em procurar as aflições, agravando as provas por meio de sofrimentos voluntários? A isso responderei muito claramente: sim, e um grande mérito, quando os sofrimentos e as privações têm por fim o bem do próximo, porque se trata da caridade pelo sacrifício; não, quando eles só têm por fim o bem próprio, porque se trata de egoísmo pelo fanatismo.

Há uma grande distinção a fazer. Quanto a vós, pessoalmente, contentai-vos com as provas que Deus vos manda, não aumenteis a carga já por vezes bem pesada; aceitai-as sem queixas e com fé, eis tudo o que Ele vos pede. Não enfraqueçais o vosso corpo com privações inúteis e macerações sem propósito, porque tendes necessidade de todas as vossas forças, para cumprir vossa missão de trabalho na Terra. Torturar voluntariamente, martirizar o vosso corpo, é infringir a lei de Deus, que vos dá os meios de sustentá-lo e de fortalecê-lo. Debilitá-lo sem necessidade é um verdadeiro suicídio. Usai, mas não abuseis: tal é a lei. O abuso das melhores coisas traz as suas punições, pelas consequências inevitáveis.

Bem outra é a questão dos sofrimentos que uma pessoa se impõe para aliviar o próximo. Se suportardes o frio e a fome para agasalhar e alimentar aquele que necessita, e vosso corpo sofrer com isso, eis um sacrifício que é abençoado por Deus. Vós, que deixais vossos toucadores perfumados para levar consolação aos aposentos infectos; que sujais vossas mãos delicadas curando chagas; que vos privais do sono para velar à cabeceira de um doente que é vosso irmão em Deus; vós enfim, que aplicais a vossa saúde na prática das boas obras, tendes nisso o vosso cilício, verdadeiro cilício de bênçãos, porque as alegrias do mundo não ressecaram o vosso coração. Vós não adormecestes no seio das voluptuosidades enlanguescedoras da fortuna, mas vos transformastes nos anjos consoladores dos pobres deserdados.

Mas vós que vos retirais do mundo para evitar suas seduções e viver no isolamento, qual a vossa utilidade na Terra? Onde está a vossa coragem nas provas, pois que fugis da luta e desertais do combate? Se quiserdes um cilício, aplicai-o à vossa alma e não ao vosso corpo; mortificai o vosso Espírito e não a vossa carne; fustigai o vosso orgulho; recebei as humilhações sem vos queixardes; machucai vosso amor-próprio; insensibilizai-vos para a dor da injúria e da calúnia, mais pungente que a dor física. Eis aí o verdadeiro cilício, cujas feridas vos serão contadas, porque atestarão a vossa coragem e a vossa submissão à vontade de Deus.

❊

27. *Deve-se por termo às provas do próximo, quando se pode, ou devemos, por respeito aos desígnios de Deus, deixá-las seguir o seu curso?*

• **Bernardim** •
Espírito protetor, Bordeaux, 1863

– Já vos dissemos e repetimos, muitas vezes, que estais na terra de expiação para completar as vossas provas, e que tudo o que vos acontece é consequência de vossas existências anteriores, as parcelas da dívida que tendes a pagar. Mas este pensamento provoca em certas pessoas reflexões que devem ser afastadas, porque podem ter funestas consequências.

Pensam alguns que, uma vez que se está na Terra para expiar, é necessário que as provas sigam o seu curso. Há outros que chegam a pensar que não somente devemos evitar de atenuá-las, mas também devemos contribuir para torná-las mais proveitosas, agravando-as. É um grande erro. Sim, vossas provas devem seguir o curso que Deus lhes traçou, mas acaso conheceis esse curso? Sabeis até que ponto elas devem ir, e se vosso Pai Misericordioso não dizer ao sofrimento deste ou daquele vosso irmão: "Não irás além disto?" Sabeis se a Providência não vos escolheu, não como instrumento de suplício, para agravar o sofrimento do culpado, mas como bálsamo consolador, que deve cicatrizar as chagas abertas pela sua justiça?

Não digais, portanto, ao verdes um irmão ferido: "É a justiça de Deus, e é necessário que siga o seu curso", mas dizei, ao contrário: "Vejamos que meios nosso Pai Misericordioso me concedeu, para aliviar o sofrimento de meu irmão. Vejamos se o meu conforto moral, meu amparo material, meus conselhos, poderão ajudá-lo a transpor esta prova com mais força, paciência e resignação. Vejamos mesmo se Deus não me pôs nas mãos os meios de fazer cessar este sofrimento; se não me deu, como prova também, ou talvez como expiação, o poder de cortar o mal e substituí-lo pela bênção da paz".

Auxiliai-vos sempre, pois, em vossas provas mútuas, e jamais vos encareis como instrumentos de tortura. Esse pensamento deve revoltar todo homem de bom coração, sobretudo os espíritas. Porque o espírita, mais que qualquer outro, deve compreender a extensão infinita da bondade de Deus. O espírita deve pensar que sua vida inteira tem de ser um ato de amor e de abnegação, e que por mais que faça para contrariar as decisões do Senhor, sua justiça seguirá o seu curso. Ele pode, pois, sem medo, fazer todos os esforços para aliviar o amargor da expiação, porque somente Deus pode cortá-la ou prolongá-la, segundo o que julgar a respeito.

Não seria excessivo orgulho, da parte do homem, julgar-se com o direito de revolver, por assim dizer, a arma na ferida? De aumentar a dose de veneno para aquele que sofre, sob o pretexto de que essa é a sua expiação? Oh! Considerai-vos sempre como o instrumento escolhido para fazê-la cessar. Resumamos assim: estais todos na Terra para expiar; mas todos, sem exceção, deveis fazer todos os esforços para aliviar a expiação de vossos irmãos, segundo a lei de amor e caridade.

❋

28. Um homem agoniza, presa de cruéis sofrimentos. Sabe-se que o seu estado é sem esperanças. É permitido poupar-lhe alguns instantes de agonia, abreviando-lhe o fim?

• **São Luís** •
Paris, 1860

– Mas quem vos daria o direito de prejulgar os desígnios de Deus? Não pode ele conduzir um homem até a beira da sepultura, para em seguida retirá-lo, com o fim de fazê-lo examinar-se a si mesmo e modificar-lhe os pensamentos? A que extremos tenha chegado um moribundo, ninguém pode dizer com certeza que soou a sua hora final. A Ciência, por acaso, nunca se enganou nas suas previsões?

Bem sei que há casos que se podem considerar, com razão, como desesperados. Mas se não há nenhuma esperança possível de um retorno definitivo à vida e à saúde, não há também inúmeros exemplos de que, no momento do último suspiro, o doente se reanima e recobra suas faculdades por alguns instantes? Pois bem: essa hora de graça que lhe é concedida, pode ser para ele da maior importância, pois ignorais as reflexões que o seu Espírito poderia ter feito nas convulsões da agonia, e quantos tormentos podem ser poupados por um súbito clarão de arrependimento.

O materialista, que só vê o corpo, não levando em conta a existência da alma, não pode compreender essas coisas. Mas o espírita, que sabe o que se passa além-túmulo, conhece o valor do último pensamento. Aliviai os últimos sofrimentos o mais que puderdes, mas guardai-vos de abreviar a vida, mesmo que seja em apenas um minuto, porque esse minuto pode poupar muitas lágrimas no futuro.

❈

29. Aquele que está desgostoso da vida, mas não querendo abreviá-la, será culpado, indo procurar a morte num campo de batalha, com o pensamento de torná-la útil?

• **São Luís** •
Paris, 1860

– Quer o homem se mate ou se faça matar, o objetivo é sempre o de abreviar a vida, e por conseguinte, há o suicídio de intenção, embora não haja de fato. O pensamento de que a sua morte servirá para alguma coisa é ilusório, simples pretexto, para disfarçar a ação criminosa e desculpá-lo aos seus próprios olhos. Se ele tivesse seriamente o desejo de servir à pátria, procuraria antes viver para dedicar-se à sua defesa, e não morrer, porque uma vez morto já não serve para nada. A verdadeira abnegação consiste em não temer a morte quando se trata de ser útil, em enfrentar o perigo e oferecer o sacrifício da vida, antecipadamente e sem pesar, se isso for necessário. Mas a intenção premeditada de procurar a morte, expondo-se para tanto ao perigo, mesmo a serviço, anula o mérito da ação.

❊

30. *Um homem se expôs a um perigo iminente para salvar a vida de um semelhante, sabendo que ele mesmo sucumbirá: isso pode ser considerado como suicídio?*

• São Luís •
Paris, 1860

– Não havendo a intenção de procurar a morte, não há suicídio, mas devotamento e abnegação, mesmo com a certeza de perecer. Mas quem pode ter essa certeza? Quem diz que a Providência não reservará um meio inesperado de salvação, no momento mais crítico? Não pode ela salvar até mesmo aquele que estiver na boca de um canhão? Pode ela, muitas vezes, querer levar a prova da resignação até o último limite, e então uma circunstância inesperada desvia o golpe fatal.

❊

31. *Os que aceitam com resignação os seus sofrimentos, por submissão à vontade de Deus e com vistas à sua felicidade futura, não trabalham apenas para eles mesmos, e podem tornar os seus sofrimentos proveitosos para outros?*

• São Luís •
Paris, 1860

– Esses sofrimentos podem ser proveitosos para outros, material e moralmente. Materialmente, se, pelo trabalho, as privações e os sacrifícios que se impõem contribuem para o bem-estar material do próximo. Moralmente, pelo exemplo que dão, com sua submissão à vontade de Deus. Esse exemplo do poder da fé espírita pode incitar os infelizes à resignação, salvando-os do desespero e de suas funestas consequências para o futuro.

CAPÍTULO VI

O CRISTO CONSOLADOR

O JUGO LEVE – CONSOLADOR PROMETIDO – *INSTRUÇÕES DOS ESPÍRITOS:* ADVENTO DO ESPÍRITO DA VERDADE

O JUGO LEVE

1. Vinde a mim, todos os que andais em sofrimento e vos achais sobrecarregados, e eu vos aliviarei. Tomai sobre vós o meu jugo, e aprendei de mim, que sou manso e humilde de coração, e achareis descanso para as vossas almas. Porque o meu jugo é suave e o meu fardo é leve. (MATEUS, XI: 28-30).

2. Todos os sofrimentos: misérias, decepções, dores físicas, perdas de seres queridos, encontram sua consolação na fé no futuro, e na confiança na justiça de Deus, que o Cristo veio ensinar aos homens. Sobre aquele que, pelo contrário, nada espera após esta vida, ou que simplesmente duvida, as aflições pesam com todo o seu peso, e nenhuma esperança vem abrandar sua amargura. Eis o que levou Jesus a dizer: "Vinde a mim, vós todos que estais fatigados, e eu vos aliviarei".

Jesus, entretanto, impõe uma condição para a sua assistência e para a felicidade que promete aos aflitos. Essa condição é a da própria lei que ele ensina: seu jugo é a observação dessa lei. Mas esse jugo é leve e essa lei é suave, pois que impõe como dever o amor e a caridade.

CONSOLADOR PROMETIDO

3. Se me amais, guardai os meus mandamentos. E eu rogarei ao Pai, e Ele vos dará outro consolador, para que fique eternamente convosco, o Espírito da Verdade, a quem o mundo não pode receber, porque não o vê, nem o conhece. Mas vós o conhecereis, por-

que ele ficará convosco e estará em vós. – Mas o Consolador, que é o Espírito Santo, a quem o Pai enviará em meu nome, vos ensinará todas as coisas, e vos fará lembrar de tudo o que vos tenho dito. (JOÃO, XIV: 15 a 17; 26).

4. Jesus promete outro consolador: é o Espírito da Verdade, que o mundo ainda não conhece, pois que não está suficientemente maduro para compreendê-lo, e que o Pai enviará para ensinar todas as coisas e para fazer lembrar o que o Cristo disse. Se, pois, o Espírito da Verdade deve vir mais tarde, ensinar todas as coisas, é que o Cristo não pôde dizer tudo. Se ele vem fazer lembrar o que o Cristo disse, é que o seu ensino foi esquecido ou mal compreendido.

O Espiritismo vem, no tempo assinalado, cumprir a promessa do Cristo. O Espírito da Verdade preside ao seu estabelecimento. Ele chama os homens à observância da lei; ensina todas as coisas, fazendo compreender o que o Cristo só disse em parábolas. O Cristo disse: **"que ouçam os que têm ouvidos para ouvir"**. O Espiritismo vem abrir os olhos e os ouvidos, porque ele fala sem figuras e alegorias. Levanta o véu propositalmente lançado sobre certos mistérios, e vem, por fim, trazer uma suprema consolação aos deserdados da Terra e a todos os que sofrem, ao dar uma causa justa e um objetivo útil a todas as dores.

Disse o Cristo: **"Bem-aventurados os aflitos, porque eles serão consolados"**. Mas como se pode ser feliz por sofrer, se não se sabe por que se sofre?

O Espiritismo revela que a causa está nas existências anteriores e na própria destinação da Terra, onde o homem expia o seu passado. Revela também o objetivo, mostrando que os sofrimentos são como crises salutares que levam à cura, são purificação que assegura a felicidade nas existências futuras. O homem compreende que mereceu sofrer, e acha justo o sofrimento. Sabe que esse sofrimento auxilia o seu adiantamento, e o aceita sem queixas, como o trabalhador aceita o serviço que lhe assegura o salário. O Espiritismo lhe dá uma fé inabalável no futuro, e a dúvida pungente não tem mais lugar na sua alma. Fazendo-o ver as coisas do alto, a importância das vicissitudes terrenas se perde no vasto e esplêndido horizonte que ele abarca, e a perspectiva da felicidade que o espera lhe dá a paciência, a resignação e a coragem para ir até o fim do caminho.

Assim realiza o Espiritismo o que Jesus disse do consolador prometido: conhecimento das coisas, que faz o homem saber de onde vem, para onde vai e porque está na Terra, lembrança dos verdadeiros princípios da lei de Deus, e consolação pela fé e pela esperança.

INSTRUÇÕES DOS ESPÍRITOS

ADVENTO DO ESPÍRITO DA VERDADE

• **Espírito da Verdade** •
Paris, 1860

5. Venho, como outrora, entre os filhos desgarrados de Israel, trazer a verdade e dissipar as trevas. Escutai-me. O Espiritismo, como outrora a minha palavra, deve lembrar os incrédulos que acima deles reina a verdade imutável: o Deus bom, o Deus grande, que faz germinar as plantas e que levanta as ondas. Eu revelei a doutrina divina; e, como um segador, liguei em feixes o bem esparso pela humanidade, e disse: **"Vinde a mim, todos vós que sofreis!"**

Mas os homens ingratos se desviaram da estrada larga e reta que conduz ao Reino de meu Pai, perdendo-se nas ásperas veredas da impiedade. Meu Pai não quer aniquilar a raça humana. Ele quer que, ajudando-vos uns aos outros, mortos e vivos, ou seja, mortos segundo a carne, porque a morte não existe, sejais socorridos, e que, não mais a voz dos profetas e dos apóstolos, mas a voz dos que se foram, faça-se ouvir para vos gritar: Crede e orai! Porque a morte é a ressurreição, e a vida é a prova escolhida, durante a qual vossas virtudes cultivadas devem crescer e desenvolver-se como o cedro.

Homens fracos, que vos limitais às trevas de vossa inteligência, não afasteis a tocha que a clemência divina vos coloca nas mãos, para iluminar vossa rota e vos reconduzir, crianças perdidas, ao regaço de vosso Pai.

Estou demasiado tocado de compaixão pelas vossas misérias, por vossa imensa fraqueza, para não estender a mão em socorro aos infelizes extraviados que, vendo o céu, caem nos abismos do erro. Crede, amai, meditai todas as coisas que vos são reveladas; não mistureis o joio ao bom grão, as utopias com as verdades.

Espíritas: amai-vos, eis o primeiro ensinamento; instruí-vos, eis o segundo. Todas as verdades se encontram no Cristianismo; os erros que nele se enraizaram são de origem humana; e eis que, de além-túmulo, que acreditáveis vazio, vozes vos clamam: Irmãos! Nada perece. Jesus Cristo é o vencedor do mal; sede os vencedores da impiedade!

❊

• **Espírito da Verdade** •
Paris, 1861

6. Venho ensinar e consolar os pobres deserdados. Venho dizer-lhes que elevem sua resignação ao nível de suas provas; que chorem, porque a dor estava presente no Jardim das Oliveiras, mas que esperem, porque os anjos consoladores virão enxugar as suas lágrimas.

Trabalhadores, traçai o vosso sulco. Recomeçai no dia seguinte a rude jornada da véspera. O trabalho de vossas mãos fornece o pão terreno aos vossos corpos, mas vossas almas não estão esquecidas: eu, o divino jardineiro, as cultivo no silêncio dos vossos pensamentos. Quando soar a hora do repouso, quando a rama escapar de vossas mãos, e vossos olhos se fecharem para a luz, sentireis surgir e germinar em vós a minha preciosa semente. Nada se perde no Reino de nosso Pai. Vossos suores e vossas misérias formam um tesouro, que vos tornará ricos nas esferas superiores, onde a luz substitui as trevas, e onde o mais desnudo entre vós será talvez o mais resplandecente.

Em verdade vos digo: os que carregam seus fardos e assistem os seus irmãos são os meus bem-amados. Instrui-vos na preciosa doutrina que dissipa o erro das revoltas e vos ensina o objetivo sublime da prova humana. Como o vento varre a poeira, que o sopro dos Espíritos dissipe a vossa inveja dos ricos do mundo, que são frequentemente os mais miseráveis, porque suas provas são mais perigosas que as vossas. Estou convosco, e meu apóstolo vos ensina. Bebei na fonte viva do amor, e preparai-vos, cativos da vida, para vos lançardes um dia, livres e alegres, no seio d'Aquele que vos criou fracos para vos tornar perfeitos, e deseja que modeleis vós mesmos a vossa dócil argila, para serdes os artífices da vossa imortalidade.

❊

• **Espírito da Verdade** •
Bourdeaux, 1861

7. Eu sou o grande médico das almas, e venho trazer-vos o remédio que vos deve curar. Os débeis, os sofredores e os enfermos

são os meus filhos prediletos, e venho salvá-los. Vinde, pois, a mim, todos vós que sofreis e que estais carregados, e sereis aliviados e consolados. Não procureis alhures a força e a consolação, porque o mundo é impotente para dá-las. Deus dirige aos vossos corações um apelo supremo, através do Espiritismo: escutai-o. Que a impiedade, a mentira, o erro, a incredulidade, sejam extirpados de vossas almas doloridas. São esses os monstros que sugam o mais puro do vosso sangue, e vos produzem chagas quase sempre mortais. Que no futuro, humildes e submissos ao Criador, pratiqueis sua divina lei. Amai e orai. Sede dóceis aos Espíritos do Senhor. Invocai-O do fundo do coração. Então, Ele vos enviará o seu Filho bem-amado, para vos instruir e vos dizer estas boas palavras: Eis-me aqui; venho a vós, porque me chamastes!

• **Espírito da Verdade** •
Havre, 1861

8. Deus consola os humildes e dá força aos aflitos que a suplicam. Seu poder cobre a Terra, e por toda parte, ao lado de cada lágrima, põe o bálsamo que consola. O devotamento e a abnegação são uma prece contínua e encerram profundo ensinamento: a sabedoria humana reside nessas duas palavras. Possam todos os Espíritos sofredores compreender esta verdade, em vez de reclamar contra as dores, os sofrimentos morais, que são aqui na Terra o vosso quinhão. Tomai, pois, por divisa, essas duas palavras: devotamento e abnegação, e sereis fortes, porque eles resumem todos os deveres que a caridade e a humildade vos impõem. O sentimento do dever cumprido vos dará a tranquilidade de espírito e a resignação. O coração bate melhor, a alma se acalma, e o corpo já não sente desfalecimentos, porque o corpo sofre tanto mais, quanto mais profundamente abalado estiver o espírito.

CAPÍTULO VII

BEM-AVENTURADOS OS POBRES DE ESPÍRITO

O QUE SE DEVE ENTENDER POR POBRES DE ESPÍRITO – QUEM SE ELEVAR SERÁ REBAIXADO – MISTÉRIOS OCULTOS AOS SÁBIOS E PRUDENTES – *INSTRUÇÕES DOS ESPÍRITOS:* O ORGULHO E A HUMILDADE – MISSÃO DO HOMEM INTELIGENTE NA TERRA

O QUE SE DEVE ENTENDER POR POBRES DE ESPÍRITO

1. Bem-aventurados os pobres de espírito, porque deles é o Reino dos Céus. (São Mateus, V: 3).

2. A incredulidade se diverte com esta máxima: *Bem-aventurados os pobres de espírito*, como com muitas outras que não compreende. Por pobres de espírito, entretanto, Jesus não entende os tolos, mas os humildes, e diz que o Reino dos Céus é destes e não dos orgulhosos.

Os homens cultos e inteligentes, segundo o mundo, fazem geralmente tão elevada opinião de si mesmos e de sua própria superioridade, que consideram as coisas divinas como indignas de sua atenção. Preocupados somente com eles mesmos, não podem elevar o pensamento a Deus. Essa tendência a se acreditarem superiores a tudo leva-os muito frequentemente a negar o que, sendo-lhes superior, pudesse rebaixá-los, e a negar até mesmo a Divindade. E, se concordam em admiti-la, contestam-lhe um dos seus mais belos atributos: a ação providencial sobre as coisas deste mundo, convencidos de que são suficientes para bem governá-lo. Tomando sua inteligência como medida da inteligência universal, e julgando-se aptos a tudo compreender, não podem admitir como possível aquilo que não compreendem. Quando se pronunciam sobre alguma coisa, seu julgamento é para eles inapelável.

Se não admitem o mundo invisível e um poder extra-humano, não é porque isso esteja fora do seu alcance, mas porque o seu orgulho se revolta à ideia de alguma coisa a que não possam sobrepor-se, e que os faria descer do seu pedestal. Eis porque só têm sorrisos de desdém por tudo o que não seja do mundo visível e tangível. Atribuem-se demasiada inteligência e muito conhecimento para acreditarem em coisas que, segundo pensam, são boas para os *simples*, considerando como *pobres de espírito* os que as levam a sério.

Entretanto, digam o que quiserem, terão de entrar, como os outros, nesse mundo invisível que tanto ironizam. Então seus olhos se abrirão, e reconhecerão o erro. Mas Deus, que é justo, não pode receber da mesma maneira aquele que desconheceu o seu poder e aquele que humildemente se submeteu às suas leis, nem aquinhoá-los por igual.

Ao dizer que o Reino dos Céus é para os simples, Jesus ensina que ninguém será nele admitido sem a *simplicidade de coração e a humildade de espírito*; que o ignorante que possui essas qualidades será preferido ao sábio que acreditar mais em si mesmo do que em Deus. Em todas as circunstâncias, ele coloca a humildade entre as virtudes que nos aproximam de Deus, e o orgulho entre os vícios que dele nos afastam. E isso por uma razão muito natural, pois a humildade é uma atitude de submissão a Deus, enquanto o orgulho é a revolta contra Ele. Mais vale, portanto, para a felicidade do homem, ser *pobre de espírito*, no sentido mundano, e rico de qualidades morais.

QUEM SE ELEVAR SERÁ REBAIXADO

3. Naquela hora, chegaram-se a Jesus os seus discípulos, dizendo: Quem é o maior no Reino dos Céus? E Jesus, chamando um menino, o pôs no meio deles e disse: Na verdade vos digo que, se não fizerdes como meninos, não entrareis no Reino dos Céus. Todo aquele, pois, que se humilhar e se fizer pequeno como este menino, esse será o maior no Reino dos Céus. E o que receber em meu nome um menino como este, a mim é que recebe. (Mateus, XVIII: 1-5).

4. Então se chegou a ele a mãe dos filhos de Zebedeu, com seus filhos, adorando-o e pedindo-lhe alguma coisa. Ele lhe disse: Que queres? Respondeu ela: Dize a estes meus dois filhos

que se assentem no teu Reino, um à tua direita e outro à tua esquerda. E respondendo Jesus, disse: Não sabeis o que pedis. Podeis vós beber o cálice que eu hei de beber? Disseram-lhes eles: Podemos. Ele lhes disse: É verdade que haveis de beber o meu cálice; mas, pelo que toca a terdes assento à minha direita ou à minha esquerda, não me pertence conceder-vos, mas isso é para aqueles a quem meu Pai o tem preparado. E quando os dez ouviram isto, indignaram-se contra os dois irmãos. Mas Jesus os chamou a si e lhes disse: Sabeis que os príncipes das nações dominam os seus vassalos, e que os maiores exercitam sobre eles o seu poder. Não será assim entre vós; mas aquele que quiser ser o maior, esse seja o vosso servidor, e o que entre vós quiser ser o primeiro, seja o vosso escravo; assim como o Filho do Homem, que não veio para ser servido, mas para servir, e para dar a sua vida em redenção de muitos.** (Mateus, XX: 20-28).

5. E aconteceu que, entrando Jesus num sábado em casa de um dos principais fariseus, a tomar a sua refeição, ainda eles o estavam observando. E notando como os convidados escolhiam os primeiros assentos à mesa, propôs-lhes esta parábola: Quando fores convidado a alguma boda, não te assentes no primeiro lugar, porque pode ser que esteja ali outra pessoa, mais autorizada que tu, convidada pelo dono da casa, e que, vindo este, que te convidou a ti e a ele, te diga: dá o teu lugar a este; e tu, envergonhado, vás buscar o último lugar. Mas, quando fores convidado, vai tomar o último lugar, para que, quando vier o que te convidou, te diga: amigo, senta-te mais para cima. Servir-te-á isto então de glória, na presença dos que estiverem juntamente sentados à mesa. Porque todo o que se exalta será humilhado; e todo o que se humilha será exaltado.** (Lucas, XIV: 1, 7-11).

6. Estas máximas são consequências do princípio de humildade, que Jesus põe incessantemente como condição essencial da felicidade prometida aos eleitos do Senhor, nas seguintes palavras: **"Bem-aventurados os pobres de espírito, porque deles é o Reino dos Céus".** Ele toma um menino como exemplo da simplicidade de coração, e diz: **"Todo aquele, pois, que se fizer pequeno como este menino, será o maior no Reino dos Céus";** ou seja, aquele que não tiver pretensões à superioridade ou à infalibilidade.

O mesmo pensamento fundamental se encontra nesta outra máxima: **"Aquele que quiser ser o maior, seja o que vos sirva"**, e ainda nesta: **"Porque quem se exaltar será humilhado, e quem se humilhar será exaltado".**

O Espiritismo vem confirmar a teoria pelo exemplo, ao mostrar que os grandes no mundo dos Espíritos são os que foram pequenos na Terra, e que frequentemente são bem pequenos os que foram grandes e poderosos. É que os primeiros levaram consigo, ao morrer, aquilo que unicamente constitui a verdadeira grandeza no céu, e que nunca se perde: as virtudes; enquanto os outros tiveram de deixar aquilo que os fazia grandes na Terra, e que não se pode levar: a fortuna, os títulos, a glória, a linhagem. Não tendo nada mais, chegam ao outro mundo desprovidos de tudo, como náufragos que tudo perderam, até as roupas. Conservam apenas o orgulho, que torna ainda mais humilhante a sua nova posição, porque veem acima deles, e resplandecentes de glória, aqueles que espezinharam na Terra.

O Espiritismo nos mostra outra aplicação desse princípio nas encarnações sucessivas, onde aqueles que mais se elevaram numa existência, são abaixados até o último lugar na existência seguinte, se se deixaram dominar pelo orgulho e a ambição. Não procureis, pois, o primeiro lugar na Terra, nem queiras sobrepor-vos aos outros, se não quiserdes ser obrigado a descer. Procurai, pelo contrário, o mais humilde e o mais modesto, porque Deus saberá vos dar um mais elevado no céu, se o merecerdes.

MISTÉRIOS OCULTOS AOS SÁBIOS E PRUDENTES

7. Naquele tempo, respondendo, disse Jesus: Graças te dou a ti, Pai, Senhor do Céu e da Terra, porque escondeste estas coisas aos sábios e prudentes, e as revelaste aos simples e pequeninos. (MATEUS, XI: 25).

8. Pode parecer estranho que Jesus renda graças a Deus por haver revelado essas coisas *aos simples e pequeninos*, que são os pobres de espírito, ocultando-as *aos sábios e prudentes*, mais aptos, aparentemente, a compreendê-las. É que precisamos entender pelos primeiros *os humildes*, os que se humilham diante de Deus e não se consideram superiores aos outros: e, pelos segundos, *os orgulhosos* envaidecidos com o seu saber mundano, que se julgam prudentes, pois que eles negam a Deus, tratando-o de igual para igual, quando não o rejeitam. Isso porque, na Antiguidade, *sábio* era sinônimo de sabichão. Assim, Deus lhes deixa a busca dos segredos da Terra, e revela os do Céu aos humildes, que se inclinam perante Ele.

9. O mesmo acontece hoje com as grandes verdades reveladas pelo Espiritismo. Certos incrédulos se admiram de que os Espíritos se esforcem tão pouco para os convencer. É que estes se ocupam dos que buscam a luz com boa-fé e humildade, de preferência aos que julgam possuir toda a luz e parecem pensar que Deus deveria ficar muito feliz de os conduzir a Ele, provando-lhes a sua existência.

O poder de Deus se revela nas pequenas como nas grandes coisas. Ele não põe a luz sob o alqueire, mas a derrama por toda a parte; cegos são os que não a veem. *Deus não quer abrir-lhes os olhos à força, pois que eles gostam de os ter fechados.* Chegará a sua vez, mas antes é necessário que sintam as angústias das trevas, e *reconheçam Deus, e não o acaso, na mão que lhes fere o orgulho.* Para vencer a incredulidade, ele emprega os meios que lhe convêm, segundo os indivíduos. Não é a incredulidade que lhe dá de prescrever o que deve fazer, ou que lhe vai dizer: se quiserdes me convencer, é necessário que faças isto ou aquilo, neste momento e não naquele, porque este é que me convém.

Não se admirem, pois, os incrédulos, se Deus e os Espíritos, que são os agentes da sua vontade, não se submetem às suas exigências. Perguntem o que diriam, se o último dos seus servos lhes quisessem fazer imposições. Deus impõe condições, não se submete a elas. Ouve com bondade os que o procuram humildemente, e não os que se julgam mais do que Ele.

10. Deus, dir-se-á, não poderia tocá-los pessoalmente por meio de prodígios evidentes, perante os quais o mais duro incrédulo teria de curvar-se?

Sem dúvida que o poderia, mas, nesse caso, onde estaria o seu mérito; e ademais, de que serviria isso? Não os vemos diariamente recusar a evidência, e até mesmo dizer: ainda que o visse, não acreditaria, pois *sei* que é impossível? Se eles se recusam a reconhecer a verdade, é porque o seu espírito ainda não está maduro para compreender, nem o seu coração para a sentir. O *orgulho é a venda que lhes tapa os olhos.* Que adianta apresentar a luz a um cego? Seria preciso, pois, curar primeiro a causa do mal; eis porque, como hábil médico, Ele castiga primeiramente o orgulho. Não abandona os filhos perdidos, pois sabe que, cedo ou tarde, seus olhos se abrirão; mas quer que o façam de vontade própria. E então, vencidos pelos tormentos da incredulidade, atirar-se-ão por si mesmos em seus braços, e como o filho pródigo lhe pedirão perdão.

INSTRUÇÕES DOS ESPÍRITOS

O ORGULHO E A HUMILDADE

• **Lacordaire** •
Constantina, 1863

11. Que a paz do Senhor esteja convosco, meus queridos amigos! Venho até vós para encorajar-vos a seguir o bom caminho.

Aos pobres de Espírito que outrora viveram na Terra, Deus concede a missão de vir esclarecer-vos. Bendito seja pela graça que nos dá, de podermos ajudar o vosso adiantamento. Que o Espírito Santo me ilumine, me ajude a tornar compreensíveis minha palavra, e me conceda a graça de pô-la ao alcance de todos. Todos vós, encarnados, que estais sob a pena e procurais a luz, que a vontade de Deus venha em minha ajuda, para fazê-la brilhar aos vossos olhos!

A humildade é uma virtude bem esquecida, entre vós. Os grandes exemplos que vos foram dados são tão poucos seguidos. E, no entanto, sem humildade, podeis ser caridosos para o vosso próximo? Oh, não, porque esse sentimento nivela os homens, mostra-lhes que são irmãos, que devem ajudar-se mutuamente, e os encaminha ao bem. Sem a humildade, enfeitai-vos de virtudes que não possuis, como se vestísseis um hábito para ocultar as deformidades do corpo. Lembrai-vos d'Aquele que nos salva; lembrai-vos da sua humildade, que o fez tão grande e o elevou acima de todos os profetas.

O orgulho é o terrível adversário da humildade. Se o Cristo prometeu o Reino dos Céus aos mais pobres, foi porque os grandes da Terra imaginavam que os títulos e as riquezas eram a recompensa de seus méritos, e que a sua essência era mais pura que a do pobre. Acreditavam que essas coisas lhes eram devidas, e por isso, quando Deus as retira, acusam-no de injustiça. Oh, irrisão e cegueira! Deus, acaso, estabeleceu entre vós alguma distinção pelos corpos? O invólucro do pobre não é o mesmo do rico? O Criador fez duas espécies de homens? Tudo quanto Deus fez é grande e sábio. Não lhe atribuais as ideias concebidas por vossos cérebros orgulhosos.

Oh, rico! Enquanto dormes em teus aposentos suntuosos, ao abrigo do frio, não sabes quantos milhares de irmãos, iguais a ti, jazem na miséria? O desgraçado faminto não é teu igual? Bem sei que o teu orgulho se revolta com estas palavras. Concordarás em lhe dar uma esmola; nunca porém, em lhe apertar fraternalmente a mão. Exclamarás: eu nascido de sangue nobre, um dos grandes da Terra, ser igual a esse miserável estropiado? Vã utopia de pretensos filósofos! Se fôssemos iguais, porque Deus o teria colocado tão baixo e a mim tão alto? É verdade que vossas roupas não são nada iguais, mas, se vos despirdes a ambos, qual a diferença que então haverá entre vós? A nobreza do sangue, dirás. Mas a química não encontrou diferenças entre o sangue do nobre e do plebeu, entre o do senhor e do escravo. Quem te diz que também não foste miserável como ele? Que não pediste esmolas? Que não a pedirás um dia a esse mesmo que hoje desprezas? As riquezas são por acaso eternas? Não acabam com o corpo, invólucro perecível do Espírito? Oh, debruça-te humildemente sobre ti mesmo! Lança enfim os olhos sobre a realidade das coisas desse mundo, sobre o que constitui a grandeza e a humilhação no outro; pensa que a morte não te poupará mais do que aos outros; que os teus títulos não te preservarão dela; que te pode ferir amanhã, hoje, dentro de uma hora; e se ainda te sepultas no teu orgulho, oh! Então, eu te lamento, porque serás digno de piedade!

Orgulhosos! Que fostes, antes de serdes nobres e poderosos? Talvez mais humildes que o último de vossos servos. Curvai, portanto, vossas frontes altivas, que Deus as pode rebaixar, no momento mesmo em que as elevais mais alto. Todos os homens são iguais na balança divina; somente as virtudes os distinguem aos olhos de Deus. Todos os Espíritos são da mesma essência, e todos os corpos foram feitos da mesma massa. Vossos títulos e vossos nomes em nada a modificam; ficam no túmulo; não são eles que dão a felicidade prometida aos eleitos; a caridade e a humildade são os seus títulos de nobreza.

Pobre criatura! És mãe, e teus filhos sofrem. Estão com frio. Têm fome. Vais, curvada ao peso da tua cruz, humilhar-te para conseguir um pedaço de pão. Oh, eu me inclino diante de ti! Como és nobre, santa e grande aos meus olhos! Espera e ora: a felicidade ainda não é deste mundo. Aos pobres oprimidos, que nele confiam, Deus concede o Reino dos Céus.

E tu, que és moça, pobre filha devotada ao trabalho, entregue às privações, por que esses tristes pensamentos? Por que chorar? Que teus olhos se voltem, piedosos e serenos, para Deus: às aves do céu ele dá o alimento. Confia nele, que não te abandonará. O ruído das festas, dos prazeres mundanos, te faz bater o coração. Querias também enfeitar de flores a fronte e misturar-te aos felizes da Terra. Dizes que poderias, como as mulheres que vês passar, estouvadas e alegres, ser rica também. Oh, cala-te, filha! Se soubesses quantas lágrimas e dores sem conta se ocultam sob esses vestidos bordados, quantos suspiros se asfixiam sob o ruído dessa orquestra feliz, preferirias teu humilde retiro e tua pobreza. Conserva-te pura aos olhos de Deus, se não queres que o teu anjo-da-guarda volte para Ele, escondendo o rosto sob as asas brancas, e te deixe com os teus remorsos, sem guia, sem apoio, neste mundo em que estarias perdida, esperando a punição no outro. E todos vós que sofreis as injustiças dos homens, sede indulgentes para as faltas dos vossos irmãos, lembrando que vós mesmos não estais sem manchas: isso é caridade, mas é também humildade. Se suportais calúnias, curvai a fronte diante da prova. Que vos importam as calúnias do mundo? Se vossa conduta é pura, Deus não pode vos recompensar? Suportar corajosamente as humilhações dos homens, é ser humilde e reconhecer que só Deus é grande e todo-poderoso.

Oh, meu Deus, será preciso que o Cristo volte novamente à Terra, para ensinar aos homens as suas leis, que eles esquecem? Deverá ele ainda expulsar os vendilhões do templo, que maculam sua casa, esse recinto de orações? E, quem sabe? Oh, homens, se Deus vos concedesse essa graça, se não o renegaríeis de novo, como outrora? Se não o acusaríeis de blasfemo, por vir abater o orgulho dos fariseus modernos? Talvez, mesmo, se não o faríeis seguir de novo o caminho do Gólgota?

Quando Moisés subiu ao Monte Sinai, para receber os mandamentos da Lei de Deus, o povo de Israel, entregue a si mesmo, abandonou o verdadeiro Deus. Homens e mulheres entregaram suas joias e seu ouro, para a fabricação de um ídolo que adoravam. Homens civilizados, fazeis, entretanto, como eles. O Cristo vos deixou a sua doutrina, vos deu o exemplo de todas as virtudes, mas abandonastes exemplos e preceitos. Cada um de vós, carregando as suas paixões, fabricou um deus de acordo com a sua vontade: para uns terrível e sanguinário; para outros, indiferente aos interesses do mundo. O deus que fizestes é ainda o bezerro de ouro, que cada qual apropria aos seus gostos e às suas ideias.

Despertai, meus irmãos, meus amigos! Que a voz dos Espíritos vos toque o coração. Sede generosos e caridosos, sem ostentação. Quer dizer: fazei o bem com humildade. Que cada um vá demolindo aos poucos os altares elevados ao orgulho. Numa palavra: sede verdadeiros cristãos, e atingireis o reino da verdade. Não duvideis mais da bondade de Deus, agora que Ele vos envia tantas provas.

Viemos preparar o caminho para o cumprimento das profecias. Quando o Senhor vos der uma manifestação mais esplendente da sua clemência, que o enviado celeste vos encontre reunidos numa grande família; que os vossos corações, brandos e humildes, sejam dignos de receber a palavra divina que Ele vos trará; que o eleito não encontre em seu caminho senão as palmas dispostas pelo vosso retorno ao bem, à caridade, à fraternidade e então o vosso mundo se tornará um paraíso terreno. Mas se permanecerdes insensíveis à voz dos Espíritos, enviados para purificar e renovar a vossa sociedade civilizada, rica em conhecimentos e não obstante tão pobre de bons sentimentos, a nada mais nos restará do que chorar e gemer pela vossa sorte. Mas, não, assim não acontecerá. Voltai-vos para Deus, vosso pai, e então nós todos, que trabalhamos para o cumprimento da sua vontade, entoaremos o cântico de agradecimento ao Senhor, por sua inesgotável bondade, e para O glorificar por todos os séculos dos séculos. Assim seja.

❁

• **Adolfo** •
Bispo de Alger, Marmande, 1862

12. Homens, por que lamentais as calamidades que vós mesmos amontoastes sobre a vossa cabeça? Desprezastes a santa e divina moral do Cristo; não vos admireis de que a taça da iniquidade tenha transbordado por toda a parte.

O mal-estar se torna geral. A quem se deve, se não a vós mesmos, que incessantemente procurais aniquilar-vos uns aos outros? Não podeis ser felizes, sem mútua benevolência, e como poderá esta existir juntamente com o orgulho? O orgulho, eis a fonte de todos os vossos males. Dedicai-vos, pois, à tarefa de destruí-lo, se não quiserdes perpetuar as suas funestas consequências. Um só meio tendes para isso, mas infalível: tomai a lei do Cristo por regra invariável de vossa conduta, essa lei que haveis rejeitado ou falseado na sua interpretação.

Por que tendes em tão grande estima o que brilha e encanta os vossos olhos, em lugar do que vos toca o coração? Por que o vício que se desenvolve na opulência é o objeto da vossa reverência, enquanto só tendes um olhar de desdém para o verdadeiro mérito, que se oculta na obscuridade? Que um rico libertino, perdido de corpo e alma, se apresente em qualquer lugar, e todas as portas lhe são abertas, todas as honras lhe são dispensadas, enquanto dificilmente se concede um gesto de proteção ao homem de bem que vive do seu trabalho. Quando a consideração que se dispensa às pessoas é medida pelo peso do ouro que elas possuem, ou pelo nome que trazem, que interesse podem ter elas em se corrigirem de seus defeitos?

Bem diferente seria, entretanto, se o vício dourado fosse fustigado pela opinião pública, como o é o vício andrajoso. Mas o orgulho é indulgente para tudo quanto o agrada. Século de concupiscência e de dinheiro, dizeis vós. Sem dúvida; mas por que deixastes as necessidades materiais se sobreporem ao bom senso e à razão: por que cada qual deseja se elevar sobre o seu irmão? Agora, a sociedade sofre as consequências.

Não esqueçais que um tal estado de coisas é sempre o sinal da decadência moral. Quando o orgulho atinge o seu extremo, é indício de uma próxima queda, pois Deus pune sempre os soberbos. Se às vezes os deixa subir, é para lhes dar tempo de refletir e de emendar-se, sob os golpes que, de tempos a tempos, desfere no seu orgulho como advertência. Entretanto, em vez de se humilharem, eles se revoltam. Então, quando a medida está cheia, Ele a vira de repente, e a queda é tanto mais terrível, quanto mais alto tiverem se elevado.

Pobre raça humana, cujos caminhos foram todos corrompidos pelo egoísmo, reanimai-vos, apesar disso! Na sua infinita misericór-dia, Deus envia um poderoso remédio aos teus males, um socorro inesperado à tua aflição. Abre os olhos à luz: eis que as almas dos que se foram estão de volta, para te recordar os verdadeiros deveres. Elas te dirão, com a autoridade da experiência, quanto as vaidades e as grandezas de vossa passageira existência são pequeninas, diante da eternidade. Dirão que, nesta, será maior o que foi menor entre os pequenos deste mundo; que o que mais amou os seus irmãos será o mais amado no céu; que os poderosos da Terra, se abusaram da autoridade, serão obrigados a obedecer aos seus servos; que a caridade e a humildade, enfim, essas duas irmãs que se dão as mãos, são os títulos mais eficazes para obter-se a graça do Eterno.

MISSÃO DO HOMEM INTELIGENTE NA TERRA
• Ferdinando •
Espírito protetor, Bordeaux, 1862

13. Não vos orgulheis por aquilo que sabeis, porque esse saber tem limites bem estreitos, no mundo que habitais. Mesmo supondo que sejais uma das sumidades desse globo, não tendes nenhuma razão para vos envaidecer. Se Deus, nos seus desígnios, vos fez nascer num meio onde pudestes desenvolver a vossa inteligência, foi por querer que a usásseis em benefício de todos. Porque é uma missão que Ele vos dá, pondo em vossas mãos o instrumento com o qual podeis desenvolver, ao vosso redor, as inteligências retardatárias e conduzi-las a Deus. A natureza do instrumento não indica o uso que dele se deve fazer? A enxada que o jardineiro põe nas mãos do seu ajudante não indica que ele deve cavar? E o que diríeis se o trabalhador, em vez de trabalhar, erguesse a enxada para ferir o seu senhor? Diríeis que isso é horroroso, e que ele deve ser expulso. Pois bem, não se passa o mesmo com aquele que se serve da sua inteligência para destruir, entre os seus irmãos, a ideia da Providência? Não ergue contra o seu Senhor a enxada que lhe foi dada para preparar o terreno? Terá ele o direito ao salário prometido, ou merece, pelo contrário, ser expulso do jardim? Pois o será, não o duvideis, e arrastará existências miseráveis e cheias de humilhação, até que se curve diante d'Aquele a quem tudo deve.

A inteligência é rica em méritos para o futuro, mas com a condição de ser bem empregada. Se todos os homens bem dotados se servissem dela segundo os desígnios de Deus, a tarefa dos Espíritos seria fácil, ao fazerem progredir a humanidade. Muitos, infelizmente, a transformaram em instrumento de orgulho e de perdição para si mesmos. O homem abusa de sua inteligência, como de todas as suas faculdades, mas não lhe faltam lições, advertindo-o de que uma poderosa mão pode retirar-lhe o que ela mesma lhe deu.

CAPÍTULO VIII

BEM-AVENTURADOS OS PUROS DE CORAÇÃO

DEIXAI VIR A MIM OS PEQUENINOS – PECADO POR PENSAMENTO E ADULTÉRIO – VERDADEIRA PUREZA E MÃOS NÃO LAVADAS – ESCÂNDALOS: CORTAR A MÃO – *INSTRUÇÕES DOS ESPÍRITOS:* DEIXAI VIR A MIM OS PEQUENINOS – BEM-AVENTURADOS OS QUE TEM OS OLHOS FECHADOS

DEIXAI VIR A MIM OS PEQUENINOS

1. Bem aventurados os puros de coração, porque eles verão a Deus. (Mateus, V: 8).

2. Então lhe apresentaram uns meninos para que os tocasse; mas os discípulos ameaçavam os que lhe apresentavam. O que, vendo Jesus, levou-o muito a mal, e disse-lhes: Deixai vir a mim os pequeninos, e não os embaraceis, porque o Reino de Deus é daqueles que lhes assemelham. Em verdade vos digo que todo aquele que não receber o Reino de Deus como uma criança, não entrará nele. E abraçando-os, e pondo as mãos sobre eles, os abençoava. (Marcos, X: 13-16).

3. A pureza de coração é inseparável da simplicidade e da humildade. Exclui todo pensamento de egoísmo e de orgulho. Eis porque Jesus toma a infância como símbolo dessa pureza, como já a tomara por símbolo da humildade.

Esta comparação poderia não parecer justa, se considerarmos que o Espírito da criança pode ser muito antigo, e que ele traz ao renascer na vida corpórea as imperfeições de que não se livrou nas existências precedentes. Somente um Espírito que chegou à perfeição poderia dar-nos o modelo da verdadeira pureza. Não obstante, ela é exata do ponto de vista da vida presente. Porque a criança, não tendo ainda podido manifestar nenhuma tendência perversa, oferece-nos a imagem da inocência e da candura. Aliás, Jesus não diz de maneira absoluta que o Reino de Deus é *para elas, mas para aquelas que se assemelham.*

4. Mas se o Espírito da criança já viveu, por que não se apresenta, ao nascer, como ele é? Tudo é sábio nas obras de Deus. A criança necessita de cuidados delicados, que só a ternura materna lhe pode dispensar, e essa ternura aumenta, diante da fragilidade e da ingenuidade da criança. Para a mãe, seu filho é sempre um anjo, e é necessário que assim seja, para lhe cativar a solicitude. Ela não poderia tratá-lo com a mesma abnegação, se em vez da graça ingênua, nele encontrasse, sob os traços infantis, um caráter viril e as ideias de um adulto; e menos ainda, se conhecesse o seu passado.

É necessário, aliás, que a atividade do princípio inteligente seja proporcional à debilidade do corpo, que não poderia resistir a uma atividade excessiva do Espírito, como verificamos nas crianças precoces. É por isso que, aproximando-se a encarnação, o Espírito começa a perturbar-se e perde pouco a pouco a consciência de si mesmo. Durante certo período, ele permanece numa espécie de sono, em que todas as suas faculdades se conservam em estado latente. Esse estado transitório é necessário, para que o Espírito tenha um novo ponto de partida, e por isso o faz esquecer, na sua nova existência terrena, tudo o que lhe pudesse servir de estorvo. Seu passado, entretanto, reage sobre ele, que renasce para uma vida maior, moral e intelectualmente mais forte, sustentado e secundado pela intuição que conserva da experiência adquirida.

A partir do nascimento, suas ideias retomam gradualmente o seu desenvolvimento, acompanhando o crescimento do corpo. Pode-se assim dizer que, nos primeiros anos, o Espírito é realmente criança, pois as ideias que formam o fundo do seu caráter estão ainda adormecidas. Durante o tempo em que os seus instintos permanecem latentes, ela é mais dócil, e por isso mesmo mais acessível às impressões que podem modificar a sua natureza e fazê-la progredir, o que facilita a tarefa dos pais.

O Espírito reveste, pois, por algum tempo, a roupagem da inocência. E Jesus está com a verdade, quando, apesar da anterioridade da alma, toma a criança como símbolo da pureza e da simplicidade.

PECADO POR PENSAMENTO E ADULTÉRIO

5. Ouvistes que foi dito aos antigos: Não adulterarás. Eu, porém, vos digo que todo o que olhar para uma mulher, cobiçando-a, já no seu coração adulterou com ela. (Mateus, V: 27-28).

6(*). A palavra adultério não deve ser aqui entendida no sentido exclusivo de sua acepção própria, mas com sentido mais amplo. Jesus a empregou frequentemente por extensão, para designar o mal, o pecado, e todos os maus pensamentos, como, por exemplo, nesta passagem: **"Porque, se nesta geração adúltera e pecadora alguém se envergonhar de mim e de minhas palavras, também o Filho do Homem se envergonhará dele, quando vier na glória de seu Pai, acompanhado dos santos anjos".** (Marcos, VIII: 38).

A verdadeira pureza não está apenas nos atos, mas também no pensamento, pois aquele que tem o coração puro nem sequer pensa no mal. Foi isso que Jesus quis dizer, condenando o pecado, mesmo em pensamento, porque ele é um sinal de impureza.

7. Este princípio leva-nos naturalmente a esta questão: *sofrem-se as consequências de um mau pensamento que não se efetivou?*

Temos de fazer aqui uma importante distinção. À medida que a alma, comprometida no mau caminho, avança na vida espiritual, vai-se esclarecendo, e pouco a pouco se liberta de suas imperfeições, segundo a maior ou menor boa vontade que emprega, em virtude do seu livre-arbítrio. Todo mau pensamento é portanto o resultado da imperfeição da alma. Mas, de acordo com o desejo que tiver de se purificar, até mesmo esse mau pensamento se torna para ela um motivo de progresso, porque o repele com energia. É o sinal de uma mancha que ela se esforça por apagar. Assim, não cederá à tentação de satisfazer um mau desejo, e após haver resistido, sentir-se-á mais forte e contente com a sua vitória.

Aquela que, pelo contrário, não tomou boas resoluções, ainda busca a ocasião de praticar o mau ato, e se não o fizer, não será por não querer, mas apenas por falta de circunstâncias favoráveis. Ela é, portanto, tão culpada, como se o houvesse praticado.

Em resumo: a pessoa que nem sequer concebe o mau pensamento, já realizou o progresso; aquela que ainda tem esse pensamento, mas o repele, está em vias de realizá-lo; e por fim, aquela

---

(*) Vide Nota Explicativa no final do livro.

que tem esse pensamento e nele se compraz, ainda está sob toda a força do mal. Numa, o trabalho está feito; nas outras, está por fazer. Deus, que é justo, leva em conta todas essas diferenças, na responsabilidade dos atos e dos pensamentos do homem.

VERDADEIRA PUREZA E MÃOS NÃO LAVADAS

8. Então chegaram a ele uns escribas e fariseus de Jerusalém, dizendo: Por que violam os teus discípulos a tradição dos antigos? Pois não lavam as mãos quando comem o pão. E ele, respondendo, lhes disse: E vós também, por que transgredis o mandamento de Deus, pela vossa tradição? Porque Deus disse: Honra a teu pai e a tua mãe, e o que amaldiçoar a seu pai ou a sua mãe, morra de morte. Vós outros, porém, dizeis: Qualquer que disser a seu pai ou a sua mãe: Toda a oferta que faço a Deus te aproveitará a ti, está cumprindo a lei. Pois é certo que o tal não honrará a seu pai ou a sua mãe. Assim é que vós tendes feito vão o mandamento de Deus, pela vossa tradição. Hipócritas, bem profetizou de vós outros Isaías, quando diz: Este povo honra-me com os lábios, mas o seu coração está longe de mim. Em vão, pois, me honram, ensinando doutrinas e mandamentos que vêm dos homens. E chamando a si as turbas, lhes disse: Ouvi e entendei. Não é o que entra pela boca o que faz imundo o homem, mas o que sai da boca, isso é o que faz imundo o homem. Então, chegando-se a ele os discípulos, lhe disseram: Sabes que os fariseus, depois que ouviram o que disseste, ficaram escandalizados? Mas ele, respondendo, lhes disse: Toda a planta que meu Pai não plantou será arrancada pela raiz. Deixai-os; cegos são, e condutores de cegos. E se um cego guia a outro cego, ambos vêm a cair no barranco. E respondendo Pedro, lhe disse: Explica-nos essa parábola. E respondeu Jesus: Também vós outros estais ainda sem inteligência? Não compreendeis que tudo o que entra pela boca desce ao ventre, e se lança depois num lugar escuso? Mas as coisas que saem da boca vêm do coração, e estas são as que fazem o homem imundo; porque do coração é que saem os maus pensamentos, os homicídios, os adultérios, as fornicações, os furtos, os falsos testemunhos, as blasfêmias. Estas coisas são as que fazem imundo o homem. O comer, porém, com as mãos por lavar, isso não faz imundo o homem. (Mateus, XV: 1-20).

9. E quando Jesus estava falando, pediu-lhe um fariseu que fosse jantar com ele, e havendo entrado, sentou-se à mesa. E o

fariseu começou a discorrer lá consigo mesmo sobre o motivo porque não se tinha lavado antes de comer. E o Senhor lhe disse: Agora vós outros, os fariseus, limpais o que está por fora do copo e do prato, mas o vosso interior está cheio de rapina e de maldade. Néscios, quem fez tudo o que está de fora não fez também o que está de dentro? (Lucas, XI: 37-40).

10. Os Judeus haviam negligenciado os verdadeiros mandamentos de Deus, apegando-se à prática de regras estabelecidas pelos homens, e das quais os rígidos observadores faziam casos de consciência. O fundo, muito simples, acabara por desaparecer sob a complicação da forma. Como era mais fácil observar a prática dos atos exteriores, do que reformar-se moralmente, *de lavar as mãos do que limpar o coração*, os homens se iludiam a si mesmos, acreditando-se quites com a justiça de Deus, porque se habituavam a essas práticas e continuavam como eram, sem se modificarem, pois lhes ensinavam que Deus não exigia nada mais. Eis porque o profeta dizia: "É em vão que esse povo me honra com os lábios, ensinando máximas e mandamentos dos homens".

Assim também aconteceu com a doutrina moral do Cristo, que acabou por ser deixada em segundo plano, o que faz que muitos cristãos, à semelhança dos antigos judeus, creiam que a sua salvação está mais assegurada pelas práticas exteriores do que pelas da moral. É a esses acréscimos que os homens fizeram à lei de Deus, que Jesus se refere, quando diz: **"Toda a planta que meu Pai não plantou, será arrancada pela raiz".**

A finalidade da religião é conduzir o homem a Deus. Mas o homem não chega a Deus enquanto não se fizer perfeito. Toda religião, portanto, que não melhorar o homem, não atinge a sua finalidade. Aquela em que ele pensa poder apoiar-se para fazer o mal, é falsa ou foi falseada no seu início. Esse é o resultado a que chegam todas aquelas em que a forma supera o fundo. A crença na eficácia dos símbolos exteriores é nula, quando não impede os assassínios, os adultérios, as espoliações, as calúnias, e a prática do mal ao próximo, seja qual for. Ela faz supersticiosos, hipócritas e fanáticos, mas não faz homens de bem.

Não é suficiente ter as aparências da pureza, é necessário antes de tudo ter a pureza de coração.

ESCÂNDALOS: CORTAR A MÃO

11. O que escandalizar, porém, a um destes pequeninos que creem em mim, melhor lhe fora que se lhe pendurasse ao pescoço uma mó de atafona, e o lançassem ao fundo do mar. Ai do mundo,

por causa dos escândalos. Porque é necessário que sucedam escândalos, mas ai daquele homem por quem vem o escândalo. Ora, se a tua mão, ou o teu pé, te escandaliza, corta-o e lança-o fora de ti. Melhor te é entrar na vida manco ou aleijado, do que, tendo duas mãos ou dois pés, ser lançado no fogo eterno. E se o teu olho te escandaliza, tira-o, e lança-o fora de ti. Melhor te é entrar na vida com um só olho, do que, tendo dois, ser lançado no fogo do inferno. Vede, não desprezeis alguns destes pequeninos, porque eu vos declaro que os seus anjos no céu incessantemente estão vendo a face de meu Pai, que está nos céus. Porque o Filho do Homem veio a salvar o que havia perecido. (MATEUS, XVIII: 6-11).

E se o teu olho direito te serve de escândalo, arranca-o e lança-o fora de ti; porque melhor te é que se perca um de teus membros, do que todo o teu corpo ser lançado no inferno. E se a tua mão direita te serve de escândalo, corta-a e lança-a fora de ti; porque melhor é que se perca um dos teus membros, do que todo o teu corpo ir para o inferno. (MATEUS, V: 29-30).

12. Em seu sentido vulgar, *escândalo* é tudo aquilo que choca a moral ou as conveniências, de maneira ostensiva. O escândalo não está propriamente na ação, mas nas repercussões que ela pode ter. A palavra escândalo implica sempre a ideia de um certo estrépito. Muitas pessoas se contentam com evitar o escândalo, porque o seu orgulho sofreria com ele e a sua consideração diminuiria entre os homens, procurando ocultar as suas torpezas, o que lhes basta para tranquilizar a consciência. Esses são, segundo as palavras de Jesus: "sepulcros brancos por fora, mas cheios de podridão por dentro; vasos limpos por fora, mas sujos por dentro".

No sentido evangélico, a acepção da palavra escândalo, tão frequentemente empregada, é muito mais ampla, motivo porque não é compreendida em certos casos. Escândalo não é somente o que choca a consciência alheia, mas tudo o que resulta dos vícios e das imperfeições humanas, todas as más ações de indivíduo para indivíduo, com ou sem repercussões. O escândalo, nesse caso, *é o resultado efetivo do mal moral*.

13. É necessário que sucedam escândalos no mundo, disse Jesus, porque os homens, sendo ainda imperfeitos, têm inclinação para o mal e porque as más árvores dão maus frutos. Devemos pois entender, por essas palavras, que o mal é uma consequência da imperfeição humana, e não que os homens tenham obrigação de praticá-lo.

14. *É necessário que venha o escândalo*, para que os homens, em expiação na Terra, se punam a si mesmos, pelo contato de seus próprios vícios, dos quais são as primeiras vítimas, e cujos inconvenientes acabam por compreender. Depois que tiverem sofrido o mal, procurarão o remédio no bem. A reação desses vícios serve, portanto, ao mesmo tempo de castigo para uns e de prova para outros. É assim que Deus faz sair o bem do mal, e que os próprios homens aproveitam as coisas más ou desagradáveis.

15. Se assim é, dir-se-á, o mal é necessário e durará sempre, pois se viesse a desaparecer, Deus ficaria privado de um poderoso meio de castigar os culpados. É inútil, portanto, procurar melhorar os homens. Mas, se não houvesse culpados, não haveria necessidade de castigos. Suponhamos a humanidade transformada numa comunhão de homens de bem: nenhum procuraria fazer mal ao próximo, e todos seriam felizes, porque seriam bons. Tal é o estado dos mundos adiantados, dos quais o mal foi excluído. Tal será o estado da Terra, quando houver progredido suficientemente. Mas enquanto certos mundos avançam, outros se formam, povoados por Espíritos primitivos, e que servem ainda de morada, de exílio e de lugar de expiação para os Espíritos imperfeitos, rebeldes, destinados no mal, rejeitados pelos mundos que se tornam felizes.

16. Mas ai daquele por quem vem o escândalo: quer dizer que o mal sendo sempre o mal, aquele que serviu, sem o saber, de instrumento para a justiça divina, sendo utilizados os seus maus instintos, nem por isso deixou de fazer o mal, e deve ser punido. É assim, por exemplo, que um filho ingrato é uma punição ou uma prova para o pai que o suporta, porque esse pai talvez tenha sido um mau filho, que fez sofrer o seu pai, e agora sofre a pena de talião. Mas o filho não terá desculpas por isso, e deverá ser castigado por sua vez, através dos seus próprios filhos ou de outra maneira.

17. Se tua mão te serve de causa de escândalo, corta-a: figura enérgica, que seria absurdo tomar-se ao pé da letra, e que significa simplesmente a necessidade de destruirmos em nós todas as causas de escândalo, ou seja, do mal. É necessário arrancar do coração todo sentimento impuro e toda tendência viciosa. Quer dizer ainda que mais vale para o homem ter a mão cortada, do que esta ser para ele o instrumento de uma ação má; ser privado da vista, do que os seus olhos lhe servirem para maus pensamentos. Jesus nada disse de absurdo, para quem souber compreender o sentido alegórico e profundo das suas palavras; mas muitas coisas não podem ser compreendidas, sem a chave oferecida pelo Espiritismo.

INSTRUÇÕES DOS ESPÍRITOS

DEIXAI VIR A MIM OS PEQUENINOS

• João •
O Evangelista, Paris, 1863

18. Disse o Cristo: **"Deixai vir a mim os pequeninos"**. Essas palavras, tão profundas na sua simplicidade, não fazem apenas um apelo às crianças, mas também às almas que gravitam nos círculos inferiores, onde a desgraça desconhece a esperança. Jesus chamava a si a infância intelectual da criatura formada: os fracos, os escravos, os viciosos. Ele nada podia ensinar à infância física, presa na matéria, sujeita ao jugo dos instintos, e ainda não integrada na ordem superior da razão e da vontade, que se exercem em torno dela e em seu benefício.

Jesus queria que os homens se entregassem a ele com a confiança desses pequenos seres de passos vacilantes, cujo apelo lhe conquistaria o coração das mulheres, que são todas mães. Assim, ele submetia as almas à sua terna e misteriosa autoridade. Ele foi a flama que espancou as trevas, o clarim matinal que tocou a alvorada. Foi o iniciador do Espiritismo, que deve, por sua vez, chamar a si, não as crianças, mas os homens de boa-vontade. A ação viril está iniciada; não se trata mais de crer instintivamente e obedecer de maneira mecânica; é necessário que o homem siga a lei inteligente, que lhe revela a sua universalidade.

Meus bem-amados, eis chegados os tempos em que os erros explicados se transformarão em verdades. Nós vos ensinaremos o verdadeiro sentido das parábolas. Nós vos mostraremos a correlação poderosa, que liga o que foi ao que é. Eu vos digo, em verdade: a manifestação espírita se eleva no horizonte, e eis aqui o seu enviado, que vai resplandecer como o sol sobre o cume dos montes.

❀

• Um Espírito Protetor •
Bordeaux, 1863

19. Deixai vir a mim os pequeninos, pois tenho o alimento que fortifica os fracos. Deixai vir a mim os tímidos e os débeis, que

necessitam de amparo e consolo. Deixai vir a mim os ignorantes, para que eu os ilumine. Deixai vir a mim todos os sofredores, a multidão dos aflitos e dos infelizes, e eu lhes darei o grande remédio para os males da vida, revelando-lhes o segredo da cura de suas feridas. Qual é, meus amigos, esse bálsamo poderoso, de tamanha virtude, que se aplica a todas as chagas do coração e as cura? É o amor, é a caridade! Se tiverdes esse fogo divino, o que havereis de temer? A todos os instantes de vossa vida direis: "Meu Pai, que se faça a tua vontade e não a minha! Se te apraz experimentar-me pela dor e pelas tribulações, bendito sejas! Porque é para o meu bem, eu o sei, que a tua mão pesa sobre mim. Se te agrada, Senhor, apiedar-te de tua frágil criatura, dar-lhe ao coração as alegrias puras, bendito sejas também! Mas faze que o amor divino não se amorteça na sua alma, e que incessantemente suba aos teus pés a sua prece de gratidão".

Se tiverdes amor, tendes tudo o que mais se pode desejar na Terra, pois tereis a pérola sublime, que nem as mais diversas circunstâncias, nem os malefícios dos que vos odeiam e perseguem, poderão jamais arrebatar. Se tiverdes amor, tereis colocado o vosso tesouro onde nem a traça nem a ferrugem os devoram, e vereis desaparecer insensivelmente da vossa alma tudo o que lhe possa manchar a pureza. Dia a dia sentireis que o fardo da matéria se torna mais leve. E, como um pássaro que voa nos ares e não se lembra da terra, subireis incessantemente, subireis sempre, até que a vossa alma, inebriada, se impregne da verdadeira vida, no seio do Senhor!

BEM-AVENTURADOS OS QUE TÊM OS OLHOS FECHADOS

• Vianney •
Cura de Ars, Paris, 1863[1]

20. Meus bons amigos, por que me chamastes? Para que eu imponha as mãos sobre esta pobre sofredora que está aqui, e a cure? Ah, que sofrimento, bom Deus! Perdeu a vista, e as trevas se fizeram para ela. Pobre criança! Que ore e espere. Eu não sei fazer milagres,

---

(1) Esta comunicação foi dada a respeito de uma pessoa cega, para a qual havia sido evocado o Espírito de J.B. Vianney, Cura de Ars.

eu, sem a vontade do bom Deus. Todas as curas que obtive, e que conheceis, não as atribuais senão Àquele que é o Pai de todos nós. Nas vossas aflições voltai sempre os vossos olhos para o céu, e dizei, do fundo do vosso coração: "Meu Pai, curai-me, mas fazei que a minha alma doente seja curada antes das enfermidades do corpo; que minha carne seja castigada, se necessário, para que a minha alma se eleve para vós com a brancura que possuía quando a criastes". Após esta prece, meus bons amigos, que o bom Deus sempre ouvirá, a força e a coragem vos serão dadas, e talvez também a cura que temerosamente pedistes, como recompensa da vossa abnegação.

Mas desde que aqui me encontro, numa assembleia em que se trata sobretudo de estudar, eu vos direi que os que estão privados da vista deviam considerar-se como os bem-aventurados da expiação. Lembrai-vos de que o Cristo disse que era necessário arrancar o vosso olho, se ele fosse mau, e que mais valia atirá-lo ao fogo que ser a causa da vossa perdição. Ah, quantos existem sobre a Terra que um dia maldirão, nas trevas, por terem visto a luz! Oh, sim, como são felizes os que, na expiação, foram punidos pelos olhos! Seu olho não será causa de escândalo e de queda, e eles podem viver completamente a vida das almas, podem ver mais do que vós que tendes boa visão. Quando Deus me permite abrir as pálpebras de alguns desses pobres sofredores e devolvê-los à luz, digo a mim mesmo: Alma querida, por que não conheces todas as delícias do Espírito, que vive de contemplação e de amor? Então não pediríeis para ver as imagens menos puras e menos suaves, que aquelas que podes entrever na tua cegueira.

Oh, sim, bem-aventurado o cego que quer viver com Deus! Mais feliz do que vós que estais aqui, ele sente a felicidade, pode tocá-la, vê as almas e pode lançar-se com elas nas esferas espirituais, que nem mesmo os predestinados da vossa Terra conseguem ver. O olho aberto está sempre pronto a fazer a alma cair; o olho fechado, pelo contrário, está sempre pronto a fazê-la subir até Deus. Crede-me, meus bons e queridos amigos, a cegueira dos olhos é quase sempre a verdadeira luz do coração, enquanto a vista é quase sempre o anjo tenebroso que conduz à morte.

E agora algumas palavras para ti, minha pobre sofredora: espera e tem coragem! Se eu te dissesse: Minha filha, teus olhos vão abrir-se, como ficarias alegre! E quem sabe se esta alegria não te perderia? Tem confiança no bom Deus, que fez a felicidade e permite a tristeza! Farei tudo o que me for permitido em teu favor; mas, por tua vez, ora, e sobretudo, pensa em tudo o que venho de dizer-te.

Antes de me afastar, vós todos que estais aqui, recebei a minha bênção.

21. NOTA – Quando uma aflição não é a consequência dos atos da vida presente, é necessário procurar a sua causa numa vida anterior. Isso que chamamos caprichos da sorte nada mais são que os efeitos da justiça de Deus. Ele não aplica punições arbitrárias, pois quer sempre que entre a falta e a pena exista correlação. Se, na sua bondade, lança um véu sobre os nossos atos passados, entretanto nos aponta o caminho a dizer: "Quem matou pela espada, pela espada perecerá", palavras que podemos traduzir assim: "Somos sempre punidos naquilo em que pecamos". Se, pois, alguém é afligido com a perda da visão, é que a vista foi para ele uma causa de queda. Talvez também tenha sido causa da perda da vista para outro; pode alguém ter ficado cego pelo excesso de trabalho que lhe impôs, ou ainda em consequência de maus tratos, de falta de cuidados, etc., e então sofre agora a pena de talião. Ele mesmo, no seu arrependimento, pode ter escolhido esta expiação, aplicando a si próprio estas palavras de Jesus: "Se vosso olho for motivo de escândalo, arrancai-o".

CAPÍTULO IX

BEM-AVENTURADOS OS MANSOS E PACÍFICOS

INJÚRIAS E VIOLÊNCIAS – *INSTRUÇÕES DOS ESPÍRITOS:* A AFABILIDADE E A DOÇURA – A PACIÊNCIA – OBEDIÊNCIA E RESIGNAÇÃO – A CÓLERA

INJÚRIAS E VIOLÊNCIAS

1. **Bem-aventurados os mansos, porque eles possuirão a Terra.** (MATEUS, V: 4).

2. **Bem-aventurados os pacíficos, porque serão chamados filhos de Deus.** (MATEUS, V: 9).

3. **Ouvistes o que foi dito aos antigos? Não matarás, e quem matar será réu no juízo. Pois eu vos digo que todo o que se ira contra o seu irmão será réu no juízo; e o que disser a seu irmão:** *raca*, **será réu no conselho; e o que disser: és louco, merecerá a condenação do fogo do inferno.** (MATEUS, V: 21-22).

4. Por essas máximas, Jesus estabeleceu como lei a doçura, a moderação, a mansuetude, a afabilidade e a paciência. E, por consequência, condenou a violência, a cólera, e até mesmo toda expressão descortês para com os semelhantes. *Raca* era entre os hebreus uma expressão de desprezo, que significava *homem reles*, e era pronunciada cuspindo-se de lado. E Jesus vai ainda mais longe, pois ameaça com o fogo do inferno aquele que disser a seu irmão: *És louco.*

É evidente que nesta, como em qualquer circunstância, a intenção agrava ou atenua a falta. Mas por que uma simples palavra pode ter tamanha gravidade, para merecer tão severa reprovação? É que toda palavra ofensiva exprime um sentimento contrário à lei de amor e caridade, que deve regular as relações entre os homens, mantendo a união e a concórdia. É um atentado à benevolência recíproca e à fraternidade, entretendo o ódio e a animosidade. Enfim, porque depois da humildade perante Deus, a caridade para com o próximo é a primeira lei de todo cristão.

5. Mas o que dizia Jesus por estas palavras: **"Bem-aventurados os mansos, porque eles possuirão a Terra?"** Não ensinou ele a renúncia aos bens terrenos, prometendo os do céu?

Ao esperar os bens do céu, o homem necessita dos bens da terra para viver. O que ele recomenda, portanto, é que não se dê a estes últimos mais importância que aos primeiros.

Por essas palavras, ele quer dizer que até agora os bens da terra foram açambarcados pelos violentos, em prejuízo dos mansos e pacíficos. Que a estes falta frequentemente o necessário, enquanto os outros dispõe do supérfluo. E promete que justiça lhes será feita, *assim na terra como no céu*, porque eles serão chamados filhos de Deus. Quando a lei de amor e caridade for a lei da humanidade, não haverá mais egoísmo; o fraco e o pacífico não serão mais explorados nem espezinhados pelo forte e o violento. Será esse o estado da Terra, quando, segundo a lei do progresso e a promessa de Jesus, ela estiver transformada num mundo feliz, pela expulsão dos maus.

INSTRUÇÕES DOS ESPÍRITOS

A AFABILIDADE E A DOÇURA

• Lázaro •
Paris, 1861

6. A benevolência para com os semelhantes, fruto do amor ao próximo, produz a afabilidade e a doçura, que são a sua manifestação. Entretanto, nem sempre se deve fiar nas aparências, pois a educação e o tráquejo do mundo podem dar o verniz dessas qualidades. Quantos há, cuja fingida bonomia é apenas uma máscara para uso externo, uma roupagem cujo corte bem calculado disfarça as deformidades ocultas! O mundo está cheio de pessoas que trazem o sorriso nos lábios e o veneno no coração; *que são doces, contanto que ninguém as moleste, mas que mordem à menor contrariedade;* cuja língua, dourada quando fala face a face, se transforma em dardo venenoso, quando falam por trás.

A essa classe pertencem ainda esses homens que são benignos fora de casa, mas tiranos domésticos, que fazem a família e os subordinados suportarem o peso do seu orgulho e do seu despotismo, como para compensar o constrangimento a que se submetem lá fora. Não ousando impor sua autoridade aos estranhos, que os colocariam no seu lugar, querem pelo menos ser temidos pelos que não podem resistir-lhes. Sua vaidade se satisfaz com o poderem dizer: "Aqui eu mando e sou obedecido", sem pensar que poderiam acrescentar, com mais razão: "E sou detestado".

Não basta que os lábios destilem leite e mel, pois se o coração nada tem com isso, trata-se de hipocrisia. Aquele cuja afabilidade e doçura não são fingidas, jamais se desmente. É o mesmo para o mundo ou na intimidade, e sabe que se pode enganar os homens pelas aparências, não pode enganar a Deus.

A PACIÊNCIA

• Um Espírito Amigo •
Havre, 1862

7. A dor é uma bênção que Deus envia aos seus eleitos. Não vos aflijais, portanto, quando sofrerdes, mas, pelo contrário, bendizei a Deus todo-poderoso, que vos marcou com a dor neste mundo, para a glória no céu.

Sede pacientes, pois a paciência é também caridade, e deveis praticar a lei de caridade, ensinada pelo Cristo, enviado de Deus. A caridade que consiste em dar esmolas aos pobres é a mais fácil de todas. Mas há uma bem mais penosa, e consequentemente bem mais meritória, que é a de *perdoar os que Deus colocou em nosso caminho para serem os instrumentos de nossos sofrimentos e submeterem à prova a nossa paciência.*

A vida é difícil, bem o sei, constituindo-se de mil bagatelas que são como alfinetadas e acabam por nos ferir. Mas é necessário olhar para os deveres que nos são impostos, e para as consolações e compensações que obtemos, pois então veremos que as bênçãos são mais numerosas que as dores. O fardo parece mais leve quando olhamos para o alto, do que quando curvamos a fronte para a terra.

Coragem, amigos: o Cristo é o vosso modelo. Sofreu mais que qualquer um de vós, e nada tinha de que se acusar, enquanto tendes a expiar o vosso passado e de fortalecer-vos para o futuro. Sede, pois, pacientes, sede cristãos: esta palavra resume tudo.

OBEDIÊNCIA E RESIGNAÇÃO

• Lázaro •
Paris, 1863

8. A doutrina de Jesus ensina sempre a obediência e a resignação, duas virtudes companheiras da doçura, muito ativas, embora os homens as confundam erroneamente com a negação do sentimento e da vontade. *A obediência é o consentimento da razão; a resignação é o consentimento do coração.* Ambas são forças ativas, porque levam o fardo das provas que a revolta insensata deixa cair. O poltrão não pode ser resignado, assim como o orgulhoso e o egoísta não podem ser obedientes. Jesus foi a encarnação dessas virtudes desprezadas pela Antiguidade materialista. Chegou no momento em que a sociedade romana perecia nas fraquezas da corrupção, e veio fazer brilhar, no seio da humanidade abatida, os triunfos do sacrifício e da renúncia à sensualidade.

Cada época é assim marcada pelo cunho da virtude ou do vício que a devem salvar ou perder. A virtude da vossa geração é a atividade intelectual, seu vício é a indiferença moral. Digo somente atividade, porque o gênio se eleva de súbito e descobre de relance os horizontes que a multidão só verá depois dele, enquanto a atividade é a reunião dos esforços de todos, para atingir um alvo menos brilhante, mas que prova a elevação intelectual de uma época. Submetei-vos ao impulso que vimos dar aos vossos Espíritos. Obedeceis à grande lei do progresso, que é a palavra da vossa geração. Infeliz do Espírito preguiçoso, daquele que fecha o seu entendimento! Infeliz, porque nós, que somos os guias da humanidade em marcha, o chicotearemos, e forçaremos a sua vontade rebelde, com o duplo esforço do freio e da espora. Toda resistência orgulhosa deverá ceder, cedo ou tarde. Mas bem-aventurados os que são mansos, porque darão ouvidos dóceis aos ensinamentos.

A CÓLERA

• Um Espírito Protetor •
Bordeaux, 1863

9. O orgulho vos leva a vos julgardes mais do que sois, a não aceitar uma comparação que vos possa rebaixar, e a vos conside-

rardes, ao contrário, de tal maneira acima de vossos irmãos, seja na finura de espírito, seja no tocante à posição social, seja ainda em relação às vantagens pessoais, que o menor paralelo vos irrita e vos fere. E o que acontece, então? Entregai-vos à cólera.

Procurai a origem desses acessos de demência passageira, que vos assemelham aos brutos, fazendo-vos perder o sangue-frio e a razão; procurai-a, e encontrareis quase sempre por base o orgulho ferido. Não é acaso o orgulho ferido por uma contradita, que vos faz repelir as observações justas e rejeitar, encolerizados, os mais sábios conselhos? Até mesmo a impaciência, causada pelas contrariedades, em geral pueris, decorre da importância atribuída à personalidade, perante a qual julgais que todos devem curvar-se.

No seu frenesi, o homem colérico se volta contra tudo, à própria natureza bruta, aos objetos inanimados, que despedaça, por não o obedecerem. Ah! Se nesses momentos ele pudesse ver-se a sangue-frio, teria horror de si mesmo ou se reconheceria ridículo! Que julgue por isso a impressão que deve causar aos outros. Ao menos pelo respeito a si mesmo, deveria esforçar-se, pois, para vencer essa tendência que o torna digno de piedade.

Se pudesse pensar que a cólera nada resolve, que lhe altera a saúde, compromete a sua própria vida, veria que é ele mesmo a sua primeira vítima. Mas ainda há outra consideração que o deveria deter: o pensamento de que torna infelizes todos os que o cercam. Se tem coração, não sentirá remorsos por fazer sofrer as criaturas que mais ama? E que mágoa mortal não sentirá se, num acesso de arrebatamento, cometesse um ato de que teria de recriminar-se por toda a vida!

Em suma: a cólera não exclui certas qualidades do coração, mas impede que se faça muito bem, e pode levar a fazer-se muito mal. Isso deve ser suficiente para incitar os esforços para dominá-la. O espírita, aliás, é incitado por outro motivo: o de que ela é contrária à caridade e à humildade cristãs.

※

• **Hahnemann** •
Paris, 1863

10. Segundo a ideia muito falsa de que não se pode reformar a própria natureza, o homem se julga dispensado de fazer esforços para se corrigir dos defeitos em que se compraz voluntariamente, ou que para isso exigiram muita perseverança. É assim, por exemplo, que o homem inclinado à cólera se desculpa quase sempre com o seu temperamento. Em vez de se considerar culpado, atribui a falta ao seu organismo, acusando assim a Deus pelos seus próprios defeitos. É ainda uma consequência do orgulho, que se encontra mesclado a todas as suas imperfeições.

Não há dúvida que existem temperamentos que se prestam melhor aos atos de violência, como existem músculos mais flexíveis, que melhor se prestam a exercícios físicos. Não penseis, porém, que seja essa a causa fundamental da cólera, e acreditai que um Espírito pacífico, mesmo num corpo bilioso, será sempre pacífico, enquanto um Espírito violento, num corpo linfático, não seria dócil. Nesse caso, a violência apenas tomaria outro caráter. Não dispondo de seu organismo apropriado à sua manifestação, a cólera seria concentrada, enquanto no caso contrário seria expansiva.

O corpo não dá impulsos de cólera a quem não os tem, como não dá outros vícios. Todas as virtudes e todos os vícios são inerentes ao Espírito. Sem isso, onde estariam o mérito e a responsabilidade? O homem que é deformado não pode tornar-se direito, porque o Espírito nada tem com isso, mas pode modificar o que se relaciona com o Espírito, quando dispõe de uma vontade firme. A experiência não vos prova, espíritas, até onde pode ir o poder da vontade, pelas transformações verdadeiramente miraculosas que se operam aos vossos olhos? Dizei, pois, que *o homem só permanece vicioso porque o quer*, mas que aquele que deseja corrigir-se sempre o pode fazer. De outra maneira, a lei do progresso não existiria para o homem.

CAPÍTULO X

BEM-AVENTURADOS OS MISERICORDIOSOS

PERDOAI PARA QUE DEUS VOS PERDOE – RECONCILIAR-SE COM OS ADVERSÁRIOS – O SACRIFÍCIO MAIS AGRADÁVEL A DEUS – O ARGUEIRO E A TRAVE NO OLHO – NÃO JULGUEIS PARA NÃO SERDES JULGADOS – AQUELE QUE ESTIVER SEM PECADO ATIRE A PRIMEIRA PEDRA – *INSTRUÇÕES DOS ESPÍRITOS:* PERDÃO DAS OFENSAS – A INDULGÊNCIA – É PERMITIDO REPREENDER OS OUTROS? NOTAR SUAS IMPERFEIÇÕES E DIVULGAR O MAL ALHEIO?

PERDOAI PARA QUE DEUS VOS PERDOE

1. Bem-aventurados os misericordiosos porque eles alcançarão misericórdia. (Mateus, V: 7).

2. Se perdoardes aos homens as ofensas que vos fazem, também vosso Pai celestial vos perdoará os vossos pecados. Mas se não perdoardes aos homens, tampouco vosso Pai vos perdoará os vossos pecados. (Mateus, VI: 14-15).

3. Se teu irmão pecar contra ti, vai, e corrige-o entre ti e ele somente; se te ouvir, ganhado terás a teu irmão. Então, chegando-se Pedro a ele, perguntou: Senhor, quantas vezes poderá pecar meu irmão contra mim, para que eu lhe perdoe? Será até sete vezes? Respondeu-lhe Jesus: Não te digo que até sete vezes, mas até setenta vezes sete vezes. (Mateus, XVIII: 15, 21, 22).

4. A misericórdia é o complemento da mansuetude, pois os que não são misericordiosos também não são mansos e pacíficos. Ela consiste no esquecimento e no perdão das ofensas. O ódio e o rancor denotam uma alma sem elevação e sem grandeza. O es-

quecimento das ofensas é próprio das almas elevadas, que pairam acima do mal que lhe quiseram fazer. Uma está sempre inquieta, é de uma sensibilidade sombria e amargurada. A outra é calma, cheia de mansuetude e caridade.

Infeliz daquele que diz: Eu jamais perdoarei! Porque, se não for condenado pelos homens, o será certamente por Deus. Com que direito pedirá perdão de suas próprias faltas, se ele mesmo não perdoa aos outros? Jesus nos ensina que a misericórdia não deve ter limites, quando diz que se deve perdoar ao irmão, não sete vezes, mas setenta vezes sete.

Mas há duas maneiras bem diferentes de perdoar. Uma é grande, nobre, verdadeiramente generosa, sem segunda intenção, tratando com delicadeza o amor-próprio e a suscetibilidade do adversário, mesmo quando a culpa foi inteiramente dele. A outra é quando o ofendido, ou aquele que assim se julga, impõe condições humilhantes ao adversário, fazendo-o sentir o peso de um perdão que irrita, em vez de acalmar. Se estende a mão, não é por benevolência, mas por ostentação, a fim de poder dizer a todos: vede quanto sou generoso!

Nessas circunstâncias, é impossível que a reconciliação seja sincera, de uma e de outra parte. Não, isso não é generosidade, mas apenas uma maneira de satisfazer o orgulho. Em todas as contendas, aquele que se mostra mais conciliador, que revela mais desinteresse próprio, mais caridade e verdadeira grandeza de alma, conquistará sempre a simpatia das pessoas imparciais.

RECONCILIAR-SE COM OS ADVERSÁRIOS

5. Concerta-te sem demora com o teu adversário, enquanto estás a caminho com ele, para que não suceda que ele te entregue ao juiz e que o juiz te entregue ao seu ministro, e sejas mandado para a cadeia. Em verdade te digo que não sairás de lá, enquanto não pagares o último ceitil. (MATEUS, V: 25-26).

6. Há, na prática do perdão, e na prática do bem, em geral, além de um efeito moral, um efeito também material. A morte, como se sabe, não nos livra dos nossos inimigos. Os Espíritos vingativos perseguem sempre com o seu ódio, além da sepultura, aqueles que ainda são objeto do seu rancor. Daí ser falso, quando aplicado ao homem, o provérbio: "Morto o cão, acaba a raiva." O Espírito mau espera que aquele a quem quer mal esteja encerrado em seu corpo, e assim menos livre, para mais facilmente o atormentar, atingindo-o nos seus interesses ou nas suas mais caras afeições. É necessário ver nesse fato a causa da maioria dos casos de obsessão, sobretudo daqueles que apresentam certa gravidade, como a subjugação e a possessão. O obsedado e o possesso são, pois, quase sempre, vítimas de uma vingança anterior, a que provavelmente deram motivo por sua conduta. Deus permite a situação atual, para os punir do mal que fizeram, ou se não o fizeram, por haverem faltado com a indulgência e a caridade, deixando de perdoar. Importa, pois, com vistas à tranquilidade futura, reparar o mais cedo possível os males que se tenham praticado em relação ao próximo, e perdoar aos inimigos, para assim se extinguirem, antes da morte, todos os motivos de desavença, toda causa profunda de animosidade posterior. Dessa maneira se pode fazer, de um inimigo encarnado neste mundo, um amigo no outro, ou pelo menos ficar com a boa causa, e Deus não deixa ao sabor da vingança aquele que soube perdoar. Quando Jesus recomenda que nos reconciliemos o mais cedo possível com o nosso adversário, não quer apenas evitar as discórdias na vida presente, mas também evitar que elas se perpetuem nas existências futuras. *Não sairás de lá*, disse ele, *enquanto não pagares o último ceitil*, ou seja, até que a justiça divina não esteja completamente satisfeita.

O SACRIFÍCIO MAIS AGRADÁVEL A DEUS

7. Portanto, se estás fazendo a tua oferta diante do altar, e te lembrar aí que teu irmão tem alguma coisa contra ti, deixa ali a tua oferta diante do altar, e vai te reconciliar primeiro com teu irmão, e depois virás fazer a tua oferta. (MATEUS, V: 23-24).

8. Quando Jesus disse: "Vai te reconciliar primeiro com teu irmão, e depois virás fazer a tua oferta", ensinou que o sacrifício mais agradável ao Senhor é o dos próprios ressentimentos; que antes de pedir perdão ao Senhor, é preciso que se perdoe aos outros, e que, se algum mal se tiver feito contra um irmão, é necessário tê-lo reparado. Somente assim a oferenda será agradável, porque é proveniente de um coração puro de qualquer mau pensamento. Ele materializa esse preceito, porque os judeus ofereciam sacrifícios materiais, e era necessário conformar as suas palavras aos costumes do povo. O cristão não oferece prendas materiais, pois que espiritualizou o sacrifício, mas o preceito não tem menos força para ele. Oferecendo sua alma a Deus, deve apresentá-la purificada. *Ao entrar no templo do Senhor, deve deixar lá fora todo sentimento de* *ódio e de animosidade, todo mau pensamento contra seu irmão*. Só então sua prece será levada pelos anjos aos pés do Eterno. Eis o que ensina Jesus por essas palavras: "Deixai ali a tua oferta diante do altar, e vai te reconciliar primeiro com teu irmão", se queres ser agradável a Deus.

O ARGUEIRO E A TRAVE NO OLHO

9. Por que vês tu, pois, o argueiro no olho do teu irmão, e não vês a trave no teu olho? Ou como dizes a teu irmão: Deixa-me tirar do teu olho o argueiro, quando tens no teu uma trave? Hipócrita, tira primeiro a trave do teu olho, e então verá como hás de tirar o argueiro do olho de teu irmão. (MATEUS, VII: 3-5).

10. Um dos caprichos da humanidade é ver cada qual o mal alheio antes do próprio. Para julgar-se a si mesmo, seria necessário poder mirar-se num espelho, transportar-se de qualquer maneira fora de si mesmo, e considerar-se como outra pessoa, perguntando: Que pensaria eu, se visse alguém fazendo o que faço? É o orgulho, incontestavelmente, o que leva o homem a disfarçar os seus próprios defeitos, tanto morais como físicos. Esse capricho é essencialmente contrário à caridade, pois a verdadeira caridade é modesta, simples e indulgente. A caridade orgulhosa é um contrassenso, pois esses dois sentimentos se neutralizam mutuamente. Como, de fato, um homem bastante fútil para crer na importância de sua personalidade e na supremacia de suas qualidades, poderia ter ao mesmo tempo, bastante abnegação para ressaltar nos outros o bem que poderia eclipsá-lo, em lugar do mal que poderia pô-lo em destaque? Se o orgulho é a fonte de muitos vícios, é também a negação de muitas virtudes. Encontramo-lo no fundo e como móvel de quase todas as ações. Foi por isso que Jesus se empenhou em combatê-lo, como o principal obstáculo ao progresso.

NÃO JULGUEIS PARA NÃO SERDES JULGADOS. AQUELE QUE ESTIVER SEM PECADO QUE ATIRE A PRIMEIRA PEDRA

11. Não julgueis, pois, para não serdes julgados; porque com o juízo que julgardes os outros, sereis julgados; e com a medida com que medirdes, vos medirão também a vós. (MATEUS, VII: 1-2).

12. Então lhe trouxeram os escribas e os fariseus uma mulher que fora apanhada em adultério, e a puseram no meio,

e lhe disseram: Mestre, esta mulher foi agora mesmo apanhada em adultério; e Moisés, na Lei, mandou apedrejar a estas tais. Qual é a vossa opinião sobre isto: Diziam pois os judeus, tentando-o, para o poderem acusar. Jesus, porém, abaixando-se, pôs-se a escrever com o dedo na terra. E como eles perseveraram em fazer-lhes perguntas, ergueu-se Jesus e disse-lhes: Aquele dentre vós que estiver sem pecado atire-lhe a primeira pedra. E tornando a abaixar-se, escrevia na terra. Mas eles, ouvindo-o, foram saindo um a um, sendo os mais velhos os primeiros. E ficou só Jesus com a mulher, que estava no meio, em pé. Então, erguendo-se, Jesus lhe disse: Mulher, onde estão os que te acusavam? Ninguém te condenou? Respondeu ela: Ninguém, Senhor. Então Jesus lhe disse: Nem eu tampouco te condenarei; vai, e não peques mais.** (João, VIII: 3-11).

13. "Aquele que estiver sem pecado atire-lhe a primeira pedra", disse Jesus. Esta máxima faz da indulgência um dever, pois não há quem dela não necessite para si mesmo. Ensina que não devemos julgar os outros mais severamente do que nos julgamos a nós mesmos, nem condenar nos outros o que nos desculpamos em nós. Antes de reprovar uma falta de alguém, consideremos se a mesma reprovação não nos pode ser aplicada.

A censura de conduta alheia pode ter dois motivos: reprimir o mal, ou desacreditar a pessoa cujos atos criticamos. Este último motivo jamais tem escusa, pois decorre da maledicência e da maldade. O primeiro pode ser louvável, e torna-se mesmo um dever em certos casos, pois dele pode resultar um bem, e porque sem ele o mal jamais será reprimido na sociedade. Aliás, não deve o homem ajudar o progresso dos seus semelhantes? Não se deve, pois, tomar no sentido absoluto este princípio: "Não julgueis para não serdes julgados", porque a letra mata e o espírito vivifica.

Jesus não podia proibir de se reprovar o mal, pois ele mesmo nos deu o exemplo disso, e o fez em termos enérgicos. Mas quis dizer que a autoridade da censura está na razão da autoridade moral daquele que a pronuncia. Tornar-se culpável daquilo que se condena nos outros é abdicar dessa autoridade, e mais ainda, arrogar-se arbitrariamente o direito de repressão. A consciência íntima, de resto, recusa qualquer respeito e toda submissão voluntária àquele que, investido de algum poder, viola as leis e os princípios que está encarregado de aplicar. *A única autoridade legítima, aos olhos de Deus, é a que se apoia no bom exemplo.* É o que resulta evidentemente das palavras de Jesus.

INSTRUÇÕES DOS ESPÍRITOS

PERDÃO DAS OFENSAS

• Simeon •
Bordeaux, 1862

14. Quantas vezes perdoarei ao meu irmão? Perdoá-lo-eis, não sete vezes, mas setenta vezes sete. Eis um desses ensinos de Jesus que devem calar em vossa inteligência e falar bem alto ao vosso coração. Comparai essas palavras misericordiosas com a oração tão simples, tão resumida, e ao mesmo tempo tão grande nas suas aspirações, que Jesus ensinou aos discípulos, e encontrareis sempre o mesmo pensamento. Jesus, o justo por excelência, responde a Pedro: Perdoarás, mas sem limites; perdoarás cada ofensa, tantas vezes quantas ela vos for feita; ensinarás a teus irmãos esse esquecimento de si mesmo, que nos torna invulneráveis às agressões, aos maus tratos e às injúrias, serás doce e humilde de coração, não medindo jamais a mansuetude; e farás, enfim, para os outros, o que desejas o que o Pai celeste faça por ti. Não tem Ele de te perdoar sempre, e acaso conta o número de vezes que o seu perdão vem apagar as tuas faltas?

Ouvi, pois, essa resposta de Jesus, e como Pedro, aplicai-a a vós mesmos. Perdoai, usai a indulgência, sede caridosos, generosos, e até mesmo pródigos no vosso amor. Dai, porque o Senhor vos dará; abaixai-vos, que o Senhor vos levantará; humilhai-vos, que o Senhor vos fará sentar à sua direita.

Ide, meus bem-amados, estudai e comentai essas palavras que vos dirijo, de parte d'Aquele que, do alto dos esplendores celestes, tem sempre os olhos voltados para vós, e continua com amor a tarefa ingrata que começou há dezoito séculos. Perdoai, pois, os vossos irmãos, como tendes necessidade de ser perdoados. Se os seus atos vos prejudicaram pessoalmente, eis um motivo a mais para serdes indulgentes, porque o mérito do perdão é proporcional à gravidade do mal, e não haveria nenhum em passar por alto os erros de vossos irmãos, se estes apenas vos incomodassem de leve.

Espíritas, não vos olvideis de que, tanto em palavras como em atos, o perdão das injúrias nunca deve reduzir-se a uma expressão vazia. Se vos dizeis espíritas, sede-o de fato: esquecei o mal que vos tenham feito, e pensai apenas numa coisa: no bem que possais fazer. Aquele que entrou nesse caminho não deve afastar-se dele, nem mesmo em pensamento, pois sois responsáveis pelos vossos pensamentos, que Deus conhece. Fazei, pois, que eles sejam desprovidos de qualquer sentimento de rancor. Deus sabe o que existe no fundo do coração de cada um. *Feliz aquele que pode dizer cada noite, ao dormir: nada tenho contra o meu próximo.*

❦

• **Paulo** •
Apóstolo, Lyon, 1861

15. Perdoar aos inimigos é pedir perdão para si mesmo; perdoar aos amigos é dar prova de amizade; perdoar as ofensas é mostrar que se melhora. Perdoai, pois, meus amigos, para que Deus vos perdoe. Porque, se fordes duros, exigentes, inflexíveis, se guardardes até mesmo uma ligeira ofensa, como quereis que Deus esqueça que todos os dias tendes grande necessidade de indulgência? Oh, infeliz daquele que diz: eu jamais perdoarei, porque pronuncia a sua própria condenação! Quem sabe se, mergulhando em vós mesmos, não descobrireis que fostes o agressor? Quem sabe se, nessa luta que começa por um simples aborrecimento e acaba pela desavença, não fostes vós a dar o primeiro golpe? Se não vos escapou uma palavra ferina? Se usastes de toda a moderação necessária? Sem dúvida o vosso adversário está errado ao se mostrar tão suscetível, mas essa é ainda uma razão para serdes indulgente, e para não merecer ele a vossa reprovação. Admitamos que fosseis realmente o ofendido, em certa circunstância. Quem sabe se não envenenastes o caso com represálias, fazendo degenerar numa disputa grave aquilo que facilmente poderia cair no esquecimento? Se dependeu de vós impedir as consequências, e não o fizestes, sois realmente culpado. Admitamos ainda que nada tendes a reprovar na vossa conduta e, nesse caso, maior será o vosso mérito, se vos mostrardes clemente.

Mas há duas maneiras bem diferentes de perdoar: há o perdão dos lábios e o perdão do coração. Muitos dizem do adversário: "Eu o perdoo", enquanto que, interiormente, experimentam um secreto prazer pelo mal que lhe acontece, dizendo-se a si mesmo que foi bem merecido. Quantos dizem: "Perdoo", e acrescentam: "mas jamais me reconciliarei; não quero vê-lo pelo resto da vida!" É esse o perdão segundo o Evangelho? Não. O verdadeiro perdão, o perdão cristão, é aquele que lança um véu sobre o passado. É o único que vos será levado em conta, pois Deus não se contenta com as aparências: sonda o fundo dos corações e os mais secretos pensamentos, e não se satisfaz com palavras e simples fingimentos. O esquecimento completo e absoluto das ofensas é próprio das grandes almas; o rancor é sempre um sinal de baixeza e de inferioridade. Não esqueçais que o verdadeiro perdão se reconhece pelos atos, muito mais que pelas palavras.

A INDULGÊNCIA

• José •
Espírito protetor, Bordeaux, 1863

16. Espíritas, queremos hoje falar-vos da indulgência, esse sentimento tão doce, tão fraternal, que todo homem deve ter para com os seus irmãos, mas que tão poucos praticam.

A indulgência não vê os defeitos alheios, e se os vê, evita comentá-los e divulgá-los. Oculta-os, pelo contrário, evitando que se propaguem, e se a malevolência os descobre, tem sempre uma desculpa à mão para os disfarçar, mas uma desculpa plausível, séria, e não daquelas que, fingindo atenuar a falta, a fazem ressaltar com pérfida astúcia.

A indulgência jamais se preocupa com os maus atos alheios, a menos que seja para prestar um serviço, mas ainda assim com o cuidado de os atenuar tanto quanto possível. Não faz observações chocantes, nem traz censuras nos lábios, mas apenas conselhos, quase sempre velados. Quando criticais, que dedução se deve tirar das vossas palavras? A de que vós, que censurais, não praticastes o que condenais, e valeis mais do que o culpado. Oh, homens! Quando passareis a julgar os vossos próprios corações, os vossos próprios pensamentos e os vossos próprios atos, sem vos ocupardes do que fazem os vossos irmãos? Quando fitareis os vossos olhos severos somente sobre vós mesmos?

Sede, pois, severos convosco e indulgentes para com os outros. Pensai n'Aquele que julga em última instância, que vê os secretos pensamentos de cada coração, e que, em consequência, desculpa frequentemente as faltas que condenais, ou condena as que desculpais, porque conhece o móvel de todas as ações. Pensai que vós, que clamais tão alto: "Anátema!" talvez tenhais cometido faltas mais graves.

Sede indulgentes meus amigos, porque a indulgência acalma, corrige, enquanto o rigor desalenta, afasta e irrita.

❦

• **João** •
Bispo de Bordeaux, 1862

17. Sede indulgentes para as faltas alheias, quaisquer que sejam; não julgueis com severidade senão as vossas próprias ações, e o Senhor usará de indulgência para convosco, como usastes para com os outros.

Sustentai os fortes: estimulai-os à perseverança; fortificai os fracos, mostrando-lhes a bondade de Deus, que leva em conta o menor arrependimento; mostrai a todos o anjo da contrição, estendendo suas brancas asas sobre as faltas humanas, e assim ocultando-as aos olhos daqueles que não podem ver o que é impuro. Compreendei toda a misericórdia infinita de vosso Pai, e nunca vos esqueçais de lhe dizer em pensamento, mas sobretudo pelas vossas ações: "Perdoai as nossas ofensas, como perdoamos aos nossos ofensores". Compreendei bem o valor destas sublimes palavras; pois não são admiráveis apenas pela letra, mas também pelo espírito que elas encerram.

Que solicitais ao Senhor quando lhe pedis perdão? Somente o esquecimento de vossas faltas? Esquecimento de que nada vos deixa, pois se Deus se contentasse de esquecer as vossas faltas, não vos puniria, *mas também não vos recompensaria*. A recompensa não pode ser pelo bem que não fez, e menos ainda pelo mal que se tenha feito, mesmo que esse mal fosse esquecido. Pedindo perdão para as vossas transgressões, pedis o favor de sua graça, para não cairdes de novo, e a força necessária para entrardes numa nova senda, numa senda de submissão e de amor, na qual podereis juntar a reparação ao arrependimento.

Quando perdoardes os vossos irmãos, não vos contenteis com estender o véu do esquecimento sobre as suas faltas. Esse véu é quase sempre muito transparente aos vossos olhos. Acrescentai o amor ao vosso perdão, fazendo por ele o que pedis a vosso Pai Celeste que faça por vós. Substituí a cólera que mancha, pelo amor que purifica. Pregai pelo exemplo essa caridade ativa, infatigável, que Jesus vos ensinou. Pregai-a como ele mesmo o fez por todo o tempo em que viveu na Terra, visível para os olhos do corpo, e como ainda prega, sem cessar, depois que se fez visível apenas para os olhos do espírito. Segui esse divino modelo, marchai sobre as suas pegadas: elas vos conduzirão ao refúgio onde encontrareis o descanso após a luta. Como ele, tomai a vossa cruz e subi penosamente, mas corajosamente, o vosso calvário: no seu cume está a glorificação.

❃

• **Dufétre** •
Bispo de Nevers, Bordeaux

18. Queridos amigos, sede severos para vós mesmos e indulgentes para as fraquezas alheias. Essa é também uma forma de praticar a santa caridade, que bem poucos observam. Todos vós tendes más tendências a vencer, defeitos a corrigir, hábitos a modificar. Todos vós tendes um fardo mais ou menos pesado que alijar, para subir ao cume da montanha do progresso. Por que, pois, ser tão clarividentes quando se trata do próximo, e tão cegos quando se trata de vós mesmos? Quando deixareis de notar, no olho de vosso irmão, um argueiro que o fere, sem perceber a trave que vos cega e vos faz caminhar de queda em queda? Crede nos Espíritos, vossos irmãos. Todo homem bastante orgulhoso para se julgar superior, em virtudes e méritos, aos seus irmãos encarnados, é insensato e culpado, e Deus o castigará, no dia da sua justiça. O verdadeiro caráter da caridade é a modéstia e a humildade, e consiste em não se verem superficialmente os defeitos alheios, mas em se procurar destacar o que há de bom e virtuoso no próximo. Porque, se o coração humano é um abismo de corrupção, existem sempre, nos seus mais ocultos refolhos, os germes de alguns bons sentimentos, centelhas ardentes da essência espiritual.

Espiritismo, doutrina consoladora e bendita, felizes os que te conhecem e empregam proveitosamente os salutares ensinos dos Espíritos do Senhor! Para esses, o ensino é claro, e ao longo de todo o caminho eles podem ler estas palavras, que lhes indicam a maneira de atingir o alvo: caridade prática, caridade para o próximo como para si mesmo. Em uma palavra, caridade para com todos e amor de Deus sobre todas as coisas, porque o amor de Deus resume todos os deveres, e porque é impossível amar a Deus sem praticar a caridade, da qual Ele faz uma lei para todas as criaturas.

É PERMITIDO REPREENDER OS OUTROS?

19. *Ninguém sendo perfeito, não se segue que ninguém tem o direito de repreender o próximo?*

• São Luís •
Paris, 1860

– Certamente que não, pois cada um de vós deve trabalhar para o progresso de todos, e sobretudo dos que estão sob a vossa tutela. Mas isso é também uma razão para o fazerdes com moderação, com uma intenção útil, e não como geralmente se faz, pelo prazer de denegrir. Neste último caso, a censura é uma maldade; no primeiro, é um dever que a caridade manda cumprir com todas as cautelas possíveis; e ainda assim, a censura que se faz do outro deve ser endereçada também a nós mesmos, para vermos se não a merecemos.

20. *Será repreensível observar as imperfeições dos outros, quando disso não possa resultar nenhum benefício para eles, e mesmo que não as divulguemos?*

• São Luís •
Paris,1860

– Tudo depende da intenção. Certamente que não é proibido ver o mal, quando o mal existe. Seria mesmo inconveniente ver-se por toda a parte somente o bem: essa ilusão prejudicaria o progresso. O erro está em fazer essa observação em prejuízo do próximo, desacreditando-o sem necessidade na opinião pública. Seria ainda repreensível fazê-la com um sentimento de malevolência, e de satisfação por encontrar os outros em falta. Mas dá-se inteiramente o contrário, quando, lançando um véu sobre o mal, para ocultá-lo do público, limitamo-nos a observá-lo para proveito pessoal, ou seja, para estudá-lo e evitar aquilo que censuramos nos outros. Essa observação, aliás, não é útil ao moralista? Como descreveria ele as extravagâncias humanas, se não estudasse os seus exemplos?

21. *Há casos em que seja útil descobrir o mal alheio?*

• **São Luís** •
Paris, 1860

– Esta questão é muito delicada, e precisamos recorrer à caridade bem compreendida. Se as imperfeições de uma pessoa só prejudicam a ela mesma, não há jamais utilidade em divulgá-las. Mas se elas podem prejudicar a outros, é necessário preferir o interesse do maior número ao de um só. Conforme as circunstâncias, desmascarar a hipocrisia e a mentira pode ser um dever, pois é melhor que um homem caia, do que muitos serem enganados e se tornarem suas vítimas. Em semelhante caso, é necessário balancear as vantagens e os inconvenientes.

CAPÍTULO XI

AMAR O PRÓXIMO COMO A SI MESMO

O MAIOR MANDAMENTO – DAI A CÉSAR O QUE É DE CÉSAR – *INSTRUÇÕES DOS ESPÍRITOS:* A LEI DE AMOR – O EGOÍSMO – A FÉ E A CARIDADE – CARIDADE COM OS CRIMINOSOS

O MAIOR MANDAMENTO

1. Mas os fariseus, quando ouviram que Jesus tinha feito calar a boca aos saduceus, juntaram-se em conselho. E um deles, que era doutor da lei, tentando-o, perguntou-lhe: Mestre, qual é o maior mandamento da lei? Jesus lhe disse: Amarás ao Senhor teu Deus de todo o teu coração, e de toda a tua alma, e de todo o teu entendimento, este é o maior e o primeiro mandamento. E o segundo, semelhante a este, é: Amarás ao teu próximo como a ti mesmo. Estes dois mandamentos contêm toda a lei e os profetas. (MATEUS, VII: 34-40).

2. E assim, tudo o que quereis que os homens vos façam, fazei-o também vós a eles. Porque esta é a lei e os profetas. (MATEUS, XXII: 7-12).

Tratai todos os homens como quereríeis que eles vos tratassem. (LUCAS, VI: 31).

3. O Reino dos Céus é comparado a um rei que quis tomar contas a seus servos. E tendo começado a tomar as contas, apresentou-se-lhe um que lhe devia dez mil talentos. E como não tivesse com que pagar, mandou o seu senhor que o vendessem a ele, e a sua mulher, e a seus filhos, e tudo o que tinha, para ficar pago da dívida. Porém o tal servo, lançando-se-lhe aos pés, fazia-lhe esta súplica: Tem paciência comigo, que eu te pagarei tudo. Então o senhor, compadecido daquele servo, deixou-o ir livre, e

perdoou-lhe a dívida. E tendo saído este servo, encontrou um de seus companheiros, que lhe devia cem dinheiros; e lançando-lhe a mão à garganta o asfixiava, dizendo-lhe: Paga-me o que deves. E o companheiro, lançando-se-lhe aos pés, rogava, dizendo: Tem paciência comigo, que eu te satisfarei tudo. Porém ele não atendeu: retirou-se, e fez que o metessem na cadeia, até pagar a dívida. Porém os outros servos, seus companheiros, vendo o que se passava, sentiram-no fortemente, e foram dar parte a seu senhor de tudo o que tinha acontecido. Então o fez vir seu senhor, e lhe disse: Servo mau, eu te perdoei a dívida toda, porque me vieste rogar isso; não devias tu, logo, compadecer-te igualmente do teu companheiro, assim como também eu me compadeci de ti? E, cheio de cólera, mandou seu senhor que o entregassem aos algozes, até pagar toda a dívida. Assim também vos tratará meu Pai celestial, se não perdoardes, do íntimo de vossos corações, aquilo que vos tenha feito vosso irmão. (MATEUS, XVIII: 23-35).

4. "Amar ao próximo como a si mesmo; fazer aos outros como quereríamos que nos fizessem", eis a expressão mais completa da caridade, porque ela resume todos os deveres para com o próximo. Não se pode ter, neste caso, guia mais seguro, do que tomando como medida do que se deve fazer aos outros, o que se deseja para si mesmo. Com que direito exigiríamos de nossos semelhantes melhor tratamento, mais indulgência, benevolência e devotamento, do que lhes damos? A prática dessas máximas leva à destruição do egoísmo. Quando os homens as tomarem como normas de conduta e como base de suas instituições, compreenderão a verdadeira fraternidade, e farão reinar a paz e a justiça entre eles. Não haverá mais ódios nem dissenções, mas união, concórdia e mútua benevolência.

DAI A CÉSAR O QUE É DE CÉSAR

5. Então, retirando-se os fariseus, projetaram entre si comprometê-lo no que falasse. E enviaram-lhe seus discípulos, juntamente com os herodianos, que lhe disseram: Mestre, sabemos que és verdadeiro, e não se te dá de ninguém, porque não levas em conta a pessoa dos homens; dize-nos, pois, qual é o teu parecer: é lícito dar tributo a César ou não? Porém Jesus, conhecendo a sua malícia, disse-lhes: Por que me tentais, hipócritas? Mostrai-me cá a moeda do censo. E eles lhes apresentaram um

dinheiro. E Jesus lhes disse: De quem é esta imagem e inscrição? Responderam-lhe eles: De César. Então lhes disse Jesus: Pois dai a César o que é de César, e a Deus o que é de Deus. E quando ouviram isto, admiraram-se, e deixando-o se retiraram. (MATEUS, XXII: 15-22). (MARCOS, XII: 13-17).

6. A questão proposta a Jesus era motivada pela circunstância de haverem os judeus transformado em motivo de horror o pagamento do tributo exigido pelos romanos, elevando-o a problema religioso. Numeroso partido se havia formado para rejeitar o imposto. O pagamento do tributo, portanto, era para eles uma questão de irritante atualidade, sem o que, a pergunta feita a Jesus: "É lícito dar tributo a César ou não?", não teria nenhum sentido. Essa questão era uma cilada, pois, segundo a resposta, esperavam excitar contra ele as autoridades romanas ou os judeus dissidentes. Mas "Jesus, conhecendo a sua malícia", escapa à dificuldade, dando-lhes uma lição de justiça, ao dizer que dessem cada um o que lhes era devido. (*Ver na Introdução o artigo intitulado Publicanos*).

7. Esta máxima: "Dai a César o que é de César" não deve ser entendida de maneira restritiva e absoluta. Como todos os ensinamentos de Jesus, é um princípio geral, resumido numa forma prática e usual, e deduzido de uma circunstância particular. Esse princípio é uma consequência daquele que manda agir com os outros como quereríamos que os outros agissem conosco. Condena todo prejuízo moral e material causado aos outros, toda violação dos seus interesses, e prescreve o respeito aos direitos de cada um, como cada um deseja ver os seus respeitados. Estende-se ao cumprimento dos deveres contraídos para com a família, a sociedade, a autoridade, bem como para os indivíduos.

INSTRUÇÕES DOS ESPÍRITOS

A LEI DE AMOR

• Lázaro •
Paris, 1862

8. O amor resume toda a doutrina de Jesus, porque é o sentimento por excelência, e os sentimentos são os instintos elevados à altura do progresso realizado. No seu ponto de partida, o homem só tem instintos; mais avançado e corrompido, só tem sensações; mais instruído e purificado, tem sentimentos; e o amor é o requinte do sentimento. Não o amor no sentido vulgar do termo, mas esse sol interior, que reúne e condensa em seu foco ardente todas as aspirações e todas as revelações sobre-humanas. A lei do amor substitui a personalidade pela fusão dos seres e extingue as misérias sociais. Feliz aquele que, sobrelevando-se à humanidade, ama com imenso amor os seus irmãos em sofrimento! Feliz aquele que ama, porque não conhece as angústias da alma, nem as do corpo! Seus pés são leves, e ele vive como transportado fora de si mesmo. Quando Jesus pronunciou essa palavra divina, – amor – fez estremecerem os povos, e os mártires, ébrios de esperança, desceram ao circo.

O Espiritismo, por sua vez, vem pronunciar a segunda palavra do alfabeto divino. Ficai atentos, porque essa palavra levanta a lápide dos túmulos vazios, e a *reencarnação*, vencendo a morte, revela ao homem deslumbrado o seu patrimônio intelectual. Mas já não é mais aos suplícios que ela conduz, e sim à conquista do seu ser, elevado e transfigurado. O sangue resgatou o Espírito, e o Espírito deve agora resgatar o homem da matéria.

Disse que o homem, no seu início, tem apenas instintos. Aquele, pois, em que os instintos dominam, está mais próximo do ponto de partida que do alvo. Para avançar em direção ao alvo, é necessário vencer os instintos a favor dos sentimentos, ou seja, aperfeiçoar a estes, sufocando os germes latentes da matéria. Os instintos são a germinação e os embriões dos sentimentos. Trazem consigo o progresso, como a bolota oculta o carvalho. Os seres menos adiantados são os que, libertando-se lentamente de sua crisálida, permanecem subjugados pelos instintos.

O Espírito deve ser cultivado como um campo. Toda a riqueza futura depende do trabalho atual. E mais que os bens terrenos, ele vos conduzirá à gloriosa elevação. Será então que, compreendendo a lei do amor, que une a todos os seres, nela buscareis os suaves prazeres da alma, que são o prelúdio das alegrias celestes.

❊

• **Fénelon** •
Bordeaux, 1861

9. O amor é de essência divina. Desde o mais elevado até o mais humilde, todos vós possuís, no fundo do coração, a centelha desse fogo sagrado. É um fato que tendes podido constatar muitas

vezes: o homem mais abjeto, o mais vil, o mais criminoso, tem por um ser ou um objeto qualquer uma afeição viva e ardente, à prova de todas as vicissitudes, atingindo frequentemente alturas sublimes.

Disse por um ser ou um objeto qualquer, porque existem, entre vós, indivíduos que dispensam tesouros de amor, que lhes transbordam do coração, aos animais, às plantas, e até mesmo aos objetos materiais. Espécies de misantropos a se lamentarem da humanidade em geral, resistem à tendência natural da alma, que busca em seu redor afeição e simpatia. Rebaixam a lei do amor à condição do instinto. Mas, façam o que quiserem, não conseguirão sufocar o germe vivaz que Deus depositou em seus corações, no ato da criação. Esse germe se desenvolve e cresce com a moralidade e a inteligência, e embora frequentemente comprimido pelo egoísmo, é a fonte das santas e doces virtudes que constituem as afeições sinceras e duradouras, e que vos ajudam a transpor a rota escarpada e árida da existência humana.

Há algumas pessoas a quem repugna a prova da reencarnação, pela ideia de que outros participarão das simpatias afetivas de que são partes. Pobres irmãos! O vosso afeto vos torna egoístas. Vosso amor se restringe a um círculo estreito de parentes ou de amigos, e todos os demais vos são indiferentes. Pois bem: para praticar a lei do amor, como Deus a quer, é necessário que chegueis a amar, pouco a pouco, e indistintamente, a todos os vossos irmãos. A tarefa é longa e difícil, mas será realizada. Deus o quer, e a lei do amor é o primeiro e o mais importante preceito da vossa nova doutrina, porque é ela que deve um dia matar o egoísmo, sob qualquer aspecto em que se apresente, pois além do egoísmo pessoal, há ainda o egoísmo de família, de casta, de nacionalidade. Jesus disse: "amai ao vosso próximo como a vós mesmos"; ora, qual é o limite do próximo? Será a família, a seita, a nação? Não: é toda a humanidade! Nos mundos superiores, é o amor recíproco que harmoniza e dirige os Espíritos adiantados que os habitam. E o vosso planeta, destinado a um progresso que se aproxima, para a sua transformação social, verá seus habitantes praticarem essa lei sublime, reflexo da própria Divindade.

Os efeitos da lei do amor são o aperfeiçoamento moral da raça humana e a felicidade durante a vida terrena. Os mais rebeldes e os mais viciosos deverão reformar-se, quando presenciarem os benefícios produzidos pela prática deste princípio: "Não façais aos outros o que não quereis que os outros vos façam, mas fazei, pelo contrário, todo o bem que puderdes".

Não acrediteis na esterilidade e no endurecimento do coração humano, que cederá, mesmo de malgrado, ao verdadeiro amor. Este é um ímã a que ele não poderá resistir, e o seu contato vivifica e fecunda os germes dessa virtude, que estão latentes em vossos corações. A Terra, morada de exílio e de provas, será então purificada por esse fogo sagrado, e nela se praticarão a caridade, a humildade, a paciência, a abnegação, a resignação, o sacrifício, todas essas virtudes filhas do amor. Não vos canseis, pois, de escutar as palavras de João Evangelista. Sabeis que, quando a doença e a velhice interrompiam o curso de suas pregações, ele repetia apenas estas doces palavras: "Meus filhinhos, amai-vos uns aos outros!"

Queridos irmãos, utilizai com proveito essas lições: sua prática é difícil, mas delas retira a alma imenso benefício. Crede-me, fazei o sublime esforço que vos peço: "Amai-vos", e vereis, muito em breve, a Terra modificada tornar-se um novo Eliseu, em que as almas dos justos virão gozar o merecido repouso.

• Sansão •
Membro da Sociedade Espírita de Paris, 1863

10. Meus queridos condiscípulos, os Espíritos aqui presentes vos dizem pela minha voz: Amai muito, para serdes amados! Tão justo é este pensamento, que nele encontrareis tudo quanto consola e acalma as penas de cada dia. Ou melhor: fazendo isso, de tal maneira vos elevareis acima da matéria, que vos espiritualizareis antes mesmo de despirdes o vosso corpo terreno. Os estudos espíritas ampliaram a vossa visão do futuro, e tendes agora uma certeza: a do vosso progresso para Deus, com todas as promessas que correspondem às aspirações da vossa alma. Deveis também elevar-vos bem alto, para julgar sem as restrições da matéria, e assim não condenar o vosso próximo, antes de haver dirigido o vosso pensamento a Deus.

Amar, no sentido profundo do termo, é ser leal, probo, consciencioso, para fazer aos outros aquilo que se deseja para si mesmo. É buscar em torno de si a razão íntima de todas as dores que acabrunham o próximo, para dar-lhes alívio. É encarar a grande família humana como a sua própria, porque essa família ireis reencontrar um dia em mundos mais adiantados, pois os Espíritos que a constituem são, como vós, filhos de Deus, marcados na fronte para se elevarem ao infinito. É por isso que não podeis recusar aos vossos irmãos aquilo que Deus vos deu com liberalidade, pois, de vossa parte, seríeis muito felizes se vossos irmãos vos dessem aquilo de que tendes necessidade. A todos os sofrimentos, dispensai pois uma palavra de ajuda e de esperança, para vos fazerdes todo amor e todo justiça.

Crede que estas sábias palavras: "Amai muito, para serdes amados", seguirão o seu curso. Esta máxima é revolucionária e segue uma rota firme e invariável. Mas vós já haveis progredido, vós que me escutais: sois infinitamente melhores do que há cem anos; de tal maneira vos modificastes para melhor, que aceitais hoje sem repulsa uma infinidade de ideias novas sobre a liberdade e a fraternidade, que antigamente teríeis rejeitado. Pois daqui a cem anos aceitareis também, com a mesma facilidade, aquelas que ainda não puderam entrar na vossa cabeça.

Hoje, que o movimento espírita avançou bastante, vede com que rapidez as ideias de justiça e de renovação, contidas nos ditados dos Espíritos, são aceitas pela metade das pessoas inteligentes. É que essas ideias correspondem ao que há de divino em vós. É que estais preparados por uma semeadura fecunda: a do último século, que implantou na sociedade as grandes ideias de progresso. E como tudo se encadeia, sob as ordens do Altíssimo, todas as lições recebidas e assimiladas resultarão nessa mudança universal do amor ao próximo. Graças a ela, os Espíritos encarnados, melhor julgando e melhor sentindo, dar-se-ão as mãos até os confins do vosso planeta. Todos se reunirão, para entender-se e amar-se, destruindo todas as injustiças, todas as causas de desentendimento entre os povos.

Grandes pensamentos de renovação pelo Espiritismo, tão bem exposto em *O Livro dos Espíritos*, produzirá o grande milagre do século futuro, o da reunião de todos os interesses materiais e espirituais dos homens, pela aplicação desta máxima bem compreendida: amai muito, para serdes amados!

O EGOÍSMO

• **Emmanuel** •
Paris, 1861

11. O egoísmo, esta chaga da humanidade, deve desaparecer da Terra, porque impede o seu progresso moral. É ao Espiritismo que cabe a tarefa de fazê-la elevar-se na hierarquia dos mundos. O egoísmo é portanto o alvo para o qual todos os verdadeiros crentes devem dirigir suas armas, suas forças e sua coragem. Digo coragem, porque esta é a qualidade mais necessária para vencer-se a si mesmo do que para vencer aos outros. Que cada qual, portanto, dedique toda a sua atenção em combatê-lo em si próprio, pois esse monstro devorador de todas as inteligências, esse filho do orgulho, é a fonte de todas as misérias terrenas. Ele é a negação da caridade, e por isso mesmo, o maior obstáculo à felicidade dos homens.

Jesus vos deu o exemplo da caridade, e Pôncio Pilatos o do egoísmo. Porque, enquanto o Justo vai percorrer as santas estações do seu martírio, Pilatos lava as mãos, dizendo: Que me importa! Disse mesmo aos judeus: Esse homem é justo, por que quereis crucificá-lo? E, no entanto, deixa que o levem ao suplício.

É a esse antagonismo da caridade e do egoísmo à invasão dessa lepra do coração humano, que o Cristianismo deve não ter ainda cumprido toda a sua missão. E é a vós, novos apóstolos da fé, que os Espíritos superiores esclarecem, que cabem a tarefa e o dever de extirpar esse mal, para dar ao Cristianismo toda a sua força e limpar o caminho dos obstáculos que lhe entravam a marcha. Expulsai o egoísmo da Terra, para que ela possa elevar-se na escala dos mundos, pois já é tempo da humanidade vestir a sua toga viril, e para isso é necessário primeiro expulsá-lo de vosso coração.

❦

• Pascal •
Sens, 1862

12. Se os homens se amassem reciprocamente, a caridade seria melhor praticada. Mas, para isso, seria necessário que vos esforçásseis no sentido de livrar o vosso coração dessa couraça que o envolve, a fim de torná-lo mais sensível ao sofrimento do próximo. O Cristo nunca se esquivava: aqueles que o procuravam, fossem quem fossem, não eram repelidos. A mulher adúltera, o criminoso, eram socorridos por ele, que jamais temeu prejudicar a sua própria reputação. Quando, pois o tomareis por modelo de todas as vossas ações? *Se a caridade reinasse na Terra, o mal não dominaria, mas se apagaria envergonhado; ele se esconderia, porque em toda parte se sentiria deslocado.* Seria então que o mal desapareceria; compenetrai-vos bem disso.

Começai por dar o exemplo vós mesmos. Sede caridosos para com todos, indistintamente. Esforçai-vos para não atentar nos que vos olham com desdém. Deixai a Deus cuidar de toda a justiça, pois cada dia, no seu Reino, Ele separa o joio do trigo.

O egoísmo é a negação da caridade. Ora, sem a caridade não há tranquilidade na vida social, e digo mais, não há segurança. Com o egoísmo e o orgulho, que andam de mãos dadas, essa vida será sempre uma corrida favorável ao mais esperto, uma luta de interesses, em que as mais santas afeições são calcadas aos pés, em que nem mesmo os sagrados laços de família são respeitados.

A FÉ E A CARIDADE

• **Espírito Protetor** •
Cracóvia, 1861

13. Eu vos disse recentemente, meus queridos filhos, que a caridade sem a fé não seria suficiente para manter entre os homens uma ordem social capaz de fazê-los felizes. Devia ter dito que a caridade é impossível sem a fé. Podereis encontrar, é verdade, impulsos generosos entre as pessoas sem religião. Mas essa caridade austera, que só pode ser exercida pela abnegação, pelo sacrifício constante de todo o interesse egoísta, nada a não ser a fé poderá inspirá-la, porque nada além dela nos faz carregar com coragem e perseverança a cruz desta vida.

Sim, meus filhos, é inútil querer o homem, ávido de prazeres, iludir-se quanto ao seu destino terreno, pretendendo que lhe seja permitido ocupar-se apenas da sua felicidade. Certo que Deus nos criou para sermos felizes na eternidade, mas a vida terrena deve servir unicamente para o nosso aperfeiçoamento moral, o qual se conquista mais facilmente com a ajuda do corpo e do mundo material. Sem contar as vicissitudes comuns da vida, a diversidade de vossos gostos, de vossas tendências, de vossas necessidades, são também um meio de vos aperfeiçoardes, exercitando-vos na caridade. Porque somente a custa de concessões e de sacrifícios mútuos, é que podeis manter a harmonia entre elementos tão diversos.

Tendes razão, entretanto, ao afirmar que a felicidade está reservada ao homem neste mundo, se a procurardes antes na prática do bem do que nos prazeres materiais. A história da cristandade nos fala dos mártires que caminhavam com alegria para o suplício. Hoje, na vossa sociedade, para ser cristão já não se precisa enfrentar a fogueira do mártir, nem o sacrifício da vida, mas única e simplesmente o sacrifício do egoísmo, do orgulho e da vaidade. Triunfareis, se a caridade vos inspirar e fordes sustentados pela fé.

CARIDADE COM OS CRIMINOSOS

• Elisabeth de França •
Havre, 1862

14. A verdadeira caridade é um dos mais sublimes ensinamentos de Deus para o mundo. Entre os verdadeiros discípulos da sua doutrina deve reinar perfeita fraternidade. Deveis amar os infelizes, os criminosos, como criaturas de Deus, para as quais, desde que se arrependam, serão concedidos o perdão e a misericórdia, como para vós mesmos, pelas faltas que cometeis contra a sua lei. Pensai que sois mais repreensíveis, mais culpados que aqueles aos quais recusais o perdão e a comiseração, porque eles quase sempre não conhecem a Deus, como o conheceis, e lhes será pedido menos do que a vós.

Não julgueis, oh! Não julgueis, meus queridos amigos, porque o juízo com que julgardes vos será aplicado ainda mais severamente, e tendes necessidade de indulgência para os pecados que cometeis sem cessar. Não sabeis que há muitas ações que são crimes aos olhos do Deus de pureza, mas que o mundo não considera sequer como faltas leves?

A verdadeira caridade não consiste apenas na esmola que dais, nem mesmo nas palavras de consolação com que as acompanhais. Não, não é isso apenas que Deus exige de vós! A caridade sublime, ensinada por Jesus, consiste também na benevolência constante, e em todas as coisas, para com o vosso próximo. Podeis também praticar esta sublime virtude para muitas criaturas que não necessitam de esmolas, e que palavras de amor, de consolação e de encorajamento conduzirão ao Senhor.

Aproximam-se os tempos, ainda uma vez vos digo, em que a grande fraternidade reinará sobre o globo. Será a lei de Cristo a que regerá os homens: somente ela será freio e esperança, e conduzirá as almas às moradas dos bem-aventurados. Amai-vos, pois, como os filhos de um mesmo pai; não façais diferenças entre vós e os infelizes, porque Deus deseja que todos sejam iguais; não desprezeis a ninguém. Deus permite que os grandes criminosos estejam entre vós, para vos servirem de ensinamento. Brevemente, quando os homens forem levados à prática das verdadeiras leis de Deus, esses ensinamentos não serão mais necessários, *e todos os Espíritos impuros serão dispersados pelos mundos inferiores, de acordo com as suas tendências.*

Deveis a esses de que vos falo o socorro de vossas preces: eis a verdadeira caridade. Não deveis dizer de um criminoso: "É um miserável; deve ser extirpado da Terra; a morte que se lhe inflige é muito branda para uma criatura dessa espécie" . Não, não é assim que deveis falar! Pensai no vosso modelo, que é Jesus. Que diria ele, se visse esse infeliz ao seu lado? Havia de lastimá-lo, considerá-lo como um doente muito necessitado, e lhe estenderia a mão. Não podeis, na verdade, fazer o mesmo, mas pelo menos podeis orar por ele, dar-lhe assistência espiritual durante os instantes que ainda deve permanecer na Terra. O arrependimento pode tocar-lhe o coração, se orardes com fé. É vosso próximo, como o melhor dentre os homens. Sua alma, transviada e revoltada, foi criada, como a vossa, para se aperfeiçoar. Ajudai-o, pois, a sair do lamaçal, e orai por ele!

❈

15. *Um homem está em perigo de morte. Para salvá-lo, deve-se expor a própria vida. Mas sabe-se que é um malvado, e que, se escapar, poderá cometer novos crimes. Deve-se, apesar disso, arriscar-se para o salvar?*

• **Lamennais** •
Paris, 1862

Esta é uma questão bastante grave, e que pode naturalmente apresentar-se ao espírito. Responderei segundo o meu adiantamento moral, desde que se trata de saber se devemos expor a vida, mesmo por um malfeitor. A abnegação é cega. Socorre-se a um inimigo; deve-se socorrer também a um inimigo da sociedade, numa palavra, a um malfeitor. Credes que é somente à morte que se vai arrebatar esse desgraçado? É talvez a toda a sua vida passada. Porque, – pensai nisso, – nesses rápidos instantes que lhe arrebatam os últimos momentos da vida, o homem perdido se volta para a sua vida passada, ou melhor, ela se ergue diante dele. A morte, talvez, chegue muito cedo para ele. A reencarnação poderá ser terrível. Lançai-vos, pois, homens! Vós, que a ciência espírita esclareceu, lançai-vos, arrancai-o ao perigo! E então, esse homem, que teria morrido injuriando-vos, talvez se atire nos vossos braços. Entretanto, não deveis perguntar se ele o fará ou não, mas correr em seu socorro, pois, salvando-o, obedeceis a essa voz do coração que vos diz: "Podeis salvá-lo; salvai-o".

CAPÍTULO XII

AMAI OS VOSSOS INIMIGOS

PAGAR O MAL COM O BEM – OS INIMIGOS DESENCARNADOS – SE ALGUÉM TE FERIR NA FACE DIREITA – *INSTRUÇÕES DOS ESPÍRITOS*: A VINGANÇA – O ÓDIO – O DUELO

PAGAR O MAL COM O BEM

1. Tendes ouvido o que foi dito: Amarás ao teu próximo e aborrecerás ao teu inimigo. Mas eu vos digo: Amai os vossos inimigos, fazei bem aos que vos odeiam, e orai pelos que vos perseguem e caluniam, para serdes filhos de vosso Pai, que está nos céus, o qual faz nascer o seu sol sobre bons e maus, e vir chuva sobre justos e injustos. Por que, se não amardes senão aos que vos amam, que recompensa haveis de ter? Não fazem os publicanos também assim? E se saudares somente aos vossos irmãos, que fazeis nisso de especial? Não fazem também assim os gentios? – Eu vos digo que, se a vossa justiça não for maior e mais perfeita que a dos escribas e fariseus, não entrareis no **Reino dos Céus.** (Mateus, V: 20, 43-47).

2. E se vós amais somente aos que vos amam, que merecimento é o que vós tereis? Pois os pecadores também amam os que os amam. E se fizerdes bem aos que vos fazem bem, que merecimento é o que vós tereis? Porque isto mesmo fazem também os pecadores. E se emprestardes somente àqueles de quem esperais receber, que merecimento é o que vós tereis? Porque também os pecadores emprestam uns aos outros, para que se lhes faça outro tanto. Amai, pois, os vossos inimigos, fazei o bem, e emprestai, sem nada esperar, e tereis muito avultada recompensa, e sereis filhos do Altíssimo, que faz bem aos mesmos que lhe são ingratos e maus. Sede, pois, misericordiosos, como também vosso Pai é misericordioso. (Lucas, VI: 32-36).

3. Se o amor ao próximo é o princípio da caridade, amar aos inimigos é a sua aplicação sublime, porque essa virtude constitui uma das maiores vitórias conquistadas sobre o egoísmo e o orgulho.

Não obstante, geralmente nos equivocamos quanto ao sentido da palavra *amor*, aplicada a esta circunstância. Jesus não pretendia, ao dizer essas palavras, que se deve ter pelo inimigo a mesma ternura que se tem por um irmão ou por um amigo. A ternura pressupõe confiança. Ora, não se pode ter confiança naquele que se sabe que nos quer mal. Não se pode ter para com ele as efusões da amizade, desde que se sabe que é capaz de abusar delas. Entre pessoas que desconfiam uma das outras, não podem haver os impulsos de simpatia existentes entre aquelas que comungam nos mesmos pensamentos. Não se pode, enfim, ter a mesma satisfação ao encontrar um inimigo, a que se tem com um amigo.

Esse sentimento, por outro lado, resulta de uma lei física: a da assimilação e repulsão dos fluidos. O pensamento malévolo emite uma corrente fluídica que causa penosa impressão; o pensamento benévolo envolve-nos num eflúvio agradável. Daí a diferença de sensações que se experimenta, à aproximação de um inimigo ou de um amigo. Amar aos inimigos não pode, pois, significar que não se deve fazer nenhuma diferença entre eles e os amigos. Este preceito parece difícil, e até mesmo impossível de se praticar, porque falsamente supomos que ele prescreve darmos a uns e a outros o mesmo lugar no coração. Se a pobreza das línguas humanas nos obriga a usarmos a mesma palavra, para exprimir formas diversas de sentimentos, a razão deve fazer as diferenças necessárias, segundo os casos.

Amar aos inimigos, não é, pois, ter por eles uma afeição que não é natural, uma vez que o contato de um inimigo faz bater o coração de maneira inteiramente diversa que o de um amigo. Mas é não lhes ter ódio, nem rancor, ou desejo de vingança. É perdoá-los *sem segunda intenção e incondicionalmente*, pelo mal que nos fizeram. É não opor nenhum obstáculo à reconciliação. É desejar-lhes o bem em vez do mal. É alegrar-nos em lugar de aborrecer-nos com o bem que os atinge. É estender-lhes a mão prestativa em caso de necessidade. É abster-nos, *por atos e palavras*, de tudo o que possa prejudicá-los. É, enfim, pagar-lhes em tudo o mal com o bem, *sem a intenção de humilhá-los*. Todo aquele que assim fizer, cumpre as condições do mandamento: *Amai aos vossos inimigos.*

4. Amar aos inimigos é um absurdo para os incrédulos. Aquele para quem a vida presente é tudo, só vê no seu inimigo uma criatura perniciosa, a perturbar-lhe o sossego, e do qual somente a morte o pode libertar. Daí o desejo de vingança. Não há nenhum interesse em perdoar, a menos que seja para satisfazer o seu orgulho aos olhos do mundo. Perdoar, até mesmo lhe parece, em certos casos, uma fraqueza indigna da sua personalidade. Se não se vinga, pois, nem por isso deixa de guardar rancor e um secreto desejo de fazer o mal.

Para o crente, e mais ainda para o espírita, a maneira de ver é inteiramente diversa, porque ele dirige o seu olhar para o passado e o futuro, entre os quais, a vida presente é um momento apenas. Sabe que, pela própria destinação da Terra, nela devem encontrar homens maus e perversos; que as maldades a que está exposto fazem parte das provas que deve sofrer. O ponto de vista em que se coloca torna-lhe as vicissitudes menos amargas, quer venham dos homens ou das coisas. *Se não se queixa das provas, não deve queixar-se também dos que lhe servem de instrumentos.* Se, em lugar de lamentar, agradece a Deus por experimentá-lo, *deve também agradecer a mão que lhe oferece a ocasião de mostrar a sua paciência e a sua resignação.* Esse pensamento o dispõe naturalmente ao perdão. Ele sente, aliás, que quanto mais generoso for, mais se engrandece aos próprios olhos e mais longe se encontra do alcance dos dardos do seu inimigo.

O homem que ocupa no mundo uma posição elevada não se considera ofendido pelos insultos daquele que olha como seu inferior. Assim acontece com aquele que se eleva, no mundo moral, acima da humanidade material. Compreende que o ódio e o rancor o envileceriam e rebaixariam, pois, para ser superior ao seu adversário, deve ter a alma mais nobre, maior e mais generosa.

OS INIMIGOS DESENCARNADOS

5. O espírita tem ainda outros motivos de indulgência para com os inimigos. Porque sabe, antes de mais nada, que a maldade não é o estado permanente do homem, mas que decorre de uma imperfeição momentânea, e que da mesma maneira que a criança se corrige dos seus defeitos, o homem mau reconhecerá um dia os seus erros e se tornará bom.

Sabe ainda que a morte só pode livrá-lo da presença material do seu inimigo, e que este pode persegui-lo com o seu ódio, mesmo depois de haver deixado a Terra. Assim, a vingança assassina não atinge o seu objetivo, mas, pelo contrário, tem por efeito produzir maior irritação, que pode prosseguir de uma existência para outra.

Cabia ao Espiritismo provar, pela experiência e pela lei que rege as relações do mundo visível com o mundo invisível, que a expressão: *extinguir o ódio com o sangue* é radicalmente falsa, pois a verdade é que o sangue conserva o ódio no além-túmulo. Ele dá, por conseguinte, uma razão de ser efetiva e uma utilidade prática ao perdão, bem como à máxima de Cristo: *Amai aos vossos inimigos.* Não há coração tão perverso que não se deixe tocar pelas boas ações, mesmo a contragosto. O bom procedimento não dá, pelo menos, nenhum pretexto a represálias, e com ele se pode fazer, de um inimigo, um amigo antes e depois da morte. Com o mau procedimento ele se irrita, *e é então que serve de instrumento à justiça de Deus, para punir aquele que não perdoou.*

6. Pode-se, pois, ter inimigos entre os encarnados e os desencarnados. Os inimigos do mundo invisível manifestam sua malevolência pelas obsessões e subjugações, a que tantas pessoas estão expostas, e que representam uma variedade das provas da vida. Essas provas, como as demais, contribuem para o desenvolvimento e devem ser aceitas com resignação, como uma consequência da natureza inferior do globo terrestre: se não existissem homens maus na Terra, não haveria Espíritos maus ao redor da Terra. Se devemos, portanto, ter indulgência e benevolência para os inimigos encarnados, igualmente as devemos ter para os que estão desencarnados.

Antigamente, ofereciam-se sacrifícios sangrentos para apaziguar os deuses infernais, que nada mais eram do que os Espíritos maus. Aos deuses infernais sucederam os demônios, que são a mesma coisa. O Espiritismo vem provar que esses demônios não são mais do que as almas de homens perversos, que ainda não se despojaram dos seus instintos materiais; *que não se pode apaziguá-los senão pelo sacrifício dos maus sentimentos, ou seja, pela caridade;* e que a caridade não tem apenas o efeito de impedi-los de fazer o mal, mas também de induzi-los ao caminho do bem e contribuir para a sua salvação. É assim que a máxima: *Amai aos vossos inimigos*, não fica circunscrita ao círculo estreito da Terra e da vida presente, mas integra-se na grande lei da solidariedade e da fraternidade universais.

SE ALGUÉM TE FERIR NA FACE DIREITA

7. Vós tendes ouvido o que se disse: Olho por olho e dente por dente. Eu, porém, digo-vos que não resistais ao mal; mas se alguém te ferir tua face direita, oferece-lhe também a outra;

e ao que quer demandar-te em juízo, e tirar-te a túnica, larga-lhe também a capa; e se alguém te obrigar a ir carregado mil passos, vai com ele ainda mais outros dois mil. Dá a quem te pede e não voltes as costas ao que deseja que lhe emprestes. (Mateus, V: 38-42).

8. Os preconceitos do mundo, a respeito daquilo que se convencionou chamar ponto de honra, dão esta suscetibilidade sombria, nascida do orgulho e do exagerado personalismo, que leva o homem a geralmente retribuir injúria por injúria, golpe por golpe, o que parece muito justo para aqueles cujo senso moral não se eleva acima das paixões terrenas. Eis porque dizia a lei mosaica: Olho por olho e dente por dente, mantendo-se em harmonia com o tempo em que Moisés vivia. Mas veio o Cristo e disse: *"Não resistais ao que vos fizer mal; mas se alguém te ferir na tua face direita, oferece-lhe também a outra".* Para o orgulhoso, esta máxima parece uma covardia, porque ele não compreende que há mais coragem em suportar um insulto, que em se vingar. E isto, sempre, por aquele motivo que não lhe permite enxergar além do presente. Deve, entretanto, tomar essa máxima ao pé da letra? Não, da mesma maneira que aquela que manda arrancar o olho, se ele fora causa de escândalo. Levada às últimas consequências, ela condenaria toda repressão, mesmo legal, e deixaria o campo livre aos maus, que nada teriam a temer; não se pondo freio às suas agressões, bem logo todos os bons seriam suas vítimas. O próprio instinto de conservação, que é uma lei da natureza, nos diz que não devemos entregar de boa vontade o pescoço ao assassino. Por essas palavras, Jesus não proibiu a defesa, mas *condenou a vingança*. Dizendo-nos para oferecer uma face quando formos batidos na outra, disse, por outras palavras, que não devemos retribuir o mal com o mal; que o homem deve aceitar com humildade tudo o que tende a reduzir-lhe o orgulho; que é mais glorioso para ele ser ferido que ferir; suportar pacientemente uma injustiça que cometê-la; que mais vale ser enganado que enganar, ser arruinado que arruinar os outros. Isto, ao mesmo tempo, é a condenação do duelo, que nada mais é que uma manifestação do orgulho. A fé na vida futura e na justiça de Deus, que jamais deixa o mal impune, é a única que nos pode dar a força de suportar, pacientemente, os atentados aos nossos interesses e ao nosso amor-próprio. Eis porque vos dizemos incessantemente: voltai os vossos olhos para o futuro; quanto mais vos elevardes, pelo pensamento, acima da vida material, menos sereis feridos pelas coisas da Terra.

INSTRUÇÕES DOS ESPÍRITOS

A VINGANÇA

• Jules Olivier •
Paris, 1862

9. A vingança é um dos últimos resíduos dos costumes bárbaros, que tendem a desaparecer dentre os homens. Ela é, como o duelo, um dos derradeiros vestígios daqueles costumes selvagens em que se debatia a humanidade, no começo da era cristã. Por isso, a vingança é um índice seguro do atraso dos homens que a ela se entregam, e dos Espíritos que ainda podem inspirá-la. Portanto, meus amigos, esse sentimento jamais deve fazer vibrar o coração de quem quer que se diga e se afirme espírita. Vingar-se é ainda, vós o sabeis, de tal maneira contrário a este preceito do Cristo: "Perdoai aos vossos inimigos", que aquele que se recusa a perdoar, não somente não é espírita, como também não é cristão.

A vingança é um sentimento tanto mais funesto, quanto a falsidade e a vileza são suas companheiras assíduas. Com efeito, aquele que se entrega a essa paixão cega e fatal quase nunca se vinga às claras. Quando é o mais forte, precipita-se como uma fera sobre o que considera seu inimigo, pois basta vê-lo para que se inflamem a sua paixão, a sua cólera e o seu ódio. No mais das vezes, porém, assume uma atitude hipócrita, dissimulando no mais profundo do seu coração os maus sentimentos que o animam. Toma, então, caminhos escusos, seguindo o inimigo na sombra, sem que este desconfie, e aguarda o momento propício para feri-lo sem perigo. Ocultando-se, vigia-o sem cessar, prepara-lhe ciladas odiosas, e quando surge a ocasião, derrama-lhe o veneno na taça.

Se o seu ódio não chega a esses extremos, ataca-o na sua honra e nas suas afeições. Não recua diante da calúnia, e suas pérfidas insinuações, habilmente espalhadas em todas as direções, vão crescendo pelo caminho. Dessa maneira, quando o perseguido aparece nos meios atingidos pelo seu sopro envenenado, admira-se de encontrar semblantes frios onde outrora havia rostos amigos e bondosos; fica estupefato, quando as mãos que procuravam a sua, agora se recusam a apertá-la; enfim, sente-se aniquilado, quando os amigos mais caros e os parentes o evitam e se esquivam dele. Ah! O covarde que se vinga dessa forma é cem vezes mais criminoso que aquele que vai direto ao inimigo e o insulta face a face!

Para trás, portanto, com esses costumes selvagens! Para trás com esses hábitos de outros tempos! Todo espírita que pretendesse ter, ainda hoje, o direito de vingar-se, seria indigno de figurar por mais tempo na falange que tomou por divisa o lema: *Fora da caridade não há salvação.* Mas não, não me deterei em semelhante ideia, de que um membro da grande família espírita possa jamais ceder ao impulso da vingança, mas, pelo contrário, ao do perdão.

O ÓDIO

• **Fénelon** •
Bordeaux, 1861

10. Amai-vos uns aos outros, e sereis felizes. Tratai sobretudo de amar aos que vos provocam indiferença, ódio e desprezo. O Cristo, que deveis tornar o vosso modelo, deu-vos o exemplo dessa abnegação: missionário do amor, amou até dar o sangue e a própria vida. O sacrifício de amar os que vos ultrajam e perseguem é penoso, mas é isso, precisamente, o que vos torna superiores a eles. Se vós os odiásseis como eles vos odeiam, não valeríeis mais do que eles. É essa a hóstia imaculada que ofereceis a Deus, no altar de vossos corações, hóstia de agradável fragrância, cujos perfumes sobem até Ele.

Mas embora a lei do amor nos mande amar indistintamente a todos os nossos irmãos, não endurece o coração para os maus procedimentos. É essa, pelo contrário, a prova mais penosa. Eu o sei, pois durante minha última existência terrena experimentei essa tortura. Mas Deus existe, e pune, nesta e na outra vida, os que não cumprem a lei do amor. Não vos esqueçais, meus queridos filhos, de que o amor nos aproxima de Deus, e o ódio nos afasta d'Ele.

O DUELO

• **Adolfo** •
Bispo de Alger, Marmande, 1861

11. Só é verdadeiramente grande aquele que, considerando a vida como uma viagem que tem um destino certo, não se incomoda com as asperezas do caminho, não se deixa desviar nem por um instante da rota certa. De olhos fixos no seu objetivo, pouco se importa de que os obstáculos e os espinhos da senda o ameacem; estes apenas o roçam, sem o ferirem, e não o impedem de avançar. Arriscar os dias para vingar uma ofensa é recuar diante das provas da vida; é sempre um crime aos olhos de Deus; e, se não estivésseis tão enleados, como estais, nos vossos preconceitos, seria também uma ridícula e suprema loucura aos olhos dos homens.

É criminoso o homicídio por duelo, o que a vossa própria legislação reconhece. Ninguém tem o direito, em caso algum de atentar contra a vida de seu semelhante. Isso é um crime aos olhos de Deus, que vos determinou a linha de conduta. Nisto, mais que em qualquer outra coisa, sois juízes em causa própria. Lembrai-vos de que vos será perdoado segundo tiverdes perdoado. Pelo perdão vos aproximais da Divindade, porque a clemência é irmã do poder. Enquanto uma gota de sangue correr na Terra pelas mãos dos homens, o verdadeiro Reino de Deus ainda não terá chegado, esse reino de pacificação e de amor, que deve banir para sempre do vosso globo a animosidade, a discórdia e a guerra. Então, a palavra duelo não mais existirá na vossa língua, senão como uma longínqua e vaga recordação do passado: os homens não admitirão entre eles outro antagonismo, que a nobre rivalidade do bem.

❈

• **Santo Agostinho** •
Paris, 1862

12. O duelo pode, sem dúvida, em certos casos, ser uma prova de coragem física, de menosprezo pela vida, mas é incontestavelmente uma prova de covardia moral, como o suicídio. O suicida não tem coragem de enfrentar as vicissitudes da vida: o duelista não a tem para suportar as ofensas. Cristo não vos disse que há mais honra e coragem em oferecer a face esquerda a quem vos feriu a direita, do que em se vingar de uma injúria? Cristo não disse a Pedro, no Jardim das Oliveiras: "Embainha de novo tua espada, pois aquele que mata pela espada perecerá pela espada"? Por essas palavras, Jesus não condenou o duelo para sempre? Com efeito, meus filhos, que coragem é essa, que brota de um temperamento violento, pletórico e furioso, bramindo à primeira ofensa? Onde está a grandeza de alma daquele que, à menor injúria, quer lavá-la em sangue? Mas que trema, porque sempre, do fundo da sua consciência, uma voz lhe gritará: *Caim! Caim! Que fizeste de teu irmão?* Ele responderá: *Foi necessário o sangue para salvar minha honra!* Mas a voz replicará: *Quiseste salvá-la perante os homens nos breves instantes que te restavam na Terra, e não pensaste em salvá-la perante Deus!* Pobre louco, quê de sangue não vos pediria então o Cristo, por todos os ultrajes que lhe tendes feito? Não somente o feristes com os espinhos e a lança, não somente o erguestes num madeiro infamante, mas ainda, em meio de sua agonia, pode ele ouvir as zombarias que lhe prodigalizastes. Que reparações vos pediu ele, depois de tantos ultrajes? O último gemido do cordeiro foi uma prece pelos seus algozes. Oh, como ele, perdoai e orai pelos que vos ofendem!

Amigos, lembrai-vos deste preceito: *Amai-vos uns aos outros*, e então ao golpe do ódio respondereis com um sorriso, e ao ultraje com o perdão. O mundo sem dúvida se erguerá furioso e vos chamará de covarde: erguei a fronte bem alto e mostrai, então, que a vossa fronte também não recearia ser coroada de espinhos, a exemplo do Cristo, mas que a vossa mão não quer participar de um assassinato autorizado, podemos dizer, por uma falsa aparência de honra, que nada mais é senão orgulho e amor-próprio. Ao vos criar, Deus vos deu o direito de vida e de morte, uns sobre os outros? Não, pois só deu esse direito à Natureza, para se reformar e se refazer. Mas a vós, nem sequer permitiu disporder de vós mesmos. Como o suicida, o duelista estará marcado de sangue quando comparecer perante Deus, e a um como a outro, o Soberano Juiz reserva rudes e longos castigos. Se ameaçou com a sua justiça aqueles que dizem *racca* a seus irmãos, quanto mais severa não será a pena reservada àquele que comparecer diante dele com as mãos sujas do sangue de um irmão!

❀

• **Um Espírito Protetor** •
Bordeaux, 1861

13. O duelo, como o que outrora se chamava Juízo de Deus, é uma dessas instituições bárbaras que ainda regem a sociedade. Que diríeis, entretanto, se vísseis os dois antagonistas mergulharem na água fervente ou sujeitarem-se ao contato do ferro em brasa, para decidir a sua disputa, dando razão ao que melhor se saísse da prova? Chamaríeis de insensatos a esses costumes. Pois o duelo é ainda pior que tudo isso. Para o duelista emérito, é um assassinato cometido a sangue-frio, com toda a premeditação desejada, porque está seguro do golpe que irá desferir; para o adversário, quase certo de sucumbir, em virtude de sua fraqueza e de sua inabilidade, é um suicídio, cometido com a mais fria reflexão.

Bem sei que muitas vezes procura-se evitar essa alternativa, igualmente criminosa, recorrendo-se ao azar. Mas isso não é, embora sob outra forma, uma volta ao Juízo de Deus da Idade Média? E lembre-se que, naquela época, era-se infinitamente menos culpado. O próprio nome do Juízo de Deus revela uma fé ingênua, é verdade, mas sempre uma fé na Justiça de Deus, que não poderia deixar sucumbir um inocente, enquanto no duelo tudo se entrega à força bruta, de tal maneira que é frequente sucumbir o ofendido.

Oh, estúpido amor-próprio, tola vaidade e louco orgulho, quando sereis substituídos pela caridade cristã, pelo amor do próximo e a humildade, de que o Cristo nos deu o exemplo e o ensino? Somente então desaparecerão esses preconceitos monstruosos que ainda dominam os homens, e que as leis são impotentes para reprimir. Porque não é suficiente proibir o mal e prescrever o bem; é necessário que o princípio do bem e o horror do mal estejam no coração do homem.

❦

• **Francisco Xavier** •
Bordeaux, 1861

14. Que pensarão de mim, dizeis frequentemente, se me recusar à reparação que me pedem, ou se eu não a pedir àquele que me ofendeu? Os loucos, como vós, os homens atrasados, vos censurarão; mas os esclarecidos pela flama do progresso intelectual e moral, dirão que agis segundo a verdadeira sabedoria. Refleti um pouco: por uma palavra, dita muitas vezes sem intenção, ou inteiramente inofensiva, por um de vossos irmãos, vosso orgulho se fere, respondeis de maneira áspera, e a provocação está feita. Antes de chegar ao momento decisivo, perguntai se estais agindo como cristão. Que contas prestareis à sociedade, se a privardes de um de seus membros? Pensai no remorso de haver roubado a uma mulher o seu marido, à mãe o seu filho, aos filhos o pai e com ele o seu sustento!

Certamente, aquele que ofendeu deve uma reparação. Mas não é muito mais honroso dá-la espontaneamente, reconhecendo os seus erros, do que expor a vida daquele que tem direito de queixar-se? Quanto ao ofendido, convenho que pode, às vezes, sentir-se gravemente atingido, seja na sua própria pessoa, seja em relação aos que lhe são caros. Não é somente o amor-próprio que está em causa; o coração foi magoado e ele sofre. Mas além de ser estúpido jogar a vida contra um miserável capaz de infâmias, mesmo que mate a este, por acaso a afronta não subsiste, seja qual for? O sangue derramado não provocará maior alarde sobre um fato que, se falso, deve desaparecer por si mesmo, e se verdadeiro, deve ocultar-se no silêncio? Só restaria, pois, a satisfação da vingança praticada, triste satisfação que, frequentemente, já nesta vida, deixa causticantes remorsos! E se for o ofendido quem sucumbe, onde está a reparação?

Quando a caridade for a regra de conduta dos homens, eles conformarão os seus atos e as suas palavras a esta máxima: *Não faças aos outros o que não queres que os outros te façam*. Então, sim, desaparecerão todas as causas de discórdias, e com elas, as causas dos duelos e das guerras, que são duelos entre povos.

• Agostinho •
Bordeaux, 1861

15. O homem do mundo, o homem feliz, que, por uma palavra ofensiva, um motivo fútil, joga a vida que Deus lhe deu e joga a vida do seu semelhante, que só pertence a Deus, este é cem vezes mais culpado que o miserável que, levado pela cobiça, e às vezes pela necessidade, introduz-se numa casa para roubar e mata o que tenta impedi-lo. Porque este é quase sempre um homem sem educação, com imperfeitas noções do bem e do mal, enquanto o duelista pertence geralmente à classe mais esclarecida. Um, mata brutalmente, o outro, com método e cortesia, o que faz a sociedade desculpá-lo. Acrescento mesmo que o duelista é infinitamente mais culpado que o infeliz que, cedendo a um sentimento de vingança, mata num momento de desespero.

O duelista não tem por desculpa o arrastamento da paixão, porque entre o insulto e a reparação sempre há tempo de refletir. Ele age, pois, fria e premeditadamente. Tudo é calculado e estudado, para matar com segurança o seu adversário. É verdade que expõe também a sua vida, e é isso o que justifica o duelo aos olhos do mundo, que o considera como ato de coragem e desapego à vida. Mas haverá realmente coragem, quando se está seguro de si mesmo? O duelo, resto dos tempos de barbárie, quando a lei era o direito do mais forte, desaparecerá com uma apreciação mais sã do verdadeiro problema da honra, à medida que o homem adquirir uma fé mais ardente na vida futura.

16. NOTA – Os duelos se tornam cada vez mais raros, e se ainda vemos, de tempos a tempos, dolorosos exemplos, o seu número não pode ser comparado ao de outrora. Um homem não saía de casa, antigamente, sem prever um encontro, tomando sempre as precauções necessárias. Um sinal característico dos costumes do tempo e dos povos era o uso do porte habitual, ostensivo ou disfarçado, de armas ofensivas e defensivas. A abolição desse uso revela o abrandamento dos costumes, e é curioso seguir-se a sua graduação, desde a época em que os cavaleiros só saíam com armaduras de ferro e de lança em punho, até o simples uso da espada, que depois se tornou mais num ornamento, num acessório de uniforme, do que arma agressiva. Outro sinal do abrandamento dos costumes é que, antigamente, os combates pessoais se davam em plena rua, diante da turba, que se afastava para deixar livre o campo, e hoje se ocultam. A morte de um homem é hoje um acontecimento que provoca comoção: antigamente, não se lhe dava atenção. O Espiritismo extinguirá esses derradeiros vestígios da barbárie, ao inculcar nos homens o senso da caridade e da fraternidade.

CAPÍTULO XIII

QUE A MÃO ESQUERDA NÃO SAIBA O QUE FAZ A DIREITA

FAZER O BEM SEM OSTENTAÇÃO – OS INFORTÚNIOS OCULTOS – O ÓBOLO DA VIÚVA – CONVIDAR OS POBRES E ESTROPIADOS – *INSTRUÇÕES DOS ESPÍRITOS;* A CARIDADE MATERIAL E A CARIDADE MORAL – A BENEFICÊNCIA – A PIEDADE – OS ÓRFÃOS

FAZER O BEM SEM OSTENTAÇÃO

1. Guardai-vos, não façais as vossas boas obras diante dos homens, com o fim de serdes vistos por eles; de outra sorte não tereis a recompensa da mão de vosso Pai, que está nos céus. Quando, pois dás a esmola, não faças tocar a trombeta diante de ti, como praticam os hipócritas nas sinagogas e nas ruas, para serem honrados dos homens; em verdade vos digo que eles já receberam a sua recompensa. Mas quando dás a esmola, não saiba a tua esquerda o que faz a tua direita; para que a tua esmola fique escondida, e teu Pai, que vê o que fazes em segredo, te pagará. (MATEUS, VI: 1-4).

2. E depois que Jesus desceu do monte, foi muita gente do povo que o seguiu. E eis que, vindo um leproso, o adorava dizendo: Se tu queres, Senhor, bem me podes limpar. E Jesus, estendendo a mão, tocou-o dizendo: Pois eu quero; fica limpo. E logo ficou limpa toda a sua lepra. Então lhe disse Jesus: Vê, não o digas a alguém; mas vai, mostra-te ao sacerdote, e faze a oferta que ordenou Moisés, para lhes servir de testemunho a eles. (MATEUS, VIII: 1-4).

3. Fazer o bem sem ostentação tem grande mérito. Esconder a mão que dá é ainda mais meritório, é o sinal incontestável de uma grande superioridade moral. Porque, para ver as coisas de mais alto que o vulgo, é necessário fazer abstração da vida presente e

identificar-se com a vida futura. É necessário, numa palavra, colocar-se acima da humanidade, para renunciar à satisfação do testemunho dos homens e esperar a aprovação de Deus. Aquele que preza mais a aprovação dos homens que a de Deus, prova que tem mais fé nos homens que em Deus, e que a vida presente é para ele mais do que a vida futura, ou até mesmo que não crê na vida futura. Se ele diz o contrário, age, entretanto, como se não acreditasse no que diz.

Quantos há que só fazem um benefício com a esperança de que o beneficiado o proclame sobre os tablados; que darão uma grande soma à luz do dia, mas escondido não dariam sequer uma moeda! Foi por isso que Jesus disse: "Os que fazem o bem com ostentação já receberam a sua recompensa". Com efeito, aquele que busca a sua glorificação na Terra, pelo bem que faz, já se pagou a si mesmo. Deus não lhe deve nada; só lhe resta a receber a punição do seu orgulho.

Que a mão esquerda não saiba o que faz a direita é uma figura que caracteriza admiravelmente a beneficência modesta. Mas, se existe a modéstia real, também existe a falsa modéstia, o simulacro da modéstia, pois há pessoas que escondem a mão, tendo o cuidado de deixar perceber que o fazem. Indigna paródia das máximas do Cristo! Se os benfeitores orgulhosos são depreciados pelos homens, que não lhes acontecerá perante Deus? Eles também já receberam a sua recompensa na Terra. Foram vistos; estão satisfeitos de terem sido vistos; é tudo quanto terão.

Qual será então a recompensa do que faz pesar os seus benefícios sobre o beneficiado, que lhe exige de qualquer maneira testemunhos de reconhecimento, que lhe faz sentir a sua posição ao exaltar o preço dos sacrifícios que suportou por ele? Oh, para esse, não há nem mesmo a recompensa terrena, porque está privado da doce satisfação de ouvir bendizerem o seu nome, o que é um primeiro castigo para o seu orgulho. As lágrimas que estanca, em proveito da sua vaidade, em lugar de subirem ao céu, recaem sobre o coração do aflito para ulcerá-lo. O bem que faz não lhe aproveita, desde que o censura, porque todo benefício exprobado é moeda alterada que perdeu o valor.

O benefício sem ostentação tem duplo mérito: além da caridade material, constitui caridade moral, pois contorna a suscetibilidade do beneficiado, fazendo-o aceitar o obséquio sem lhe ferir o amor-próprio e salvaguardando a sua dignidade humana, pois há quem aceite um serviço mas recuse a esmola. Converter um serviço em esmola, pela maneira porque é prestado, é humilhar o que o recebe, e há sempre orgulho e maldade em humilhar a alguém. A verdadeira caridade, ao contrário, é delicada e habilidosa para dissimular o benefício e evitar até as menores possibilidades de melindre, porque todo choque moral aumenta o sofrimento provocado pela necessidade. Ela sabe encontrar palavras doces e afáveis, que põe o beneficiado à vontade diante do benfeitor, enquanto a caridade orgulhosa o humilha. O sublime da verdadeira generosidade está em saber o benfeitor inverter os papéis, encontrando um meio de parecer ele mesmo agradecido àquele a quem presta o serviço. Eis o que querem dizer estas palavras: *Que a mão esquerda não saiba o que faz a direita.*

OS INFORTÚNIOS OCULTOS

4. Nas grandes calamidades, a caridade se agita, e veem-se generosos impulsos para reparar os desastres. Mas, ao lado desses desastres gerais, há milhares de desastres particulares, que passam desapercebidos, de pessoas que jazem num miserável catre, sem se queixarem. São esses os infortúnios discretos e ocultos, que a verdadeira generosidade sabe descobrir, sem esperar que venham pedir assistência.

Quem é aquela senhora de ar distinto, de trajes simples mas bem cuidados, seguida de uma jovem que também se veste modestamente? Entra numa casa de aspecto miserável, onde sem dúvida é conhecida, pois à porta é saudada com respeito. Para onde vai? Sobe até a água-furtada: lá vive uma mãe de família, rodeada pelos filhos pequenos. À sua chegada, a alegria brilha naqueles rostos emagrecidos. É que ela vem acalmar todas as suas dores. Traz o necessário, acompanhado de suaves e consoladoras palavras, que fazem aceitar a ajuda sem constrangimentos, pois esses infortunados não são profissionais de mendicância. O pai se encontra no hospital, e durante esse tempo a mãe não pode suprir as necessidades.

Graças a ela, essas pobres crianças não sofrerão nem frio nem fome; irão à escola suficientemente agasalhadas e no seio da mãe não faltará o leite para os menorzinhos. Se uma entre elas adoece, não lhe repugnará prestar-lhe os cuidados materiais. Dali seguirá para o hospital, levar ao pai algum consolo e tranquilizá-lo quanto à sorte da família. Na esquina, uma carruagem a espera, verdadeiro depósito de tudo o que vai levar aos protegidos, que visita sucessivamente. Não lhes pergunta pela crença nem pelas opiniões, porque, para ela, todos os homens são irmãos e filhos de Deus. Finda a visita, ela diz a si mesma: Comecei bem o meu dia. Qual é o seu nome? Onde mora? Ninguém o sabe. Para os infelizes, tem um nome que não revela a ninguém, mas é o anjo da consolação. E, à noite, um concerto de bênçãos se eleva por ela ao Criador: católicos, judeus, protestantes, todos a bendizem.

Por que se veste tão simplesmente? Para não ferir a miséria com o seu luxo. Por que se faz acompanhar da filha adolescente? Para lhe ensinar como se deve praticar a beneficência. A filha também quer fazer a caridade, mas a mãe lhe diz: "Que podes dar, minha filha, se nada tens de teu? Se te entrego alguma coisa para dares aos outros, que mérito terás? Serei eu, na verdade, quem farei a caridade, e tu quem terás o mérito? Isso não é justo. Quando formos visitar os doentes, ajudar-me-ás a cuidar deles, pois dar-lhes cuidados é dar alguma coisa. Isso não te parece suficiente? Nada mais simples: aprende a fazer costuras úteis, e assim confeccionarás roupinhas para essas crianças, podendo dar-lhes alguma coisa de ti mesma". É assim que esta mãe verdadeiramente cristã vai formando sua filha na prática das virtudes ensinadas pelo Cristo. É espírita? Que importa?

Para o meio em que vive, é a mulher do mundo, pois sua posição o exige; mas ignoram o que ela faz, mesmo porque não lhe interessa outra aprovação que a de Deus e da sua própria consciência. Um dia, porém, uma circunstância imprevista leva à sua casa uma de suas protegidas, para lhe oferecer trabalhos manuais. "Psiu! – disse-lhe ela, – não contes a ninguém!" – Assim falava Jesus.

O ÓBOLO DA VIÚVA

5. E estando Jesus assentado defronte donde era o gazofilácio, observava ele de que modo deitava o povo ali o dinheiro; e muitos, que eram ricos, deitavam com mão larga. E tendo chegado uma pobre viúva, lançou duas pequenas moedas, que importavam um real. E convocando seus discípulos, lhes disse: Na verdade vos digo, que mais deitou esta pobre viúva do que todos os outros que deitaram no gazofilácio. Porque todos os outros deitaram do que tinham na sua abundância; porém esta deitou da sua mesma indigência tudo o que tinha, e tudo o que lhe restava para seu sustento. (MARCOS, XII: 41-44 – LUCAS, XXI: 1-4).

6. Muita gente lamenta não poder fazer todo o bem que desejaria, por falta de recursos, e se querem a fortuna, dizem, é para bem aplicá-la. A intenção é louvável, sem dúvida, e pode ser muito sincera de parte de alguns; mas o seria de parte de todos, assim completamente desinteressados? Não haverá os que, inteiramente empenhados em beneficiar os outros, se sentirão bem de começar por si mesmos, concedendo-se mais algumas satisfações, um pouco mais do supérfluo que ora não têm para dar aos pobres apenas o resto? Este pensamento oculto, talvez dissimulado, mas que encontrariam no fundo do coração, se o sondassem, anula o mérito da intenção, pois a verdadeira caridade faz antes pensar nos outros que em si mesmo.

O sublime da caridade, nesse caso, seria procurar cada qual no seu próprio trabalho, pelo emprego de suas forças, de sua inteligência, de sua capacidade, os recursos que lhe faltam para realizar suas intenções generosas. Nisso estaria o sacrifício mais agradável ao Senhor. Mas, infelizmente, a maioria sonha com meios fáceis de se enriquecer, de um golpe e sem sacrifícios, correndo atrás de quimeras, como a descoberta de tesouros, uma oportunidade favorável, o recebimento de heranças inesperadas, e assim por diante. Que dizer dos que esperam encontrar, para os secundar nessas buscas, auxiliares entre os Espíritos? É evidente que eles nem conhecem nem compreendem o sagrado objetivo do Espiritismo, e menos ainda a missão dos Espíritos, os quais Deus permite comunicarem-se com os homens. Mas justamente por isso, são punidos pelas decepções. (*O Livro dos Médiuns*, nº 294-295).

Aqueles cuja intenção é desprovida de qualquer interesse pessoal, devem consolar-se de sua impotência para fazer o bem que desejariam, lembrando que o óbolo do pobre, que o tira da sua própria privação, pesa mais na balança de Deus que o ouro do rico, que dá sem privar-se de nada. Seria grande a satisfação, sem dúvida, de poder socorrer largamente a indigência; mas, se isso é impossível, é necessário submeter-se a fazer o que se pode. Aliás, não é somente com o ouro que se podem enxugar as lágrimas, e não devemos ficar inativos por não o possuirmos. Aquele que deseja sinceramente tornar-se útil para os seus irmãos, encontra mil ocasiões de fazê-lo. Que as procure e as encontrará. Se não for de uma maneira, será de outra, pois não há uma só pessoa, no livre gozo de suas faculdades, que não possa prestar algum serviço, dar uma consolação, amenizar um sofrimento físico ou moral, tomar uma providência útil. Na falta de dinheiro, não dispõe cada qual do seu esforço, do seu tempo, do seu repouso, para oferecer um pouco aos outros? Isso também é a esmola do pobre, o óbolo da viúva.

CONVIDAR OS POBRES E ESTROPIADOS

7. Dizia mais ainda ao que o tinha convidado: Quando deres algum jantar ou alguma ceia, não chames nem teus amigos, nem teus irmãos, nem teus parentes, nem teus vizinhos que forem ricos, para que não aconteça que também eles te convidem à sua vez, e

te paguem com isso; mas quando deres algum banquete, convida os pobres, os aleijados, os coxos e os cegos; e serás bem-aventurado, porque esses não têm com que te retribuir; mas ser-te-á isso retribuído na ressurreição dos justos. Tendo ouvido estas coisas, um dos que estavam à mesa disse para Jesus: Bem-aventurado o que comer o pão no Reino de Deus. (Lucas, XIV: 12-15).

8. "Quando fizeres um banquete, disse Jesus, não convides os teus amigos, mas os pobres e os estropiados". Essas palavras, absurdas, se as tomarmos ao pé da letra, são sublimes, quando procuramos entender-lhes o espírito. Jesus não poderia ter querido dizer que, em lugar dos amigos, fosse necessário reunir à mesa os mendigos da rua. Sua linguagem era quase sempre figurada, e para os homens incapazes de compreender os tons mais delicados do pensamento, precisava usar de imagens fortes, que produzissem o efeito de cores berrantes. O fundo de seu pensamento se revela por estas palavras: "E serás bem-aventurado, porque esses não têm com o que te retribuir". O que vale dizer que não se deve fazer o bem com vistas à retribuição, mas pelo simples prazer de fazê-lo. Para tornar clara a comparação, disse: convida os pobres para o teu banquete, pois sabes que eles não podem te retribuir. E por banquete é necessário entender, não propriamente a refeição, mas a participação na abundância de que desfrutas.

Essas palavras podem também ser aplicadas em sentido mais literal. Quantos só convidam para a sua mesa os que podem, como dizem, honrá-los ou retribuir-lhes o convite. Outros, pelo contrário ficam satisfeitos de receber parentes ou amigos menos afortunados, que todos possuem. Essa é por vezes a maneira de ajudá-los disfarçadamente. Esses, sem ir buscar os cegos e os estropiados, praticam a máxima de Jesus, se o fazem por benevolência, sem ostentação, e se sabem disfarçar o benefício com sincera cordialidade.

INSTRUÇÕES DOS ESPÍRITOS

A CARIDADE MATERIAL E A CARIDADE MORAL

• Irmã Rosália •
Paris, 1860

9. "Amemo-nos uns aos outros e façamos aos outros o que quereríamos que nos fosse feito". Toda a religião, toda a moral, se encerram nestes dois preceitos. Se eles fossem seguidos no mundo, todos seriam perfeitos. Não haveria ódios, nem ressentimentos. Direi mais ainda: não haveria pobreza, porque, do supérfluo da mesa de cada rico, quantos pobres seriam alimentados! E assim não mais se veriam, nos bairros sombrios em que vivi, na minha última encarnação, pobres mulheres arrastando consigo miseráveis crianças necessitadas de tudo.

Ricos! Pensai um pouco em tudo isso. Ajudai o mais possível aos infelizes; dai, para que Deus vos retribua um dia o bem que houverdes feito para encontrardes, ao sair de vosso invólucro terrestre, um cortejo de Espíritos reconhecidos, que vos receberão no limiar de um mundo mais feliz.

Se pudéssemos saber a alegria que provei, ao encontrar no além aqueles a quem beneficiei, na minha última vida terrena!

Amai, pois, ao vosso próximo; amai-o como a vós mesmos, pois já sabeis, agora, que o desgraçado que repelis talvez seja um irmão, um pai, um amigo que afastais para longe. E então, qual não será o vosso desespero, ao reconhecê-lo depois no mundo dos Espíritos!

Quero que compreendais bem o que deve ser *a caridade moral*, que todos podem praticar, que *materialmente nada custa*, e que não obstante é a mais difícil de se por em prática.

A caridade moral consiste em vos suportardes uns aos outros, o que menos fazeis nesse mundo inferior, em que estais momentaneamente encarnados. Há um grande mérito, acreditai, em saber calar para que outro mais tolo possa falar: isso é também uma forma de caridade. Saber fazer-se de surdo, quando uma palavra irônica escapa de uma boca habituada a caçoar; não ver o sorriso desdenhoso com que vos recebem pessoas que, muitas vezes erradamente, se julgam superiores a vós, quando na vida espírita, *a única verdadeira*, estão às vezes muito abaixo: eis um merecimento que não é de humildade, mas de caridade, pois não se incomodar com as faltas alheias é caridade moral.

Essa caridade, entretanto, não deve impedir que se pratique a outra. Pelo contrário: pensai, sobretudo, que não deveis desprezar o vosso semelhante; lembrai-vos de tudo o que vos tenho dito; é necessário lembrar, incessantemente, que o pobre repelido talvez seja um Espírito que vos foi caro, e que momentaneamente se encontra numa posição inferior à vossa. Reencontrei um dos pobres do vosso mundo a quem pude, por felicidade, beneficiar algumas vezes, e ao qual tenho *agora de pedir*, por minha vez.

Recordai-vos de que Jesus disse que somos todos irmãos, e pensai sempre nisso, antes de repelirdes o leproso ou o mendigo. Adeus!

Pensai naqueles que sofrem, e orai.

• Um Espírito Protetor •
Lyon, 1860

10. Meus amigos, tenho ouvido muitos de vós dizerem: como posso fazer a caridade, se quase sempre não tenho sequer o necessário?

A caridade, meus amigos, se faz de muitas maneiras. Podeis fazê-la em pensamento, em palavras e em ações. Em pensamento, orando pelos pobres abandonados, que morreram sem terem sequer vivido; uma prece de coração os alivia. Em palavras, dirigindo aos vossos companheiros alguns bons conselhos. Dizeis aos homens amargurados pelo desespero e pelas privações, que blasfemam do nome do Altíssimo: "Eu era como vós; eu sofria, sentia-me infeliz, mas acreditei no Espiritismo e, vede, agora sou feliz!" Aos anciãos que vos disserem: "É inútil; estou no fim da vida; morrerei como vivi", respondei: "A justiça de Deus é igual para todos; lembrai-vos dos trabalhadores da última hora!" Às crianças que, já viciadas pelas más companhias, perdem-se nos caminhos do mundo, prestes a sucumbir às suas tentações, dizei: "Deus vos vê, meus caros pequenos!", e não temei repetir frequentemente essas doces palavras, que acabarão por germinar nas suas jovens inteligências, e em lugar de pequenos vagabundos, fareis deles verdadeiros homens. Essa é também uma forma de caridade.

Muitos de vós dizem ainda: "Oh! Somos tão numerosos na Terra, que Deus não pode ver-nos a todos!" Escutai bem isso, meus amigos: quando estais no alto de uma montanha, vosso olhar não abarca os bilhões de grãos de areia que a cobrem? Pois bem: Deus vos vê da mesma maneira; e Ele vos deixa o vosso livre-arbítrio, como também deixais esses grãos de areia ao sabor do vento que os dispersa. Com a diferença que Deus, na sua infinita misericórdia, pôs no fundo do vosso coração uma sentinela vigilante, que se chama *consciência*. Ouvi-a, que ela vos dará bons conselhos. Por vezes, conseguis entorpecê-la, opondo-lhe o espírito do mal, e então ela se cala. Mas ficai seguros de que a pobre relegada se fará ouvir, tão logo a deixardes perceber a sombra do remorso. Ouvi-a, interrogai-a, e frequentemente sereis consolados pelos seus conselhos.

Meus amigos, a cada novo regimento o general entrega uma bandeira. Eu vos dou esta máxima do Cristo: "Amai-vos uns aos outros". Praticai essa máxima; reuni-vos todos em torno dessa bandeira, e dela recebereis a felicidade e a consolação.

A BENEFICÊNCIA
• Adolfo •
Bispo de Alger, Bordeaux, 1861

11. A beneficência, meus amigos, vos dará neste mundo os gozos mais puros e mais doces, as alegrias do coração, que não são perturbadas nem pelos remorsos, nem pela indiferença. Oh, pudésseis compreender tudo o que encerra de grande e de agradável a generosidade das belas almas, esse sentimento que faz que se olhe aos outros com o mesmo olhar voltado para si mesmo, e que se desvista com alegria para vestir a um irmão! Pudésseis, meus amigos, ter apenas a doce preocupação de fazer aos outros felizes! Quais as festas mundanas que se podem comparar a essas festas jubilosas, quando, representantes da Divindade, levais a alegria a essas pobres famílias, que da vida só conhecem as vicissitudes e as amarguras; quando vedes esses rostos macilentos brilharem subitamente de esperança, porque, desprovidos de pão, esses infelizes e seus filhos, ignorando que viver é sofrer, gritavam, choravam e repetiam estas palavras, que, como finos punhais, penetravam o coração materno: "Tenho fome!" Oh, compreendei quanto são deliciosas as impressões daquele que vê renascer a alegria onde, momentos antes, só havia desespero! Compreendei quais são as vossas obrigações para com os vossos irmãos! Ide, ide ao encontro do infortúnio, ao socorro das misérias ocultas, sobretudo, que são as mais dolorosas. Ide, meus bem-amados, e lembrai-vos destas palavras do Salvador: "Quando vestirdes a um destes pequeninos, pensai que é a mim que o fazeis!"

Caridade! Palavra sublime, que resume todas as virtudes, és tu que deves conduzir os povos à felicidade. Ao praticar-se, eles estarão semeando infinitas alegrias para o próprio futuro, e durante o seu exílio na Terra, serás para eles a consolação, o antegozo das alegrias que mais tarde desfrutarão, quando todos reunidos se abraçarem, no seio do Deus de amor. Foste tu, virtude divina, que me proporcionaste os únicos momentos de felicidade que gozei na Terra. Possam os meus irmãos encarnados crer na voz do amigo que lhes fala e lhes diz: É na caridade que deveis procurar a paz do coração, o contentamento da alma, o remédio para as aflições da vida. Oh, quando estiveres a ponto de acusar a Deus, lançai um olhar para baixo, e vereis quantas misérias a aliviar, quantas pobres crianças sem família; quantos velhos sem uma só mão amiga para os socorrer e fechar-lhes os olhos na hora da morte! Quanto bem a fazer! Oh, não reclamai, antes agradecei a Deus, e prodigalizai a mancheias a vossa simpatia, o vosso amor, o vosso dinheiro, a todos os que, deserdados dos bens deste mundo, definham no sofrimento e na solidão. Colhereis neste mundo alegrias bem suaves, e mais tarde... somente Deus o sabe!

✤

• **São Vicente de Paulo** •
Paris, 1858

12. Sede bons e caridosos: eis a chave dos céus, que tendes nas mãos. Toda a felicidade eterna se encerra nesta máxima: "Amai-vos uns aos outros". A alma não pode elevar-se às regiões espirituais senão pelo devotamento ao próximo; não encontra felicidade e consolação senão nos impulsos da caridade. Sede bons, amparai os nossos irmãos, extirpai a horrível chaga do egoísmo. Cumprido esse dever, o caminho da felicidade eterna deve abrir-se para vós. Aliás, quem dentre vós não sentiu o coração pulsar, crescer sua alegria interior, ao relato de um belo sacrifício, de uma obra de pura caridade? Se buscásseis apenas o deleite de uma boa ação, estaríeis sempre no caminho do progresso espiritual. Exemplos não vos faltam; o que falta é a boa vontade, sempre rara. Vede a multidão de homens de bem, de que a vossa história evoca piedosas lembranças.

O Cristo não vos disse tudo o que se refere a essas virtudes de caridade e amor? Por que deixastes de lado os seus divinos ensinamentos? Por que fechar os ouvidos às suas divinas palavras, o coração às suas doces máximas? Eu desejaria que se votasse mais interesse, mais fé às leituras evangélicas; mas abandona-se esse livro, considerado como texto quimérico, mensagem cifrada; deixa-se no esquecimento esse código admirável. Vossos males provêm do abandono voluntário desse resumo das leis divinas. Lede, pois, essas páginas ardentes sobre a abnegação de Jesus, e meditai-as.

Homens fortes, amai-vos; homens fracos, fazei da vossa doçura, da vossa fé, as vossas armas; tende mais persuasão e mais constância na propagação de vossa doutrina. É apenas um encorajamento que vimos dar-vos, e é para estimular o vosso zelo e as vossas virtudes, que Deus permite a nossa manifestação. Mas, se quisésseis, bastaria a ajuda de Deus e da vossa própria vontade, pois as manifestações espíritas se produzem somente para os que têm olhos fechados e os corações indóceis.

A caridade é a virtude fundamental que deve sustentar o edifício das virtudes terrenas; sem ela, as outras não existiriam. Sem a caridade, nada de esperar uma sorte melhor, nenhum interesse moral que nos guie; sem a caridade, nada de fé, pois a fé não é mais do que um raio de luz puro, que faz brilhar uma alma caridosa.

A caridade é a âncora eterna de salvação em todos os mundos: é a mais pura emanação do Criador; é a Sua própria virtude, que Ele transmite à criatura. Como pretender desconhecer esta suprema bondade? Qual seria o coração suficientemente perverso para, assim pensando, sufocar em si e depois expulsar este sentimento inteiramente divino? Qual seria o filho bastante mau para revoltar-se com essa doce carícia: a caridade?

Não ousarei falar daquilo que fiz, porque os Espíritos também têm o pudor de suas obras; mas considero a que iniciei como uma das que mais devem contribuir para o alívio de vossos semelhantes. Vejo frequentemente os Espíritos pedirem por missão continuar a minha tarefa; eu os vejo, minhas doces e queridas irmãs, no seu piedoso e divino ministério; eu os vejo praticar a virtude que vos recomendo, com toda a alegria que essa existência de abnegação e sacrifícios proporciona. É uma grande felicidade, para mim, ver quanto se enobrece o seu caráter, quanto a sua missão é amada e docemente protegida. Homens de bem, de boa e forte vontade, uni-vos para continuar amplamente a obra de propagação da caridade. Encontrareis a recompensa dessa virtude no seu próprio exercício. Não há alegria espiritual que ela não proporcione desde a vida presente. Permanecei unidos. Amai-vos uns aos outros, segundo os preceitos do Cristo. Assim seja!

❦

• **Cáritas** •
Martirizada em Roma, Lyon, 1861

13. Chamo-me Caridade, sou o caminho principal que conduz a Deus; segui-me, porque eu sou a meta a que vós todos deveis visar.

Fiz nesta manhã o meu passeio habitual, e com o coração magoado venho a dizer-vos: Oh, meus amigos, quantas misérias, quantas lágrimas, e quanto tendes de fazer para secá-las todas! Inutilmente tentei consolar as pobre mães, dizendo-lhes ao ouvido: *Coragem! Há corações bondosos que velam por vós, que não vos abandonarão; paciência! Deus existe, e vós sois as suas amadas, as suas eleitas.* Elas pareciam ouvir-me e voltavam para mim os seus grandes olhos assustados. Eu lia em seus pobres semblantes que o corpo, esse tirano do Espírito, tinha fome, e que, se as minhas palavras lhes tranquilizavam um pouco o coração, não lhes saciavam o estômago. Então eu repetia: *Coragem! Coragem!* E uma pobre mãe, muito jovem, que amamentava uma criancinha, tomou-a nos braços e ergueu-a no espaço vazio, como para me rogar que protegesse aquele pobre e pequeno ser, que só encontrava num seio estéril alimento insuficiente.

Mais adiante, meus amigos, vi pobres velhos sem trabalho e logo sem abrigo, atormentados por todos os sofrimentos da necessidade, e envergonhados de sua miséria, não se atrevendo, eles que jamais mendigaram, a implorar a piedade dos passantes. Coração empolgado de compaixão, eu, que nada tenho, me fiz mendiga para eles, e vou para toda parte estimular a beneficência, inspirar bons pensamentos aos corações generosos e compassivos. Eis porque venho até vós, meus amigos, e vos digo: lá em baixo há infelizes cuja cesta está sem pão, a lareira sem fogo, o leito sem cobertas. Não vos digo o que deveis fazer; deixo a iniciativa aos vossos bons corações; pois se eu vos ditasse a linha de conduta, não teríeis o mérito de vossas boas ações. Eu vos digo somente: sou a caridade e vos estendo as mãos pelos vossos irmãos sofredores.

Mas, se peço, também dou, e muito; eu vos convido para um grande festim, e ofereço a árvore em que vós todos podereis saciar-vos. Vede como é bela, como está carregada de flores e de frutos! Ide, ide, colhei, tomai todos os frutos dessa bela árvore que se chama beneficência. Em lugar dos ramos que lhe arrancardes, porei todas as boas ações que fizerdes e levarei a árvore a Deus, para que Ele a carregue de novo, porque a beneficência é inesgotável. Segui-me, pois, meus amigos, a fim de que eu vos possa contar entre os que se alistam sob a minha bandeira. Sede intrépidos: eu vos conduzirei pela via da salvação, porque eu sou a Caridade!

❧

• **Cáritas** •
Lyon, 1861

14. Há muitas maneiras de fazer a caridade, que tantos de vós confundem com a esmola. Não obstante, há grande diferença entre elas. A esmola, meus amigos, algumas vezes é útil, porque alivia os pobres. Mas é quase sempre humilhante, tanto para o que a dá, quanto para o que a recebe. A caridade, pelo contrário, liga o benfeitor e o beneficiário, e além disso se disfarça de tantas maneiras! A caridade pode ser praticada mesmo entre colegas e amigos, sendo indulgentes uns para com os outros, perdoando-se mutuamente suas fraquezas, cuidando de não ferir o amor-próprio de ninguém. Para vós, espíritas, na vossa maneira de agir em relação aos que não pensam convosco, induzindo os menos esclarecidos a crer, sem os chocar, sem afrontar as suas convicções, mas levando-os amigavelmente às reuniões, onde eles poderão ouvir-nos, e onde saberemos encontrar a brecha que nos permitirá penetrar nos seus corações. Eis uma das formas da caridade.

Escutai agora o que é a caridade para com os pobres, esses deserdados do mundo, mas recompensados por Deus, quando sabem aceitar as suas misérias sem murmurações, o que depende de vós. Vou me fazer compreender por um exemplo.

Vejo muitas vezes na semana uma reunião de damas de todas as idades. Para nós, como sabeis, são todas irmãs. Trabalham rápidas, bem rápidas. Os dedos são ágeis. Vede também como os rostos estão radiantes e como os seus corações batem em uníssono! Mas qual o seu objetivo? É que elas veem aproximar-se o inverno, que será rude para as famílias pobres. As formigas não puderam acumular durante o verão os grãos necessários à provisão, e a maior parte de seus utensílios está empenhada. As pobres mães se inquietam e choram, pensando nos filhinhos que, neste inverno, sofrerão frio e fome! Mas tende paciência, pobres mulheres! Deus inspirou a outras, mais afortunadas que vós. Elas se reuniram e confeccionam roupinhas. Depois, num destes dias, quando a neve tiver coberto a terra, e murmurardes, dizendo: "Deus não é justo!", pois é esta a expressão comum dos vossos períodos de sofrimento, então vereis aparecer um dos enviados dessas boas trabalhadoras, que se constituíram em operárias dos pobres. Sim, era para vós que elas trabalhavam assim, e vossos murmúrios se transformarão em bênçãos, porque, no coração dos infelizes, o amor segue de bem perto o ódio.

Como todas essas trabalhadoras necessitam de encorajamento, vejo as comunicações dos Bons Espíritos lhe chegarem de todas as partes. Os homens que participam desta sociedade oferecem também o seu concurso, fazendo uma dessas leituras que tanto agradam. E nós, para recompensar o zelo de todos e de cada um em particular, prometemos a essas obreiras laboriosas uma boa clientela, que as pagará em moeda sonante de bênçãos, a única moeda que circula no céu, assegurando-lhes ainda, sem medo de nos arriscarmos, que essa moeda não lhes faltará.

• **Um Espírito Protetor** •
Lyon, 1861

15. Meus caros amigos, cada dia ouço dizerem entre vós: "Sou pobre, não posso fazer a caridade". E cada dia, vejo que faltais com a indulgência para com os vossos semelhantes. Não lhes perdoais coisa alguma, e vos arvorais em juízes demasiado severos, sem vos perguntar se gostaríeis que fizessem o mesmo a vosso respeito. A indulgência não é também caridade? Vós, que não podeis fazer mais do que a caridade-indulgência, fazei pelo menos essa, mas fazei-a com grandeza. Pelo que respeita à caridade material, quero contar-vos uma história do outro mundo.

Dois homens acabavam de morrer. Deus havia dito: "Enquanto esses dois homens viverem, serão postas as suas boas ações num saco para cada um, e quando morrerem, serão pesados esses sacos". Quando ambos chegaram à sua última hora, Deus mandou que lhe levantassem os dois sacos. Um estava cheio, volumoso, estufado, e retinia o metal dentro dele. O outro era tão pequeno e fino, que se viam através do pano as poucas moedas que continha. Cada um dos homens reconheceu o que lhe pertencia: "Eis o meu, – disse o primeiro – eu o conheço; fui rico e distribui bastante!" O outro disse: "Eis o meu. Fui sempre pobre, ah! Não tinha quase nada para distribuir". Mas, oh surpresa: postos na balança, o maior tornou-se leve, e o pequeno se fez pesado, tanto que elevou muito o outro prato da balança. Então, Deus disse ao rico: "Deste muito, é verdade, mas o fizeste por ostentação, e para ver o teu nome figurando em todos os templos do orgulho. Além disso, ao dar, não te privaste de nada. Passa à esquerda e fica satisfeito, por te ser contada a esmola como alguma coisa". Depois, disse ao pobre: "Deste bem pouco, meu amigo, mas cada uma das moedas que estão na balança representou uma privação para ti. Se não distribuíste a esmola, fizeste a caridade, e o melhor é que a fizeste naturalmente, sem te preocupares de que a levassem a tua conta. Foste indulgente; não julgaste o teu semelhante; pelo contrário, encontraste desculpa para todas as suas ações. Passa à direita, e vai receber a tua recompensa.

• João •
Bordeaux, 1861

16. A mulher rica, feliz, que não tem necessidade de empregar o seu tempo nos trabalhos da casa, não pode dedicar algumas horas ao serviço do próximo? Que, com as sobras dos seus gastos felizes, compre agasalhos para o infeliz que tirita de frio; com suas mãos delicadas, confeccione roupas grosseiras, mas quentes, e ajude a mãe pobre a vestir o filho que vai nascer. Se o seu filho, com isso, ficar com alguns rendados de menos, o daquela terá mais calor. Trabalhar para os pobres é trabalhar na Vinha do Senhor.

E tu, pobre operária, que não dispõe de sobras, mas que desejas, no amor por teus irmãos, dar também um pouco do que possuis, oferece algumas horas do teu dia, do teu tempo, que é o teu único tesouro. Faze alguns desses trabalhos elegantes que tentam os felizes, vende o produto dos teus serões, e poderás também proporcionar, a teus irmãos a tua parte de alívio. Terás, talvez, algumas fitas a menos, mas darás sapatos aos que vivem descalços.

E vós, mulheres devotadas a Deus, trabalhai também para as vossas obras piedosas, mas que os vossos trabalhos delicados e custosos não sejam feitos apenas para ornar as vossas capelas, ou para atrair a atenção sobre a vossa habilidade e paciência. Trabalhai, minhas filhas, e que o resultado de vossas obras seja consagrado ao alívio de vossos irmãos em Deus. Os pobres são os Seus filhos bem-amados: trabalhar por eles é glorificá-Lo. Sede os instrumentos da Providência, que diz: Às aves do céu, Deus dá o alimento. Que o ouro e a prata, tecidos pelos vossos dedos, se transformem em roupas e provisões para os necessitados. Fazei isso, e o vosso trabalho será abençoado.

E todos vós, que podeis produzir, dai: dai o vosso gênio, dai as vossas inspirações, dai o vosso coração, que Deus vos abençoará. Poetas, literatos, que sois lidos somente pela gente de sociedade, preenchei os seus lazeres, mas que o produto de algumas de vossas obras seja destinado ao alívio dos infelizes. Pintores, escultores, artistas de todos os gêneros, que vossa inteligência venha também ajudar os vossos irmãos: não tereis menos glória por isso, e eles terão alguns sofrimentos a menos.

Todos vós podeis dar: a qualquer classe a que pertençais, tereis sempre alguma coisa que pode ser dividida. Seja o que for que Deus vos tenha dado, deveis uma parcela aos que não têm sequer o necessário, pois, em seu lugar ficaríeis contentes, se alguém dividisse convosco. Vossos tesouros da terra diminuirão um pouco, mas vossos tesouros do céu serão mais abundantes: colhereis pelo cêntuplo, lá em cima, o que semeardes em benefícios aqui em baixo.

A PIEDADE

• Michel •
Bordeaux, 1862

17. A piedade é a virtude que mais vos aproxima dos anjos. É a irmã da caridade que vos conduz para Deus. Ah, deixai vosso coração enternecer-se, diante das misérias e dos sofrimentos de vossos semelhantes. Vossas lágrimas são um bálsamo que derramais nas suas feridas. E quando, tocados por uma doce simpatia, conseguis restituir-lhes a esperança e a resignação, que ventura experimentais! É verdade que essa ventura tem um certo amargor, porque surge ao lado da desgraça; mas, se não apresenta o forte sabor dos gozos mundanos, também não traz as pungentes decepções do vazio deixado por estes; pelo contrário, tem uma penetrante suavidade, que encanta a alma.

A piedade, quando profundamente sentida, é amor; o amor é devotamento; o devotamento é o olvido de si mesmo; e esse olvido, essa abnegação pelos infelizes, é a virtude por excelência, aquela mesma que o divino Messias praticou em toda sua vida, e ensinou na sua doutrina tão santa e sublime. Quando essa doutrina for devolvida à sua pureza primitiva, quando for admitida por todos os povos, ela tornará a Terra feliz, fazendo reinar na sua face a concórdia, a paz e o amor.

O sentimento mais apropriado a vos fazer progredir, domando vosso egoísmo e vosso orgulho, aquele que dispõe vossa alma à humildade, à beneficência e ao amor ao próximo, é a piedade, essa piedade que vos comove até as fibras mais íntimas, diante do sofrimento de vossos irmãos, que vos leva estender-lhes a mão caridosa e vos arranca lágrimas e simpatia. Jamais sufoqueis, portanto, em vossos corações, essa emoção celeste, nem façais como esses endurecidos egoístas que fogem dos aflitos, para que a visão de suas misérias não lhes perturbe por um instante a feliz existência. Temei ficar indiferentes, quando puderdes ser úteis! A tranquilidade conseguida ao preço de uma indiferença culposa é a tranquilidade do Mar Morto, que oculta na profundeza de suas águas a lama fétida e a corrupção.

Quanto a piedade está longe, entretanto, de produzir a perturbação e o aborrecimento de que se arreceia o egoísta! Não há dúvida que a alma experimenta, ao contato da desgraça alheia, confrangendo-se, um estremecimento natural e profundo, que faz vibrar todo o vosso ser e vos afeta penosamente. Mas a compensação é grande, quando conseguis devolver a coragem e a esperança a um irmão infeliz, que se comove ao aperto da mão amiga, e cujo olhar, ao mesmo tempo umedecido de emoção e reconhecimento, se volta com doçura para vós, antes de se elevar ao céu, agradecendo por lhe haver enviado um consolador, um amparo. A piedade é a melancólica, mas celeste precursora da caridade, esta primeira entre as virtudes, de que ela é irmã, e cujos benefícios prepara e enobrece.

OS ÓRFÃOS

• Um Espírito Protetor •
Paris, 1860

18. Meus irmãos, amai os órfãos! Se soubésseis quanto é triste estar só e abandonado, sobretudo quando criança! Deus permite que existam órfãos, para nos animar a lhes servirmos de pais. Que divina caridade, a de ajudar uma pobre criaturinha abandonada, livrá-la da fome e do frio, orientar sua alma, para que ela não se perca no vício! Quem estende a mão a uma criança abandonada é agradável a Deus, porque demonstra compreender e praticar a sua lei. Lembrai-vos também de que, frequentemente, a criança que agora socorreis vos foi cara numa encarnação anterior, e se o pudésseis recordar, o que fazeis já não seria caridade, mas o cumprimento de um dever. Assim, portanto, meus amigos, todo sofredor é vosso irmão e tem direito à vossa caridade. Não a essa caridade que magoa o coração, não a essa esmola que queima a mão que a recebe, pois os vossos óbolos são frequentemente muito amargos! Quantas vezes eles seriam recusados, se a doença e a privação não os esperassem no casebre! Dai com ternura, juntando ao benefício material o mais precioso de todos: uma boa palavra, uma carícia, um sorriso amigo. Evitai esse ar protetoral, que revolve a lâmina no coração que sangra, e pensai que, ao fazer o bem, trabalhais para vós e para os vossos.

19. *Que pensar das pessoas que, sofrendo ingratidão por benefícios prestados, não querem mais fazer o bem, com medo de encontrar ingratos?*

• **Guia Protetor** •
Sens, 1862

Essas pessoas têm mais egoísmo do que caridade, porque fazer o bem somente para receber provas de reconhecimento, é deixar de lado o desinteresse, e o único bem agradável a Deus é o desinteressado. São ainda orgulhosas, porque se comprazem na humildade do beneficiado, que deve rojar-se aos seus pés para agradecer-lhes. Aquele que busca na Terra a recompensa do bem que faz, não a receberá no céu, mas Deus a reservará para o que assim não procede.

É necessário ajudar sempre aos fracos, mesmo sabendo-se de antemão que os beneficiados não agradecerão. Sabei que, se aquele a quem ajudais esquecer o benefício, Deus o considerará mais do que se fosseis recompensado pela sua gratidão. *Deus permite que às vezes sejais pagos com a ingratidão, para provar a vossa perseverança em fazer o bem.*

Como sabeis, aliás, se esse benefício, momentaneamente esquecido, não produzirá mais tarde os seus frutos? Ficai certos, pelo contrário, de que é uma semente que germinará com o tempo. Infelizmente, não vedes nunca além do presente; trabalhais para vós, e não tendo em vista os semelhantes. A benemerência acaba por abrandar os corações mais endurecidos; pode ficar esquecida aqui na Terra, mas quando o Espírito se livrar do corpo, ele se lembrará, e essa lembrança será o seu próprio castigo. Então, ele lamentará a sua ingratidão, desejará reparar a sua falta, pagar a sua dívida noutra existência, aceitando mesmo, frequentemente, uma vida de devotamento ao seu benfeitor. É assim que, sem o suspeitardes, tereis contribuído para o seu progresso moral, e reconhecereis então toda a verdade desta máxima: um benefício jamais se perde. Mas tereis também trabalhado para vós, pois tereis o mérito de haver feito o bem com desinteresse, sem vos deixar abater pelas decepções.

Ah, meus amigos, se conhecêsseis todos os laços que, na vida presente, vos ligam às existências anteriores! Se pudésseis abarcar a multiplicidade das relações que aproximam os seres uns dos outros, para o seu mútuo progresso, admiraríeis muito melhor a sabedoria e a bondade do Criador, que vos permite reviver para chegardes a Ele!

20. A beneficência é bem compreendida, quando se limita ao círculo de pessoas da mesma opinião, da mesma crença ou do mesmo partido?

• **São Luís** •
Paris, 1860

Não, pois é sobretudo o espírito de seita e de partido que deve ser abolido, porque todos os homens são irmãos. O verdadeiro cristão vê irmãos em todos os seus semelhantes, e para socorrer o necessitado, não procura saber a sua crença, a sua opinião, seja qual for. Seguiria ele o preceito de Jesus Cristo, que manda amar até mesmo os inimigos, se repelisse um infeliz, por ter crença diferente da sua? Que o socorra, pois, sem lhe interpelar a consciência, mesmo porque, se for um inimigo da religião, será esse o meio de fazer que ele a ame. Repelindo-o, só faria que a odiasse.

CAPÍTULO XIV

HONRA A TEU PAI E A TUA MÃE

PIEDADE FILIAL – QUEM É MINHA MÃE E QUEM SÃO MEUS IRMÃOS? – PARENTESCOS CORPORAL E ESPIRITUAL – *INSTRUÇÕES DOS ESPÍRITOS:* A INGRATIDÃO DOS FILHOS E OS LAÇOS DE FAMÍLIA

1. Sabes os mandamentos: Não cometas adultério; Não mates; Não furtes; Não digas falso testemunho; Não cometas fraudes; Honra a teu pai e a tua mãe. (Marcos, X: 19; Lucas, XVIII: 20; Mateus, XIX: 19).
2. Honrarás a teu pai e a tua mãe, para teres uma dilatada vida sobre a Terra que o Senhor teu Deus te há de dar. (Decálogo, Êxodo, XX: 12).

PIEDADE FILIAL

3. O mandamento: "Honra a teu pai e a tua mãe", é uma consequência da lei geral da caridade e do amor ao próximo, porque não se pode amar ao próximo sem amar aos pais; mas o imperativo *honra* implica um dever a mais para com eles: o da piedade filial. Deus quis demonstrar, assim, que ao amor é necessário juntar o respeito, a estima, a obediência e a condescendência, o que implica a obrigação de cumprir para com eles, de maneira ainda mais rigorosa, tudo o que a caridade determina em relação ao próximo. Esse dever se estende naturalmente às pessoas que se encontram no lugar dos pais, e cujo mérito é tanto maior, quanto o devotamento é para elas menos obrigatório. Deus pune sempre de maneira rigorosa toda violação desse mandamento.

Honrar ao pai e à mãe não é somente respeitá-los, mas também assisti-los nas suas necessidades; proporcionando-lhes o repouso na velhice; cercá-los de solicitude, como eles fizeram por nós na infância.

É sobretudo para com os pais sem recursos que se demonstra a verdadeira piedade filial. Satisfariam a esse mandamento os que julgam fazer muito, ao lhes darem o estritamente necessário para que não morram de fome, enquanto eles mesmos de nada se privam? Relegando-os aos piores cômodos da casa, apenas para não deixá-los na rua, e reservando para si mesmos os melhores aposentos, os mais confortáveis? E ainda bem quando tudo isso não é feito de má vontade, sendo os pais obrigados a pagar o que lhes resta da vida com a carga dos serviços domésticos! É então justo que pais velhos e fracos tenham de servir filhos jovens e fortes? A mãe lhe teria cobrado o leite, quando ainda estavam no berço? Teria, por acaso, contado as suas noites de vigília, quando eles ficavam doentes, os seus passos para proporcionar-lhes o cuidado necessário? Não, não é só o estritamente necessário que os filhos devem aos pais pobres, mas também, tanto quanto puderem, as pequenas alegrias do supérfluo, as amabilidades, os cuidados carinhosos, que são apenas os juros do que receberam, o pagamento de uma dívida sagrada. Essa, somente, é a piedade filial aceita por Deus.

Infeliz, portanto, aquele que se esquece da sua dívida para os que o sustentaram na infância, os que, com a vida material, lhe deram também a vida moral, e que frequentemente se impuseram duras privações para lhe assegurar o bem-estar! Ai do ingrato, porque ele será punido pela ingratidão e o abandono; será ferido nas suas mais caras afeições, *às vezes desde a vida presente*, mas de maneira certa noutra existência, em que terá de sofrer o que fez os outros sofrerem!

Certos pais, é verdade, descuidam dos seus deveres, e não são para os filhos o que deviam ser. Mas é a Deus que compete puni-los, e não aos filhos. Não cabe a estes censurá-los, pois que talvez eles mesmos fizeram por merecê-los assim. Se a caridade estabelece como lei que devemos pagar o mal com o bem, ser indulgentes para as imperfeições alheias, não maldizer do próximo, esquecer e perdoar as ofensas, e amar até mesmo os inimigos, quanto essa obrigação se faz ainda maior, em relação aos pais! Os filhos, devem, por isso mesmo, tomar como regra de conduta para com os pais todos os preceitos de Jesus referentes ao próximo, e lembrar que todo procedimento condenável em relação aos estranhos, mais condenável se torna para com os pais. Devem lembrar que aquilo que no primeiro caso seria apenas uma falta, pode tornar-se um crime no segundo, porque, neste, à falta de caridade junta-se a ingratidão.

4. Deus disse: "Honrarás a teu pai e a tua mãe, para teres uma dilatada vida sobre a Terra que o Senhor teu Deus te há de dar." Mas por que promete como recompensa vida terrena e não a celeste? A explicação se encontra nestas palavras: "Que Deus vos dará", suprimidas na forma moderna do decálogo, o que lhe desfigura o sentido. Para compreendermos essas palavras, temos de nos reportar à situação e às ideias dos hebreus, na época em que elas foram pronunciadas. Eles ainda não compreendiam a vida futura. Sua visão não se estendia além dos limites da vida física. Por isso, deviam ser mais fortemente tocados pelas coisas que viam, do que pelas invisíveis. Eis o motivo porque Deus lhes fala numa linguagem ao seu alcance, e, como as crianças, lhes apresenta como perspectiva aquilo que poderia satisfazê-los. Eles estavam então no deserto. A Terra que Deus lhes dará é a Terra da Promissão, alvo de suas aspirações. Nada mais desejavam, e Deus lhes diz que viverão nela por longo tempo, o que significa que a possuirão por longo tempo, se observarem os seus mandamentos.

Mas, ao advento de Jesus, suas ideias estavam mais desenvolvidas. Tendo chegado o momento de lhes ser dado um alimento menos grosseiro, Jesus os inicia na vida espiritual, ao dizer: "Meu reino não é deste mundo; é nele, e não sobre a Terra, que recebereis a recompensa das vossas boas obras." Com estas palavras, a Terra da Promissão material se transforma numa pátria celeste. Da mesma maneira, quando lhes recorda a necessidade de observação do mandamento: "Honra a teu pai e a tua mãe", já não é mais a Terra que lhes promete, mas o céu. *(Caps. II e III).*

QUEM É MINHA MÃE E QUEM SÃO MEUS IRMÃOS?

5. E vieram à casa; e concorreu de novo tanta gente, que nem mesmo podiam tomar o alimento. E quando isto ouviram os seus, saíram para o prender; porque diziam: Ele está furioso. – E chegaram sua mãe e seus irmãos, e ficando da parte de fora, o mandaram chamar. E estava sentado à roda de um crescido número de gente, e lhe disseram: Olha que tua mãe e teus irmãos te buscam aí fora. E ele respondeu, dizendo: Quem é minha mãe, e quem são meus irmãos? E olhando para os que estavam sentados à roda de si, lhes disse: Eis aqui minha mãe e meus irmãos. Porque o que fizer a vontade de Deus, esse é meu irmão, e minha irmã e minha mãe. (Marcos, III: 20-21 e 31-35 – Mateus, XII: 46-50).

6. Certas palavras parecem estranhas na boca de Jesus, pois contrastam com a sua bondade e a sua inalterável benevolência para com todos. Os incrédulos não deixaram de se aproveitar disso, para dizer que Ele se contradizia a si mesmo. Um fato irrecusável, porém, é a que a sua doutrina tem por base essencial, por pedra angular, a lei do amor e da caridade. Ele não podia, pois, destruir de um lado o que construía do outro, de onde é imperioso tirar esta consequência rigorosa: se certas máximas estão em contradição com aquele princípio, é que as palavras que se lhe atribuem foram mal reproduzidas, mal compreendidas, ou não lhe pertencem.

7. Admira-se, e com razão, de ver Jesus mostrar, nesta circunstância, tanta indiferença para com os seus, e de qualquer sorte renegar a mãe. Pelo que respeita aos seus irmãos, sabe-se que nunca tiveram simpatia por Ele. Espíritos pouco adiantados, não haviam compreendido a sua missão. Era bizarra, para eles, a conduta de Jesus, e seus ensinamentos não os haviam tocado, pois nenhum deles se fez seu discípulo. Parece mesmo que eles participavam, até certo ponto, das prevenções de seus inimigos. De resto, é certo que o recebiam mais como um estranho do que como um irmão, quando se apresentava em família. E São João diz, positivamente: *que não acreditavam nele. (Ver cap. VII:5).*

Quanto à sua mãe, ninguém contestaria sua ternura para com o filho. Mas é necessário convir, também, que ela não parece ter feito uma ideia justa de sua missão, pois jamais se soube que seguisse os seus ensinos, nem que desse testemunho dele, como o fez João Batista. A solicitude maternal era o seu sentimento dominante. No tocante a Jesus, supor que houvesse renegado sua mãe, seria desconhecer-lhe o caráter, pois semelhante pensamento não poderia animar aquele que disse: *Honra a teu pai e a tua mãe.* É, pois, necessário procurar outro sentido para as suas palavras, quase sempre veladas pela forma alegórica.

Jesus não perdia nenhuma ocasião de ensinar. Serviu-se, portanto, da que lhe oferecia a chegada de sua família, para estabelecer a diferença entre o parentesco corporal e o parentesco espiritual.

PARENTESCO CORPORAL E ESPIRITUAL

8. Os laços de sangue não estabelecem necessariamente os laços espirituais. O corpo procede do corpo, mas o Espírito não procede do Espírito, porque este existia antes da formação do corpo.

O pai não gera o Espírito do filho: fornece-lhe apenas o envoltório corporal. Mas deve ajudar seu desenvolvimento intelectual e moral, para o fazer progredir.

Os Espíritos que se encarnam numa mesma família, sobretudo como parentes próximos, são o mais frequentemente Espíritos simpáticos, ligados por relações anteriores, que se traduzem pela afeição durante a vida terrena. Mas pode ainda acontecer que esses Espíritos sejam completamente estranhos uns para os outros, separados por antipatias igualmente anteriores, que se traduzem também por seu antagonismo na Terra, a fim de lhes servir de prova. Os verdadeiros laços de família não são, portanto, os da consanguinidade, mas os da simpatia e da comunhão de pensamentos, que unem os Espíritos, *antes, durante e após* a encarnação. De onde se segue que dois seres nascidos de pais diferentes podem ser mais irmãos pelo Espírito, do que se o fossem pelo sangue. Podem, pois, atrair-se, procurar-se, tornar-se amigos, enquanto dois irmãos consanguíneos podem repelir-se, como vemos todos os dias. Problema moral, que só o Espiritismo podia resolver, pela pluralidade das existências. *(Ver cap. IV, nº 13).*

Há, portanto, duas espécies de famílias: *as famílias por laços espirituais* e *as famílias por laços corporais*. As primeiras, duradouras, fortificam-se pela purificação e se perpetuam no mundo dos Espíritos, através das diversas migrações da alma. As segundas, frágeis como a própria matéria, extinguem-se com o tempo, e quase sempre se dissolvem moralmente desde a vida atual. Foi o que Jesus quis fazer compreender, dizendo aos discípulos: "Eis minha mãe e meus irmãos", ou seja, a minha família pelos laços espirituais, pois "quem quer que faça a vontade de meu Pai, que está nos céus, é meu irmão, minha irmã e minha mãe."

A hostilidade de seus irmãos está claramente expressa no relato de São Marcos, desde que, segundo este, eles se propunham a apoderar-se d'Ele, sob o pretexto que perdera o juízo. Avisado de que haviam chegado, e conhecendo o sentimento deles a seu respeito, era natural que dissesse, referindo-se aos discípulos, em sentido espiritual: "Eis os meus verdadeiros irmãos". Sua mãe os acompanhava, e Jesus generalizou o ensino, o que absolutamente não implica que ele pretendesse que sua mãe segundo o sangue nada lhe fosse segundo o Espírito, só merecendo a sua indiferença. Sua conduta, em outras circunstâncias, provou suficientemente o contrário.

INSTRUÇÕES DOS ESPÍRITOS

A INGRATIDÃO DOS FILHOS E OS LAÇOS DE FAMÍLIA

• Santo Agostinho •
Paris, 1862

9. A ingratidão é um dos frutos mais imediatos do egoísmo, e revolta sempre os corações virtuosos. Mas a dos filhos para com os pais tem um sentido ainda mais odioso. É desse ponto de vista que a vamos encarar mais especialmente, para analisar-lhe as causas e os efeitos. Nisto, como em tudo, o Espiritismo vem lançar luz sobre um dos problemas do coração humano.

Quando o Espírito deixa a Terra, leva consigo as paixões ou as virtudes inerentes à sua natureza, e vai no espaço aperfeiçoar-se ou estacionar, até que deseje esclarecer-se. Alguns, portanto, levam consigo ódios violentos e desejos de vingança. A alguns deles, porém, mais adiantados, é permitido entrever algo da verdade: reconhecem os funestos efeitos de suas paixões, e tomam então boas resoluções; compreendem que, para se dirigirem a Deus, só existe uma senha – *a caridade*. Mas não há caridade sem esquecimento das ofensas e das injúrias; não há caridade com ódio no coração e sem perdão.

É então que, por um esforço inaudito, voltam o seu olhar para os que detestaram na Terra. À vista deles, porém, sua animosidade desperta. Revoltam-se à ideia de perdoar, e ainda mais a de renunciarem a si mesmo, mas sobretudo a de amar aqueles que lhes destruíram talvez a fortuna, a honra, a família. Não obstante, o coração desses infortunados está abalado. Eles hesitam, vacilam, agitados por sentimentos contrários. Se a boa resolução triunfa, eles oram a Deus, imploram aos Bons Espíritos que lhes deem forças no momento mais decisivo da prova.

Enfim, depois de alguns anos de meditação e de preces, o Espírito se aproveita de um corpo que se preparara, na família daquele que ele detestou, e pede, aos Espíritos encarregados de transmitir as ordens supremas, permissão para ir cumprir sobre a Terra os destinos desse corpo que vem de se formar. Qual será, então, a sua conduta nessa família? Ela dependerá da maior ou menor persistência das suas boas resoluções. O contato incessante dos seres que ele odiou é uma prova terrível, da qual às vezes sucumbe, se a sua vontade não for bastante forte. Assim, segundo a boa ou má resolução que prevalecer, ele será amigo ou inimigo daqueles em cujo meio foi chamado a viver. É assim que se explicam esses ódios, essas repulsas instintivas, que se notam em certas crianças, e que nenhum fato exterior parece justificar. Nada, com efeito, nessa existência, poderia provocar essa antipatia. Para encontrar-lhe a causa, é necessário voltar os olhos ao passado.

Oh, espíritas! Compreendei neste momento o grande papel da Humanidade! Compreendei que, quando gerais um corpo, a alma que se encarna vem do espaço para progredir. Tomai conhecimento dos vossos deveres, e ponde todo o vosso amor em aproximar essa alma de Deus: é essa a missão que vos está confiada, e da qual recebereis a recompensa, se a cumprirdes fielmente. Vossos cuidados, a educação que lhe derdes, auxiliarão o seu aperfeiçoamento e a sua felicidade futura. Lembrai-vos de que a cada pai e a cada mãe, Deus perguntará: "Que fizestes da criança confiada à vossa guarda?" Se permaneceu atrasada por vossa culpa, vosso castigo será o de vê-la entre os Espíritos sofredores, quando dependia de vós que fosse feliz. Então vós mesmos, carregados de remorsos, pedireis para reparar a vossa falta; solicitareis uma nova encarnação, para vós e para ela, na qual a cercareis de mais atentos cuidados, e ela, cheia de reconhecimento, vos envolverá no seu amor.

Não recuseis, portanto, o filho que no berço repele a mãe, nem aquele que vos paga com a ingratidão: não foi o acaso que o fez assim e que lhe enviou. Uma intuição imperfeita do passado se revela, e dela podeis deduzir que um ou outro já odiou muito ou foi muito ofendido, que um ou outro veio para perdoar ou expiar. Mães! Abraçai, pois, a criança que vos causa aborrecimentos, e dizei para vós mesmas: "Uma de nós duas foi culpada." Merecei as divinas alegrias que Deus concedeu à maternidade, ensinando a essa criança que ela está na Terra para se aperfeiçoar, amar e abençoar. Mas, ah! Muitas dentre vós, em vez de expulsar por meio da educação os maus princípios inatos, provenientes das existências anteriores, entretêm e desenvolvem esses princípios, por descuido ou por uma culposa fraqueza. E, mais tarde, o vosso coração ulcerado pela ingratidão dos filhos, será para vós, desde esta vida, o começo da vossa expiação.

A tarefa não é tão difícil como podereis pensar. Não exige o saber do mundo: o ignorante e o sábio podem cumpri-la, e o Espiritismo vem facilitá-la, ao revelar a causa das imperfeições do coração humano.

Desde o berço, a criança manifesta os instintos bons ou maus que traz de sua existência anterior. É necessário aplicar-se em estudá-los. Todos os males têm sua origem no egoísmo e no orgulho. Espreitai, pois, os menores sinais que revelam os germes desses vícios, e dedicai-vos a combatê-los, sem esperar que eles lancem raízes profundas. Fazei como o bom jardineiro, que arranca os brotos daninhos à medida que os vê aparecerem na árvore. Se deixardes que o egoísmo e o orgulho se desenvolvam, não vos espanteis de ser pagos mais tarde pela ingratidão. Quando os pais tudo fizeram para o adiantamento moral dos filhos, se não conseguiram êxito, não tem do que lamentar e sua consciência pode estar tranquila. Quanto à amargura muito natural que experimentam, pelo insucesso de seus esforços, Deus reserva-lhes uma grande, imensa consolação, pela certeza de que é apenas um atraso momentâneo, e que lhe será dado acabar em outra existência a obra então começada, e que um dia o filho ingrato os recompensará com o seu amor. *(Ver cap. XIII, nº 19).*

Deus não faz as provas superiores às forças daquele que as pede; só permite as que podem ser cumpridas; se isto não se verifica, não é por falta de possibilidades, mas de vontade. Pois quantos existem, que em lugar de resistir aos maus arrastamentos, neles se comprazem: é para eles que estão reservados o choro e o ranger de dentes, em suas existências posteriores. Admirai, entretanto, a bondade de Deus, que nunca fecha a porta ao arrependimento. Chega um dia em que o culpado está cansado de sofrer, o seu orgulho foi por fim dominado, e é então que Deus abre os braços paternais para o filho pródigo, que se lança aos seus pés. *As grandes provas ,* – escutai bem, – *são quase sempre o indício de um fim de sofrimento e de um aperfeiçoamento do Espírito, desde que sejam aceitas por amor a Deus.* É um momento supremo e é nele sobretudo que importa não falir pela murmuração, se não se quiser perder o fruto da prova e ter de recomeçar. Em vez de vos queixardes, agradecei a Deus, que vos oferece a ocasião de vencer, para vos dar o prêmio da vitória. Então quando, saído do turbilhão do mundo terreno, entrardes no mundo dos Espíritos, sereis ali aclamado, como o soldado que saiu vitorioso do centro da refrega.

De todas as provas, as mais penosas são as que afetam o coração. Aquele que suporta com coragem a miséria das privações materiais, sucumbe ao peso das amarguras domésticas, esmagado pela ingratidão dos seus. Oh, é essa uma pungente angústia! Mas o que pode, nessas circunstâncias, reerguer a coragem moral, senão o conhecimento das causas do mal, com a certeza de que, se há longas dilacerações, não há desesperos eternos, porque Deus não pode querer que a sua criatura sofra para sempre. O que há de mais consolador, de mais encorajador, do que esse pensamento de que depende de si mesmo, de seus próprios esforços, abreviar o sofrimento, destruindo em si as causas do mal? Mas, para isso, é necessário não reter o olhar na Terra e não ver apenas uma existência; é necessário elevar-se, pairar no infinito do passado e do futuro. Então, a grande justiça de Deus se revela aos vossos olhos, e esperais com paciência, porque explicastes a vós mesmos o que vos parecia monstruosidades da Terra. Os ferimentos que recebestes vos parecem simples arranhaduras. Nesse golpe de vista lançado sobre o conjunto, os laços de família aparecem no seu verdadeiro sentido: não mais os laços frágeis da matéria que ligam os seus membros, mas os laços duráveis do Espírito, que se perpetuam, e se consolidam, ao se depurarem, em vez de se quebrarem com a reencarnação.

Os espíritos cuja similitude de gostos, identidade de progresso moral e de afeição, levam a reunir-se, formam famílias. Esses mesmos Espíritos, nas suas migrações terrenas, buscam-se para agrupar-se, como faziam no espaço, dando origem às famílias unidas e homogêneas. E se, nas suas peregrinações, ficam momentaneamente separados, mais tarde se reencontram, felizes por seus novos progressos. Mas como não devem trabalhar somente para si mesmos, Deus permite que Espíritos menos adiantados venham encarnar-se entre eles, a fim de haurirem conselhos e bons exemplos, no interesse do seu próprio progresso. Eles causam, por vezes, perturbações no meio, mas é lá que está a prova, lá que se encontra a tarefa. Recebei-os, pois, como irmãos; ajudai-os e, mais tarde, no mundo dos Espíritos, a família se felicitará por haver salvo do naufrágio os que, por sua vez, poderão salvar outros.

CAPÍTULO XV

FORA DA CARIDADE NÃO HÁ SALVAÇÃO

O NECESSÁRIO PARA SALVAR-SE – O BOM SAMARITANO – O MAIOR MANDAMENTO – A CARIDADE SEGUNDO SÃO PAULO – FORA DA IGREJA NÃO HÁ SALVAÇÃO – FORA DA VERDADE NÃO HÁ SALVAÇÃO – *INSTRUÇÕES DOS ESPÍRITOS:* FORA DA CARIDADE NÃO HÁ SALVAÇÃO

O NECESSÁRIO PARA SALVAR-SE – O BOM SAMARITANO

1. Mas quando vier o Filho do Homem na sua majestade, e todos os anjos com ele, então se assentará sobre o trono de sua majestade; e serão todas as gentes congregadas diante dele, e separará uns dos outros, como o pastor que aparta dos cabritos as ovelhas; e assim porá as ovelhas à direita, e os cabritos à esquerda; então dirá o rei aos que hão de estar à sua direita: Vinde, benditos de meu Pai, possuí o reino que vos está preparado desde o princípio do mundo; porque tive fome, e deste-me de comer; tive sede, e deste-me de beber; era hóspede, e recolheste-me; estava nu, e cobriste-me; estava enfermo, e visitaste-me; estava no cárcere, e vieste ver-me. Então lhe responderão os justos, dizendo: Senhor, quando é que nós te vimos faminto e te demos de comer; ou sequioso, e te demos de beber? E quando te vimos hóspede, e te recolhemos; ou nu e te vestimos? Ou quando te vimos enfermo, ou no cárcere, e te fomos ver? E respondendo o rei, lhes dirá: Na verdade vos digo, que quantas vezes vós fizestes isto a um destes meus irmãos mais pequeninos, a mim é que o fizestes. Então dirá também aos que hão de estar à esquerda: Apartai-vos de mim, malditos, para o fogo eterno que está aparelhado para o diabo e para os seus anjos; porque tive fome, e não me destes de

comer; tive sede, e não me destes de beber; era hóspede, e não me recolhestes; estava nu, e não me cobristes; estava enfermo no cárcere e não me visitastes. Então eles também lhe responderão, dizendo: Senhor, quando é que nós te vimos faminto, ou sequioso, ou hóspede, ou nu, ou enfermo, ou no cárcere, e deixamos de te assistir? Então lhes responderá ele, dizendo: Na verdade, vos digo que quantas vezes o deixastes de fazer a um destes mais pequeninos, a mim o deixastes de fazer. E irão estes para o suplício eterno, e os justos para a vida eterna. (MATEUS, XXV: 31-46).

2. E eis que se levantou um doutor da lei, e lhe disse, para o tentar: Mestre, que hei eu de fazer para entrar na posse da vida eterna? Disse-lhe então Jesus: Que é o que está escrito na lei? Como lês tu? Ele, respondendo, disse: Amarás o Senhor teu Deus de todo o coração, de toda a tua alma, e de todas as tuas forças, e de todo o teu entendimento, e ao teu próximo como a ti mesmo. E Jesus lhe disse: Respondeste bem; faze isso, e viverás. Mas ele, querendo justificar-se a si mesmo, disse a Jesus: E quem é o meu próximo? E Jesus, prosseguindo no mesmo discurso, disse: Um homem baixava de Jerusalém a Jericó, e caiu nas mãos dos ladrões, que logo o despojaram do que levava; e depois de o terem maltratado com muitas feridas, se retiraram, deixando-o meio morto. Aconteceu pois que passava pelo mesmo caminho um sacerdote; e quando o viu passou de largo. E assim mesmo um levita, chegando perto daquele lugar, e vendo-o, passou também de largo. Mas um samaritano, que ia a seu caminho, chegou perto dele, e quando o viu, se moveu à compaixão: E chegando-se lhe atou as feridas, lançando nelas azeite e vinho; e, pondo-o sobre a sua cavalgadura, o levou a uma estalagem, e teve cuidado dele. E ao outro dia tirou dois denários, e deu-os ao estalajadeiro, e lhe disse: Tem-me cuidado dele; e quanto gastares demais, eu te satisfarei quando voltar. Qual destes três te parece que foi o próximo daquele que caiu nas mãos dos ladrões? Respondeu logo o outro: Aquele que usou com o tal de misericórdia. Então lhe disse Jesus: Pois vai, e faze tu o mesmo. (LUCAS, X: 25-37).

3. Toda a moral de Jesus se resume na caridade e na humildade, ou seja, nas duas virtudes contrárias ao egoísmo e ao orgulho. Em todos os seus ensinamentos, mostra essas virtudes como sendo o caminho da felicidade eterna. Bem-aventurados, diz Ele, os pobres de espírito, – quer dizer: os humildes, – porque deles é o Reino dos Céus; bem-aventurados os que têm coração puro; bem-aventurados

os mansos e pacíficos; bem-aventurados os misericordiosos. Amai o vosso próximo como a vós mesmos; fazei aos outros o que desejaríeis que vos fizessem; amai os vossos inimigos; perdoai as ofensas, se quereis ser perdoados; fazei o bem sem ostentação; julgai-vos a vós mesmos antes de julgar os outros. Humildade e caridade, eis o que não cessa de recomendar, e o de que ele mesmo dá o exemplo. Orgulho e egoísmo, eis o que não cessa de combater. Mas ele fez mais do que recomendar a caridade, pondo-a claramente, em termos explícitos, como a condição absoluta da felicidade futura.

No quadro que Jesus apresenta, do juízo final, como em muitas outras coisas, temos de separar o que pertence à figura e à alegoria. A homens como aos que falava, ainda incapazes de compreender as coisas puramente espirituais, devia apresentar imagens materiais, surpreendentes e capazes de impressionar. Para que fossem melhor aceitas, não podia mesmo afastar-se muito das ideias em voga, no tocante à forma, reservando sempre para o futuro a verdadeira interpretação das suas palavras e dos pontos que ainda não podia explicar claramente. Mas, ao lado da parte acessória ou figurada do quadro, há uma ideia dominante: a da felicidade que espera o justo e da infelicidade reservada ao mau.

Nesse julgamento supremo, quais são os considerandos da sentença? Sobre o que baseia a inquirição? Pergunta o juiz se foram atendidas estas ou aquelas formalidades, observadas mais ou menos estas ou aquelas práticas exteriores? Não, ele só pergunta por uma coisa: a prática da caridade. E se pronuncia dizendo: "Passai à direita, vós que socorrestes aos vossos irmãos; passai à esquerda, vós que fostes duros para com eles." Indaga pela ortodoxia da fé? Faz distinção entre o que crê de uma maneira, e o que crê de outra? Não, pois Jesus coloca o samaritano, considerado herético, mas que tem amor ao próximo, sobre o ortodoxo a quem falta caridade. Jesus não faz, portanto, da caridade, uma das condições da salvação, mas a condição única. Se outras devessem ser preenchidas, ele as mencionaria. Se ele coloca a caridade na primeira linha entre as virtudes, é porque ela encerra implicitamente todas as outras; a humildade, a mansidão, a benevolência, a justiça etc; e porque é ela a negação absoluta do orgulho e do egoísmo.

O MAIOR MANDAMENTO

4. Mas os fariseus, quando viram que Jesus tinha feito calar a boca aos saduceus, se ajuntaram em conselho. E um deles, que era doutor da lei, tentando-o, perguntou-lhe: Mestre, qual é o grande

mandamento da lei? Jesus lhe disse: Amarás o Senhor teu Deus de todo o coração, e de toda a tua alma, e de todo o teu entendimento. Este é o maior e primeiro mandamento. E o segundo, semelhante a este, é: Amarás ao teu próximo como a ti mesmo. Estes dois mandamentos contêm toda a lei e os profetas. (Mateus, XXII: 34-40).

5. Caridade e humildade, esta é a única via de salvação; egoísmo e orgulho, esta é a via da perdição. Esse princípio é formulado em termos precisos nestas palavras: "Amarás a Deus de toda a tua alma, e ao teu próximo como a ti mesmo; estes dois pensamentos contêm toda a lei e os profetas." E para que não houvesse equívoco na interpretação do amor de Deus e do próximo, temos ainda: "E o segundo, semelhante a este, é", significando que não se pode verdadeiramente amar a Deus sem amar ao próximo, nem amar ao próximo sem amar a Deus, porque tudo quanto se faz contra o próximo, é contra Deus que se faz. Não se podendo amar a Deus sem praticar a caridade para com o próximo, todos os deveres do homem se encontram resumidos nesta máxima: **Fora da caridade não há salvação.**

A CARIDADE SEGUNDO SÃO PAULO

6. Se eu falar as línguas dos homens e dos anjos, e não tiver caridade, sou como o metal que soa, ou como o sino que tine. E se eu tiver o dom de profecia, e conhecer todos os mistérios, e quanto se pode saber; e se tiver toda a fé, até ao ponto de transportar montes, e não tiver caridade, não sou nada. E se eu distribuir todos os meus bens em o sustento dos pobres, e se entregar o meu corpo para ser queimado, se todavia não tiver caridade, nada disto me aproveita. A caridade é paciente, é benigna; a caridade não é invejosa, não obra temerária nem precipitadamente, não se ensoberbece, não é ambiciosa, não busca os seus próprios interesses, não se irrita, não suspeita mal, não folga com a injustiça, mas folga com a verdade. Tudo tolera, tudo crê, tudo espera, tudo sofre. A caridade nunca jamais há de acabar, ou deixem de ter lugar as profecias, ou cessem as línguas, ou seja abolida a ciência.

Agora, pois, permanecem a fé, a esperança e a caridade, estas três virtudes; porém a maior delas é a caridade. (Paulo, Coríntios, XIII: 1-7 e 13).

7. São Paulo compreendeu tão profundamente esta verdade, que diz: *"Se eu falar as línguas dos anjos; se tiver o dom de profecia, e penetrar todos os mistérios; se tiver toda a fé possível, a*

ponto de transportar montanhas, mas não tiver caridade, nada sou. Entre essas três virtudes: a fé, a esperança e a caridade, a mais excelente é a caridade." Coloca, assim, sem equívoco, a caridade acima da própria fé. Porque a caridade está ao alcance de todos, do ignorante e do sábio, do rico e do pobre; e porque independe de toda a crença particular. E faz mais: define a verdadeira caridade; mostra-a, não somente na beneficência, mas no conjunto de todas as qualidades do coração, na bondade e na benevolência para com o próximo.

FORA DA IGREJA NÃO HÁ SALVAÇÃO – FORA DA VERDADE NÃO HÁ SALVAÇÃO

8. Enquanto a máxima: *Fora da caridade não há salvação* apoia-se num princípio universal, abrindo a todos os filhos de Deus o acesso à felicidade suprema, o dogma: *Fora da Igreja não há salvação* apoia-se, não na fé fundamental em Deus e na imortalidade da alma, fé comum a todas as religiões, mas na *fé especial em dogmas particulares*. É, portanto, exclusivista e absoluta. Em vez de unir os filhos de Deus, divide-os. Em vez de incitá-los ao amor fraterno, mantém e acaba por legitimar a animosidade entre os sectários dos diversos cultos, que se consideram reciprocamente malditos na eternidade, sejam embora parentes ou amigos neste mundo; e desconhecendo a grande lei de igualdade perante o túmulo, separa-os também no campo santo. A máxima *Fora da caridade não há salvação* é a consequência do princípio de igualdade perante Deus e da liberdade de consciência. Tendo-se esta máxima por regra, todos os homens são irmãos, e seja qual for a sua maneira de adorar o Criador, eles se dão as mãos e oram uns pelos outros. Com o dogma: *Fora da Igreja não há salvação*, anatematizam-se e perseguem-se mutuamente, vivendo como inimigos: o pai não ora mais pelo filho, nem o filho pelo pai, nem o amigo pelo amigo, desde que se julguem reciprocamente condenados, sem remissão. Esse dogma é, portanto, essencialmente contrário aos ensinamentos do Cristo e à lei evangélica.

9. *Fora da verdade não há salvação* seria equivalente a *Fora da Igreja não há salvação*, e também exclusivista, porque não existe uma única seita que não pretenda ter o privilégio da verdade. Qual o homem que pode jactar-se de possui-la integralmente, quando a área do conhecimento aumenta sem cessar, e cada dia que passa as ideias são retificadas? A verdade absoluta só é acessível aos Espíritos da mais elevada categoria, e a humanidade terrena não pode pretendê-la, pois que não lhe é dado saber tudo, e ela só pode aspirar a uma verdade relativa, proporcional ao seu adiantamento. Se Deus houvesse feito, da posse da verdade absoluta, a condição expressa da felicidade futura, isso equivaleria a um decreto de proscrição geral, enquanto que a caridade, mesmo na sua mais ampla acepção, pode ser praticada por todos. O Espiritismo, de acordo com o Evangelho, admitindo que a salvação independe da forma de crença, contanto que a lei de Deus seja observada, não estabelece: *Fora do Espiritismo não há salvação*, e como não pretende ensinar toda a verdade, também não diz: *Fora da verdade não há salvação*, máxima que dividiria em vez de unir, e que perpetuaria a animosidade.

INSTRUÇÕES DOS ESPÍRITOS

FORA DA CARIDADE NÃO HÁ SALVAÇÃO

• Paulo •
Paris, 1860

10. Meus filhos, na máxima: *Fora da caridade não há salvação*, estão contidos os destinos do homem sobre a Terra e no céu. Sobre a Terra, porque, à sombra desse estandarte, eles viverão em paz; e no céu, porque aqueles que a tiverem praticado encontrarão graça diante do Senhor. Esta divisa é a flama celeste, a coluna luminosa que guia os homens pelo deserto da vida, para conduzi-los à Terra da Promissão. Ela brilha no céu como auréola santa na fronte dos eleitos, e na Terra está gravada no coração daqueles a quem Jesus dirá: "Passai à direita, benditos de meu Pai". Podeis reconhecê-los pelo perfume de caridade que espargem ao seu redor. Nada exprime melhor o pensamento de Jesus, nada melhor resume os deveres do homem, do que esta máxima de ordem divina. O Espiritismo não podia provar melhor a sua origem, do que oferecendo-a por regra, porque ela é o reflexo do mais puro Cristianismo. Com essa orientação, o homem jamais se transviará. Aplicai-vos, portanto, meus amigos, a compreender-lhe o sentido profundo e as consequências de sua aplicação, e a procurar por vós mesmos todas as maneiras de aplicá-la. Submetei todas as vossas ações ao controle da caridade, e a vossa consciência vos responderá: não somente ela evitará que façais o mal, mas ainda vos levará a fazer o bem. Porque não basta

uma virtude negativa, é necessário uma virtude ativa. Para fazer-se o bem, mister sempre existe a ação da vontade; para se praticar o mal, basta as mais das vezes a inércia e a negligência.

Meus amigos, agradecei a Deus, que vos permitiu gozar a luz do Espiritismo. Não porque somente os que a possuem possam salvar-se, mas porque, ajudando-vos a melhor compreender os ensinamentos do Cristo, ela vos torna melhores cristãos. Fazei, pois, que ao vos vendo, se possa dizer que o verdadeiro espírita e o verdadeiro cristão são uma e a mesma coisa, porque todos os que praticam a caridade são discípulos de Jesus, qualquer que seja o culto a que pertençam.

CAPÍTULO XVI

SERVIR A DEUS E A MAMON

SALVAÇÃO DOS RICOS – GUARDAI-VOS DA AVAREZA – JESUS EM CASA DE ZAQUEU – PARÁBOLA DO MAU RICO – PARÁBOLA DOS TALENTOS – UTILIDADE PROVIDENCIAL DA FORTUNA – DESIGUALDADE DAS RIQUEZAS – *INSTRUÇÕES DOS ESPÍRITOS:* A VERDADEIRA PROPRIEDADE – EMPREGO DA FORTUNA – DESPRENDIMENTO DOS BENS TERRENOS

SALVAÇÃO DOS RICOS

1. **Nenhum servo pode servir a dois senhores, porque ou há de aborrecer um e amar ao outro, ou há de entregar-se a um e não fazer caso do outro; vós não podeis servir a Deus e às riquezas.** (Lucas, XVI: 13).

2. E eis que, chegando-se a ele um, lhe disse: Bom Mestre, que obras boas devo eu fazer, para alcançar a vida eterna? Jesus lhe respondeu: Por que me perguntas tu o que é bom? Bom só Deus o é. Porém, se tu queres entrar na vida, guarda os mandamentos. Ele lhe perguntou: Quais? E Jesus lhe disse? Não cometerás homicídio; Não adulterarás; Não cometerás furto; Não dirás falso testemunho; Honra a teu pai e a tua mãe, e amarás ao teu próximo como a ti mesmo. O mancebo lhe disse: Eu tenho guardado tudo isso desde a minha mocidade; que é que me falta ainda? Jesus lhe respondeu: Se queres ser perfeito, vai, vende o que tens, e dá-o aos pobres, e terás um tesouro no céu; depois vem e segue-me. O mancebo, porém, como ouviu esta palavra, retirou-se triste; porque tinha muitos bens. E Jesus disse aos seus discípulos: Em verdade vos digo que um rico dificultosamente entrará no Reino dos Céus. Ainda vos

digo mais: que mais fácil é passar um camelo[1] pelo fundo de uma agulha, do que entrar um rico no Reino dos Céus. (MATEUS, XIX: 16-24 – LUCAS, XVII: 18-25 – MARCOS, X: 17-25).

GUARDAI-VOS DA AVAREZA

3. Então lhe disse um homem da plebe: Mestre, dize a meu irmão que reparta comigo da herança. Porém Jesus lhe respondeu: Homem, quem me constituiu a mim juiz, ou partidor, sobre vós outros? Depois lhe disse: Guardai-vos e acautelai-vos de toda avareza, porque a vida de cada um não consiste na abundância das coisas que possui. Sobre o que lhes propôs essa parábola, dizendo: O campo de um homem rico tinha dado abundantes frutos, e ele revolvia dentro de si estes pensamentos, dizendo: Que farei, que não tenho onde recolher os meus frutos? E disse: Farei isto; derrubarei os meus celeiros e os farei maiores; e neles recolherei todas as minhas novidades, e os meus bens. E direi à minha alma: Alma minha, tu tens muitos bens em depósito para largos anos; descansa, come, bebe, regala-te. Mas Deus disse a este homem: Néscio, esta noite te virão demandar a tua alma, e as coisas que tu ajuntaste, para quem serão? Assim é o que entesoura para si, e não é rico para Deus. (LUCAS, XII: 13-21).

JESUS EM CASA DE ZAQUEU

4. E tendo entrado em Jericó, atravessa Jesus a cidade. E vivia nela um homem chamado Zaqueu, e era ele um dos principais entre os publicanos, e pessoa rica. E procurava ver Jesus, para saber quem era, e não o podia conseguir, por causa da muita gente, porque era pequeno de estatura. E correndo adiante, subiu a um sicômoro para o ver, porque por ali havia de passar. E quando Jesus chegou àquele lugar, levantando os olhos, ali o viu, e lhe disse: Zaqueu, desce depressa, porque importa que eu fique hoje em tua casa. E desceu ele a toda pressa, e recebeu-o prazeroso. E vendo isto todos, murmuravam, dizendo que tinha

---

[1] Esta figura audaciosa pode parecer um pouco forçada, porque lhe deram esta última acepção. É provável que no pensamento de Jesus estivesse a primeira, pois não se percebe a relação entre um camelo e uma agulha. É que, em hebreu, a mesma palavra se emprega para designar "cabo" e "camelo". A tradução com a primeira acepção seria pelo menos mais natural.

ido hospedar-se em casa de um homem pecador. Entretanto Zaqueu, posto na presença do Senhor, disse-lhe: Senhor, eu estou para dar aos pobres metade dos meus bens, e naquilo em que eu tiver defraudado alguém, pagar-lhe-ei quadruplicado. Sobre o que Jesus lhe disse: Hoje entrou a salvação nesta casa, porque este também é filho de Abraão. Porque o Filho do Homem veio buscar e salvar o que tinha perecido. (Lucas, XIX: 1-10).

PARÁBOLA DO MAU RICO

5. Havia um homem rico, que se vestia de púrpura e de holanda, e que todos os dias se banqueteava esplendidamente. Havia também um pobre mendigo, por nome Lázaro, todo coberto de chagas, que estava deitado à sua porta, e que desejava fartar-se das migalhas que caíam da mesa do rico, mas ninguém lhes dava; e os cães vinham lamber-lhe as úlceras. Ora sucedeu morrer este mendigo, que foi levado pelos anjos ao seio de Abraão. E morreu também o rico, e foi sepultado no inferno. E quando ele estava nos tormentos levantando os olhos, viu ao longe Abraão, e Lázaro no seu seio. E gritando ele, disse: Pai Abraão, compadece-te de mim, e manda cá Lázaro, para que molhe em água a ponta do seu dedo, a fim de me refrescar a língua, pois sou atormentado nesta chama. E Abraão lhe respondeu: Filho, lembra-te de que recebestes os teus bens em tua vida, e de que Lázaro não teve senão males; por isso está ele agora consolado, e tu em tormentos. E demais, que entre vós está firmado um grande abismo, de maneira que os que querem passar daqui para vós não podem, nem os de lá passar para cá. E disse o rico: Pois eu te rogo, Pai, que o mandes à casa de meu pai, pois tenho cinco irmãos, para que lhes dê testemunho, e não suceda venham também eles parar a este lugar de tormentos. E Abraão lhe disse: Eles lá têm Moisés e os profetas; ouçam-nos. Disse pois o rico: Não, pai Abraão, mas se for a eles algum dos mortos, hão de fazer penitência. Abraão, porém, lhe respondeu: Se eles não dão ouvidos a Moisés e aos profetas, tampouco se deixarão persuadir, ainda que ressuscite algum dos mortos. (Lucas, XVI: 19-31).

PARÁBOLA DOS TALENTOS

6. Porque assim é como um homem que, ao ausentar-se para longe, chamou os seus servos e lhes entregou os seus bens. E deu a um cinco talentos, e a outro dois, e a outro deu

um, a cada um segundo a sua capacidade, e partiu logo. O que recebera pois cinco talentos, foi-se, e entrou a negociar com eles e ganhou outros cinco. Da mesma sorte também o que recebera dois, ganhou outros dois. Mas o que havia recebido um, indo-se com ele, cavou na terra, e escondeu ali o dinheiro de seu senhor. E passando muito tempo, veio o senhor daqueles servos, e chamou-os a contas. E chegando-se a ele o que havia recebido os cinco talentos, apresentou-lhes outros cinco talentos, dizendo: Senhor, tu me entregaste cinco talentos; eis aqui tens outros cinco mais que lucrei. Seu senhor lhe disse: Muito bem, servo bom e fiel; já que foste fiel nas coisas pequenas, dar-te-ei a intendência das grandes; entra no gozo do teu senhor. Da mesma sorte apresentou-se também o que havia recebido dois talentos, e disse: Senhor, tu me entregaste dois talentos, e eis aqui tens outros dois que ganhei com eles. Seu senhor lhe disse: Bem está, servo bom e fiel; já que fostes fiel nas coisas pequenas, dar-te-ei a intendência das grandes; entra no gozo de teu senhor.

E chegando também o que havia recebido um talento, disse: Senhor, sei que és homem de rija condição; segas onde não semeaste, e recolhes onde não espalhaste; e temendo me fui, e escondi o teu talento na terra; eis aqui tens o que é teu. E respondendo o seu senhor, lhe disse: Servo mau e preguiçoso, sabias que sego onde não semeei, e que recolho onde não tenho espalhado. Devias logo dar o meu dinheiro aos banqueiros, e vindo eu, teria recebido certamente com juro o que era meu. Tirai-lhe, pois, o talento, e dai-o ao que tem dez talentos. Porque a todo o que tem, dar-se-lhe-á, e terá em abundância; e ao que não tem, tirar-se-lhe-á até o que parece que tem. E ao servo inútil, lançai-o nas trevas exteriores: ali haverá choro e ranger de dentes.
(MATEUS, XXV: 14-30).

UTILIDADE PROVIDENCIAL DA FORTUNA

7. Se a riqueza tivesse de ser um obstáculo absoluto à salvação dos que a possuem, como se poderia inferir de certas expressões de Jesus, interpretadas segundo a letra e não o espírito? Deus, que a distribui, teria posto nas mãos de alguns um instrumento fatal de perdição, o que repugna à razão. A riqueza é, sem dúvida, uma prova mais arriscada, mais perigosa que a miséria, em virtude das excitações e das tentações que oferece, da fascinação que exerce. É o supremo excitante do orgulho, do egoísmo e da vida sensual.

É o laço que mais poderosamente liga o homem à Terra e desvia os seus pensamentos do céu. Produz tamanha vertigem, que vemos quase sempre os que passam da miséria à fortuna esquecerem-se rapidamente da sua antiga posição, bem como dos seus companheiros, dos que os ajudaram, tornando-se insensíveis, egoístas e fúteis. Mas, por tornar o caminho mais difícil, não se segue que o torne inviável, e não possa vir a ser um meio de salvação nas mãos do que a sabe utilizar, como certos venenos que restabelecem a saúde, quando empregados a propósito e com discernimento.

Quando Jesus disse ao moço que o interrogava sobre os meios de atingir a vida eterna: "Desfaze-te de todos os bens, e segue-me", não pretendia estabelecer como princípio absoluto que cada um devia despojar-se do que possui, e que a salvação só se consegue a esse preço, mas mostrar que o *apego aos bens terrenos* é um obstáculo à salvação. Aquele moço, com efeito, julgava-se quite com a lei, porque havia observado certos mandamentos, e no entanto recuava à ideia de abandonar os seus bens; seu desejo de obter a vida eterna não ia até esse sacrifício.

A proposição que Jesus lhe fazia era uma prova decisiva, para por às claras o fundo do seu pensamento. Ele podia, sem dúvida, ser um padrão de homem honesto, segundo o mundo, não prejudicar a ninguém, não maldizer o próximo, não ser frívolo nem orgulhoso, honrar ao pai e a mãe. Mas não tinha a verdadeira caridade, pois sua virtude não chegava até à abnegação. Eis o que Jesus quis demonstrar. Era uma aplicação do princípio: *Fora da caridade não há salvação.*

A consequência daquelas palavras, tomadas na sua mais rigorosa acepção, seria a abolição da fortuna, como prejudicial à felicidade futura e como fonte de incontáveis males terrenos; e isso seria também a condenação do trabalho, que a pode proporcionar. Consequência absurda, que reconduziria o homem à vida selvagem, e que, por isso mesmo, estaria em contradição com a lei do progresso, que é a lei de Deus.

Se a riqueza é a fonte de muitos males, se excita tantas más paixões, se provoca mesmo tantos crimes, não é a ela que devemos ater-nos, mas ao homem que dela abusa, como abusa de todos os dons de Deus. Pelo abuso, ele torna pernicioso o que poderia ser-lhe mais útil, o que é uma consequência do estado de inferioridade do mundo terreno. Se a riqueza só tivesse de produzir o mal, Deus não a teria posto na Terra. Cabe ao homem transformá-la em fonte de bem. Se ela não é uma causa imediata do progresso moral, é, sem contestação, um poderoso elemento do progresso intelectual.

O homem, com efeito, tem por missão trabalhar pela melhoria material do globo. Deve desbravá-lo, saneá-lo, dispô-lo para um dia receber toda a população que a sua extensão comporta. Para alimentar essa população, que cresce sem cessar, deve aumentar a produção. Se a produção de uma região for insuficiente, precisa ir buscá-la noutra. Por isso mesmo, as relações de povo a povo tornam-se uma necessidade, e para facilitá-las é forçoso destruir os obstáculos materiais que os separam, tornar mais rápidas as comunicações. Para os trabalhos das gerações, que se realizam através dos séculos, o homem teve que extrair materiais das próprias entranhas da terra. Procurou na ciência os meios de executá-los mais rápida e seguramente; mas, para fazê-lo, necessitava de recursos: a própria necessidade o levou a produzir a riqueza, como o havia feito descobrir a ciência. A atividade exigida por esses trabalhos lhe aumenta e desenvolve a inteligência. Essa inteligência, que ele a princípio concentra na satisfação de suas necessidades materiais, o ajudará mais tarde a compreender as grandes verdades morais. A riqueza, portanto, sendo o primeiro meio de execução, sem ela não haveria grandes trabalhos, nem atividade, nem estímulo, nem pesquisas: com razão, pois, é considerada elemento de progresso.

DESIGUALDADE DAS RIQUEZAS

8. A desigualdade das riquezas é um dos problemas que em vão se procura resolver, quando se considera apenas a vida atual. A primeira questão que se apresenta é a seguinte: Por que todos os homens não são igualmente ricos? Por uma razão muito simples: *é que não são igualmente inteligentes, ativos e laboriosos para adquirir, nem sóbrios e previdentes para conservar.* Aliás, é uma questão matematicamente demonstrada que, supondo-se feita essa repartição, o equilíbrio seria rompido em pouco tempo, em virtude da diversidade de caracteres e aptidões; que, supondo-a possível e durável, tendo cada um somente o necessário para viver, isso equivaleria ao aniquilamento de todos os grandes trabalhos que concorrem para o progresso e o bem-estar da humanidade; que, portanto, supondo-se que ela desse a cada um o necessário, desapareceria o estímulo que impulsiona as grandes descobertas e os empreendimentos úteis. Se Deus a concentra em alguns lugares, é para que dos mesmos ela se expanda, em quantidades suficientes, segundo as necessidades.

Admitindo-se isto, pergunta-se por que Deus a concede a pessoas incapazes de fazê-la frutificar para o bem de todos? Essa é ainda uma prova da sabedoria e da bondade de Deus. Ao dar ao homem o livre-arbítrio, quis que ele chegasse, pela sua própria experiência, a discernir o bem e o mal, de maneira que a prática do bem fosse o resultado dos seus esforços, da sua própria vontade. Ele não deve ser fatalmente levado a um nem ao outro, pois então seria um instrumento passivo e irresponsável como os animais. A fortuna é um meio de prová-lo moralmente; mas como, ao mesmo tempo, é um poderoso meio de ação para o progresso, Deus não quer que permaneça improdutiva, e por isso que *incessantemente a transfere*. Cada qual deve possuí-la, para exercitar-se no seu uso e provar a maneira porque o sabe fazer. Como há a impossibilidade material de que todos a possuam ao mesmo tempo, e como se todos a possuíssem, ninguém trabalharia, e o melhoramento do globo sofreria com isso: *cada qual a possui por sua vez*. Dessa maneira, o que hoje não a tem, já a teve no passado ou a terá no futuro, numa outra existência, e o que hoje a possui poderá não tê-la mais amanhã. Há ricos e pobres porque, Deus sendo justo, cada qual deve trabalhar por sua vez. A pobreza é para uns a prova da paciência e da resignação; a riqueza é para outros a prova da caridade e da abnegação.

Lamentam-se, com razão, o triste uso que algumas pessoas fazem da sua fortuna, as ignóbeis paixões que a cobiça desperta, e pergunta-se se Deus é justo, ao dar a riqueza a tais pessoas. É claro que se o homem só tivesse uma existência, nada justificaria semelhante repartição dos bens terrenos; mas, se em lugar de limitar sua vida ao presente, considerar-se o conjunto das existências, vê-se que tudo se equilibra com justiça. O pobre não tem, portanto, motivo para acusar a Providência, nem para invejar os ricos, e estes não o têm para se vangloriarem do que possuem. Se, por outro lado, estes abusam da fortuna, não será através de decretos, nem de leis suntuárias, que se poderá remediar o mal. As leis podem modificar momentaneamente o exterior, mas não podem modificar o coração: eis porque têm um efeito temporário e provocam sempre uma reação mais desenfreada. A fonte do mal está no egoísmo e no orgulho. Os abusos de toda espécie cessarão por si mesmos, quando os homens se dirigirem pela lei da caridade.

INSTRUÇÕES DOS ESPÍRITOS

A VERDADEIRA PROPRIEDADE

• Pascal •
Genebra, 1860

9. O homem não possui como seu senão aquilo que pode levar deste mundo. O que ele encontra ao chegar e o que deixa ao partir, goza durante sua permanência na Terra; mas, desde que é forçado a deixá-los, é claro que só tem o usufruto, e não a posse real. O que é, então, que ele possui? Nada do que se destina ao uso do corpo, e tudo o que se refere ao uso da alma: a inteligência, os conhecimentos, as qualidades morais. Eis o que ele traz e leva consigo, o que ninguém tem o poder de tirar-lhe, e o que ainda mais lhe servirá no outro mundo do que neste. Dele depende estar mais rico ao partir do que ao chegar neste mundo, porque a sua posição futura depende do que ele houver adquirido no bem. Quando um homem parte para um país longínquo, arruma a sua bagagem com objetos de uso nesse país, e não se carrega de coisas que lhe seriam inúteis. Fazei, pois, o mesmo, em relação à vida futura, aprovisionando-vos de tudo o que nela vos poderá servir.

Ao viajante que chega a uma estalagem, se ele pode pagar, é dado um bom alojamento; ao que pode menos, é dado um pior; e ao que nada tem, é deixado ao relento. Assim acontece com o homem, quando chega ao mundo dos Espíritos: sua posição depende de suas posses, com a diferença de que não pode pagar em ouro. Não se lhe perguntará: Quanto tinhas na Terra? Que posição ocupava? Eras príncipe ou operário? Mas lhe será perguntado: O que trazes? Não será computado o valor de seus bens, nem dos seus títulos, mas serão contadas as suas virtudes, e nesse cálculo o operário talvez seja considerado mais rico do que o príncipe. Em vão alegará o homem que, antes de partir, pagou em ouro a sua entrada no céu, pois terá esta resposta: as posições daqui não são compradas, mas ganhas pela prática do bem; com o dinheiro podes comprar terras, casas, palácios; mas aqui só valem as qualidades do coração. És rico dessas qualidades? Então, sejas bem-vindo, e teu é o primeiro lugar, onde todas as venturas te esperam. És pobre? Vai para o último, onde serás tratado na razão de tuas posses.

• **M., Espírito Protetor** •
Bruxelas, 1861

10. Os bens da Terra pertencem a Deus, que os dispensa de acordo com a sua vontade. O homem é apenas o seu usufrutuário, o administrador mais ou menos íntegro e inteligente. Pertencem tão pouco ao homem, como propriedade individual, que Deus frequentemente frustra todas as suas previsões, fazendo a fortuna escapar daqueles mesmos que julgam possuí-la com os melhores títulos.

Direis talvez que isso se compreende em relação à fortuna hereditária, mas não àquela que o homem adquiriu pelo seu trabalho. Não há dúvida que, se há uma fortuna legítima, é a que foi adquirida honestamente, porque *uma propriedade só é legitimamente adquirida quando, para conquistá-la, não se prejudicou a ninguém.* Pedir-se-á conta de um centavo mal adquirido, em prejuízo de alguém. Mas por que um homem conquistou por si mesmo a sua fortuna, terá alguma vantagem ao morrer? Não são frequentemente inúteis os cuidados que ele toma para transmiti-la aos descendentes? Pois se Deus não quiser que estes a recebam, nada prevalecerá sobre a sua vontade. Poderá ele usar e abusar de sua fortuna, impunemente, durante a vida, sem ter de prestar contas? Não, pois ao lhe permitir adquiri-la, Deus pode ter querido recompensar, durante esta vida, os seus esforços, a sua coragem, a sua perseverança; mas se ele somente a empregou para a satisfação dos seus sentidos e do seu orgulho, se ela se tornou para ele uma causa de queda, melhor seria não a ter possuído. Nesse caso, ele perde de um lado o que ganhou de outro, anulando por si mesmo o mérito do seu trabalho, e quando deixar a Terra, Deus lhe dirá que já recebeu a sua recompensa.

EMPREGO DA FORTUNA

• **Cheverus** •
Bordeaux, 1861

11. Não podeis servir a Deus e a Mamon; guardai bem isto, vós que sois dominados pelo amor do ouro, vós que venderíeis a alma para enriquecer, porque isso poderia elevar-vos acima dos outros e proporcionar-vos o gozo das paixões. Não, não podeis servir a Deus e a Mamon! Se sentis, portanto, vossa alma dominada pelas cobiças da carne, apressai-vos em sacudir o jugo que vos esmaga, pois

Deus, justo e severo, vos perguntará: que fizeste, ecônomo infiel, dos bens que te confiei? Empregaste essa poderosa fonte das boas obras unicamente na tua satisfação pessoal?

Mas qual é, então, o melhor emprego da fortuna? Procurai nestas palavras: "Amai-vos uns aos outros", a solução desse problema, pois nelas está o segredo da boa aplicação das riquezas. O que ama o seu próximo já tem a sua conduta inteiramente traçada, pois a aplicação que agrada a Deus é a da caridade. Não essa caridade fria e egoísta, que consiste em distribuir ao redor de si o supérfluo de uma existência dourada, mas a caridade plena de amor, que procura a desgraça e a socorre sem humilhá-la. Rico, dá do teu supérfluo; faze ainda mais; dá do teu necessário, porque o teu necessário tem também supérfluo, mas dá com sabedoria. Não repilas o pranto, com medo de seres enganado, mas vai à origem do mal; ajuda primeiro; informa-te depois, para ver se o trabalho, os conselhos, a afeição mesmo, não seriam mais eficazes do que a tua esmola. Difunde ao teu redor, com a abastança, o amor do trabalho, o amor do próximo, o amor de Deus. Põe a tua riqueza sobre uma base segura e que te garantirá grandes lucros: a das boas obras. A riqueza da inteligência deve servir-te como a de ouro: difunde em teu redor os benefícios da instrução, distribui aos teus irmãos os tesouros do amor, que eles frutificarão.

※

• **Um Espírito Protetor** •
Cracóvia, 1861

12. Quando considero a brevidade da vida, causa-me dolorosa impressão a vossa incessante preocupação com os bens materiais, enquanto dedicais tão pouca importância e consagrais tão reduzido tempo ao aperfeiçoamento moral, que vos será levado em conta na eternidade. Seria de crer, ao ver-se a atividade que desenvolveis, tratar-se de uma questão da mais alta importância para a humanidade, quando, na verdade, trata-se quase sempre da satisfação das vossas necessidades exageradas, da vaidade, ou de vos entregardes aos excessos. Quantas penas, quantos cuidados e tormentos, quantas noites em claro, para aumentar uma fortuna frequentemente mais que suficiente! O cúmulo do absurdo é ver-se, não raro, aqueles que têm um imoderado amor da fortuna e dos gozos que ela proporciona, sujeitarem-se a um trabalho penoso, vangloriarem-se de uma vida de sacrifício e merecimento, como se trabalhassem para os outros e não para si mesmos. Insensatos! Pensais que realmente vos serão levados em conta os cuidados e os esforços que o egoísmo, a cupidez ou o orgulho puseram em ação, enquanto esqueceis o vosso futuro, bem como os deveres de solidariedade fraterna, inerentes a todos os que desfrutam os benefícios da vida social? Pensastes apenas no vosso corpo. O seu bem-estar, os seus gozos, foram o objeto exclusivo da vossa egoísta solicitude. Por ele que morre, esquecestes o Espírito que viverá para sempre. Assim esse amo, tão mimado e acariciado, tornou-se o vosso tirano; comanda o vosso Espírito, que se fez seu escravo. Seria esse o objetivo da existência que Deus vos concedeu?

• **Fénelon** •
Alger, 1860

13. O homem sendo o depositário, o administrador dos bens que Deus lhe depositou nas mãos, severas contas lhe serão pedidas do emprego que lhes dará, em virtude do seu livre-arbítrio. O mau emprego consiste em utilizá-los somente para a sua satisfação pessoal. Ao contrário, o emprego é bom sempre que dele resulta algum bem para os outros. O mérito é proporcional ao sacrifício que para tanto se impõe. A beneficência é apenas um dos modos de empregar a fortuna: ela alivia a miséria atual, aplaca a fome, preserva do frio e dá asilo ao abandonado. Mas um dever igualmente imperioso, igualmente meritório, é o de prevenir a miséria. É essa, sobretudo, a missão das grandes fortunas, pela possibilidade de proporcionarem trabalhos de toda a espécie. E mesmo que elas tivessem de tirar um proveito natural, o bem não deixaria de existir, pois o trabalho desenvolve a inteligência e exalta a dignidade do homem, sempre satisfeito de poder dizer que ganhou o seu próprio pão, enquanto a esmola humilha e degrada. A fortuna concentrada numa só mão deve ser como uma fonte de água viva, que espalha a fecundidade e o bem-estar ao seu redor. Oh, vós ricos, que a empregardes segundo a vontade do Senhor, vosso próprio coração será o primeiro a beneficiar-se nessa fonte benfazeja, e tereis nesta vida os gozos inefáveis da alma, em vez dos gozos materiais do egoísmo, que deixam o vazio no coração. Vosso nome será bendito sobre a Terra, e quando a deixardes, o Soberano Senhor vos dirigirá as palavras da parábola dos talentos: "Oh, bom e fiel servo, entrai no gozo de vosso Senhor!" Nessa parábola, o servo que enterrou o dinheiro que lhe havia sido confiado não é a imagem dos avarentos, em cujas mãos a fortuna se torna improdutiva? Se, entretanto, Jesus fala principalmente de esmolas, é que no seu tempo, e no país em que vivia, ainda não se conheciam os trabalhos que as artes e as indústrias mais tarde criariam, e nos quais a fortuna pode ser empregada utilmente, para benefício geral. A todos os que podem dar, pouco ou muito, direi, portanto: Dai esmolas quando necessário, mas o quanto possível, convertei-a em salário, a fim de que aquele que a recebe não tenha do que se envergonhar.

DESPRENDIMENTO DOS BENS TERRENOS

• Lacordaire •
Constantina, Argélia, 1863

14. Venho, meus irmãos, meus amigos, trazer-vos meu humilde auxílio, para ajudar-vos a marchar corajosamente na vida de aperfeiçoamento em que entrastes. Somos devedores uns dos outros, e somente por uma união sincera e fraternal, entre os Espíritos e os encarnados, a regeneração será possível.

Vosso apego aos bens terrenos é um dos mais fortes entraves ao vosso adiantamento moral e espiritual. Em virtude desse desejo de aquisição, destruís as vossas faculdades afetivas, voltando-as inteiramente para as coisas materiais. Sede sinceros: a fortuna proporciona uma felicidade sem manchas? Quando os vossos cofres estão cheios, não há sempre um vazio em vossos corações? No fundo dessa cesta de flores, não há sempre um réptil oculto? Compreendo que um homem que conquistou a fortuna, por um trabalho constante e honrado, experimente por isso uma satisfação, aliás muito justa. Mas, dessa satisfação, muito natural e que Deus aprova, há um apego que absorve os demais sentimentos e paralisa os impulsos do coração, há um distância igual e que vai da sórdida avareza à prodigalidade exagerada, dois vícios entre os quais Deus colocou a caridade, santa e salutar virtude, que ensina o rico a dar sem ostentação, para que o pobre receba sem humilhação.

Que a fortuna provenha da vossa família, ou que a tenhais ganho pelo vosso trabalho, há uma coisa que jamais deveis esquecer: é que tudo vem de Deus, e tudo a Deus retorna. Nada vos pertence na Terra, nem sequer o vosso corpo: a morte vos despoja dele, como de todos os bens materiais. Sois depositários e não proprietários. Não vos enganeis sobre isto. Deus vos emprestou e tereis que restituir, mas ele vos empresta sob a condição de que, pelo menos o supérfluo, reverta para aqueles que não possuem o necessário.

Um dos vossos amigos vos empresta uma soma. Por menos honesto que sejais, tereis o escrúpulo de pagá-la, e lhe ficareis agradecido. Pois bem: eis a posição de todo homem rico! Deus é o amigo celeste que lhe emprestou a riqueza, não lhe pedindo mais do que o amor e o reconhecimento, mas exigindo, por sua vez, que o rico dê aos pobres, que são também seus filhos, tanto quanto ele.

O bem que Deus vos confiou excita em vossos corações uma ardente e desvairada cobiça. Já refletistes, quando vos apegais loucamente a uma fortuna perecível, e tão passageira como vós mesmos, que um dia tereis de prestar contas ao Senhor daquilo que ele vos concedeu? Esqueceis que, pela riqueza, fostes investidos na sagrada condição de ministros da caridade na Terra, para serdes os seus dispensadores inteligentes? O que sereis, pois, quando usais somente em vosso proveito o que vos foi confiado, senão depositários infiéis? Que resulta desse esquecimento voluntário dos vossos deveres? A morte inflexível, inexorável, virá rasgar o véu sob o qual vos escondeis, forçando-vos a prestar contas ao amigo que vos favoreceu, e que nesse momento reveste aos vossos olhos a toga de juiz.

É em vão que procurais iludir-vos na vida terrena, colorindo com o nome de virtude o que frequentemente é apenas egoísmo. É em vão que chamais economia e previdência aquilo que é simples cupidez e avareza, ou generosidade o que não passa de prodigalidade a vosso proveito. Um pai de família, por exemplo, deixando de fazer a caridade, economizará, amontoará ouro sobre ouro, e tudo isso, diz ele, para deixar a seus filhos o máximo de bens possível, evitando-lhes a queda na miséria. É bastante justo e bem paternal, convenhamos, e não se pode censurá-lo. Mas será sempre esse o único objetivo que o orienta? Não é antes, e o mais das vezes, uma desculpa para a própria consciência, a fim de justificar aos seus próprios olhos e aos olhos do mundo o seu apego pessoal aos bens terrenos? Não obstante, admito que o amor paterno seja o seu único móvel: será esse um motivo para fazê-lo esquecer dos seus irmãos perante Deus? Quando ele mesmo já vive no supérfluo, deixará os seus filhos na miséria, simplesmente por deixar-lhes um pouco menos desse supérfluo? Com isso, não estará lhes dando uma lição de egoísmo, que lhes endurecerá o coração? Não será asfixiar neles o amor do próximo? Pais e mães, estais num grande erro, se acreditais que com isso aumentais o afeto de vossos filhos por vós: ensinando-lhes a ser egoístas para com os outros, ensinai-lhes a sê-lo para vós mesmos.

Quando um homem trabalhou bastante, e com o suor do seu rosto acumulou bens, costuma dizer que o dinheiro ganho a gente sabe quanto custou: nada é mais verdadeiro. Pois bem: que esse homem, confessando conhecer todo o valor do dinheiro, faça a caridade segundo as suas posses, e terá mais mérito do que outro que, nascido na abundância, ignora as rudes fadigas do trabalho. Mas, se esse homem que recorda suas penas, seus esforços, se fizer egoísta, duro para com os pobres, será muito mais culpado que os outros. Porque, quanto mais conhecemos por nós mesmos as dores ocultas da miséria, mais devemos interessar-nos pelo socorro aos outros.

Infelizmente, o homem de posses carrega sempre consigo outro sentimento, tão forte como o apego à fortuna: é o orgulho. Não é raro ver-se o novo rico aturdir o infeliz que lhe pede assistência, com a história dos seus trabalhos e das suas habilidades, em vez de ajudá-lo, e terminar por dizer: "Faça como eu fiz!" Segundo ele, a bondade de Deus não influiu em nada na sua fortuna; somente a ele cabe o mérito. Seu orgulho põe-lhe uma venda nos olhos e um tampão nos ouvidos. Não compreende que, com toda a sua inteligência e sua capacidade, Deus pode derrubá-lo com uma só palavra.

Esperdiçar a fortuna não é desapegar-se dos bens terrenos, é descuido e indiferença. O homem, como depositário dos bens que possui, não tem o direito de dilapidá-los ou de confiscá-los para o seu proveito. A prodigalidade não é generosidade, mas quase sempre uma forma de egoísmo. Aquele que joga ouro a mancheias na satisfação de uma fantasia, não dará um centavo para prestar um auxílio. O desapego dos bens terrenos consiste em considerar a fortuna no seu justo valor, em saber servir-se dela para os outros e não apenas para si mesmo, a não sacrificar por ela os interesses da vida futura, em perdê-la sem reclamar, se aprouver a Deus retirá-la. Se, por imprevistos revezes, vos tornardes como Jô, dizei como ele: "Senhor, vós me destes, vós me tirastes; que a Vossa vontade seja feita." Eis o verdadeiro desprendimento. Sede submissos desde logo, tendo fé naquele que, assim como vos deu e tirou, pode devolver-vos. Resisti corajosamente ao abatimento, ao desespero, que paralisaria as vossas forças. Nunca vos esqueçais, quando Deus vos desferir um golpe, que ao lado da maior prova ele coloca sempre uma consolação. Mas pensai, sobretudo, que há bens infinitamente mais preciosos que os da Terra, e esse pensamento vos ajudará a desprender-vos deles. Quanto menos apreço damos a uma coisa, somos menos sensíveis à sua perda. O homem que se apega aos bens terrenos é como a criança que só vê o momento presente; o que se desprende é como o adulto, que conhece coisas mais importantes, porque compreende estas palavras proféticas do Salvador: meu reino não é deste mundo.

O Senhor não ordena que atiremos fora o que possuímos, para nos tornarmos mendigos voluntários, porque então nos transformaríamos numa carga para a sociedade. Agir dessa maneira seria comprender mal os desprendimentos dos bens terrenos. É um egoísmo de outra espécie, porque equivale a fugir à responsabilidade que a fortuna faz pesar sobre aquele que a possui. Deus a dá a quem lhe parece bom para administrá-la em proveito de todos. O rico tem, portanto, uma missão, que pode tornar bela e proveitosa para si mesmo. Rejeitar a fortuna, quando Deus vô-la dá, é renunciar aos benefícios do bem que se pode fazer, ao administrá-la com sabedoria. Saber passar sem ela, quando não a temos; saber empregá-la utilmente, quando a recebemos; saber sacrificá-la, quando necessário; isto é agir segundo os desígnios do Senhor. Que diga, portanto, aquele que recebe o que o mundo chama uma boa fortuna: "Meu Deus, enviastes-me um novo encargo; dai-me a força de o desempenhar segundo a vossa vontade!"

Eis, meus amigos, o que eu queria ensinar-vos, a respeito do desprendimento dos bens terrenos. Resumirei dizendo: aprendei a contentar-vos com pouco. Se sois pobres, não invejeis os ricos, porque a fortuna não é necessária à felicidade. Se sois ricos, não esqueçais de que os vossos bens vos foram confiados, e que deveis justificar o seu emprego, como numa prestação de contas de tutela. Não sejais depositários infiéis, fazendo-os servir à satisfação do vosso orgulho e da vossa sensualidade. Não vos julgueis no direito de dispor deles unicamente para vós, pois não os recebestes como doação, mas como empréstimo. Se não sabeis pagar, não tendes o direito de pedir, e lembrai-vos de que dar aos pobres é saldar a dívida contraída para com Deus.

15. *O princípio segundo o qual o homem é apenas o depositário da fortuna, de que Deus lhe permite gozar durante a vida, tira-lhe o direito de transmiti-la aos descendentes?*

• São Luís •
Paris, 1860

O homem pode perfeitamente transmitir, ao morrer, os bens de que gozou durante a vida, porque a execução desse direito está sempre subordinada à vontade de Deus, que pode, quando o quiser, impedir que os descendentes venham a gozá-los. É por isso que vemos ruírem fortunas que pareciam solidamente estabelecidas. A vontade do homem, de conservar a sua fortuna na linha de sua descendência, é portanto impotente. Mas isso não lhe tira o direito de transmitir o empréstimo recebido, desde que Deus o retirará quando julgar conveniente.

CAPÍTULO XVII

SEDE PERFEITOS

CARACTERES DA PERFEIÇÃO – O HOMEM DE BEM – OS BONS ESPÍRITAS – PARÁBOLA DO SEMEADOR – *INSTRUÇÕES DOS ESPÍRITOS:* O DEVER – A VIRTUDE – SUPERIORES E INFERIORES – O HOMEM NO MUNDO – CUIDAR DO CORPO E DO ESPÍRITO

CARACTERES DA PERFEIÇÃO

1. Mas eu vos digo: Amai os vossos inimigos, fazei o bem aos que vos tem ódio, e orai pelos que vos perseguem e caluniam. Para serdes filhos de vosso Pai que está nos céus; o qual faz nascer o seu sol sobre bons e maus, e vir chuva sobre justos e injustos. Por que se vós não amais senão os que vos amam, que recompensas haveis de ter? Não fazem os publicanos também o mesmo? E se vós saudardes somente os vossos irmãos, que fazeis nisso de especial? Não fazem também assim os gentios? Sede vós logo perfeitos, como também vosso Pai celestial é perfeito. (Mateus, V: 44-48).

2. Desde que Deus possui a perfeição infinita em todas as coisas, esta máxima: "Sede perfeitos, como vosso Pai celestial é perfeito", tomada ao pé da letra, faria supor a possibilidade de atingirmos a perfeição absoluta. Se fosse dado à criatura ser tão perfeita quanto o seu próprio Criador, ela o igualaria, o que é inadmissível. Mas os homens aos quais Jesus se dirigia não teriam compreendido essa questão. Ele se limitou, portanto, a lhes apresentar um modelo e dizer que se esforçassem para atingi-lo.

Devemos, pois, entender, por essas palavras, a perfeição relativa de que a humanidade é suscetível, e que mais pode aproximá-la da Divindade. Mas em que consiste essa perfeição? Jesus mesmo o disse "Amai os vossos inimigos, fazei o bem aos que vos têm ódio, e orai pelos que vos perseguem e caluniam". Com isso, mostra que a essência da perfeição é a caridade, na sua mais ampla acepção, porque ela implica a prática de todas as outras virtudes.

Com efeito, se observarmos o resultado de todos os vícios, e mesmo dos simples defeitos, reconheceremos que não há nenhum que não altere mais ou menos o sentimento de caridade, porque todos nascem do egoísmo e do orgulho, que são a sua negação. Porque tudo o que excita exageradamente o sentimento da personalidade destrói ou quando nada, enfraquece os princípios da verdadeira caridade, que são a benevolência, a indulgência, o sacrifício e o devotamento. O amor do próximo, estendido até o amor dos inimigos, não podendo aliar-se com nenhum defeito contrário à caridade, é sempre, por isso mesmo, o indício de uma superioridade moral maior ou menor. Do que resulta que o grau de perfeição está na razão direta da extensão do amor ao próximo. Eis porque Jesus, depois de haver dado a seus discípulos as regras da caridade, no que ela tem de mais sublime, lhes disse: "Sede logo perfeitos, como também vosso Pai celestial é perfeito".

O HOMEM DE BEM

3(*). O verdadeiro homem de bem é aquele que pratica a lei de justiça, de amor e caridade, na sua maior pureza. Se interroga a sua consciência sobre os próprios atos, pergunta se não violou essa lei, se não cometeu o mal, se fez todo o bem *que podia*, se não deixou escapar voluntariamente uma ocasião de ser útil, se ninguém tem do que se queixar dele, enfim, se fez aos outros tudo aquilo que queria que os outros fizessem por ele.

Tem fé em Deus, na sua bondade, na sua justiça e na sua sabedoria; sabe que nada acontece sem a sua permissão, e submete-se em todas as coisas à sua vontade.

Tem fé no futuro, e por isso coloca os bens espirituais acima dos bens temporais.

Sabe que todas as vicissitudes da vida, todas as dores, todas as decepções, são provas ou expiações, e as aceita sem murmurar.

(*) Vide Nota Explicativa no final do livro.

O homem possuído pelo sentimento de caridade e de amor ao próximo faz o bem pelo bem, sem esperar recompensa, paga o mal com o bem, toma a defesa do fraco contra o forte e sacrifica sempre o seu interesse à justiça.

Encontra sua satisfação nos benefícios que distribui, nos serviços que presta, nas venturas que promove, nas lágrimas que faz secar, nas consolações que leva aos aflitos. Seu primeiro impulso é o de pensar nos outros, antes que em si mesmo, de tratar dos interesses dos outros, antes que dos seus. O egoísmo, ao contrário, calcula os proveitos e as perdas de cada ação generosa.

É bom, humano e benevolente para com todos, sem distinção de raças nem de crenças, porque vê todos os homens como irmãos.

Respeita nos outros todas as convicções sinceras, e não lança o anátema aos que não pensam como ele.

Em todas as circunstâncias, a caridade é o seu guia. Considera que aquele que prejudica os outros com palavras maldosas, que fere a suscetibilidade alheia com o seu orgulho e o seu desdém, que não recua à ideia de causar um sofrimento, uma contrariedade, ainda que ligeira, quando a pode evitar, falta ao dever do amor ao próximo e não merece a clemência do Senhor.

Não tem ódio nem rancor, nem desejos de vingança. A exemplo de Jesus, perdoa e esquece as ofensas, e não se lembra senão dos benefícios. Porque sabe que será perdoado, conforme houver perdoado.

É indulgente para as fraquezas alheias, porque sabe que ele mesmo tem necessidade de indulgência, e se lembra destas palavras do Cristo: "Aquele que está sem pecado atire a primeira pedra".

Não se compraz em procurar os defeitos dos outros, nem a pô-los em evidência. Se a necessidade o obriga a isso, procura sempre o bem que pode atenuar o mal.

Estuda as suas próprias imperfeições, e trabalha sem cessar em combatê-las. Todos os seus esforços tendem a permitir-lhe dizer, amanhã, que traz em si alguma coisa melhor do que na véspera.

Não tenta fazer valer nem o seu espírito, nem os seus talentos, às expensas dos outros. Pelo contrário, aproveita todas as ocasiões para fazer ressaltar as vantagens dos outros.

Não se envaidece em nada com a sua sorte, nem com os seus predicados pessoais, porque sabe que tudo quanto lhe foi dado pode ser retirado.

Usa mas não abusa dos bens que lhe são concedidos, porque sabe tratar-se de um depósito, do qual deverá prestar contas, e que o emprego mais prejudicial para si mesmo, que poderá lhes dar, é pô-los ao serviço da satisfação de suas paixões.

Se nas relações sociais, alguns homens se encontram na sua dependência, trata-os com bondade e benevolência, porque são seus iguais perante Deus. Usa sua autoridade para erguer-lhes a moral, e não para os esmagar com o seu orgulho, e evita tudo quanto poderia tornar mais penosa a sua posição subalterna.

O subordinado, por sua vez, compreende os deveres da sua posição e tem o escrúpulo de procurar cumpri-los conscienciosamente. *(Ver cap. XVII, nº 9).*

O homem de bem, enfim, respeita nos seus semelhantes todos os direitos que lhes são assegurados pelas leis da natureza, como desejaria que os seus fossem respeitados.

Esta não é a relação completa das qualidades que distinguem o homem de bem, mas quem quer que se esforce para possui-las, estará no caminho que conduz às demais.

OS BONS ESPÍRITAS

4. O Espiritismo bem compreendido, mas sobretudo bem sentido, conduz forçosamente aos resultados acima, que caracterizam o verdadeiro espírita, como o verdadeiro cristão, pois um e outro são a mesma coisa. O Espiritismo não cria uma nova moral, mas facilita aos homens a compreensão e a prática da moral do Cristo, ao dar uma fé sólida e esclarecida aos que duvidam ou vacilam.

Muitos, porém, dos que creem na realidade das manifestações, não compreendem as suas consequências nem o seu alcance moral, ou, se os compreendem, não os aplicam a si mesmos. Por que acontece isso? Será por uma falta de precisão da doutrina? Não, porque ela não contém alegorias, nem figuras que possam dar lugar a falsas interpretações. A clareza é a sua própria essência, e é isso que lhe dá força, para que atinja, diretamente a inteligência. Nada tem de misteriosa, e seus iniciados não possuem nenhum segredo que seja oculto ao povo.

Seria necessária, então, para compreendê-la, uma inteligência fora do comum? Não, pois veem-se homens de notória capacidade, que não a compreendem, enquanto inteligências vulgares, até mesmo de jovens que mal saíram da adolescência, aprendem com admirável justeza as suas mais delicadas nuanças. Isso acontece porque a parte, de qualquer maneira, *material*, da ciência, não requer mais do que os olhos para ser observada, enquanto a parte *essencial* exige um certo grau de sensibilidade, que podemos chamar de *maturidade do senso moral*, maturidade essa independente da idade e do grau de instrução, porque é inerente ao desenvolvimento, num sentido especial, do espírito encarnado.

Em algumas pessoas, os laços materiais são ainda muito fortes, para que o espírito se desprenda das coisas terrenas. O nevoeiro que as envolve impede-lhes a visão do infinito. Eis porque não conseguem romper facilmente com os seus gostos e os seus hábitos, não compreendendo que possa haver nada melhor do que aquilo que possuem. A crença nos Espíritos é para elas um simples fato, que não modifica pouco ou nada as suas tendências instintivas. Numa palavra, não veem mais do que um raio de luz, insuficiente para orientá-las e dar-lhes uma aspiração profunda, capaz de modificar-lhes as tendências. Apegam-se mais aos fenômenos do que à moral, que lhes parece banal e monótona. Pedem aos Espíritos que incessantemente as iniciem em novos mistérios, sem indagarem se se tornaram dignas de penetrar os segredos do Criador. São, afinal, os espíritas imperfeitos, alguns dos quais estacionam no caminho ou se distanciam dos seus irmãos de crença, porque recuam ante a obrigação de se reformarem, ou porque preferem a companhia dos que participam das suas fraquezas ou das suas prevenções. Não obstante, a simples aceitação da doutrina em princípio é um primeiro passo, que lhes facilitará o segundo, numa outra existência.

Aquele que podemos, com razão, qualificar de verdadeiro e sincero espírita, encontra-se num grau superior de adiantamento moral. O Espírito já domina mais completamente a matéria e lhe dá uma percepção mais clara do futuro; os princípios da doutrina fazem vibrar-lhe as fibras, que nos outros permanecem mudas; numa palavra: *foi tocado no coração*, e por isso a sua fé é inabalável. Um, é como o músico que se comove com os acordes; o outro, apenas ouve os sons. *Reconhece-se o verdadeiro espírita pela sua transformação moral, e pelos esforços que faz para dominar suas más inclinações*. Enquanto um se compraz no seu horizonte limitado, o outro, que compreende a existência de alguma coisa melhor, esforça-se para se libertar, e sempre o consegue, quando dispõe de uma vontade firme.

PARÁBOLA DO SEMEADOR

5. Naquele dia, saindo Jesus de casa, assentou-se à borda do mar. E vieram para ele muita gente, de tal sorte que, entrando em uma barca, se assentou; e toda a gente estava em pé na ribeira. E lhes falou muitas coisas por parábola, dizendo: Eis aí que saiu o que semeia a semear. E quando semeava, uma parte das sementes caiu junto da estrada, e vieram as aves do céu, e comeram-na. Outra, porém, caiu em pedregulho, onde não tinha muita terra, e logo nasceu, porque não tinha altura de terra. Mas saindo o sol a queimou, e porque não tinha raiz, se secou. Outra igualmente caiu sobre os espinhos, e cresceram os espinhos, e estes a afogaram. Outra enfim caiu em boa terra, e dava fruto, havendo grãos que rendiam a cento por um, outros a sessenta, outros a trinta. O que tem ouvidos de ouvir, ouça. (MATEUS, XIII: 1-9).

Ouvi, pois, vós outros, a parábola do semeador. Todo aquele que ouve a palavra do Reino e não a entende, vem o mau e arrebata o que se semeou no seu coração; este é o que recebeu a semente junto da estrada. Mas o que recebeu a semente no pedregulho, este é o que ouve a palavra, e logo a recebe com gosto; porém, ele não tem em si raiz, antes é de pouca duração, e quando lhe sobrevém tribulação e perseguição por amor da palavra, logo se escandaliza. E o que recebeu a semente entre espinhos, este é o que ouve a palavra, porém os cuidados deste mundo e o engano das riquezas sufocam a palavra, e fica infrutuosa. E o que recebeu a semente em boa terra, este é o que ouve a palavra e a entende, e dá fruto, e assim um dá cento, e outro sessenta, e outro trinta por um. (MATEUS, XIII: 18-23).

6. A parábola da semente representa perfeitamente as diversas maneiras pelas quais podemos aproveitar os ensinamentos do Evangelho. Quantas pessoas há, na verdade, para as quais eles não passam de letra morta, que, à semelhança das sementes caídas nas pedras, não produzem nenhum fruto!

Outra aplicação, não menos justa, é a que se pode fazer às diferentes categorias de espíritas. Não nos oferece o símbolo dos que se apegam apenas aos fenômenos materiais, não tirando dos mesmos nenhuma consequência, pois que neles só veem um objeto de curiosidade? Dos que só procuram o brilho das comunicações espíritas, interessando-se apenas enquanto satisfazem-lhes a imaginação, mas que, após ouvi-las, continuam frios e indiferentes como antes? Que acham muito bons os conselhos, e os admiram, mas para aplicá-los aos outros e não a si mesmos. E aqueles, finalmente, para os quais essas instruções são como as sementes que caíram na boa terra e produzem frutos.

INSTRUÇÕES DOS ESPÍRITOS

O DEVER

• Lázaro •
Paris, 1863

7. O dever é a obrigação moral, primeiro para consigo mesmo, e depois para com os outros. O dever é a lei da vida: encontramo-lo nos mínimos detalhes, como nos atos mais elevados. Quero falar aqui somente do dever moral, e não do que se refere às profissões.

Na ordem dos sentimentos, o dever é muito difícil de ser cumprido, porque se encontra em antagonismo com as seduções do interesse e do coração. Suas vitórias não têm testemunhas, e suas derrotas não sofrem repressão. O dever íntimo do homem está entregue ao seu livre-arbítrio: o aguilhão da consciência, esse guardião da probidade interior, o adverte e sustenta, mas ele se mostra frequentemente impotente diante dos sofismas da paixão. O dever do coração, fielmente observado, eleva o homem. Mas como precisar esse dever? Onde ele começa? Onde acaba? *O dever começa precisamente no ponto em que ameaçais a felicidade ou a tranquilidade do vosso próximo, e termina no limite que não desejaríeis ver transposto em relação a vós mesmos.*

Deus criou todos os homens iguais para a dor; pequenos ou grandes, ignorantes ou instruídos, sofrem todos pelos mesmos motivos, a fim de que cada um pese judiciosamente o mal que pode fazer. Não existe o mesmo critério para o bem, que é infinitamente mais variado nas suas expressões. *A igualdade em relação à dor é uma sublime previsão de Deus, que quer que os seus filhos, instruídos pela experiência comum, não cometam o mal desculpando-se com a ignorância dos seus efeitos.*

O dever é o resumo prático de todas as especulações morais. É uma intrepidez da alma, que enfrenta as angústias da luta. É austero e dócil, pronto a dobrar-se às mais diversas complicações, mas permanecendo inflexível diante de suas tentações. *O homem que cumpre o seu dever ama a Deus mais que as criaturas, e as criaturas mais que a si mesmo;* é a um só tempo, juiz e escravo na sua própria causa.

O dever é o mais belo galardão da razão; ele nasce dela, como o filho nasce da mãe. O homem deve amar o dever, não porque ele o preserve dos males da vida, aos quais a humanidade não pode subtrair-se, mas porque ele transmite à alma o vigor necessário ao seu desenvolvimento.

O dever se engrandece e esplende, sob uma forma sempre mais elevada, em cada uma das etapas superiores da humanidade. A obrigação moral da criatura para com Deus jamais cessa, porque ela deve refletir as virtudes do Eterno, que não aceita um esboço imperfeito, mas deseja que a grandeza da sua obra resplandeça aos seus olhos.

A VIRTUDE

• **François-Nicolas-Madeleine** •
Paris, 1863

8. A virtude, no seu grau mais elevado, abrange o conjunto de todas as qualidades essenciais que constituem o homem de bem. Ser bom, caridoso, trabalhador, sóbrio, modesto, são as qualidades do homem virtuoso. Infelizmente, são quase sempre acompanhadas de pequenas falhas morais, que as deslustram e enfraquecem. Aquele que faz alarde de sua virtude não é virtuoso, pois lhe falta a principal qualidade: a modéstia, e sobra-lhe o vício mais oposto: o orgulho. A virtude realmente digna desse nome não gosta de exibir-se. Temos de adivinhá-la, mas ela se esconde na sombra, foge à admiração das multidões. São Vicente de Paulo era virtuoso. O digno Cura de Ars era virtuoso. E assim muitos outros, pouco conhecidos do mundo, mas conhecidos de Deus. Todos esses homens de bem ignoravam que eram virtuosos. Deixavam-se levar pela corrente das suas santas inspirações, e praticavam o bem com absoluto desinteresse e completo esquecimento de si mesmos.

É para essa virtude, assim compreendida e praticada, que eu vos convido, meus filhos. Para essa virtude realmente cristã e verdadeiramente espírita, que eu vos convido a consagrar-vos. Mas afastai de vossos corações o sentimento do orgulho, da vaidade, do amor-próprio, que deslustram sempre as mais belas qualidades. Não imiteis esse homem que se apresenta como modelo e se gaba das próprias qualidades, para todos os ouvidos tolerantes. Essa virtude de ostentação esconde, quase sempre, uma infinidade de pequenas torpezas e odiosas fraquezas.

O homem que se exalta a si mesmo, que eleva estátuas à sua própria virtude, em princípio aniquila, por essa única razão, todos os méritos a que efetivamente podia ter. E que direi daquele cujo valor se reduz a parecer o que não é? Compreendo perfeitamente que aquele que faz o bem sente uma satisfação íntima, no fundo do coração. Mas desde o momento em que essa satisfação se exterioriza, para provocar elogios, degenera em amor-próprio.

Oh, vós todos, a quem a fé espírita reanimou com os seus raios, e que sabeis quanto o homem se encontra longe da perfeição, jamais vos entregueis a essa estultícia! A virtude é uma graça, que desejo para todos os espíritas sinceros, mas com esta advertência: mais vale menos virtudes na modéstia, do que muitas no orgulho. Foi pelo orgulho que as humanidades se perderam sucessivamente. É pela humildade que elas um dia deverão redimir-se.

SUPERIORES E INFERIORES

• **François-Nicolas-Madeleine** •
Cardeal Morlot, Paris, 1863

9. A autoridade, da mesma maneira que a fortuna, é uma delegação, de que se pedirá contas a quem dela foi investido. Não creias que ela seja dada para satisfazer ao fútil prazer do mando, nem tampouco, segundo pensa falsamente a maioria dos poderosos da Terra, como um direito ou uma propriedade. Deus, aliás, tem demonstrado suficientemente que ela não é nem uma, nem outra coisa, desde que a retira quando bem lhe apraz. Se fosse um privilégio inerente à pessoa que exerce, seria inalienável. Ninguém pode dizer, entretanto, que uma coisa lhe pertence, quando lhe pode ser tirada sem o seu consentimento. Deus concede autoridade a título de missão ou de prova, conforme lhe convém, e da mesma forma a retira.

O depositário da autoridade, de qualquer extensão que esta seja, desde a do senhor sobre o escravo até a do soberano sobre o povo, não deve esquivar-se à responsabilidade de um encarregado de almas, pois responderá pela boa ou má orientação que der aos seus subordinados, e às faltas que estes puderem cometer, os vícios a que forem arrastados em consequência dessa orientação ou dos *maus exemplos* recebidos, recairão sobre ele. Da mesma maneira, colherá os frutos de sua solicitude, por conduzi-los ao bem. Todo homem tem, sobre a Terra, uma pequena ou uma grande missão. Qualquer que ela seja, sempre lhe é dada para o bem. Desviá-la, pois, do seu sentido, é fracassar no seu cumprimento.

Se Deus pergunta ao rico: que fizeste da fortuna que devia ser em tuas mãos uma fonte espalhando a fecundidade em seu redor? Também perguntará ao que possui alguma autoridade: que uso fizeste dessa autoridade? Que males impediste? Que progressos impulsionaste? Se te dei subordinados, não foi para torná-los escravos da tua vontade, nem dóceis instrumentos dos teus caprichos e da tua cupidez; se te fiz forte e te confiei os fracos, foi para que os amparasses e os ajudasses a subir até mim.

O superior que guardou as palavras do Cristo, não despreza a nenhum dos seus subordinados, porque sabe que as distinções sociais não subsistem diante de Deus. O Espiritismo lhe ensina que, se eles hoje o obedecem, na verdade já podem tê-lo dirigido, ou poderão dirigi-lo mais tarde, e que então será tratado como por sua vez os tratou.

Se o superior tem deveres a cumprir, o inferior também os tem de sua parte, e não são menos sagrados. Se também este é espírita, sua consciência lhe dirá, ainda mais fortemente, que não está dispensado de cumpri-los, mesmo que o seu chefe não cumpra os dele, porque sabe que não deve pagar o mal com o mal, e que as faltas de uns não autorizam as de outros. Se sofre na sua posição, dirá que sem dúvida o mereceu, porque ele mesmo talvez tenha abusado outrora de sua autoridade, devendo agora sentir os inconvenientes do que fez os outros sofrerem. Se é obrigado a suportar essa posição, na falta de outra melhor, o Espiritismo lhe ensina a resignar-se a isso, como uma prova à sua humildade, necessária ao seu adiantamento. Sua crença o guia na sua conduta: ele age como desejaria que os seus subordinados agissem com ele, caso fosse o chefe. Por isso mesmo é mais escrupuloso no cumprimento das obrigações, pois compreende que toda negligência no trabalho que lhe foi confiado será um prejuízo para aquele que o remunera, e a quem deve o seu tempo e os seus cuidados. Numa palavra, ele é guiado pelo sentimento do dever que a sua fé lhe infunde, e a certeza de que todo desvio do caminho reto será uma dívida, que terá de pagar mais cedo ou mais tarde.

O HOMEM NO MUNDO

• Um Espírito Protetor •
Bordeaux, 1863

10. Um sentimento de piedade deve sempre animar o coração daqueles que se reúnem sob o olhar do Senhor, implorando a assistência dos Bons Espíritos. Purificai, portanto, os vossos corações. Não consintais que pensamentos fúteis ou mundanos os perturbem. Elevai o vosso espírito para aqueles a quem chamais, a fim de que eles possam, encontrando em vós as disposições favoráveis, lançar em profusão as sementes que devem germinar os vossos corações, para neles produzir os frutos da caridade e da justiça.

Não penseis, porém, que ao vos exortar incessantemente à prece e à evocação mental, queiramos levar-vos a viver uma vida mística, que vos mantenha fora das leis da sociedade em que estais condenados a viver. Não. Vivei com os homens do vosso tempo, como devem viver os homens; sacrificai-vos às necessidades, e até mesmo às frivolidades de cada dia, mas fazei-o com um sentimento de pureza que as possa santificar.

Fostes chamados ao contato de espíritos de naturezas diversas, de caracteres antagônicos: não melindrai a nenhum daqueles com quem vos encontrardes. Estai sempre alegres e contentes, mas com a alegria de uma boa consciência e a ventura do herdeiro do céu, que conta os dias que o aproximam de sua herança.

A virtude não consiste numa aparência severa e lúgubre, ou em repelir os prazeres que a condição humana permite. Basta referir todos os vossos atos ao Criador, que vos deu a vida. Basta, ao começar ou acabar uma tarefa, que eleveis o pensamento ao Criador, pedindo-lhe, num impulso da alma, a sua proteção para executá-la ou a sua bênção para a obra acabada. Ao fazer qualquer coisa, voltai vosso pensamento à fonte suprema; nada façais sem que a lembrança de Deus venha purificar e santificar os vossos atos.

A perfeição, como disse o Cristo, encontra-se inteiramente na prática da caridade sem limites, pois os deveres da caridade abrangem todas as posições sociais, desde a mais ínfima até a mais elevada. O homem que vivesse isolado não teria como exercer a caridade. Somente no contato com os semelhantes, nas lutas mais penosas, ele encontra a ocasião de praticá-la. Aquele que se isola, portanto, priva-se voluntariamente do mais poderoso meio de perfeição: só tendo de pensar em si, sua vida é a de um egoísta. *(Ver cap. V, nº 26).*

Não imagineis, portanto, que para viver em constante comunicação conosco, para viver sob o olhar do Senhor, seja preciso entregar-se ao cilício e cobrir-se de cinzas. Não, não, ainda uma vez: não! Sede felizes no quadro das necessidades humanas, mas que na vossa felicidade não entre jamais um pensamento ou um ato que possa ofender a Deus, ou fazer que se vele a face dos que vos amam e vos dirigem.

CUIDAR DO CORPO E DO ESPÍRITO

• Georges •
Espírito Protetor, Paris, 1863

11. Consistirá a perfeição espiritual na maceração do corpo? Para resolver esta questão, apóio-me em princípios elementares, e começo por demonstrar a necessidade de cuidar do corpo, que, segundo as alternativas de saúde e doença, influi sobre a alma de maneira muito importante, pois temos de considerá-la como prisioneira na carne. Para que esta prisioneira possa viver, movimentar-se, e até mesmo conceber a ilusão da liberdade, o corpo deve estar são, disposto e vigoroso. Estabeleçamos uma comparação: eis que ambos se encontram em perfeito estado; que devem fazer para manter o equilíbrio entre as suas aptidões e as suas necessidades tão diferentes? O embate entre eles parece inevitável, e difícil chegar-se ao segredo do equilíbrio.

Dois sistemas se defrontam neste caso: o dos ascetas, que desejam abater o corpo, e o dos materialistas, que querem diminuir a alma. Duas violências, quase tão insensatas uma quanto a outra. Ao lado dessas duas correntes, fervilha a multidão dos indiferentes, que, sem convicção nem paixão, amam com tibieza e gozam com parcimônia. Onde, pois, a sabedoria? Onde, pois, a ciência de viver? Em parte alguma. E esse grande problema ficaria inteiramente por resolver, se o Espiritismo não viesse em auxílio dos pesquisadores, para demonstrar-lhes as relações existentes entre o corpo e a alma, e dizer-lhes que, desde que são reciprocamente necessários, é indispensável cuidar de ambos.

Amai, pois, a vossa alma, mas cuidai também do corpo, instrumento da alma; desconhecer as necessidades que lhe são peculiares por força da própria natureza, é desconhecer as leis de Deus. Não o castigueis pelas faltas que o vosso livre-arbítrio o fez cometer, e pelas quais ele é tão responsável como o cavalo mal dirigido o é, pelos acidentes que causa. Sereis por acaso mais perfeitos se, martirizando o corpo, não vos tornardes menos egoístas, menos orgulhosos e mais caridosos? Não, a perfeição não está nisso, mas inteiramente nas reformas a que submeterdes o vosso Espírito. Dobrai-o, subjugai-o, humilhai-o, mortificai-o: é esse o meio de o tornar mais dócil à vontade de Deus, e o único que conduz à perfeição.

CAPÍTULO XVIII

MUITOS OS CHAMADOS E POUCOS OS ESCOLHIDOS

PARÁBOLA DA FESTA DE NÚPCIAS – A PORTA ESTREITA – OS QUE DIZEM: SENHOR, SENHOR! – A QUEM MUITO FOI DADO, MUITO SERÁ PEDIDO – *INSTRUÇÕES DOS ESPÍRITOS:* AO QUE TEM SE LHE DARÁ – RECONHECE-SE O CRISTÃO PELAS SUAS OBRAS

PARÁBOLA DA FESTA DE NÚPCIAS

1. E respondendo Jesus, lhe tornou a falar segunda vez em parábolas, dizendo: O Reino dos Céus é semelhante a um homem rei, que faz as bodas a seu filho; e mandou os seus servos a chamar os convidados para as bodas, mas eles recusaram ir. Enviou de novo outros servos, com este recado: Dizei aos convidados: Eis aqui, tenho preparado o meu banquete, os meus touros e os animais cevados estão já mortos, e tudo pronto; vinde às bodas. Mas eles desprezaram o convite, e se foram, um para a sua casa de campo, e outro para o seu tráfico. Outros porém, lançaram mão dos servos que ele enviara, e depois de os haverem ultrajado, os mataram. Mas o rei, tendo ouvido isto, se irou; e tendo feito marchar seus exércitos, acabou com aqueles homicidas, e pôs fogo à sua cidade. Então disse aos seus servos: As bodas com efeito estão aparelhadas, mas os que foram convidados não foram dignos de se acharem no banquete. Ide pois às saídas das ruas, e a quantos achardes, convidai-os para as bodas. E tendo saído os seus servos pelas ruas, congregaram todos os que acharam, maus e bons; e ficou cheia de convidados a sala do banquete de bodas. Entrou depois o rei para ver os que estavam à mesa, e viu ali um homem que não estava vestido com veste nupcial. E disse-lhe: Amigo, como entraste

aqui, não tendo vestido nupcial? Mas ele emudeceu. Então disse o rei aos seus ministros: Atai-o de pés e mãos e lançai-o nas trevas exteriores: aí haverá choro e ranger de dentes. Porque são muitos os chamados e poucos os escolhidos. (Mateus, XXII: 1-4).

2. O incrédulo ri desta parábola, que lhe parece de uma pueril ingenuidade, pois não admite que haja tantas dificuldades para a realização de um banquete, e ainda mais quando os convidados chegam ao ponto de massacrar os enviados do dono da casa. "As parábolas – diz ele – são naturalmente alegorias, mas não devem passar os limites do possível".

O mesmo se pode dizer de todas as alegorias, das fábulas mais engenhosas, se não lhes descobrimos o sentido oculto. Jesus se inspirava nas usanças mais comuns da vida, e adaptava as suas parábolas aos costumes e ao caráter do povo a que se dirigia. A maioria delas tinha por fim fazer penetrar nas massas populares a ideia da vida espiritual, e seu sentido só parece incompreensível para os que não se colocam nesse ponto de vista.

Nesta parábola, por exemplo, Jesus compara o Reino dos Céus, onde tudo é felicidade e alegria, a uma festa nupcial. Os primeiros convidados são os judeus, que Deus havia chamado em primeiro lugar para o conhecimento da sua lei. Os enviados do rei são os profetas, que convidaram os judeus a seguir o caminho da verdadeira felicidade, mas cujas palavras foram pouco ouvidas, cujas advertências foram desprezadas, e muitos deles foram mesmo massacrados, como os servos da parábola. Os convidados que deixam de comparecer, alegando que tinham de cuidar de seus campos e de seus negócios, representam as pessoas mundanas que, absorvidas pelas coisas terrenas, mostram-se indiferentes para as coisas celestes.

Acreditavam os judeus de então que a sua nação devia conquistar a supremacia sobre todas as outras. Pois não havia Deus prometido a Abraão que a sua posteridade cobriria a Terra inteira? Tomando sempre a forma pelo fundo, eles se julgavam destinados a uma dominação efetiva, no plano material.

Antes da vinda do Cristo, com exceção dos hebreus, todos os povos eram politeístas e idólatras. Se alguns homens superiores haviam atingido a ideia da unidade divina, essa ideia entretanto permanecia como sistema pessoal, pois em nenhuma parte foi aceita como verdade fundamental, a não ser por alguns iniciados, que ocultavam os seus conhecimentos sob formas misteriosas, impenetráveis à compreensão do povo. Os judeus foram os primeiros que praticaram publicamente o monoteísmo. Foi a eles que Deus transmitiu a sua lei; primeiro através de Moisés, depois através de Jesus. Desse pequeno foco partiu a luz que devia expandir-se pelo mundo inteiro, triunfar do paganismo e dar a Abraão uma posteridade espiritual *"tão numerosa como as estrelas do firmamento".*

Mas os judeus, embora repelindo a idolatria, haviam negligenciado a lei moral, para se dedicar à prática mais fácil do culto exterior. O mal chegara ao cúmulo: a nação, dominada pelos romanos, estava esfacelada pelas facções, dividida pelas seitas; a própria incredulidade havia atingido até mesmo o santuário. Foi então que Jesus apareceu, enviado para chamá-los à observação da lei e para abrir-lhes os novos horizontes da vida futura. Primeiros convidados ao banquete da fé universal, eles repeliram, porém, as palavras do celeste Messias, e o sacrificaram. Foi assim que perderam o fruto que deviam colher da sua própria iniciativa.

Seria injusto, entretanto, acusar o povo inteiro por essa situação. A responsabilidade coube principalmente aos Fariseus e aos Saduceus, que puseram a nação a perder, os primeiros pelo seu orgulho e fanatismo, e os segundos pela sua incredulidade. São eles, sobretudo, que Jesus compara aos convidados que se negaram a comparecer ao banquete de núpcias, e acrescenta que o rei, vendo isso, mandou convidar a todos os que fossem encontrados nas ruas, bons e maus. Fazia entender assim que a palavra seria pregada a todos os outros povos, pagãos e idólatras, e que estes, aceitando-a, seriam admitidos à festa de núpcias em lugar dos primeiros convidados.

Mas não basta ser convidado; não basta dizer-se cristão, nem tampouco sentar-se à mesa para participar do banquete celeste. É necessário, antes de tudo, e como condição expressa, vestir a túnica nupcial, ou seja, purificar o coração e praticar a lei segundo o espírito, pois essa lei se encontra inteira nestas palavras: *Fora da caridade não há salvação.* Quão poucos se tornam dignos de entrar no Reino dos Céus! Foi por isso que Jesus disse: *Muitos serão os chamados e poucos os escolhidos.*

A PORTA ESTREITA

3. Entrai pela porta estreita, porque larga é a porta, e espaçoso o caminho que leva à perdição, e muitos são os que entram por ela. Que estreita é a porta, e que apertado o caminho que leva para a vida, e quão poucos são os que acertam com ela! (MATEUS, VII: 13-14).

4. E perguntou-lhe alguém: Senhor, são poucos, então, os que se salvam? E ele lhes disse: Porfiai por entrar pela porta estreita, porque vos digo que muitos procurarão entrar e não o poderão. E quando o pai de família tiver entrado, e fechado a porta, vós estareis de fora, e começareis a bater à porta, dizendo: Abre-nos, Senhor! E ele vos responderá, dizendo: Não sei de onde sois. Então começareis a dizer: Nós somos aqueles que, em tua presença, comemos e bebemos, a quem ensinaste nas nossas praças. E ele vos responderá: Não sei de onde sois; apartai-vos de mim todos os que obrais a iniquidade. Ali será o choro e o ranger de dentes, quando virdes que Abraão, e Isaac e Jacó, e todos os profetas, estão no Reino de Deus, e que vós ficais fora dele, excluídos. E virão do oriente e do ocidente, e do setentrião e do meio-dia, muitos que se assentarão à mesa do Reino de Deus. E então os que são últimos serão os primeiros, e os que são os primeiros serão os últimos. (Lucas, XIII: 23-30).

5. A porta da perdição é larga, porque as más paixões são numerosas e o caminho do mal é o mais frequentado. A da salvação é estreita, porque o homem que deseja transpô-la deve fazer grandes esforços para vencer as suas más tendências, e poucos se resignam a isso. Completa-se a máxima: são muitos os chamados e poucos os escolhidos.

Esse é o estado atual da humanidade terrena, porque, sendo a Terra um mundo de expiações, nela predomina o mal. Quando estiver transformada, o caminho do bem será o mais frequentado. Devemos entender essas palavras, portanto, em sentido relativo e não absoluto. Se esse tivesse de ser o estado normal da humanidade, Deus teria voluntariamente condenado à perdição a imensa maioria das criaturas, suposição inadmissível, desde que se reconheça que Deus é todo justiça e todo bondade.

Mas quais as faltas de que esta humanidade seria culpada, para merecer uma sorte tão triste, no presente e no futuro, se toda ela estivesse na Terra e a alma não tivesse outras existências? Por que tantos escolhos semeados no seu caminho? Por que essa porta tão estreita, que apenas a um pequeno número é dado transpor, se a sorte da alma está definitivamente fixada, após a morte? É assim que, com a unicidade da existência, estamos incessantemente em contradição com nós mesmos e com a justiça de Deus. Com a anterioridade da alma e a pluralidade dos mundos, o horizonte se alarga, iluminam-se os pontos mais obscuros da fé, o presente e o futuro se mostram solidários com o passado, e somente assim podemos compreender toda a profundidade, toda a verdade e toda a sabedoria das máximas do Cristo.

OS QUE DIZEM: SENHOR, SENHOR!

6. Nem todo o que me diz: Senhor, Senhor, entrará no Reino dos Céus, mas sim o que faz a vontade de meu Pai, que está nos céus, esse entrará no Reino dos Céus. Muitos me dirão, naquele dia: Senhor, Senhor, não é assim que profetizamos em teu nome, e em teu nome expelimos os demônios, e em teu nome obramos muitos prodígios? E eu então lhes direi, em voz bem inteligível: Pois eu nunca vos conheci; apartai-vos de mim, os que obrais a iniquidade. (Mateus, VII: 21-23).

7. Todo aquele, pois, que ouve estas minhas palavras, e as observa, será comparado ao homem sábio, que edificou a sua casa sobre a rocha. E veio a chuva, e transbordaram os rios, e assopraram os ventos, e combateram aquela casa, e ela não caiu, porque estava fundada sobre a rocha. E todo o que ouve estas minhas palavras, e não as observa, será comparado ao homem insensato, que edificou a sua casa sobre a areia. E veio a chuva, e transbordaram os rios, e assopraram os ventos, e combateram aquela casa, e ela caiu, e foi grande a sua ruína. (Mateus, VII: 24-27 e semelhante em Lucas, VI: 46-49).

8. Naquele, pois, que quebrar um destes mínimos mandamentos, e que assim ensinar aos homens, será chamado mui pequeno no Reino dos Céus; mas o que os guardar, e ensinar a guardá-los, esse será reputado grande no Reino dos Céus. (Mateus, V: 19).

9. Todos os que confessam a missão de Jesus, dizem: Senhor, Senhor! Mas de que vale chamá-lo Mestre ou Senhor, quando não se seguem os seus preceitos? São cristãos esses que o honram através de atos exteriores de devoção, e ao mesmo tempo sacrificam no altar do egoísmo, do orgulho, da cupidez e de todas as paixões? São seus discípulos esses que passam os dias a rezar, e não se tornam melhores, nem mais caridosos, nem mais indulgentes para com os seus semelhantes? Não, porque, à semelhança das formas, podem impor-se aos homens, mas não a Deus. É em vão que dirão a Jesus: "Senhor, nós profetizamos, ou seja, ensinamos em vosso nome; expulsamos os demônios em vosso nome; comemos e bebemos convosco!" Ele lhes responderá: "Não sei quem sois. Retirai-vos de mim, vós que cometeis iniquidade, que desmentis as vossas palavras pelas ações, que caluniais o próximo, que espoliais as viúvas e cometeis adultério! Retirai-vos de mim, vós, cujo coração destila ódio e fel, vós que derramais o sangue de vossos irmãos em meu

nome, que fazeis correrem as lágrimas em vez de secá-las! Para vós, haverá choro e ranger de dentes, pois o Reino de Deus é para os que são mansos, humildes e caridosos. Não espereis dobrar a justiça do Senhor pela multiplicidade de vossas palavras e de vossas genuflexões. A única via que está aberta, para alcançardes a graça em sua presença, é a da prática sincera da lei do amor e da caridade."

As palavras de Jesus são eternas, porque são a verdade. Não são somente a salvaguarda da vida celeste, mas também o penhor da paz, da tranquilidade e da estabilidade do homem entre as coisas da vida terrena. Eis porque todas as instituições humanas, políticas, sociais e religiosas, que se apoiarem nas suas palavras, serão estáveis como a casa construída sobre a pedra. Os homens as conservarão, porque nelas encontrarão a sua felicidade. Mas aquelas que se apoiarem na sua violação, serão como a casa construída sobre a areia: o vento das revoluções e o rio do progresso as levarão de roldão.

A QUEM MUITO FOI DADO, MUITO SERÁ PEDIDO

10. Porque aquele servo, que soube a vontade de seu Senhor, e não se apercebeu, e não obrou conforme à sua vontade, dar-se-lhe-ão muitos açoites. Mas àquele que não a soube, e fez coisa dignas de castigo, levará poucos açoites. Porque a todo aquele, a quem muito foi dado, muito será pedido, e ao que muito confiaram, mais conta lhe tomarão. (Lucas, XII: 47-48).

11. E Jesus lhe disse: Eu vim a este mundo para exercitar um juízo, a fim de que os que não veem, vejam, e os que veem, se tornem cegos. E ouviram alguns dos fariseus que estavam com ele, e lhe disseram: Logo, também nós somos cegos; Respondeu-lhes Jesus: Se vós fosseis cegos, não teríeis culpa; mas como agora mesmo dizeis: Nós vemos, fica subsistindo o vosso pecado. (João, IX: 39-41).

12. Estas máximas encontram sobretudo a sua aplicação no ensinamento dos Espíritos. Quem quer que conheça os preceitos do Cristo é seguramente culpado, se não os praticar. Mas além de não ser suficientemente difundido o Evangelho que os contêm, senão entre as seitas cristãs, mesmo entre estas, quantas pessoas existem que não o leem, e entre as que leem, quantas não o compreendem! Disso resulta que as próprias palavras de Jesus ficam perdidas para a maioria. O ensinamento dos Espíritos, que reproduz essas máximas sob diferentes formas, que as desenvolve e comenta, pondo-as ao alcance de todos, tem isto de particular, ou seja, não é circunscrito. Assim, todos, letrados ou não, crentes ou descrentes, cristãos ou não cristãos, podem recebê-lo, pois os Espíritos se comunicam por toda a parte. Nenhum dos que o recebam, diretamente ou por intermédio de outros, pode pretextar ignorância, ou pode desculpar-se com a sua falta de instrução ou com a obscuridade do sentido alegórico. Aquele, pois, que não o põe em pratica para se melhorar, que o admira apenas como interessante e curioso, sem que seu coração seja tocado, que não se faz menos fútil, menos orgulhoso, menos egoísta, nem menos apegado aos bens materiais, nem melhor para o seu próximo, é tanto mais culpado, quanto teve maior facilidade para conhecer a verdade.

Os médiuns que obtêm boas comunicações são ainda mais repreensíveis por persistirem no mal, pois escrevem frequentemente a sua própria condenação, e se não estivessem cegos pelo orgulho, reconheceriam que os Espíritos se dirigem a eles mesmos. Mas, em vez de tomarem para eles as lições que escrevem, ou que veem os outros escreverem, sua única preocupação é a de aplicá-las a outras pessoas, incidindo assim nestas palavras de Jesus: "Vedes um argueiro no olho do próximo, e não vedes a trave no vosso." *(Ver cap. X, nº 9).*

Por estas palavras: "Se fosseis cegos, não teríeis culpa", Jesus confirma que a culpabilidade está na razão do conhecimento que se possui. Ora, os fariseus, que tinham pretensão de ser, e que realmente eram, a parte mais esclarecida da nação, tornavam-se mais repreensíveis aos olhos de Deus que o povo ignorante. O mesmo acontece hoje.

Aos espíritas, portanto, muito será pedido, porque muito receberam, mas também aos que souberam aproveitar os ensinamentos, muito lhes será dado.

O primeiro pensamento de todo espírita sincero deve ser o de procurar, nos conselhos dados pelos Espíritos, alguma coisa que lhe diga respeito.

O Espiritismo vem multiplicar o número dos *chamados*, e pela fé que proporciona, multiplicará também o número dos *escolhidos*.

INSTRUÇÕES DOS ESPÍRITOS

AO QUE TEM SE LHE DARÁ

13. E chegando-se a ele os discípulos, lhe disseram: Por que razão lhes falas por parábolas? Ele, respondendo, lhes disse: Porque a vós vos é dado saber os mistérios do Reino dos

Céus, mas a eles não lhes é concedido. Porque ao que tem, se lhe dará, e terá em abundância, mas ao que não tem, até o que tem, lhe será tirado. Por isto é que eu lhes falo em parábolas: porque eles, vendo, não veem, e ouvindo não ouvem, nem entendem. De sorte que neles se cumpre a profecia de Isaías, que diz: Vós ouvireis com os ouvidos, e não entendereis; e vereis com os olhos, e não vereis. (MATEUS, XIII: 10-14).

14. Também lhes dizia: Atendei ao que ides agora ouvir. Com a medida com que medirdes aos demais, vos medirão a vós, e ainda se vos acrescentará. Porque ao que já tem, dar-se-lhe-á, e ao que não tem, ainda o que tem se lhe tirará. (MARCOS, IV: 24-25).

• **Um Espírito Amigo** •
Bordeaux, 1862

15. "Dá-se ao que tem e retira-se ao que não tem". Meditai sobre esses grandes ensinamentos, que quase sempre vos parecem paradoxais. Aquele que recebeu é o que possui o sentido da palavra divina. Ele a recebeu porque esforçou-se para fazer-se digno, e porque o Senhor, no seu amor misericordioso, encoraja-lhe os esforços em direção ao bem. Esses esforços contínuos, perseverantes, atraem as graças do Senhor. São como um ímã, que atraísse as melhoras progressivas, as graças abundantes, que vos tornam fortes para a subida da montanha sagrada, em cujo cume encontrareis o repouso que sucede ao trabalho.

"Tira-se àquele que nada tem, ou que tem pouco". Tomai como um ensino figurado. Deus não tira das suas criaturas o bem que se dignou conceder-lhes. Homens cegos e surdos! Abri vossas inteligências e vossos corações, procurai ver pelo espírito; compreendei com a alma; e não interpretai de maneira grosseiramente injusta as palavras daquele que fez resplandecer aos vossos olhos a Justiça do Senhor! Não é Deus quem retira daquele que pouco havia recebido, mas é o seu próprio Espírito que, pródigo e descuidado, não sabe conservar o que tem, e aumentar, fecundando-a, a migalha que caiu no seu coração.

O filho que não cultiva o campo que o trabalho do pai conquistou, para deixar-lhe de herança, vê esse campo cobrir-se de ervas daninhas. Será o seu pai quem lhe tira as colheitas que ele não preparou? Se ele deixou a sementeira morrer nesse campo, por falta de cuidado, deve acusar seu pai pela falta de produção? Não, não! Em vez de acusar aquele que tudo lhe deu, como se lhe houvesse retomado os bens, deve acusar-se a si mesmo, que é o verdadeiro responsável pela sua miséria, e arrependido e ativo, entregar-se corajosamente ao trabalho. Que arroteie o solo ingrato, com o esforço de sua própria vontade; que o lavre a fundo, com a ajuda do arrependimento e da esperança; que nele atire, confiante, a semente que escolheu como boa entre as más; que o regue com o seu amor e a sua caridade; e Deus, o Deus de Amor e Caridade, dará àquele que já tem. Então, ele verá os seus esforços coroados de sucesso, e um grão a produzir cem, e outro, mil. Coragem, trabalhadores! Tomai as vossas grades e charruas; arroteai os vossos corações; arrancai deles o joio; semeai a boa semente que o Senhor vos confia, e o orvalho do amor os fará produzir os frutos da caridade.

RECONHECE-SE O CRISTÃO PELAS SUAS OBRAS

• Simeão •
Bordeaux,1863

16. "Nem todos os que me dizem Senhor, Senhor, entrarão no Reino dos Céus, mas somente o que faz a vontade de meu Pai, que está nos céus." Escutai estas palavras do Mestre, todos vós que repelis a doutrina espírita como obra do demônio! Abri os vossos ouvidos, pois chegou o momento de ouvir! Será suficiente trazer a libré do Senhor, para ser um fiel servidor? Será bastante dizer: "Sou cristão", para seguir o Cristo? Procurai os verdadeiros cristãos e os reconhecereis pelas suas obras. "Uma árvore boa não pode dar maus frutos, nem uma árvore má dar bons frutos." – "Toda árvore que não der bons frutos será cortada e lançada no fogo." – Eis as palavras do Mestre. Discípulos do Cristo, compreendei-as bem! Quais os frutos que a árvore do Cristianismo deve dar, árvore possante, cujos ramos frondosos cobrem com a sua sombra uma parte do mundo, mas ainda não abrigaram a todos os que devem reunir-se em seu redor? Os frutos da árvore da vida são frutos de vida, de esperança e fé. O Cristianismo, como o vem fazendo desde muitos séculos, prega sempre essas divinas virtudes, procurando distribuir os seus frutos. Mas quão poucos os colhem! A árvore é sempre boa, mas os jardineiros são maus. Quiseram moldá-la segundo as suas ideias, modelá-la de acordo com as suas conveniências. Para isso a cortaram, diminuíram, mutilaram. Seus ramos estéreis já dão maus frutos, pois nada mais produzem. O viajor sedento que se acolhe à sua sombra, procurando o fruto de esperança, que lhe deve dar força e coragem, encontra apenas os ramos adustos, pressagiando mau tempo. É em vão que busca o fruto da vida na árvore da vida: as folhas tombam secas aos seus pés. As mãos do homem tanto as trabalharam, que acabaram por crestá-las!

Abri, pois, vossos ouvidos e vossos corações, meus bem-amados! Cultivai esta árvore da vida, cujos frutos proporcionam a vida eterna. Aquele que a plantou vos convida a cuidá-la com amor, que ainda a vereis dar com abundância os seus frutos divinos. Deixai-a assim como o Cristo vo-la deu? Não a mutileis. Sua sombra imensa quer estender-se por todo o universo; não lhe corteis a ramagem. Seus frutos generosos caem em abundância, para alentar o viajor cansado, que deseja chegar ao seu destino. Não os amontoeis, para guardá-los e deixá-los apodrecer, sem servirem a ninguém. "São muitos os chamados e poucos os escolhidos." É que há os açambarcadores do pão da vida, como os há do pão material. Não vos coloqueis entre eles; a árvore que dá bons frutos deve distribuí-los para todos. Ide, pois, procurar os necessitados; conduzi-os sob as ramagens da árvore e partilhai com eles o abrigo que ela vos oferece. "Não se colhem uvas dos espinheiros." Meus irmãos, afastai-vos, pois, dos que vos chamam para apontar os tropeços do caminho, e segui os que vos conduzem à sombra da árvore da vida.

O divino Salvador, o justo por excelência, disse, e suas palavras não passarão: "Os que me dizem Senhor, Senhor, nem todos entrarão no Reino dos Céus, mas somente aqueles que fazem a vontade de meu Pai, que está nos céus." Que o Senhor das bênçãos vos abençoe, que o Deus da luz vos ilumine; que a árvore da vida vos faça com abundância a oferenda dos seus frutos! Crede e orai!

CAPÍTULO XIX

A FÉ QUE TRANSPORTA MONTANHAS

PODER DA FÉ – A FÉ RELIGIOSA – CONDIÇÃO DE FÉ INABALÁVEL – PARÁBOLA DA FIGUEIRA SECA – *INSTRUÇÕES DOS ESPÍRITOS:* FÉ, MÃE DA ESPERANÇA E DA CARIDADE – A FÉ DIVINA E A FÉ HUMANA

PODER DA FÉ

1. E depois que veio para onde estava a gente, chegou a ele um homem que, posto de joelhos, lhe dizia: Senhor, tem compaixão de meu filho que é lunático e padece muito: porque muitas vezes cai no fogo, e muitas na água. E tenho-o apresentado a teus discípulos, e eles o não puderam curar. E respondendo Jesus, disse: Oh! geração incrédula e perversa, até quando hei de estar convosco, até quando vos hei de sofrer? Trazei-mo cá. E Jesus o abençoou, e saiu dele o demônio, e desde aquela hora ficou o moço curado. Então lhe disseram: Por que não podemos nós lançá-lo fora? Jesus lhes disse: Por causa da vossa pouca fé. Porque na verdade vos digo que, se tiverdes fé como um grão de mostarda, direis a este monte: Passa daqui para acolá, e ele há de passar, e nada vos será impossível. (MATEUS, XVII: 14-19).

2. É certo que, no bom sentido, a confiança nas próprias forças torna-nos capazes de realizar coisas materiais que não podemos fazer, quando duvidamos de nós mesmos. Mas, então, é somente no seu sentido moral que devemos entender estas palavras. As montanhas que a fé transporta são as dificuldades, as resistências, a má vontade, em uma palavra, que encontramos entre os homens, mesmo quando se trata das melhores coisas. Os preconceitos da

rotina, o interesse material, o egoísmo, a cegueira do fanatismo, as paixões orgulhosas, são outras tantas montanhas que atravancam o caminho dos que trabalham para o progresso da humanidade. A fé robusta confere a perseverança, a energia e os recursos necessários para a vitória sobre os obstáculos, tanto nas pequenas quanto nas grandes coisas. A fé vacilante produz a incerteza, a hesitação, de que se aproveitam os adversários que devemos combater: ela nem sequer procura os meios de vencer, porque não crê na possibilidade de vitória.

3. Noutra acepção, considera-se fé a confiança que se deposita na realização de determinada coisa, a certeza de atingir um objetivo. Nesse caso, ela confere uma espécie de lucidez, que faz antever pelo pensamento os fins que se têm em vista e os meios de atingi-los, de maneira que aquele que a possui avança, por assim dizer, infalivelmente. Num e noutro caso, ela pode fazer que se realizem grandes coisas.

A fé sincera e verdadeira é sempre calma. Confere a paciência que sabe esperar, porque estando apoiada na inteligência e na compreensão das coisas, tem a certeza de chegar ao fim. A fé insegura sente a sua própria fraqueza, e quando estimulada pelo interesse torna-se furiosa e acredita poder suprir a força com a violência. A calma na luta é sempre um sinal de força e de confiança, enquanto a violência, pelo contrário, é prova de fraqueza e de falta de confiança em si mesmo.

4. Necessário guardar-se de confundir a fé com a presunção. A verdadeira fé se alia à humildade. Aquele que a possui deposita a sua confiança em Deus, mais do que em si mesmo, pois sabe que, simples instrumento da vontade de Deus, nada pode sem Ele. É por isso que os Bons Espíritos vêm em seu auxílio. A presunção é menos fé do que orgulho, e o orgulho é sempre castigado cedo ou tarde, pela decepção e os malogros que lhes são infligidos.

5. O poder da fé tem aplicação direta e especial na ação magnética. Graças a ela, o homem age sobre o fluido, agente universal, modifica-lhe as qualidades e lhe dá impulso por assim dizer irresistível. Eis porque aquele que alia, a um grande poder fluídico normal, uma fé ardente, pode operar, unicamente pela sua vontade dirigida para o bem, esses estranhos fenômenos de cura e de outra natureza, que antigamente eram considerados prodígios, e que entretanto não passam de consequências de uma lei natural. Essa a razão porque Jesus disse aos seus apóstolos: se não conseguistes curar, foi por causa de vossa pouca fé.

A FÉ RELIGIOSA. CONDIÇÃO DA FÉ INABALÁVEL.

6. No seu aspecto religioso, a fé é a crença nos dogmas particulares que constituem as diferentes religiões, e todas elas têm os seus artigos de fé. Nesse sentido, a fé pode ser *raciocinada* ou *cega*. A fé cega nada examina, aceitando sem controle o falso e o verdadeiro, e a cada passo se choca com a evidência da razão. Levada ao excesso, produz o *fanatismo*. Quando a fé se firma no erro, cedo ou tarde desmorona. Aquela que tem a verdade por base é a única que tem o futuro assegurado, porque nada deve temer do progresso do conhecimento, já que *o verdadeiro na obscuridade também o é a plena luz*. Cada religião pretende estar na posse exclusiva da verdade, mas *preconizar a fé cega sobre uma questão de crença é confessar a impotência para demonstrar que se está com a razão.*

7. Vulgarmente se diz que a *fé não se prescreve*, o que leva muitas pessoas a alegarem que não são culpadas de não terem fé. Não há dúvida que a fé não pode ser prescrita, ou o que é ainda mais justo: *não pode ser imposta*. Não, a fé não se prescreve, mas se adquire, e não há ninguém que esteja impedido de possuí-la, mesmo entre os mais refratários. Falamos das verdades espirituais fundamentais, e não desta ou daquela crença particular. Não é a fé que deve procurar essas pessoas, mas elas que devem procurá-la, e se o fizerem com sinceridade a encontrarão. Podeis estar certos de que aqueles que dizem: "Não queríamos nada melhor do que crer, mas não o podemos fazer", apenas o dizem com os lábios, e não com o coração, pois ao mesmo tempo que o dizem, fecham os ouvidos. As provas, entretanto, abundam ao seu redor. Por que, pois, se recusam a ver? Nuns, é a indiferença; noutros, o medo de serem forçados a mudar de hábitos; e na maior parte, o orgulho que se recusa a reconhecer um poder superior, porque teria de inclinar-se diante dele.

Para algumas pessoas, a fé parece de alguma forma inata: basta uma faísca para desenvolvê-la. Essa facilidade para assimilar as verdades espíritas é sinal evidente de progresso anterior. Para outras, ao contrário, é com dificuldade que elas são assimiladas, sinal também evidente de uma natureza em atraso. As primeiras já creram e compreenderam, e trazem *ao renascer*, a intuição do que sabiam. Sua educação já foi realizada. As segundas ainda têm tudo para aprender: sua educação está por fazer. Mas ela se fará, e se não puder terminar nesta existência, terminará numa outra.

A resistência do incrédulo, convenhamos, quase sempre se deve menos a ele do que à maneira pela qual lhe apresentam as coisas. A fé necessita de uma base, e essa base é a perfeita compreensão daquilo em que se deve crer. Para crer, não basta *ver*, é necessário sobretudo *compreender*. A fé cega não é mais deste século[1]. É precisamente o dogma da fé cega que hoje em dia produz o maior número de incrédulos. Porque ela quer impor-se, exigindo a abdicação de uma das mais preciosas prerrogativas do homem: a que se constitui do raciocínio e do livre-arbítrio. É contra essa fé, sobretudo, que se levanta o incrédulo, o que mostra a verdade de que a fé não se impõe. Não admitindo provas, ela deixa no espírito um vazio, de que nasce a dúvida. A fé raciocinada, que se apoia nos fatos e na lógica, não deixa nenhuma obscuridade: crê-se, porque se tem a certeza, e só se está certo quando se compreendeu. Eis porque ela não se dobra: porque *só é inabalável a fé que pode enfrentar a razão face a face, em todas as épocas da Humanidade.*

É a esse resultado que o Espiritismo conduz, triunfando assim da incredulidade, todas as vezes em que não encontrar a oposição sistemática e interessada.

PARÁBOLA DA FIGUEIRA SECA

8. E ao outro dia, como saíssem de Betânia, teve fome. E tendo visto ao longe uma figueira, foi lá a ver se acharia nela alguma coisa; e quando chegou a ela, nada achou, senão folhas, porque não era tempo de figos. E falando-lhe, disse: Nunca jamais coma alguém fruto de ti para sempre. E no outro dia pela manhã, ao passarem pela figueira, viram que ela estava seca até as raízes. Então, lembrando Pedro, disse para Jesus: Olha, Mestre, como secou a figueira que tu amaldiçoaste. E respondendo Jesus, lhe disse: Tende fé em Deus. Em verdade vos afirmo que todo o que disser a este monte: Tira-te, e lança-te ao mar, e isto sem hesitar no seu coração, mas tendo fé de que tudo o que disser sucederá, ele o verá cumprir assim. (MARCOS, XI: 12-14 e 20-23).

9. A figueira seca é o símbolo das pessoas que apenas aparentam o bem, mas na realidade nada produzem de bom: dos oradores que possuem mais brilho do que solidez, dotados do verniz das palavras de maneira que estas agradam aos ouvidos; mas, quando as

---

(1) Kardec referia-se ao século XIX, de maneira que a sua afirmação é hoje ainda mais adequada. (N. do T.)

analisamos, nada revelam de substancial para o coração; e, quando as acabamos de ouvir, perguntamos que proveito tivemos.

É também o símbolo de todas as pessoas que podem ser úteis e não o são; de todas as utopias, de todos os sistemas vazios, de todas as doutrinas sem bases sólidas. O que falta, na maioria das vezes, é a verdadeira fé, a fé realmente fecunda, a fé que comove as fibras do coração, em uma palavra, a fé que transporta montanhas. São árvores frondosas, mas sem frutos, e é por isso que Jesus as condena à esterilidade, pois dia virá em que ficarão secas até as raízes. Isso quer dizer que todos os sistemas, todas as doutrinas que não produziram nenhum bem para a humanidade, serão reduzidas a nada; e que todos os homens voluntariamente inúteis, que não se utilizaram dos recursos de que estavam dotados, serão tratados como a figueira seca.

10. Os médiuns são os intérpretes dos Espíritos. Suprem o organismo material que falta a estes, para nos transmitirem as suas instruções. Eis porque são dotados de faculdades para esse fim. Nestes tempos de renovação social, desempenham uma missão especial: são como árvores que devem dispensar o alimento espiritual aos seus irmãos. Por isso, multiplicam-se, de maneira a que o alimento seja abundante. Espalham-se por toda parte, em todos os países, em todas as classes sociais, entre os ricos e os pobres, os grandes e os pequenos, a fim de que em parte alguma haja deserdados, e para provar aos homens que *todos são chamados*. Mas se eles desviam de seu fim providencial a faculdade preciosa que lhes foi concedida, se a colocam a serviço de coisas fúteis e prejudiciais, ou dos interesses mundanos; se, em vez de frutos salutares, dão maus frutos; se recusam-se a torná-la proveitosa para os outros; se nem mesmo para si tiram os proveitos da melhoria própria, então assemelham-se à figueira estéril. Deus, então, lhes retirará um dom que se tornou inútil entre as suas mãos: a semente que não souberam semear; e os deixarão cair como presas dos maus Espíritos.

INSTRUÇÕES DOS ESPÍRITOS

FÉ, MÃE DA ESPERANÇA E DA CARIDADE

• José •
Espírito Protetor, Bordeaux, 1862

11. A fé, para ser proveitosa, deve ser ativa; não pode adormecer. Mãe de todas as virtudes que conduzem a Deus, deve velar atentamente pelo desenvolvimento das suas próprias filhas.

A esperança e a caridade são uma consequência da fé. Essas três virtudes formam uma trindade inseparável. Não é a fé que nos sustenta a esperança de vermos cumpridas as promessas do Senhor, porque, se não tivermos fé, que esperaremos? Não é a fé que nos dá o amor? Pois, se não tiverdes fé, que reconhecimento tereis, e por conseguinte, que amor?

A fé, divina inspiração de Deus, desperta todos os sentimentos que conduzem o homem ao bem: é a base da regeneração. É, pois, necessário, que essa base seja forte e durável, pois se a menor dúvida puder abalá-la, que será do edifício que construístes sobre ela? Erguei, portanto, esse edifício, sobre alicerces inabaláveis. Que a vossa fé seja mais forte que os sofismas e as zombarias dos incrédulos, pois a fé que não desafia o ridículo dos homens, não é a verdadeira fé.

A fé sincera é dominadora e contagiosa. Comunica-se aos que não a possuíam, e nem mesmo desejariam possuí-la; encontra palavras persuasivas, que penetram na alma, enquanto a fé aparente só tem palavras sonoras, que produzem o frio e a indiferença. Pregai pelo exemplo da vossa fé, para transmiti-la aos homens; pregai pelo exemplo das vossas obras, para que vejam o mérito da fé; pregai pela vossa inabalável esperança, para que vejam a confiança que fortifica e estimula a enfrentar todas as vicissitudes da vida.

Tende, portanto, a verdadeira fé, na plenitude da sua beleza e da sua bondade, na sua pureza e na sua racionalidade. Não aceiteis a fé sem comprovação, essa filha cega da cegueira. Amai a Deus, mas sabei porque o amais. Crede nas suas promessas, mas sabei porque o fazeis. Segui os nossos conselhos, mas conscientes dos fins que vos propomos e dos meios que vos indicamos para atingi-los. Crede e esperai, sem fraquejar: os milagres são produzidos pela fé.

A FÉ DIVINA E A FÉ HUMANA

• Um Espírito Protetor •
Paris, 1863

12. A fé é o sentimento inato, no homem, da sua destinação. É a consciência das prodigiosas faculdades que traz em germe no íntimo, a princípio em estado latente, mas que ele deve fazer germinar e crescer, através da sua vontade ativa.

Até o presente, a fé só foi compreendida no seu sentido religioso, porque o Cristo a revelou como poderosa alavanca, e porque nele só viram um chefe de religião. Mas o Cristo, que realizou verdadeiros milagres, mostrou, por esses mesmos milagres, quanto pode o homem que tem fé, ou seja, que tem a *vontade de querer* e a certeza de que essa vontade pode realizar-se a si mesma. Os apóstolos, com o seu exemplo, também não fizeram milagres? Ora, o que eram esses milagres, senão os efeitos naturais de uma causa desconhecida dos homens de então, mas hoje em grande parte explicada, e que será completamente compreendida pelo estudo do Espiritismo e do Magnetismo?

A fé é humana ou divina, segundo a aplicação que o homem der às suas faculdades, em relação às necessidades terrenas ou às suas aspirações celestes e futuras. O homem de gênio, que persegue a realização de um grande empreendimento, triunfa se tem fé, porque sente em si mesmo que pode e deve triunfar, e essa certeza íntima lhe dá uma extraordinária força. O homem de bem que, crendo no seu futuro celeste, quer preencher a sua vida com nobres e belas ações, tira da sua fé, da certeza da felicidade que o espera, a força necessária, e ainda nesse caso se realizam os milagres da caridade, do sacrifício e da abnegação. E, por fim, não há más inclinações que, com a fé, não possam ser vencidas.

O magnetismo é uma das maiores provas do poder da fé, quando posta em ação. É pela fé que ele cura e produz esses fenômenos estranhos que, antigamente, foram qualificados de milagres.

Eu vos repito: *a fé é humana e divina*. Se todas as criaturas encarnadas estivessem suficientemente persuadidas da força que trazem consigo, e se quisessem por a sua vontade a serviço dessa força, seriam capazes de realizar o que até hoje chamais de prodígios, e que é simplesmente o desenvolvimento das faculdades humanas.

CAPÍTULO XX

TRABALHADORES DA ÚLTIMA HORA

INSTRUÇÕES DOS ESPÍRITOS: OS ÚLTIMOS SERÃO OS PRIMEIROS – MISSÃO DOS ESPÍRITAS – OS OBREIROS DO SENHOR

1. O Reino dos Céus é semelhante a um homem pai de família que ao romper da manhã saiu a assalariar trabalhadores para a sua vinha. E feito com os trabalhadores ajuste de um dinheiro por dia, mandou-os para a sua vinha. E tendo saído junto da terceira hora, viu estarem outros na praça, ociosos. E disse-lhes: Ide vós também para a minha vinha, e dar-vos-ei o que for justo. E eles foram. Saiu porém outra vez, junto da hora sexta, e junto da hora nona, e fez o mesmo. E junto da undécima hora tornou a sair, e achou outros que lá estavam, e disse: por que estais vós aqui todo o dia, ociosos? Responderam-lhe eles: Porque ninguém nos assalariou. Ele lhes disse: Ide vós também para a minha vinha. Porém, lá no fim da tarde, disse o senhor da vinha ao seu mordomo: Chama os trabalhadores e paga-lhes o jornal, começando pelos últimos e acabando nos primeiros.Tendo chegado, pois, os que foram junto da hora undécima, recebeu cada um seu dinheiro. E chegando também os que tinham ido primeiro, julgaram que haviam de receber mais: porém, também estes não receberam mais do que um dinheiro cada um. E ao recebê-lo, murmuravam contra o pai de família, dizendo: Estes que vieram por último não trabalharam senão uma hora, e tu os igualaste conosco, que aturamos o peso do dia e da calma. Porém ele, respondendo a um deles, lhe disse: Amigo, eu não te faço agravo; não convieste tu comigo num dinheiro? Toma o que te pertence, e vai-te, que eu de

mim quero dar, também a este último, tanto quanto a ti. Visto isso, não me é lícito fazer o que quero? Acaso o teu olho é mau, porque eu sou bom? Assim serão últimos os primeiros, e primeiros os últimos, porque são muitos os chamados e poucos os escolhidos. (Mateus, XX: 1-16. Ver cap. XVIII, "Parábola da Festa de Núpcias".)

INSTRUÇÕES DOS ESPÍRITOS

OS ÚLTIMOS SERÃO OS PRIMEIROS

• Constantino •
Espírito Protetor, Bordeaux, 1863

2. O trabalhador da última hora tem direito ao salário. Mas, para isso é necessário que se tenha conservado com boa vontade à disposição do Senhor que o devia empregar, e que o atraso não seja fruto da sua preguiça ou da sua má vontade. Tem direito ao salário, porque, desde o alvorecer, esperava impacientemente aquele que, por fim, o chamava ao labor. Era trabalhador, e apenas lhe faltava o que fazer.

Se tivesse, entretanto, recusado o trabalho a qualquer hora do dia; se tivesse dito: "Tenham paciência; gosto de descansar. Quando soar a última hora, pensarei no salário do dia. Que me importa esse patrão que não conheço e não estimo? Quanto mais tarde, melhor!" Nesse caso, meus amigos, não receberia o salário do trabalho, mas o da preguiça.

Que dizer, então, daquele que, em vez de simplesmente esperar, tivesse empregado as suas horas de trabalho para cometer estropolias? Que tivesse blasfemado contra Deus, vertido o sangue de seus semelhantes, perturbado as famílias, arruinado homens de boa-fé, abusado da inocência? Que tivesse, enfim, se lançado a todas as ignomínias da humanidade? O que será dele? Será suficiente dizer, à última hora: "Senhor, usei mal o meu tempo; empregai-me até o fim do dia, para que eu faça um pouco, um pouquinho que seja da minha tarefa, e pagai-me o salário do trabalhador de boa vontade?" Não, não! Porque o Senhor lhe dirá: "Não tenho agora nenhum trabalho para ti. Esperdiçaste o teu tempo, esqueceste o que havias aprendido, não sabes mais trabalhar na minha vinha. Cuida, pois, de aprender de novo, e quando te sentires bem disposto, vem procurar-me e te franquearei as minhas terras, onde poderás trabalhar a qualquer hora do dia".

Bons espíritas, meus bem-amados, todos vós sois trabalhadores da última hora. Bem orgulhoso seria o que dissesse: "Comecei o trabalho de madrugada e só o terminarei ao escurecer". Todos viestes quando chamados, uns mais cedo, outros mais tarde, para a encarnação cujos grilhões carregais. Mas há quantos e quantos séculos o Senhor vos chamava para a sua vinha, sem que aceitásseis o convite? Eis chegado, agora, o momento de receber o salário. Empregai bem esta hora que vos resta. Não vos esqueçais de que a vossa existência, por mais longa que vos pareça, não é mais do que um momento muito breve, na imensidade dos tempos que constituem para vós a eternidade.

• **Henri Eine** •
Paris, 1863

3. Jesus amava a simplicidade dos símbolos. Na sua vigorosa expressão, os trabalhadores da primeira hora são os Profetas, Moisés, e todos os Iniciadores que marcaram as diversas etapas do progresso, continuadas através dos séculos pelos Apóstolos, os Mártires, os Pais da Igreja, os Sábios, os Filósofos e, por fim, os Espíritas. Estes, que vieram por último, foram entretanto anunciados e preditos desde o advento do Messias. Receberão, pois, a mesma recompensa. Que digo? Receberão uma recompensa maior. Últimos a chegar, os Espíritas aproveitam o trabalho intelectual dos seus antecessores, porque o homem deve herdar do homem, e porque os trabalhos e seus resultados são coletivos: Deus abençoa a solidariedade.

Muitos dos antigos revivem hoje, ou reviverão amanhã, para acabar a obra que haviam começado. Mais de um patriarca, mais de um profeta, mais de um discípulo do Cristo, e de um divulgador da fé cristã se encontram, entre vós. Ressurgem mais esclarecidos, mais adiantados, e já não trabalham mais nos fundamentos, mas na cúpula do edifício. Seu salário será, portanto, proporcional ao mérito da obra.

A reencarnação, esse belo dogma, eterniza e precisa a filiação espiritual. O Espírito, chamado a prestar contas do seu mandato terreno, compreende a continuidade da tarefa interrompida, mas sempre retomada. Vê e sente que apanhou no ar o pensamento de seus antecessores. Reinicia a luta, amadurecido pela experiência, para ainda mais avançar. E todos, trabalhadores da primeira e da última hora, de olhos bem abertos sobre a profundidade da Justiça de Deus, não mais se queixam, mas se põe a adorá-LO.

Este é um dos verdadeiros sentidos dessa parábola, que encerra, como todas as que Jesus dirigiu ao povo, as linhas do futuro, e também, através de suas formas e imagens, a revelação dessa magnífica unidade que harmoniza todas as coisas no universo, dessa solidariedade que liga todos os seres atuais ao passado e ao futuro.

MISSÃO DOS ESPÍRITAS
• Erasto •
Paris, 1863

4. Não percebeis desde já a formação da tempestade que deve assolar o Velho Mundo, e reduzir a nada a soma das iniquidades terrenas? Ah, bendizei o Senhor, vós que tendes fé na sua soberana justiça, e que, novos apóstolos da crença revelada pelas vozes proféticas superiores, ides pregar o dogma novo da *reencarnação* e da elevação dos Espíritos, segundo o bom ou mau desempenho de suas missões e a maneira porque suportaram as suas provas terrenas.

Deixai de temores! As línguas de fogo estão sobre as vossas cabeças. Oh, verdadeiros adeptos do Espiritismo: vós sois os eleitos de Deus! Ide e pregai a palavra divina. É chegada a hora em que deveis sacrificar os vossos hábitos, os vossos trabalhos, as vossas futilidades, à sua propagação. Ide e pregai: os Espíritos elevados estão convosco. Falareis, certamente, a pessoas que não quererão escutar a palavra de Deus, porque essa palavra os convida incessantemente ao sacrifício.

Pregareis o desinteresse aos avarentos, a abstinência aos dissolutos, a mansidão aos tiranos domésticos e aos déspotas: palavras perdidas, bem sei mas que importa! É necessário regar com o vosso suor o terreno em que deveis semear, porque ele não frutificará, não produzirá, senão sob os esforços incessantes da enxada e da charrua evangélicas. Ide e pregai!

Sim, vós todos, homens de boa-fé, que tendes consciência de vossa inferioridade, ao contemplar no infinito os mundos espaciais, parti em cruzada contra a injustiça e a iniquidade. Ide e aniquilai o culto do bezerro de ouro, que dia a dia mais se expande. Ide, que Deus voz conduz! Homens simples e ignorantes, vossas línguas se soltarão, e falareis como nenhum orador sabe falar. Ide e pregai, que as populações atentas receberão com alegria as vossas palavras de consolação, de fraternidade, de esperança e de paz.

Que importam as ciladas que armarem no vosso caminho? Somente os lobos caem nas armadilhas de lobos, pois o pastor saberá defender as suas ovelhas contra os carrascos imoladores.

Ide, homens que sois grande perante Deus, e que, mais felizes do que Tomé, credes sem querer ver e aceitais os fatos da mediunidade, mesmo quando nada conseguistes obter por vós mesmos. Ide: o Espírito de Deus vos guia!

Marcha, pois, para a frente, grandiosa falange da fé! E os pesados batalhões dos incrédulos se desvanecerão diante de ti, como as névoas da manhã aos primeiros raios do Sol.

A fé é a virtude que transporta montanhas, disse Jesus. Mas, ainda mais pesadas que as maiores montanhas, são as jazidas da impureza e de todos os vícios da impureza, no coração humano. Parti, pois, cheios de coragem, para remover essas montanhas de iniquidades que as gerações futuras não devem conhecer, senão como pertencentes à idade das lendas, da mesma maneira como só imperfeitamente conheceis os períodos anteriores à civilização pagã.

Sim, as revoluções morais e filosóficas vão eclodir em todos os pontos do globo. Aproxima-se a hora em que a luz divina brilhará sobre os dois mundos.

Ide, pois, levando a palavra divina aos grandes, que a desdenharão; aos sábios, que desejarão prová-la; e aos simples e pequeninos, que a aceitarão, pois principalmente entre os mártires do trabalho, nesta expiação terrena, encontrareis entusiasmo e fé. Ide, que estes receberão jubilosos, agradecendo e louvando a Deus, a consolação divina que lhe oferecerdes; e, baixando a fronte, renderão graças pelas aflições que a Terra lhes reservou.

Arme-se de decisão e coragem a vossa falange! Mãos à obra! O arado está pronto, a terra preparada: arai!

Ide e agradecei a Deus a gloriosa tarefa que vos concedeu. Mas, cuidado, que entre os chamados para o Espiritismo, muitos se desviaram da senda! Atentai, pois, no vosso caminho, e buscai a verdade.

Perguntareis, então: se entre os chamados para o Espiritismo, muitos se transviaram, como reconhecer os que se acham no bom caminho?

Responderemos: podeis reconhecê-los pelo ensino e a prática dos verdadeiros princípios de caridade; pela consolação que distribuírem aos aflitos; pelo amor que dedicarem ao próximo; pela sua abnegação e o seu altruísmo. Podeis reconhecê-los, finalmente, pela vitória dos seus princípios, porque Deus quer que a Sua lei triunfe, e os que a seguem são os escolhidos, que vencerão. Os que, porém, falseiam o espírito dessa lei, para satisfazerem sua vaidade e sua ambição, esses serão destruídos.

OS OBREIROS DO SENHOR

• **Espírito da Verdade** •
Paris, 1862

5. Chegastes no tempo em que se cumprirão as profecias referentes à transformação da Humanidade. Felizes serão os que tiverem trabalhado o campo do Senhor com desinteresse, e movidos apenas pela caridade! Suas jornadas de trabalho serão pagas ao cêntuplo do que tenham esperado. Felizes serão os que houverem dito a seus irmãos: "Trabalhemos juntos, e unamos os nossos esforços, a fim de que o Senhor, na sua vinda, encontre a obra acabada", porque a esses o Senhor dirá: Vinde a mim, vós que sois os bons servidores, vós que soubestes calar os vossos melindres e as vossas discórdias, para que a obra não sofresse!"

Mas infelizes os que, por suas dissenções, houverem retardado a hora da colheita, porque a tempestade chegará e eles serão levados no turbilhão! Nessa hora clamarão: "Graça! Graça!" Mas o Senhor lhes dirá: "Por que pedis graça, se não tivestes piedade de vossos irmãos, se vos recusastes a lhes estender as mãos, e se esmagastes o fraco em vez de o socorrer? Por que pedis graça, se procurastes a recompensa nos prazeres da terra e na satisfação do vosso orgulho? Já recebestes a vossa recompensa, de acordo com a vossa vontade. Nada mais tendes a pedir. As recompensas celestes são para aqueles que não houverem pedido recompensas da terra".

Deus faz, neste momento, a enumeração dos seus servidores fiéis. E já marcou pelo seu dedo os que só têm a aparência do devotamento, para que não usurpem o salário dos servidores corajosos. Porque é a esses, que não recuaram diante de sua tarefa, que vai confiar os postos mais difíceis, na grande obra da regeneração pelo Espiritismo. E estas palavras se cumprirão: "Os primeiros serão os últimos, e os últimos serão os primeiros no Reino dos Céus!"

CAPÍTULO XXI

FALSOS CRISTOS E FALSOS PROFETAS

CONHECE-SE A ÁRVORE PELOS FRUTOS – MISSÃO DOS PROFETAS – PRODÍGIOS DOS FALSOS PROFETAS – NÃO ACREDITEIS EM TODOS OS ESPÍRITOS – *INSTRUÇÕES DOS ESPÍRITOS:* OS FALSOS PROFETAS – CARACTERES DO VERDADEIRO PROFETA – OS FALSOS PROFETAS DA ERRATICIDADE – JEREMIAS E OS FALSOS PROFETAS

CONHECE-SE A ÁRVORE PELOS FRUTOS

1. Porque não é boa a árvore a que dá maus frutos, nem má árvore a que dá bons frutos. Porquanto cada árvore é conhecida pelo seu fruto. Porque nem os homens colhem figos dos espinheiros, nem dos abrolhos vindimam uvas. O homem bom, do bom tesouro do seu coração tira o bem; e o homem mau, do mau tesouro tira o mal. Porque, do que está cheio o coração, disso é que fala a boca. (Lucas, VI: 43-45).

2. Guardai-vos dos falsos profetas, que vêm a vós vestidos de ovelhas, e por dentro são lobos roubadores. Pelos seus frutos os conhecereis. Porventura os homens colhem uvas dos espinheiros, ou figos dos abrolhos? Assim, toda árvore boa dá bons frutos, e a árvore má dá maus frutos. Não pode a árvore boa dar maus frutos, nem a árvore má dar bons frutos. Toda árvore que não dá bons frutos será cortada e lançada no fogo. Assim, pois, pelos seus frutos os conhecereis. (Mateus, VII: 15-20).

3. E respondendo Jesus, lhes disse: Vede, não vos engane alguém; porque virão muitos em meu nome, dizendo: Eu sou o Cristo; e enganarão a muitos. – E levantar-se-ão muitos falsos profetas, e enganarão a muitos. E porquanto multiplicar-se-á a iniquidade, se resfriará a caridade de muitos. Mas o que perseverar até o fim, esse será salvo. – Então, se alguém vos disser: Olhai, aqui está o Cristo; ou, ei-lo acolá, não lhe deis crédito. Porque se levantarão falsos cristos e falsos profetas, que farão grandes prodígios, e maravilhas tais que, se fora possível, até os escolhidos se enganariam. (Mateus, XXIV: 4-5, 11-13, 23-24 e semelhante em Marcos, XIII: 5-6, 21-22).

4. Atribui-se geralmente aos profetas o dom de revelar o futuro, de maneira que as palavras *profecia e predição* se tornaram sinônimas. No sentido evangélico, a palavra *profeta* tem uma significação mais ampla, aplicando-se a todo enviado de Deus, com a missão de instruir os homens e de lhes revelar as coisas ocultas, os mistérios da vida espiritual. Um homem pode, portanto, ser profeta, sem fazer predições. Essa era a ideia dos judeus, no tempo de Jesus. Eis porque, ao ser levado perante o sumo sacerdote Caifás, os Escribas e os Anciãos, que estavam ali reunidos, lhe cuspiram no rosto e lhe deram socos e bofetadas, dizendo: "Cristo, profetiza, e dize quem foi que te bateu." Houve profetas, entretanto, que tiveram a presciência do futuro, seja por intuição ou por revelação providencial, a fim de transmitirem advertências aos homens. Como essas predições se realizaram, o dom de predizer o futuro foi considerado como um dos atributos da qualidade de profeta.

PRODÍGIOS DOS FALSOS PROFETAS

5. "Porque se levantarão falsos cristos e falsos profetas, que farão prodígios e sinais espantosos, para enganarem até mesmo os escolhidos." Essas palavras dão o verdadeiro sentido da palavra *prodígio*. Na acepção teológica, os prodígios e os milagres são fenômenos excepcionais, que escapam às leis da natureza. Estas leis, tendo sido estabelecidas exclusivamente por Deus, não há dúvida que podem ser derrogadas por Ele, quando lhe aprouver. O simples bom senso nos diz, porém, que Ele não pode haver conferido a seres inferiores e perversos um poder igual ao seu, e menos ainda o direito de desfazerem o que Ele fez. Jesus não podia consagrar esse princípio. Se acreditarmos, portanto, segundo o sentido que se atribui àquelas palavras, que o Espírito do Mal tem o poder de fazer tais prodígios, que até mesmo os escolhidos seriam enganados, disso resultaria que, podendo ele fazer o mesmo que Deus faz, os prodígios e os milagres não são privilégio exclusivo dos enviados de Deus, e por isso nada prova, desde que nada distingue os milagres dos santos dos milagres dos demônios. É pois necessário buscarmos um sentido mais racional para aquelas palavras.

Aos olhos do povo, todo fenômeno cuja causa é desconhecida passa por sobrenatural, maravilhoso e miraculoso. Conhecida a causa, reconhece-se que o fenômeno, por mais extraordinário que pareça, não é mais do que a aplicação de uma determinada lei da natureza. É assim que a área dos fatos sobrenaturais se restringe, à medida que se amplia a das leis científicas. Desde todos os tempos, certos homens exploram, em proveito de sua ambição, de seus interesses e de seu desejo de dominação, certos conhecimentos que possuíam, para conseguirem o prestígio de um poder supostamente sobre-humano ou de uma pretensa missão divina.

São esses os falsos cristos e os falsos profetas. A difusão dos conhecimentos vem desacreditá-los, de maneira que o seu número diminui, à medida que os homens se esclarecem. O fato de operarem aquilo que, aos olhos de algumas pessoas parece prodígio não é, portanto, nenhum sinal de missão divina. Esses prodígios podem resultar de conhecimentos que qualquer um pode adquirir, ou de faculdades orgânicas especiais, que tanto o mais indigno como o mais digno podem possuir. O verdadeiro profeta se reconhece por características mais sérias, exclusivamente de ordem moral.

NÃO ACREDITEIS EM TODOS OS ESPÍRITOS

6. Caríssimos, não acrediteis em todos os Espíritos, mas provai se os Espíritos são de Deus, porque são muitos os falsos profetas que se levantaram no mundo. (JOÃO, Epístola I, *cap. IV: 1*).

7. Os fenômenos espíritas, longe de confirmarem os falsos cristos e os falsos profetas, como algumas pessoas gostam de dizer, vêm, pelo contrário, dar-lhes o último golpe. Não soliciteis milagres nem prodígios ao Espiritismo, porque ele declara formalmente que não os produz. Da mesma maneira que a Física, a Química, a Astronomia, a Geologia, revelaram as leis do mundo material, ele vem revelar outras leis desconhecidas, que regem as relações do mundo corpóreo com o mundo espiritual. Essas leis, tanto quanto as científicas, pertencem também à natureza. Dando, assim, a explicação de uma ordem de fenômenos até agora incompreendidos, o Espiritismo destrói o que ainda restava do domínio do maravilhoso.

Como se vê, os que fossem tentados a explorar esses fenômenos em proveito próprio, fazendo-se passar por enviados de Deus, não poderiam abusar por muito tempo da credulidade alheia, e bem logo seriam desmascarados. Aliás, como já ficou dito, esses fenômenos nada provam por si mesmos: a missão se prova por efeitos morais, que nem todos podem produzir. Esse é um dos resultados do desenvolvimento da ciência espírita, que pesquisando a causa de certos fenômenos, levanta o véu de muitos mistérios. Os que preferem a obscuridade à luz, são os únicos interessados em combatê-la. Mas a verdade é como o Sol: dissipa os mais densos nevoeiros.

O Espiritismo vem revelar outra categoria de falsos cristos e de falsos profetas, bem mais perigosa, e que não se encontra entre os homens, mas entre os desencarnados. É a dos Espíritos enganadores, hipócritas, orgulhosos e pseudossábios, que passaram da Terra para a erraticidade, e se disfarçam com nomes veneráveis, para procurar, através da máscara que usam, tornar aceitáveis as suas ideias, frequentemente as mais bizarras e absurdas. Antes que as relações mediúnicas fossem conhecidas, eles exerciam a sua ação de maneira menos ostensiva, pela inspiração, pela mediunidade inconsciente, auditiva ou de incorporação. O número dos que, em diversas épocas, mas sobretudo nos últimos tempos, se apresentaram como alguns dos antigos profetas, como o Cristo, como Maria, sua mãe, e até mesmo como Deus, é considerável.

São João nos põe em guarda contra eles, quando adverte: "Meus bem-amados, não acrediteis em todos os Espíritos, mas provai se os Espíritos são de Deus; porque muitos falsos profetas se têm levantado no mundo." O Espiritismo nos oferece os meios de experimentá-los, ao indicar as características pelas quais se reconhecem os bons Espíritos, características *sempre morais e jamais materiais. (Ver* O Livro dos Médiuns, *Caps. 24 e segs.).* É sobretudo ao discernimento dos bons e dos maus Espíritos, que podemos aplicar as palavras de Jesus: "Reconhece-se a árvore pelos seus frutos; uma boa árvore não pode dar maus frutos, e uma árvore má não pode dar bons frutos." Julgam-se os Espíritos pela qualidade de suas obras, como a árvore pela qualidade de seus frutos.

INSTRUÇÕES DOS ESPÍRITOS

OS FALSOS PROFETAS

• Luís •
Bordeaux, 1861

8. Se alguém vos disser: "O Cristo está ali", não o procureis, mas, ao contrário, ponde-vos em guarda, porque são numerosos os falsos profetas. Então não vedes quando as folhas da figueira começam a embranquecer; não vedes os numerosos rebentos ansiando pela época da floração; e o Cristo não vos disse: "Conhece-se a árvore pelos seus frutos?" Se, pois, os frutos são amargos, considerais a árvore má; mas se são doces e saudáveis, dizeis: "Nada tão puro poderia sair de um tronco mau".

É assim, meus irmãos, que deveis julgar: são as obras que devem ser examinadas. Se os que se dizem revestidos do poder divino revelam todos os sinais de semelhante missão, ou seja, se eles possuem, no mais alto grau, as virtudes cristãs e eternas: a caridade, o amor, a indulgência, a bondade que concilia todos os corações; e se, confirmando as palavras, lhes juntam os atos; então podereis dizer: estes são realmente os enviados de Deus.

Mas desconfiai das palavras melífluas, desconfiai dos escribas e dos fariseus, que pregam nas praças públicas, vestidos de longas vestes. Desconfiai dos que pretendem estar na posse da exclusiva e única verdade!

Não, não, o Cristo não está lá, porque aqueles que ele envia, para propagar a sua santa doutrina e regenerar o povo, são sempre, a seu próprio exemplo, mansos e humildes de coração, acima de tudo o mais; os que devem, por seus exemplos e seus conselhos, salvar a humanidade, que corre para a perdição e se desvia por caminhos tortuosos, serão, antes de mais nada, inteiramente modestos e humildes. Todo aquele que revela um átomo de orgulho, fugi dele como de uma lepra contagiosa, que corrompe tudo o que toca. Lembrai-vos de que *cada criatura traz na fronte, mas sobretudo nos atos, a marca de sua grandeza ou de sua decadência.*

Avançai, pois, meus queridos filhos, marchai sem vacilações, sem segundas intenções, na bendita caminhada que empreendestes. Avançai, avançai sempre, sem nenhum temor, e afastai corajosamente tudo o que poderia dificultar a vossa marcha para o objetivo eterno. Viajores, não estareis mais do que um breve tempo nas trevas e dores da prova, se vossos corações se deixarem levar por esta suave doutrina, que vem revelar-vos as leis eternas, satisfazendo todas as aspirações da vossa alma diante do infinito!

Sim, desde já podereis corporificar esses silfos alígeros, que perpassam nos vossos sonhos, e que, tão efêmeros, só podiam deleitar o vosso espírito, sem nada dizerem ao vosso coração. Agora, meus amigos, a morte desapareceu, cedendo lugar ao anjo radioso que conheceis, o anjo do reencontro e da reunião. Agora, vós que bem cumpristes a tarefa que o Criador vos deu, nada mais tendes a temer da sua justiça, porque ele é pai e perdoa sempre aos seus filhos desgarrados, que clamam por misericórdia. Continuai, portanto, avançai sem cessar! Que a vossa divisa seja a do progresso constante em todas as coisas, até chegardes ao termo feliz em que vos esperam, afinal, todos aqueles que vos precederam.

CARACTERES DO VERDADEIRO PROFETA

• Erasto •
Paris, 1862

9. *Desconfiai dos falsos profetas!* Esta recomendação é útil em todos os tempos, mas sobretudo nos momentos de transição, em que, como neste, se elabora uma transformação da humanidade. Porque nesses momentos uma multidão de ambiciosos e farsantes se arvoram em reformadores e messias. *É contra esses impostores que se deve estar em guarda, e o dever de todo homem honesto é desmascará-los*[1]. Perguntareis, sem dúvida, como se pode conhecê-los, e eis aqui os seus sinais.

Não se confia o comando de um exército senão a um general hábil e capaz de o dirigir. Acreditais que Deus seja menos prudente que os homens? Ficai certos de que ele só confia missões importantes aos que sabe que são capazes de cumpri-las, porque as grandes missões são pesados fardos, que esmagariam os carregadores demasiado fracos. Como em todas as coisas, também nisto o mestre deve saber mais do que o aluno. Para fazer avançar a humanidade,

---

(1) O grifo é nosso, para acentuar a importância dessas obrigações neste momento, em que a profecia se cumpre. (N. do T.)

moral e intelectualmente, são necessários homens superiores em inteligência e moralidade! Eis porque são sempre Espíritos já bastante avançados, que fizeram suas provas em outras existências, os que se encarnam para essas missões; pois se nada forem superiores ao meio em que devem agir, nada poderão fazer.

Assim sendo, concluireis que o verdadeiro missionário de Deus deve provar que o é pela sua superioridade, pelas suas virtudes, pela sua grandeza, pelos resultados e a influência moralizadora de suas obras. Tirai ainda esta outra consequência: se ele estiver, pelo seu caráter, pelas suas virtudes, pela sua inteligência, abaixo do papel que se arroga, ou do personagem cujo nome utiliza, não passa de um farsante de baixa classe, que não sabe sequer imitar o seu modelo.

Outra consideração a fazer é a de que a maior parte dos verdadeiros missionários de Deus ignoram que o sejam. Realizam aquilo para que foram chamados, graças ao poder de seu próprio gênio, secundados pelo poder oculto que os inspira e os dirige, à sua revelia, e sem que o tivessem premeditado. Numa palavra: *Os verdadeiros profetas se revelam pelos seus atos e são descobertos pelos outros, enquanto os falsos profetas se apresentam por si mesmos como enviados de Deus.* Os primeiros são humildes e modestos; os segundos, orgulhosos e cheios de si, falam com arrogância, e como todos os mentirosos, parecem sempre receosos de não serem aceitos.

Já se viram desses impostores apresentarem-se como apóstolos do Cristo, outros como o próprio Cristo e, para vergonha da humanidade, encontraram pessoas bastante crédulas para aceitarem as suas imposturas. Uma observação bem simples, entretanto, bastaria para abrir os olhos aos mais cegos: se o Cristo reencarnasse na Terra, o faria com todo o seu poder e todas as suas virtudes, a menos que se admita, o que seria absurdo, que ele houvesse degenerado. Ora, da mesma maneira que se tirarmos a Deus um dos seus atributos, já não teremos Deus, se tirarmos uma só virtude do Cristo, não mais o teremos.

Esses que se apresentam como o Cristo revelam todas as suas virtudes? Eis a questão. Observai-os, sondai-lhes os pensamentos e os atos, e verificareis que lhes faltam sobretudo as qualidades distintivas do Cristo: a humildade e a caridade, enquanto lhes sobram as que ele não tinha: a cupidez e o orgulho. Nota ainda que neste momento existem, em diversos países, muitos pretensos cristos, como há também numerosos e pretensos Elias, supostos

São João ou São Pedro, e que necessariamente não podem ser todos verdadeiros. Podeis estar certos de que são exploradores da credulidade, que acham cômodo viver às expensas daqueles que lhes dão ouvidos.

Desconfiai, portanto, dos falsos profetas, sobretudo numa época de renovação, porque muitos impostores se apresentarão como enviados de Deus. São os que buscam uma vaidosa satisfação sobre a Terra, mas podeis estar certos de que uma terrível justiça os espera!

OS FALSOS PROFETAS DA ERRATICIDADE

• Erasto •
Discípulo de São Paulo, 1862

10. Os falsos profetas não existem apenas entre os encarnados, mas também, e muito mais numerosos, entre os Espíritos orgulhosos que, fingindo amor e caridade, semeiam a desunião e retardam o trabalho de emancipação da Humanidade, impingindo-lhe os seus sistemas absurdos, através dos médiuns que os servem. Esses falsos profetas, para melhor fascinar os que desejam enganar, e para dar maior importância às suas teorias, disfarçam-se inescrupulosamente com nomes que os homens só pronunciam com respeito.

São eles que semeiam os germes das discórdias entre os grupos, que os levam a isolar-se uns dos outros e a se olharem com prevenções. Bastaria isso para os desmascarar. Porque, assim agindo, eles mesmos oferecem o mais completo desmentido ao que dizem ser. Cegos, portanto, são os homens que se deixam enganar de maneira tão grosseira.

Mas há ainda muitos outros meios de os reconhecer. Os Espíritos da ordem a que eles dizem pertencer, devem ser não somente muito bons, mas também eminentemente racionais. Pois bem: passai os seus sistemas pelo crivo da razão e do bom senso, e vereis o que restará. Então concordareis comigo em que, sempre que um Espírito indicar, como remédio para os males da Humanidade, ou como meios de realizar a sua transformação, medidas utópicas e impraticáveis, pueris e ridículas, ou quando formula um sistema contraditado pelas mais corriqueiras noções científicas, só pode ser um Espírito ignorante e mentiroso.

Por outro lado, lembrai-vos de que, se a verdade nem sempre é apreciada pelos indivíduos, sempre o é pelo bom senso das massas, e isso também constitui um critério. Se dois princípios se contradizem, tereis a medida do valor intrínseco de ambos, observando qual deles encontra mais repercussão e simpatia. Com efeito, *seria ilógico admitir que uma doutrina cujo número de adeptos diminui, seja mais verdadeira que outra, cujo número aumenta.* Deus, querendo que a verdade chegue a todos, não a confina num círculo restrito, mas a faz surgir em diferentes lugares, a fim de que, por toda parte, a luz se apresente ao lado das trevas.

Repeli impiedosamente todos esses Espíritos que se manifestam como conselheiros exclusivos, pregando a divisão e o isolamento. São quase sempre Espíritos vaidosos e medíocres, que tentam impor-se a pessoas fracas e crédulas, prodigalizando-lhes louvores exagerados, a fim de fasciná-las e dominá-las. São geralmente, Espíritos sedentos de poder, que, tendo sido déspotas no lar ou na vida pública, quando vivos, ainda querem vítimas para tiranizar, depois da morte. Em geral, portanto, *desconfiai das comunicações que se caracterizam pelo misticismo e a extravagância, ou que prescrevem cerimônias e práticas estranhas.* Há sempre, nesses casos, um motivo legítimo de desconfiança.

Lembrai-vos, ainda, de que, quando uma verdade deve ser revelada à Humanidade, ela é comunicada, por assim dizer, instantaneamente, a todos os grupos sérios que possuem médiuns sérios, e não a este ou àquele, com exclusão dos outros. Ninguém é médium perfeito, se estiver obsedado, e há obsessão evidente quando um médium só recebe comunicações de um determinado Espírito, por mais elevado que este pretenda ser. Em consequência, todo médium e todo grupo que se julguem privilegiados, em virtude de comunicações que só eles podem receber, e que, além disso, se sujeitam a práticas supersticiosas, encontram-se indubitavelmente sob uma obsessão bem caracterizada. Sobretudo quando o Espírito dominante se vangloria de um nome que todos, Espíritos e encarnados, devemos honrar e respeitar, não deixando que seja comprometido a todo instante.

É incontestável que, submetendo-se ao cadinho da razão e da lógica todas as observações sobre os Espíritos e todas as suas comunicações, será fácil rejeitar o absurdo e o erro. Um médium pode ser fascinado e um grupo enganado; mas, o controle severo dos outros grupos, com o auxílio do conhecimento adquirido, e a elevada autoridade moral dos dirigentes de grupos, as comunicações dos principais médiuns, marcadas pelo cunho da lógica e da autenticidade dos Espíritos mais sérios, rapidamente farão desmascarar esses ditados mentirosos e astuciosos, procedentes de uma turba de Espíritos mistificadores ou malfazejos.

(Ver, na Introdução, o parágrafo II: Controle universal do ensino dos Espíritos. E ver, no *O Livro dos Médiuns*, o cap. XXIII, Da obsessão).

JEREMIAS E OS FALSOS PROFETAS

11. Isto diz o Senhor dos Exércitos. Não queirais ouvir as palavras dos profetas, que vos profetizam e vos enganam; falam as visões dos seus corações, não da boca do Senhor. Dizem àqueles que me blasfemam: O Senhor o disse; vós tereis a paz; e a todos aqueles que andam na corrupção do seu coração, disseram: Não virá sobre vós mal. Mas qual deles assistiu ao conselho do Senhor, e viu e ouviu a sua palavra? Quem considerou a sua palavra, e o ouviu? – Eu não enviava estes profetas, e eles corriam; não lhes falava nada, e eles profetizavam. – Tenho ouvido o que disseram os profetas, que em meu nome profetizaram a mentira, e dizem: Sonhei, tenho sonhado. Até quando se acharà isto no coração dos profetas que vaticinam a mentira, e que profetizam as seduções do seu coração? – Pois se te perguntar este povo, ou o profeta, ou o sacerdote, dizendo: Qual é o peso do Senhor? Lhes direis: Vós sois o peso, porque eu vos hei de arrojar, diz o Senhor. (JEREMIAS, XXIII: 16-18; 21; 25-26; 33).

• Luís •
Espírito Protetor, Carlsruhe, 1861

É sobre esta passagem do profeta Jeremias, que quero vos entreter, meus amigos. Deus, falando pela sua boca, disse: "É a visão do seu coração que os faz falar". Essas palavras indicam claramente que, já naquela época, os charlatães e os vaidosos abusavam do dom de profecia e o exploravam. Abusavam, portanto, da fé simples e quase cega do povo, predizendo *por dinheiro* coisas boas e agradáveis. Essa espécie de embuste estava bastante generalizada entre os judeus, e é fácil compreender que o pobre povo, em sua ignorância, estava impossibilitado de distinguir os bons dos maus, e era sempre mais ou menos enganado pelos impostores ou fanáticos que se diziam profetas. Nada é mais significativo do que estas palavras: "Eu não enviava estes profetas, e eles corriam; não lhes falava nada, e eles profetizavam". Mais adiante, encontramos: "Tenho ouvido o que disseram os profetas que em meu nome profetizaram a mentira, e dizem: Sonhei, tenho sonhado". Indicava, assim, um dos meios então empregados para explorar a confiança do povo. A multidão, sempre crédula, não pensava em lhes contestar a veracidade dos sonhos ou das visões, porque achava tudo muito natural e convidava sempre os profetas a falarem.

Depois das palavras do profeta, ouvi os sábios conselhos do apóstolo São João, quando diz: "Não creiais em todos os Espíritos, mas provai se os Espíritos são de Deus". Porque, entre os invisíveis, há também os que se comprazem em enganar, quando encontram oportunidade. Os enganados são, bem entendido, os médiuns que não tomam as necessárias precauções. Temos nisto, sem dúvida, um dos maiores escolhos, contra o qual muitos se chocam, sobretudo quando são novatos no Espiritismo. É uma prova, de que não podem triunfar senão com muita prudência. Aprendei, pois, antes de tudo, a distinguir os bons dos maus Espíritos, para não vos tornardes vós mesmos em falsos profetas.

CAPÍTULO XXII

NÃO SEPARAR O QUE DEUS JUNTOU

INDISSOLUBILIDADE DO CASAMENTO – O DIVÓRCIO

INDISSOLUBILIDADE DO CASAMENTO

1. E chegaram-se a ele os Fariseus, tentando-o e dizendo: É porventura lícito a um homem repudiar a sua mulher, por qualquer causa? Ele, respondendo, lhes disse: Não tendes lido que quem criou o homem, desde o princípio os fez macho e fêmea? E disse: Por isso, deixará o homem pai e mãe, e ajuntar-se-á com sua mulher, e serão dois numa só carne. Assim que já não são dois, mas uma só carne. Não separe logo o homem o que Deus ajuntou. Replicaram-lhe eles: Pois por que mandou Moisés dar o homem à sua mulher carta de desquite, e repudiá-la? Respondeu-lhes: Porque Moisés, pela dureza de vossos corações, vos permitiu repudiar vossas mulheres, mas ao princípio não foi assim. Eu, pois, vos declaro, que todo aquele que repudiar sua mulher, se não for por causa da fornicação, e casar com outra, comete adultério, e o que se casar com a que o outro repudiou, comete adultério. (Mateus, XIX: 3-9).

2. A não ser o que procede de Deus, nada é imutável no mundo. Tudo o que procede do homem está sujeito a mudanças. As leis da natureza são as mesmas em todos os tempos e em todos os países; as leis humanas, porém, modificam-se segundo os tempos, os lugares, e o desenvolvimento intelectual. No casamento, o que é de ordem divina é a união conjugal, para que se opere a renovação dos seres que morrem. Mas as condições que regulam essa união são de tal maneira humanas, que não há em todo o mundo, e mesmo na cristandade, dois países em que elas sejam absolutamente iguais, e não há mesmo um só em que elas não tenham sofrido modificações através dos tempos. Resulta desse fato que, perante a lei civil, o que é legítimo num país e em certa época, torna-se adultério noutro país e noutro tempo. Isso porque a lei civil tem por fim regular os interesses familiais, e esses interesses variam segundo os costumes e as necessidades locais. É assim, por exemplo, que em certos países o casamento religioso é o único legítimo, enquanto em outros o casamento civil é suficiente.

3. Mas, na união conjugal, ao lado da lei divina material, comum a todos os seres vivos, existe outra lei divina, imutável como todas as leis de Deus, e exclusivamente moral, que é a lei do amor. Deus quis que os seres se unissem, não somente pelos laços carnais, mas também pelos da alma, a fim de que a mútua afeição dos esposos se estenda aos filhos, e para que sejam dois, em vez de um, a amá-los, tratá-los e fazê-los progredir. Nas condições ordinárias do casamento, é levada em conta a lei do amor? Absolutamente! Não se consulta o sentimento mútuo de dois seres, que se atraem reciprocamente, pois na maioria das vezes, esse sentimento é rompido. O que se procura não é a satisfação do coração, mas a do orgulho, da vaidade, da cupidez, numa palavra: todos os interesses materiais. Quando tudo corre bem, segundo esses interesses, diz-se que o casamento é conveniente, e quando as bolsas estão bem equilibradas, diz-se que os esposos estão igualmente harmonizados e devem ser muito felizes.

Mas nem a lei civil, nem os compromissos que ela determina, podem suprir a lei do amor, se esta não presidir à união. Disso resulta, frequentemente, *que aquilo que se uniu à força, por si mesmo se separa*, e que o juramento pronunciado ao pé do altar se torna um perjúrio, se foi dito como simples fórmula. São assim as uniões infelizes, que se tornam criminosas. Dupla desgraça, que se evitaria se, nas condições do matrimônio, não se esquecesse a única lei que o sanciona aos olhos de Deus: a lei do amor. Quando Deus disse: "Serão dois numa só carne", e quando Jesus advertiu: "Não separe o homem o que Deus juntou", isso deve ser entendido segundo a lei imutável de Deus, e não segundo a lei instável dos homens.

4. A lei civil seria então supérflua, e deveríamos retornar aos casamentos segundo a natureza? Não, certamente. Porque a lei civil tem por fim regular as relações sociais e os interesses familiais, segundo as exigências da civilização, e eis porque ela é útil, necessária, mas variável. Deve ela ser previdente, porque o homem civilizado não pode viver como o selvagem. Mas nada, absolutamente, impede que ela seja um corolário da lei de Deus. Os obstáculos ao cumprimento da lei divina decorrem dos preconceitos sociais e não da lei civil. Esses preconceitos embora ainda vivazes, já perderam o domínio sobre os povos esclarecidos, e desaparecerão com o progresso moral, que abrirá finalmente os olhos dos homens para os males incontáveis, as faltas, e até mesmo os crimes que resultam das uniões contraídas com vistas apenas aos interesses materiais. E um dia se perguntará se é mais humano, mais caridoso, mais moral, ligar um ao outro, dois seres que não vivem juntos, ou restituir-lhes a liberdade; se a perspectiva de uma cadeia indissolúvel não aumenta o número das uniões irregulares.

O DIVÓRCIO

5. O divórcio é uma lei humana, cuja finalidade é separar legalmente o que já estava separado de fato. Não é contrário à lei de Deus, pois só reforma o que os homens fizeram, e só tem aplicação nos casos em que a lei divina não foi considerada. Se fosse contrário a essa lei, a própria Igreja seria forçada a considerar como prevaricadores aqueles dos seus chefes que, por sua própria autoridade, e em nome da religião, impuseram o divórcio, em várias circunstâncias. Dupla prevaricação, porque praticada com vistas unicamente aos interesses materiais, e não para atender à lei do amor.

Mas nem mesmo Jesus consagrou a indissolubilidade absoluta do casamento. Não disse ele: "Moisés, pela dureza dos vossos corações, vos permitiu repudiar as vossas mulheres?" Isto significa que, desde os tempos de Moisés, não sendo a mútua afeição o motivo único do casamento, a separação podia tornar-se necessária. Mas acrescenta: "no princípio não foi assim", ou seja, na origem da Humanidade, quando os homens ainda não estavam pervertidos pelo egoísmo e orgulho, e viviam segundo a lei de Deus, as uniões, fundadas na simpatia recíproca e não sobre a vaidade ou a ambição, não davam motivo ao repúdio.

E vai ainda mais longe, pois especifica o caso em que o repúdio pode verificar-se: o de adultério. Ora, o adultério não existe onde reina uma afeição recíproca sincera. É verdade que proíbe ao homem desposar a mulher repudiada, mas é necessário considerar os costumes e o caráter dos homens do seu tempo. A lei mosaica prescrevia a lapidação para esses casos. Querendo abolir um costume bárbaro, precisava, naturalmente, de estabelecer uma penalidade, que encontrou na ignomínia decorrente da proibição de novo casamento. Era, de qualquer maneira, uma lei civil substituída por outra lei civil, que, por sua vez, como todas as leis dessa natureza, devia sofrer a prova do tempo.

CAPÍTULO XXIII

MORAL ESTRANHA

ABORRECER PAI E MÃE – ABANDONAR PAI, MÃE E FILHOS – DEIXAI OS MORTOS ENTERRAR OS SEUS MORTOS – NÃO VIM TRAZER A PAZ, MAS A ESPADA

ABORRECER PAI E MÃE

1. E muita gente ia com ele; e voltando Jesus para todos, lhes disse: Se alguém vem a mim, e não aborrece a seu pai e sua mãe, e mulher, e filhos, e irmãos, e ainda a sua mesma vida, não pode ser meu discípulo. E o que não leva a sua cruz, e vem em meu seguimento, não pode ser meu discípulo. – Assim, pois, qualquer de vós que não dá de mão a tudo o que possui, não pode ser meu discípulo. (Lucas, XIV: 25-27, 33).

2. O que ama o pai ou a mãe, mais do que a mim, não é digno de mim; e o que ama o filho, ou a filha, mais do que a mim, não é digno de mim. (Mateus, X: 37).

3. Certas palavras, aliás muito raras, contrastam de maneira tão estranha com a linguagem do Cristo, que instintivamente repelimos o seu sentido literal, e a sublimidade da sua doutrina nada sofre com isso. Escritas depois da sua morte, desde que nenhum evangelho foi escrito durante a sua vida, podemos supor que, nesses casos, o fundo do seu pensamento não foi bem traduzido, ou ainda, o que não é menos provável, que o sentido primitivo tenha sofrido alguma alteração, ao passar de uma língua para outra. Basta que um erro tenha sido cometido uma vez, para que os copistas o reproduzissem, como se vê com frequência nos fatos históricos.

A palavra *odiar*, nesta frase de Lucas: *"Se alguém vem a mim, e não odeia a seu pai e sua mãe"*, está nesse caso. Ninguém teria a ideia de atribuí-la a Jesus. Seria, pois, inútil discuti-la ou tentar justificá-la. Primeiro, seria necessário saber se ele a pronunciou, e, em caso afirmativo, se na língua em que ele se exprimia essa palavra tinha o mesmo sentido que na nossa. Nesta passagem de João: "Aquele que odeia a sua vida neste mundo a conserva para a vida eterna", é evidente que ela não exprime a ideia que lhe atribuímos[1].

A língua hebraica não era rica, e muitas das suas palavras tinham diversos significados. É o que acontece, por exemplo, com aquela que, no *Gênese*, designa as frases da criação, e servia ao mesmo tempo para exprimir um período de tempo qualquer e o período diurno. Disso resultou, mais tarde, a sua tradução pela palavra *dia*, e a crença de que o mundo fora feito em seis dias. O mesmo acontece com a palavra que designa um *camelo* e um *cabo*, porque os cabos eram feitos de pelos de camelo, e que foi traduzida por *camelo*, na alegoria da agulha. *(Ver cap. XVI, nº 2)*[2].

É necessário ainda considerar os costumes e as características dos povos que influem na natureza particular das línguas. Sem esse conhecimento, o sentido verdadeiro de certas palavras nos escapa. De uma língua para outra, a mesma palavra tem um sentido mais enérgico ou menos enérgico. Pode ser, numa língua, uma injúria ou uma blasfêmia, e nada significar, nesse sentido, em outra, conforme a ideia que exprima. Numa mesma língua as palavras mudam de significação com o passar dos séculos. É por isso que uma tradução rigorosamente literal nem sempre exprime perfeitamente o pensamento e, para ser exata, faz-se por vezes necessário empregar, não os termos correspondentes, mas outras equivalentes ou circunlóquios explicativos.

---

(1) No original francês, o verbo empregado é *odiar*, motivo porque o mantivemos no texto de Kardec. O texto evangélico acima reproduzido não é tradução do francês, mas da nossa tradução clássica da Bíblia, de Figueiredo, que emprega o verbo *aborrecer*. **(Nota do Tradutor)**.

(2) *Non odit*, em latim; *Kai* ou *misei*, em grego, não quer dizer *odiar*, mas *amar menos*, exprime ainda melhor, pois não significa apenas *odiar*, mas também *amar menos*, não amar igual a outro. No dialeto siríaco, que dizem ter sido o mais usado por Jesus, essa significação é ainda mais acentuada. É nesse sentido que ele é empregado no *Gênese* (XXIX: 30-31): "E Jacó amou também a Raquel, mais que a Lia, e Jeová, vendo que Lia era *odiada*..." É evidente que o verdadeiro sentido neste passo é: *menos amada*, e é assim que se deve traduzir. Em muitas outras passagens hebraicas, e sobretudo siríacas, o mesmo verbo é empregado no sentido de: *não amar tanto quanto a outro*, e seria um contrassenso traduzi-lo por *odiar*, que tem outra acepção bem determinada. O texto de São Mateus resolve, aliás, toda a dificuldade. – Nota de M. Pezzani.

Estas observações aplicam-se especialmente à interpretação das santas Escrituras, e em particular dos Evangelhos. Se não levarmos em conta o meio em que Jesus vivia, ficamos sujeitos a enganos sobre o sentido de certas expressões e de certos fatos, em virtude do hábito de interpretarmos os outros de acordo com as nossas próprias condições. Assim, pois, é necessário não dar à palavra odiar *(ou aborrecer)* a acepção moderna, que é contrária ao espírito do ensinamento de Jesus. *(Ver também o cap. XVI, nº 5 e segs.).*

ABANDONAR PAI, MÃE E FILHOS

4. E todo o que deixar, por amor do meu nome, a casa, ou os irmãos, ou as irmãs, ou o pai, ou a mãe, ou a mulher, ou os filhos, ou as fazendas, receberá cento por um, e possuirá a vida eterna. (MATEUS, XIX: 29).

5. Então disse Pedro: Eis aqui estamos nós, que deixamos tudo e te seguimos. Jesus lhes respondeu: Em verdade vos digo que ninguém há que uma vez que deixou pelo Reino de Deus a casa, ou os pais, ou os irmãos, ou a mulher, ou os filhos, logo neste mundo não receba muito mais, e no século futuro a vida eterna. (LUCAS, XVIII: 28-30).

6⁽*⁾**. E disse-lhe outro: Eu, Senhor, seguir-te-ei, mas dá-me licença que eu vá primeiro dispor dos bens que tenho em minha casa. Respondeu-lhe Jesus: Nenhum que mete a sua mão ao arado, e olha para trás, é apto para o Reino de Deus.** (LUCAS, IX: 61-62).

Sem discutir as palavras, devemos procurar compreender o pensamento, que era evidentemente este: *os interesses da vida futura estão acima de todos os interesses e todas as considerações de ordem humana,* porque isto concorda com a essência da doutrina de Jesus, enquanto a ideia do abandono da família seria a sua negação.

Não temos, aliás, sob os olhos, a aplicação dessas máximas no sacrifício dos interesses e das afeições da família pela pátria? Condena-se um filho que deixa o pai, a mãe, os irmãos, a mulher e os próprios filhos, para marchar em defesa do seu país? Não lhe reconhecemos, pelo contrário, o mérito de deixar as doçuras do lar e o calor das amizades, para cumprir um dever? Há, pois, deveres que se sobrepõem a outros. A lei não sanciona a obrigação, para a filha, de deixar os pais e seguir o esposo? O mundo está cheio de casos em que as mais penosas separações são necessárias. Mas

---

(*) **Vide Nota Explicativa no final do livro.**

nem por isso as afeições se rompem. O afastamento não diminui o respeito ou a solicitude que se devem aos pais, nem a ternura para com os filhos. Vê-se, assim, que mesmo tomadas ao pé da letra, salvo a palavra *odiar*, essas expressões não seriam a negação do mandamento que prescreve honrar ao pai e à mãe, nem do sentimento de ternura paterna. Com mais forte razão, se as analisarmos quanto ao seu espírito.

A finalidade dessas expressões é mostrar, por uma figura, uma hipérbole, quanto é imperioso o dever de cuidar da vida futura. Deviam, por isso mesmo, ser menos chocantes para um povo e uma época em que, por força das circunstâncias, os laços de família eram menos fortes do que numa civilização moralmente mais avançada. Esses laços, mais fracos entre os povos primitivos, fortificam-se com o desenvolvimento da sensibilidade e do senso moral. Aliás, a separação, em si mesma, é necessária ao progresso, e isso tanto no tocante às famílias, quanto às raças. Umas e outras se abastardam se não houver cruzamentos, se não se misturarem entre si. É uma lei da natureza, que tanto interessa ao progresso moral quanto ao progresso material.

Encaramos as coisas, na Terra, apenas do ponto de vista terreno. O Espiritismo no-las apresenta de mais alto, mostrando-nos que os verdadeiros laços de afeição são os do Espírito e não os do corpo; que esses laços não se rompem, nem pela separação, nem mesmo pela morte do corpo; e que eles se fortificam na vida espiritual, pela depuração do Espírito: consoladora verdade, que nos dá uma grande força para suportar as vicissitudes da vida. *(Ver cap. IV, nº 18, e cap. XIV, nº 8).*

DEIXAI OS MORTOS ENTERRAR OS SEUS MORTOS

7. E a outro disse Jesus: Segue-me. E ele lhe disse: Senhor, permite-te que vá eu primeiro enterrar meu pai. E Jesus lhe respondeu: Deixa que os mortos enterrem os seus mortos, e tu vai, e anuncia o Reino de Deus. (Lucas, IX: 59-60).

8. O que podem significar estas palavras: "Deixa que os mortos enterrem os seus mortos"? As considerações precedentes já nos mostraram, antes de mais nada, que, na circunstância em que foram pronunciadas, não podiam exprimir uma censura àquele que considerava um dever de piedade filial ir sepultar o pai. Mas elas encerram um sentido mais profundo, que só um conhecimento mais completo da vida espiritual pode fazer compreender.

A vida espiritual é, realmente, a verdadeira vida, a vida normal do Espírito. Sua existência terrena é transitória e passageira, uma espécie de morte, se comparada ao esplendor e à atividade da vida espiritual. O corpo é uma vestimenta grosseira, que envolve temporariamente o Espírito, verdadeira cadeia que o prende à gleba terrena, e da qual ele se sente feliz em libertar-se. O respeito que temos pelos mortos não se refere à matéria, mas, através da lembrança, ao Espírito ausente. É semelhante ao que temos pelos objetos que lhe pertenceram, que ele tocou em vida, e que guardamos como relíquias. Era isso que aquele homem não podia compreender por si mesmo. Jesus lhe ensinou, dizendo: Não vos inquieteis com o corpo, mas pensai antes no Espírito; ide pregar o Reino de Deus; ide dizer aos homens que a sua pátria não se encontra na Terra, mas no Céu, porque somente lá é que se vive a verdadeira vida.

NÃO VIM TRAZER A PAZ, MAS A ESPADA

9. Não julgueis que vim trazer paz à Terra; não vim trazer-lhe paz, mas espada; porque vim separar o homem contra seu pai, e a filha contra sua mãe, e a nora contra sua sogra; e os inimigos do homem serão os seus mesmos domésticos. (MATEUS, X: 34-36).

10. Eu vim trazer fogo à Terra, e que quero eu, senão que ele se acenda? Eu, pois, tenho de ser batizado num batismo, e quão grande não é a minha angústia, até que ele se cumpra? Vós cuidais que eu vim trazer paz à Terra? Não, vos digo eu, mas separação; porque de hoje em diante haverá, numa mesma casa, cinco pessoas divididas, três contra duas e duas contra três. Estarão divididas: o pai contra o filho, e o filho contra seu pai; a mãe contra a filha, e a filha contra a mãe; a sogra contra sua nora, e a nora contra sua sogra. (LUCAS, XII: 49-53).

11. Foi mesmo Jesus, a personificação da doçura e da bondade, ele que não cessava de pregar o amor do próximo, quem disse estas palavras: Eu não vim trazer a paz, mas a espada; vim separar o filho do pai, o marido da mulher, vim lançar fogo na Terra e tenho pressa que ele se acenda? Essas palavras não estão em flagrante contradição com o seu ensino? Não é uma blasfêmia atribuir-lhe a linguagem de um conquistador sanguinário e devastador? Não, não há blasfêmia nem contradição nessas palavras, porque foi ele mesmo quem as pronunciou, e elas atestam a sua elevada sabedoria. Somente a forma, um tanto equívoca, não exprime exatamente o seu pensamento, o que provocou alguns enganos quanto ao seu verdadeiro sentido. Tomadas ao pé da letra, elas tenderiam a transformar a sua missão, inteiramente pacífica, numa missão de turbulências e discórdias, consequência absurda, que o bom senso rejeita, pois Jesus não podia contradizer-se. *(Ver cap. XIV, n.º 6).*

12. Toda ideia nova encontra forçosamente oposição, e não houve uma única que se implantasse sem lutas. A resistência, nesses casos, está sempre na razão da importância dos resultados *previstos*, pois quanto maior ela for, maior será o número de interesses ameaçados. Se for uma ideia notoriamente falsa, considerada sem consequências, ninguém se perturba com ela, e a deixam passar, confiantes na sua falta de vitalidade. Mas se é verdadeira, se está assentada em bases sólidas, se é possível entrever-lhe o futuro, um secreto pressentimento adverte os seus antagonistas de que se trata de um perigo para eles, para a ordem de coisas por cuja manutenção se interessam. E é por isso que se lançam contra ela e os seus adeptos. A medida da importância e das consequências de uma ideia nova nos é dada, portanto, pela emoção que o seu aparecimento provoca, pela violência da oposição que desperta, e pela intensidade e a persistência da cólera dos seus adversários.

13. Jesus vinha proclamar uma doutrina que minava pelas bases a situação de abusos em que viviam os Fariseus, os Escribas e os Sacerdotes do seu tempo. Por isso o fizeram morrer, julgando matar a ideia com a morte do homem. Mas a ideia sobreviveu, porque era verdadeira; desenvolveu-se, porque estava nos desígnios de Deus; e nascida numa pequena vila da Judéia, foi plantar a sua bandeira na própria capital do mundo pagão, em face dos seus inimigos mais encarniçados, daqueles que tinham o maior interesse em combatê-la, porque ela subvertia as crenças seculares, a que muitos se apegavam, mais por interesse do que por convicção. Era lá que as lutas mais terríveis esperavam os seus apóstolos; as vítimas foram inumeráveis; mas a ideia cresceu sempre e saiu triunfante, porque superava, como verdade, as suas antecessoras.

14. Observe-se que o Cristianismo apareceu quando o Paganismo declinava, debatendo-se contra as luzes da razão. Convencionalmente ainda o praticavam, mas a crença já havia desaparecido, de maneira que apenas o interesse pessoal o sustinha. Ora, o interesse é tenaz, não cede nunca à evidência, e irrita-se tanto mais, quanto mais peremptórios são os raciocínios que se lhe opõem e que melhor demonstram o seu erro.

Bem sabe que está errado, mas isso pouco lhe importa, pois a verdadeira fé não lhe interessa; pelo contrário, o que mais o amedronta é a luz que esclarece os cegos. O erro lhe é proveitoso, e por isso a ele se aferra, e o defende.

Sócrates não formulara também uma doutrina, até certo ponto, semelhante à do Cristo? Por que, então, não prevaleceu naquela época, no seio de um dos povos mais inteligentes da Terra? Porque os tempos ainda não haviam chegado. Ele semeou em terreno não preparado: o Paganismo não estava suficientemente *gasto*. Cristo recebeu a sua missão providencial no tempo devido. Nem todos os homens do seu tempo estavam à altura das ideias cristãs, mas havia um clima geral de aptidão para assimilá-las, porque já se fazia sentir o vazio que as crenças vulgares deixavam na alma. Sócrates e Platão abriram o caminho e prepararam os Espíritos. *(Ver na Introdução, parágrafo IV: Sócrates e Platão, precursores da ideia cristã e do Espiritismo).*

15. Os adeptos da nova doutrina, infelizmente, não se entenderam sobre a interpretação das palavras do Mestre, na maioria veladas por alegorias e expressões figuradas. Daí surgirem, desde o princípio, as numerosas seitas que pretendiam, todas elas, a posse exclusiva da verdade, e que dezoito séculos não conseguiram por de acordo. Esquecendo o mais importante dos preceitos divinos, aquele de que Jesus havia feito pedra angular do seu edifício e a condição expressa da salvação: a caridade, a fraternidade e o amor do próximo, essas seitas se anatematizaram reciprocamente, arremeteram-se umas contra as outras, as mais fortes esmagando as mais fracas, afogando-as em sangue, ou nas torturas e nas chamas das fogueiras. Os cristãos vencedores do Paganismo, passaram de perseguidos a perseguidores. Foi a ferro e fogo que plantaram a cruz do cordeiro sem mácula nos dois mundos. É um fato comprovado que as guerras de religião foram mais cruéis e fizeram maior número de vítimas que as guerras políticas, e que em nenhuma outra se cometeram tantos atos de atrocidade e de barbárie.

Seria a culpa da doutrina do Cristo? Não, por certo, pois ela condena formalmente toda violência. Disse ele em algum momento aos seus discípulos: Ide matar, queimar, massacrar os que não acreditarem como vós? Não, pois que lhes disse o contrário. Todos os homens são irmãos, e Deus é soberanamente misericordioso; amai o vosso próximo; amai os vossos inimigos; fazei bem aos que vos perseguem. E lhes disse ainda: Quem matar com a espada perecerá pela espada. A responsabilidade, portanto, não é da doutrina de Jesus, mas daqueles que a interpretaram falsamente, transformando-a num instrumento a serviço das suas paixões. Daqueles que ignoraram estas palavras: O meu Reino não é deste mundo.

Jesus, na sua profunda sabedoria, previu o que devia acontecer. Mas essas coisas eram inevitáveis, porque decorriam da própria inferioridade da natureza humana, que não podia ser transformada subitamente. Era necessário que o Cristianismo passasse por essa prova demorada e cruel, de dezoito séculos, para demonstrar toda a sua pujança: porque, apesar de todo o mal cometido em seu nome, ele saiu dela puro, e jamais esteve em causa. A censura sempre caiu sobre os que dele abusaram, pois a cada ato de intolerância sempre se disse: Se o Cristianismo fosse melhor compreendido e melhor praticado, isso não teria acontecido.

16. Quando Jesus disse: Não penseis que vim trazer a paz, mas a divisão – seu pensamento era o seguinte:

"Não penseis que a minha doutrina se estabeleça pacificamente. Ela trará lutas sangrentas, para as quais o meu nome servirá de pretexto. Porque os homens não me haverão compreendido, ou não terão querido compreender-me. Os irmãos, separados pelas suas crenças, lançarão a espada um contra o outro, e a divisão se fará entre os membros de uma mesma família, que não terão a mesma fé. Vim lançar o fogo na terra, para consumir os erros e os preconceitos, como se põe fogo num campo para destruir as ervas daninhas, e anseio porque se acenda, para que a depuração se faça mais rapidamente, pois dela sairá triunfante a verdade. À guerra sucederá a paz; ao ódio dos partidos, a fraternidade universal; às trevas do fanatismo, a luz da fé esclarecida.

Então, quando o campo estiver preparado, eu vos enviarei o *Consolador, o Espírito da Verdade, que virá restabelecer todas as coisas*, ou seja, que dando a conhecer o verdadeiro sentido das minhas palavras, que os homens mais esclarecidos poderão enfim compreender, porá termo à luta fratricida que divide os filhos de um mesmo Deus. Cansados, afinal, de um combate sem solução, que só acarreta desolação e leva o distúrbio até mesmo ao seio das famílias, os homens reconhecerão onde se encontram os seus verdadeiros interesses, no tocante a este e ao outro mundo, e verão de que lado se acham os amigos e os inimigos da sua tranquilidade. Nesse momento, todos virão abrigar-se sob a mesma bandeira: a da caridade, e as coisas serão restabelecidas na Terra, segundo a verdade e os princípios que vos ensinei".

17. O Espiritismo vem realizar, no tempo determinado, as promessas do Cristo. Não o pode fazer, entretanto, sem destruir os erros. Como Jesus, ele se defronta com o orgulho, o egoísmo, a ambição, a cupidez, o fanatismo cego, que, cercados nos seus últimos redutos, tentam ainda barrar-lhe o caminho, e levantam contra ele entraves e perseguições. Eis porque ele também é forçado a combater. Mas a época das lutas e perseguições sangrentas já passou, e as que ele tem de suportar são todas de ordem moral, sendo que o fim de todas elas se aproxima. As primeiras duraram séculos; as de agora durarão apenas alguns anos, porque a luz não parte de um só foco, mas irrompe de todos os pontos do globo, e abrirá mais depressa os olhos aos cegos.

18. Aquelas palavras de Jesus devem ser entendidas, portanto, como referentes à cólera que, segundo previa, a sua doutrina iria suscitar; aos conflitos momentâneos, que surgiriam como consequência; às lutas que teria de sustentar, antes de se firmar, como aconteceu com os hebreus antes de sua entrada na Terra Prometida; e não como um desígnio premeditado, de sua parte, de semear a desordem e a confusão. O mal devia provir dos homens, e não dele. A sua posição era a do médico que veio curar, mas cujos remédios provocam uma crise salutar, revolvendo os humores malignos do enfermo.

CAPÍTULO XXIV

NÃO POR A CANDEIA DEBAIXO DO ALQUEIRE

A CANDEIA DEBAIXO DO ALQUEIRE – PORQUE FALA JESUS POR PARÁBOLAS – NÃO IR AOS GENTIOS – OS SÃOS NÃO PRECISAM DE MÉDICO – A CORAGEM DA FÉ – CARREGAR A CRUZ – QUEM QUISER SALVAR A VIDA

A CANDEIA DEBAIXO DO ALQUEIRE – PORQUE FALA JESUS POR PARÁBOLAS

1. Nem os que acendem uma luzerna a metem debaixo do alqueire, mas põem-na sobre o candeeiro, a fim de que ela dê luz a todos os que estão na casa. (MATEUS, V: 15).

2. Ninguém, pois, acende uma luzerna e a cobre com alguma vasilha, ou a põe debaixo da cama; põe-na, sim, sobre um candeeiro, para que vejam a luz os que entram. Porque não há coisa encoberta, que não haja de ser manifestada; nem escondida, que não haja de saber-se e fazer-se pública. (LUCAS, VIII: 16-17).

3. E chegando-se a ele os discípulos lhe disseram: Por que razão lhes fala tu por parábolas? Ele, respondendo, lhes disse: Porque a vós outros vos é dado saber os mistérios do Reino dos Céus, mas a eles não lhes é concedido. Porque ao que tem, se lhe dará, e terá em abundância; mas ao que não tem, até o que tem lhe será tirado. Por isso é que eu lhes falo em parábolas; porque eles vendo, não veem, e ouvindo não ouvem, nem entendem. De sorte que neles se cumpre a profecia de Isaías, que diz: Vós ouvireis com os ouvidos, e não entendereis; e vereis com olhos, e não vereis. Porque o coração deste povo se fez pesado, e os seus ouvidos se fizeram tardos, e eles fecharam os seus

Capítulo XXIV • Não Por a Candeia Debaixo do Alqueire

olhos; para não suceder que vejam com os olhos, e ouçam com os ouvidos, e entendam no coração, e se convertam, e eu os sare. (MATEUS, XIII: 10-15).

4. Causa estranheza ouvir Jesus dizer que não se deve por a luz debaixo do alqueire, ao mesmo tempo que esconde a toda hora o sentido das suas palavras sob o véu da alegoria, que nem todos podem compreender. Ele se explica, entretanto, dizendo aos apóstolos: *Eu lhes falo em parábolas, porque eles não estão em condições de compreender certas coisas; eles veem, olham, ouvem e não compreendem; assim, dizer-lhes tudo, ao menos agora seria inútil; mas a vós o digo, porque já vos é dado compreender esses mistérios.* Ele procedia, portanto, para com o povo, como se faz com as crianças, cujas ideias ainda não se encontram desenvolvidas. Dessa maneira, indica-nos o verdadeiro sentido da máxima: "Não se deve por a candeia debaixo do alqueire, mas sobre o candeeiro, a fim de que todos os que entram possam vê-la". Ela não diz que tenhamos de revelar inconsideravelmente todas as coisas, pois, todo ensinamento deve ser proporcional à inteligência de quem o recebe, e porque há pessoas que uma luz muito viva pode ofuscar sem esclarecer.

Acontece com os homens, em geral, o mesmo que com os indivíduos. As gerações passam também pela infância, pela juventude e pela madureza. Cada coisa deve vir a seu tempo, pois a sementeira lançada à terra, fora de tempo, não produz. Mas aquilo que a prudência manda calar momentaneamente, cedo ou tarde deve ser descoberto, porque chegando a certo grau de desenvolvimento, os homens procuram por si mesmos a luz viva; a obscuridade lhes pesa. Como Deus lhes deu a inteligência para compreenderem e se guiarem, entre as coisas da terra e do céu, eles querem racionalizar a sua fé. E então que não se deve por a candeia debaixo do alqueire, pois *sem a luz da razão, a fé se enfraquece. (Ver cap. XIX, n.º 7).*

5. Se a Providência, portanto, na sua prudente sabedoria, não revela a verdade senão gradualmente, é que a vai sempre desvelando, à medida que a Humanidade amadurece para recebê-la. Ela mantém a luz em reserva, e não debaixo do alqueire. Mas os homens que a possuem, em geral, só a ocultam do vulgo com a intenção de dominá-lo. São esses os que põem verdadeiramente a luz debaixo do alqueire. É assim que todas as religiões sempre tiveram os seus mistérios, cujo exame proíbem. Mas enquanto essas religiões se atrasavam, a ciência e a inteligência avançaram e romperam o véu misterioso. O povo que se tornou adulto pode assim penetrar o fundo das coisas, e então rejeitou na sua fé o que se mostrava contrário à observação.

Não podem subsistir mistérios absolutos nesse terreno, e Jesus está com a razão quando afirma que não há nada secreto que não deva ser conhecido. Tudo o que está oculto será descoberto um dia, e o que o homem ainda não pode compreender sobre a Terra, lhe será progressivamente revelado nos mundos mais adiantados, na proporção em que ele se purificar. Aqui na Terra, ainda se perde no nevoeiro.

6. Pergunta-se que proveito o povo poderia tirar dessa infinidade de parábolas, cujo sentido estava oculto para ele. Deve notar-se que Jesus só se exprimiu em parábolas sobre as questões, de alguma maneira abstratas, da sua doutrina. Mas, tendo feito da caridade e da humildade a condição expressa da salvação, tudo o que disse a esse respeito é perfeitamente claro, explícito e sem nenhuma ambiguidade. Assim, devia ser, porque se tratava de regra de conduta, regra que todos deviam compreender, para poderem observar. Era isso o essencial para a multidão ignorante, à qual se limitava a dizer: Eis o que é necessário para se ganhar o Reino dos Céus. Sobre outras questões, só desenvolvia os seus pensamentos para os discípulos. Estando eles mais adiantados, moral e intelectualmente, Jesus podia iniciá-los nos princípios mais abstratos. Foi por isso que disse: *Ao que já tem, ainda mais se dará, e terá em abundância. (Ver cap. XVIII, n.º 15).*

Não obstante, mesmo com os apóstolos, tratou de modo vago sobre muitos pontos, cuja inteligência completa estava reservada aos tempos futuros. Foram esses os pontos que deram lugar a diversas interpretações, até que a Ciência, de um lado, e o Espiritismo, de outro, vieram revelar as novas leis da natureza, que tornaram compreensível o seu verdadeiro sentido.

7. O Espiritismo vem atualmente lançar a sua luz sobre uma porção de pontos obscuros, mas não o faz inconsideravelmente. Os Espíritos procedem, nas suas instruções, com admirável prudência. É sucessiva e gradualmente que eles têm abordado as diversas partes já conhecidas da doutrina, e é assim que as demais partes serão reveladas no futuro, à medida que chegue o momento de fazê-las sair da obscuridade. Se a houvessem apresentado completa desde o início, ela não teria sido acessível senão a um pequeno número e teria mesmo assustado aqueles que não se achavam preparados, o que seria prejudicial à sua propagação. Se os Espíritos, portanto, ainda não dizem tudo ostensivamente, não é porque a doutrina possua mistérios reservados aos privilegiados, nem que eles ponham a candeia debaixo do alqueire, mas porque cada coisa deve vir no tempo oportuno. Eles dão a cada ideia o tempo de amadurecer e se propagar, antes de apresentarem outra, e *aos acontecimentos, o tempo de lhes preparar a aceitação.*

NÃO IR AOS GENTIOS

8. A estes doze enviou Jesus, dando-lhes estas instruções, dizendo: Não ireis no caminho de gentios, nem entreis nas cidades dos samaritanos; mas ide antes às ovelhas que pereceram, da casa de Israel. E pondo-vos a caminho, pregai, dizendo que está próximo o Reino dos Céus. (MATEUS, X: 5-7).

9. Jesus demonstra, em muitas circunstâncias, que as suas vistas não estão circunscritas ao povo judeu, mas abrangem a toda a Humanidade. Quando disse, portanto, aos apóstolos, que não se dirigissem aos Pagãos, não foi por desprezar a sua conversão, o que nada teria de caridoso, mas porque os Judeus, que aceitavam a unicidade de Deus e esperavam o Messias, estavam preparados, pela lei de Moisés e pelos Profetas, para receberem a sua palavra. Entre os Pagãos faltava essa base, tudo ainda estava por fazer, e os apóstolos ainda não se achavam suficientemente esclarecidos para uma tarefa assim tão pesada. Eis porque lhes disse: Ide às ovelhas desgarradas de Israel, ou seja, ide semear em terreno já preparado, pois sabia que a conversão dos gentios viria a seu tempo. Mais tarde, com efeito, os apóstolos foram plantar a cruz no próprio centro do paganismo.

10. Essas mesmas palavras podem ser aplicadas aos adeptos e aos divulgadores do Espiritismo. Os incrédulos sistemáticos, os obstinados zombadores, os adversários interessados, são para eles o que eram os Gentios para os apóstolos. A exemplo destes, devem procurar prosélitos, primeiramente, entre as pessoas de boa vontade, que desejam a luz, nos quais se encontra um germe fecundo, e cujo número é grande, sem perderem tempo com os que se recusam a ver e entender, e que mais se aferram ao seu orgulho, quanto mais se der a impressão de se valorizar a sua conversão. Mais vale abrir os olhos a cem cegos que desejam ver claramente, do que a um só que se compraz na obscuridade, porque isso seria aumentar em maior proporção o número dos que sustentam a causa. Deixar os outros em paz não quer dizer indiferença, mas apenas boa política. A vez deles chegará, quando se renderem à opinião geral, de tanto ouvirem a mesma coisa incessantemente repetida ao seu redor, pois então julgarão que aceitam a ideia voluntariamente, por si mesmos, e não sob a pressão de outra pessoa. Porque as ideias são como as sementes: não podem germinar antes da estação própria, e a não ser em terreno preparado. Eis porque é melhor esperar o tempo propício, cultivando primeiro as que estão em condições, e evitando perder as outras por precipitação.

No tempo de Jesus, e em consequência das ideias restritas e materiais que o dominavam, tudo era circunscrito e localizado: a Casa de Israel era um pequeno povo: os Gentios eram pequenos povos circunvizinhos. Hoje, as ideias se universalizam e espiritualizam. A nova luz não é privilégio de nenhuma nação; para ela, não existem barreiras; o seu foco se distribui por toda parte, e todos os homens são irmãos. Mas os Gentios também não são mais um povo determinado: são uma opinião que se encontra por toda parte, e da qual a verdade triunfa pouco a pouco, como o Cristianismo triunfou do Paganismo. E não é mais com armas de guerra que se pode combatê-los, mas com o poder da ideia.

OS SÃOS NÃO PRECISAM DE MÉDICO

11. E aconteceu que, estando Jesus assentado à mesa numa casa, eis que, vindo muitos publicanos e pecadores, se assentaram a comer com ele e com os seus discípulos. E vendo isto os Fariseus, diziam aos seus discípulos: Por que come o vosso mestre com os publicanos e pecadores? Mas, ouvindo-os, Jesus disse: Os sãos não têm necessidade de médico, mas sim os enfermos. (MATEUS, IX: 10-12).

12. Jesus dirigia-se sobretudo aos pobres e aos deserdados, porque são eles os que mais necessitam de consolação; e aos cegos humildes e de boa-fé, porque pedem que lhes dê a vista, e não dos orgulhosos porque eles creem possuir toda a luz e não precisar de nada. *(Ver Introdução: Publicanos, Peageiros).*

Estas palavras, como tantas outras, aplicam-se ao Espiritismo. Às vezes admira-se de que a mediunidade seja concedida a pessoas indignas, e por isso mesmo capazes de a empregarem mal. Parece, costuma-se dizer, que uma faculdade tão preciosa deveria ser atributo exclusivo de pessoas de maior merecimento.

Digamos, de início, que a mediunidade é inerente a uma condição orgânica, de que todos podem ser dotados, como a de ver, ouvir e falar. Não há nenhuma de que o homem, em consequência do seu livre-arbítrio, não possa abusar. Ora, se Deus não tivesse concedido a palavra, por exemplo, senão aos que são incapazes de dizer coisas más, haveria mais mudos do que falantes. Deus outorgou as faculdades ao homem, dando-lhes a liberdade de usá-las como quiser, mas pune sempre aqueles que delas abusam.

Se o poder de comunicar-se com os Espíritos só fosse dado aos mais dignos, qual aquele que ousaria pretendê-lo? E onde estaria o limite da dignidade e da indignidade? A mediunidade é dada sem distinção, a fim de que os Espíritos possam levar a luz a todas as camadas, a todas as classes da sociedade, ao pobre como ao rico: aos virtuosos, para os fortalecer no bem; e aos viciosos, para os corrigir. Estes últimos não são os doentes que precisam de médico?

Por que Deus, que não quer a morte do pecador, o privaria do socorro que pode tirá-lo da lama? Os Bons Espíritos vêm assim em seu auxílio, e seus conselhos, que ele recebe diretamente, são de natureza a impressioná-lo mais vivamente, do que se os recebesse de maneira indireta. Deus, na sua bondade, poupa-lhe a pena de ir procurar a luz à distância, e a mete nas mãos. Não será ele bem mais culpado, se não atentar para ela? Poderia recusar-se com a sua ignorância, quando ele mesmo escreveu, viu com os próprios olhos, ouviu com os seus ouvidos e pronunciou com sua própria boca a sua condenação? Se ele não aproveitar, então será punido com a perda ou a perversão da sua faculdade, de que os maus Espíritos se apoderarão, para o obsedar e enganar, sem prejuízo das aflições comuns com que Deus castiga os servos indignos e os corações endurecidos pelo orgulho e o egoísmo.

A mediunidade não implica necessariamente as relações habituais com os Espíritos superiores. É simplesmente uma aptidão, para servir de instrumento, mais ou menos dócil, aos Espíritos em geral. O bom médium não é, portanto, aquele que tem facilidade de comunicação, mas o que é simpático aos Bons Espíritos e só por eles é assistido. É neste sentido, unicamente, que a excelência das qualidades morais é de importância absoluta para a mediunidade.

A CORAGEM DA FÉ

13. Todo aquele, pois, que me confessar diante dos homens, também eu o confessarei diante de meu Pai, que está nos céus; e o que me negar diante dos homens, também eu o negarei diante de meu Pai, que está nos céus. (MATEUS, X: 32-33).

14. Porque se alguém se envergonhar de mim, e das minhas palavras, também o Filho do Homem se envergonhará dele, quando vier na sua majestade, e na de seu Pai e dos santos anjos. (LUCAS, IX: 26).

15. A coragem das opiniões sempre mereceu a consideração dos homens, porque é prova de dignidade enfrentar os perigos, as perseguições, as discussões, e até mesmo os simples sarcasmos, aos quais sempre se expõe aquele que não teme confessar abertamente ideias que não são admitidas por todos. Nisto, como em tudo, o mérito está na razão das circunstâncias, e dos resultados que podem advir. Há sempre fraqueza em recuar diante das consequências da sustentação das opiniões, mas há casos em que isso equivale a uma covardia tão grande como a de fugir no momento do combate.

Jesus estigmatiza essa covardia, no tocante ao problema especial da sua doutrina, ao dizer que, se alguém se envergonhar das suas palavras, ele também se envergonhará daquele; que renegará o que houver renegado; que reconhecerá, perante o Pai que está nos céus, o que o confessar diante dos homens. Em outros termos: *Aqueles que temerem confessar-se discípulos da verdade, não são dignos de ser admitidos no Reino da Verdade.* Perderão, assim as vantagens da fé, porque se trata de uma fé egoísta, que eles guardam para si mesmos, ocultando-a, com medo dos prejuízos que lhes possa acarretar no mundo. Enquanto isso, os que colocam a verdade acima dos seus interesses materiais, proclamando-a abertamente, trabalham ao mesmo tempo pelo futuro próprio e dos outros.

16. O mesmo acontece com os adeptos do Espiritismo, pois sendo a sua doutrina o desenvolvimento e a aplicação da doutrina do Evangelho, a eles também se dirigem essas palavras do Cristo. Eles semeiam na Terra o que colherão na vida espiritual: os frutos da sua coragem ou da sua fraqueza.

CARREGAR A CRUZ.
QUEM QUISER SALVAR A VIDA

17. Bem-aventurados sereis quando os homens vos aborrecerem, e quando vos separarem, e carregarem de injúrias, e rejeitarem o vosso nome como mau, por causa do Filho do Homem. Folgai naquele dia, e exultai; porque, olha, que grande é o vosso galardão no céu; porque desta maneira tratavam aos profetas os pais deles. (Lucas, VI: 22-23).

18. E chamando a si o povo, com seus discípulos, disse-lhes: Se alguém me quiser seguir, negue-se a si mesmo, e tome a sua cruz, e siga-me. Porque o que quiser salvar a sua vida, perdê-la-á, mas o que perder a sua vida por amor de mim e do Evangelho, salva-la-á. Pois de que aproveitará ao homem, se ganhar o mundo inteiro e perder a sua alma? (Marcos, VIII: 34-36, e semelhante em Mateus, X: 39, e João, XII: 24-25).

19. Regozijai-vos, disse Jesus, quando os homens vos odiarem e vos perseguirem por minha causa, porque sereis recompensados no céu. Essas palavras podem ser interpretadas assim: Sede felizes quando os homens, tratando-vos com má vontade, vos derem a ocasião de provar a sinceridade de vossa fé, porque o mal que eles vos fizerem resultará em vosso proveito. Lamentai-lhes a cegueira, mas não os amaldiçoeis.

Após isso, acrescenta: "Tome a sua cruz aquele que me quer seguir", isto é: que suporte corajosamente as tribulações que a sua fé provocar, pois aquele que quiser salvar a sua vida e os seus bens, renunciando a mim, perderá as vantagens do Reino dos Céus, enquanto os que tudo perderem aqui em baixo, até mesmo a vida, para o triunfo da verdade, receberão na vida futura prêmio da coragem, da perseverança e da abnegação. Mas para os que sacrificam os bens celestes aos gozos terrenos, Deus dirá: Já recebestes a vossa recompensa.

CAPÍTULO XXV

BUSCAI E ACHAREIS

AJUDA-TE, E O CÉU TE AJUDARÁ – OLHAI AS AVES DO CÉU – NÃO VOS CANSEIS PELO OURO

AJUDA-TE, E O CÉU TE AJUDARÁ

1. **Pedi, e dar-se-vos-á; buscai, e achareis; batei, e abrir-se-vos-á. Porque todo o que pede, recebe; e o que busca, acha; e a quem bate, abrir-se-á. Ou qual de vós, porventura, é o homem que, se seu filho lhe pedir pão, lhe dará uma pedra? Ou, porventura, se lhe pedir um peixe, lhe dará uma serpente. Pois se vós outros, sendo maus, sabeis dar boas dádivas a vossos filhos, quanto mais vosso Pai, que está nos Céus, dará boas dádivas aos que lhe pedirem.** (MATEUS, VII: 7-11).

2. Segundo o modo de ver terreno, a máxima: *Buscai e achareis*, é semelhante a esta outra: *Ajuda-te, e o céu te ajudará.* É o princípio da *lei do trabalho*, e por conseguinte, da *lei do progresso.* Porque o progresso é produto do trabalho, desde que é este que põe em ação as forças da inteligência.

Na infância da Humanidade, o homem só aplica a sua inteligência na procura de alimentos, dos meios de se preservar das intempéries e de se defender dos inimigos. Mas Deus lhe deu, a mais do que ao animal, *o desejo constante de melhorar,* ou seja, essa aspiração do melhor, que o impele à pesquisa dos meios de melhorar a sua situação, levando-os às descobertas, às invenções, ao aperfeiçoamento da ciência, pois é a ciência que lhe proporciona o que lhe falta. Graças às suas pesquisas, sua inteligência se desenvolve, sua moral se depura. Às necessidades do corpo sucedem as necessidades do espírito: após o alimento material, ele necessita do alimento espiritual. É assim que o homem passa da selvageria à civilização.

Mas o progresso que cada homem realiza individualmente, durante a vida terrena, é coisa insignificante, e num grande número deles, até mesmo imperceptível. Como, então, a Humanidade poderia progredir, sem a preexistência e a *reexistência* da alma? Se as almas deixassem a Terra todos os dias, para não mais voltar, a Humanidade se renovaria sem cessar com as entidades primitivas, que teriam tudo a fazer e tudo a aprender. Não haveria razão, portanto, para que o homem de hoje fosse mais adiantado que o dos primeiros tempos do mundo, pois que para cada nascimento o trabalho intelectual teria de recomeçar. A alma voltando, ao contrário, com o seu progresso já realizado, e adquirindo de cada vez alguma experiência a mais, vai assim passando gradualmente da barbárie à *civilização material,* e desta à *civilização moral. (Ver cap. IV, n.º 17).*

3. Se Deus tivesse liberado o homem do trabalho físico, seus membros seriam atrofiados; se o livrasse do trabalho intelectual, seu espírito permaneceria na infância, nas condições instintivas do animal. Eis porque ele fez do trabalho uma necessidade, e lhe disse. *Busca e acharás; trabalha e produzirás;* e dessa maneira serás filho das tuas obras, terás o mérito da sua realização, e serás recompensado segundo o que tiveres feito.

4. É em virtude da aplicação desse princípio que os Espíritos não vêm poupar ao homem o seu trabalho de pesquisar, trazendo-lhe descobertas e invenções já feitas e prontas para a utilização, de maneira a só ter que tomá-las nas mãos, sem sequer o incômodo de um pequeno esforço, nem mesmo de pensar. Se assim fosse, o mais preguiçoso poderia enriquecer-se, e o mais ignorante tornar-se sábio, ambos sem nenhum esforço, e atribuindo-se o mérito do que não haviam feito. Não, *os espíritos não vêm livrar o homem da lei do trabalho, mas mostrar-lhe o alvo que deve atingir e a rota que o leve a ele, dizendo: Marcha e atingirás! Encontrarás pedras nos teus passos; mantém-te vigilante, e afasta-as por ti mesmo! Nós te daremos a força necessária, se quiseres empregá-la* (*Ver* O Livro dos Médiuns, *cap. XXVI, n.ºˢ 291 e segs.).*

5. Segundo a compreensão moral, essas palavras de Jesus significam o seguinte: Pedi a luz que deve clarear o vosso caminho, e ela vos será dada; pedi a força de resistir ao mal, e a tereis; pedi a assistência dos Bons Espíritos, e eles virão ajudar-vos, e como o anjo de Tobias, vos servirão de guias: pedi bons conselhos, e jamais vos serão recusados; batei à nossa porta, e ela vos será aberta; mas pedi sinceramente, com fé, fervor e confiança; apresentai-vos com humildade e não com arrogância, sem o que sereis abandonados às vossas próprias forças, e as próprias quedas que sofrerdes constituirão a punição do vosso orgulho.

É esse o sentido dessas palavras do Cristo: Buscai e achareis, batei e abrir-se-vos-á.

OLHAI AS AVES DO CÉU

6. Não queirais entesourar para vós tesouros na terra, onde a ferrugem e a traça os consomem, e onde os ladrões os desenterram e roubam. Mas entesourai para vós tesouros no céu, onde não os consomem a ferrugem nem a traça, e onde os ladrões não o desenterram nem roubam. Porque onde está o tesouro, aí está também o teu coração.

Portanto vos digo: Não andeis cuidadosos da vossa vida, que comereis, nem para o vosso corpo, que vestireis. Não é mais a alma do que a comida, e o corpo mais do que o vestido? Olhai para as aves do céu, que não semeiam, nem segam, nem fazem provimentos nos celeiros; e, contudo, vosso Pai celestial as sustenta. Porventura não sois muito mais do que elas? E qual de vós, discorrendo, pode acrescentar um côvado à sua estatura? E por que andais vós solícitos pelo vestido? Considerai como crescem os lírios do campo; eles não trabalham nem fiam; digo-vos mais, que nem Salomão, em toda a sua glória, se cobriu jamais com um destes. Pois se ao feno do campo, que hoje é, e amanhã é lançado no forno, Deus veste assim, quanto mais a vós, homens de pouca fé? Não vos aflijais, dizendo: Que comeremos, ou que beberemos, ou com que nos cobriremos? Porque os gentios é que se cansam por estas coisas. Porquanto vosso Pai sabe que tendes necessidade de todas elas. Buscai primeiramente o Reino de Deus e a sua justiça, e todas estas coisas se vos acrescentarão. E assim não andeis inquietos pelo dia de amanhã. Porque o dia de amanhã a si mesmo trará seu cuidado; ao dia basta a sua própria aflição. (MATEUS, VI: 19-21,25-34).

7. Se tomássemos estas palavras ao pé da letra, elas seriam a negação de toda a previdência e de todo o trabalho, e consequen-

temente, de todo o progresso. Seguindo esse princípio, o homem se reduziria a um espectador passivo. Suas forças físicas e intelectuais não seriam postas em atividade. Se essa tivesse sido a sua condição normal na Terra, ele jamais sairia do estado primitivo, e se adotasse agora esse princípio, não teria mais nada a fazer. É evidente que não poderia ter sido esse o pensamento de Jesus, porque estaria em contradição com o que ele já dissera em outras ocasiões, como no tocante às leis da natureza. Deus criou o homem sem roupas e sem casa, mas deu-lhe a inteligência para produzi-las *(Ver cap. XIV, n.º 6 e cap. XXV, n.º 2).*

Não se pode ver nestas palavras, portanto, mais do que uma alegoria poética da Providência, que jamais abandona os que nela confiam, mas com a condição de que também se esforcem. É assim que, se nem sempre os socorre com ajuda material, inspira-lhes os meios de saírem por si mesmos de suas dificuldades. *(Ver cap. XXVII, n.º 8).*

Deus conhece as nossas necessidades, e a elas provê, conforme for necessário. Mas o homem, insaciável nos seus desejos, nem sempre contenta-se com o que tem. O necessário não lhe basta, ele quer também o supérfluo. É então que a Providência o entrega a si mesmo. Frequentemente ele se torna infeliz por sua própria culpa, e por não haver atendido as advertências da voz da consciência, e Deus o deixa sofrer as consequências, para que isso lhe sirva de lição no futuro. *(Ver cap. V, n.º 4).*

8. A Terra produz o suficiente para alimentar a todos os seus habitantes, quando os homens souberem administrar a sua produção, segundo as leis de justiça, caridade e amor ao próximo. Quando a fraternidade reinar entre os povos, como entre as províncias de um mesmo império, o que sobrar para um determinado momento, suprirá a insuficiência momentânea de outro, e todos terão o necessário. O rico, então, considerará a si mesmo como um homem que possui grandes depósitos de sementes: se as distribuir, elas produzirão ao cêntuplo, para ele e para os outros; mas, se as comer sozinho, se as desperdiçar e deixar que se perca o excedente do que comeu, elas nada produzirão, e todos ficarão em necessidade. Se as fechar no seu celeiro, os insetos as devorarão. Eis porque Jesus ensinou: Não amontoeis tesouros na terra, pois são perecíveis, mas amontoai-os no céu, onde são eternos. Em outras palavras: não deis mais importância aos bens materiais do que aos espirituais, e aprendei a sacrificar os primeiros em favor dos segundos. *(Ver cap. XVI, n.^{os}7 e segs.).*

Não é através de leis que se decretam a caridade e a fraternidade. Se elas não estiverem no coração, o egoísmo as asfixiará sempre. Fazê-las ali penetrar, é a tarefa do Espiritismo.

NÃO VOS CANSEIS PELO OURO

9. Não possuais ouro nem prata, nem levai dinheiro nas vossas cintas; nem alforje para o caminho, nem duas túnicas, nem calçado, nem bordão, porque digno é o trabalhador do seu alimento.

10. E em qualquer cidade ou aldeia que entrardes, informai-vos de quem há nela digno, e ficai ali, até que vos retireis. E ao entrardes na casa, saudai-a, dizendo: Paz seja nesta casa. E se aquela casa na realidade o merecer, virá sobre ela a vossa paz; e se não o merecer, tornará para vós a vossa paz. Sucedendo não vos querer alguém em casa, nem ouvir o que dizeis, ao sair para fora da casa, ou da cidade, sacudi o pó de vossos pés. Em verdade vos afirmo isto: menos rigor experimentará no dia do juízo a terra de Sodoma e de Gomorra, do que aquela cidade. (MATEUS, X: 9-15).

11. Estas palavras, que Jesus dirigia aos seus apóstolos, ao enviá-los anunciar a boa-nova pela primeira vez, nada tinham de estranho naquela época. Estavam de acordo com os costumes patriarcais do Oriente, onde o viajor era sempre bem recebido. Mas então eles eram raros. Entre os povos modernos, o aumento das viagens teria de criar novos costumes. Só encontramos agora os do tempo antigo nas regiões distantes, onde o tráfico intenso ainda não penetrou. Se Jesus voltasse hoje à Terra, não poderia mais dizer aos seus apóstolos: Ponde-vos a caminho sem provisões.

Juntamente como seu sentido próprio, essas palavras encerram um sentido moral bastante profundo. Jesus ensinava, assim, aos seus discípulos, a se confiarem à Providência. Além disso, desde que nada possuíam, eles não podiam tentar a cupidez dos que os recebiam. Era um meio pelo qual distinguiriam os caridosos dos egoístas, e por isso lhes disse: "Informai-vos de quem é digno a vos receber", ou seja, de quem é suficientemente humano para abrigar o viajor que nada pode pagar, porquanto esses são dignos de ouvir as vossas palavras, e é pela sua caridade que os reconhecereis.

Quanto aos que nem sequer os quisessem receber, nem ouvir, recomendou ele aos apóstolos que os amaldiçoassem? Ou recomendou que se impusessem a eles, e usassem de violência, para os constranger a se converterem? Não, mas que se retirassem pura e simplesmente, à procura de gente de boa vontade.

Assim diz hoje o Espiritismo aos seus adeptos: Não violenteis nenhuma consciência; não forceis ninguém a deixar a sua crença para adotar a vossa; não lanceis o anátema sobre os que não pensam como vós. Acolhei os que vos procuram e deixeis em paz os que vos repelem. Lembrai-vos das palavras de Cristo: antigamente o céu era tomado por violência, mas hoje o será pela caridade e a doçura. *(Ver cap. IV, nºs 10 e 11).*

CAPÍTULO XXVI

DAR DE GRAÇA O QUE DE GRAÇA RECEBER

DOM DE CURAR – PRECES PAGAS – VENDILHÕES EXPULSOS DO TEMPLO – MEDIUNIDADE GRATUITA

DOM DE CURAR

1. Curai os enfermos, ressuscitai os mortos, limpai os leprosos, expeli os demônios; dai de graça o que de graça recebestes. (MATEUS, X: 8).

2. "Dai de graça o que de graça recebestes", disse Jesus aos seus discípulos, e por esse preceito estabelece que não se deve cobrar aquilo porque nada se pagou. Ora, o que eles haviam recebido de graça era a faculdade de curar os doentes e de expulsar os demônios, ou seja, os maus Espíritos. Esse dom lhes fora dado gratuitamente por Deus, para alívio dos que sofrem e para ajudar a propagação da fé. Ele lhes diz que não o transformem em objeto de comércio ou de especulação, nem em meio de vida.

PRECES PAGAS

3. Estando porém ouvindo-o todo o povo, disse Jesus a seus discípulos: Guardai-vos dos escribas, que querem andar com roupas talares, e gostam de ser saudados nas praças, e das primeiras cadeiras nas sinagogas, e dos primeiros assentos nos banquetes; que devoram as casas das viúvas, fingindo largas orações. Estes tais receberão maior condenação. (LUCAS, XX: 45-47, e semelhantes em MARCOS, XIII: 38-40; MATEUS, XXIII: 14).

4. Disse ainda Jesus: Não façais que as vossas preces sejam pagas; não façais como os escribas, que "a pretexto de longas preces, devoram as casas das viúvas", o que quer dizer: apossam-se de suas fortunas. A prece é um ato de caridade, um impulso do coração; fazer pagar aquelas que dirigimos a Deus pelos outros, é nos transformarmos em intermediários assalariados. A prece se transforma, então, numa fórmula que é cobrada segundo o seu tamanho. Ora, das duas, uma: Deus mede ou não mede as suas graças pelo número das palavras; e se forem necessárias muitas, como dizer apenas algumas, ou quase nada, por aquele que não pode pagar? Isso é uma falta de caridade. E se uma palavra é suficiente, as demais são inúteis. Então, como cobrá-las? É uma prevaricação.

Deus não vende os seus benefícios, mas concede-os. Como, pois, aquele que nem sequer é o seu distribuidor, e que não pode garantir a sua obtenção, cobra um pedido que talvez nem seja atendido? Deus não pode subordinar um ato de clemência, de bondade ou de justiça, que se solicita de sua misericórdia, a um determinado pagamento; mesmo porque, se o fizesse, o pagamento não sendo efetuado, ou sendo insuficiente, a justiça, a bondade e a clemência de Deus ficariam em suspenso. A razão, o bom senso, a lógica, dizem-nos que Deus, a perfeição absoluta, não pode delegar a criaturas imperfeitas o direito de estabelecer preços para a sua Justiça. Pois a Justiça de Deus é como o Sol, que se distribui para todos, para o pobre como para o rico. Se considerarmos imoral traficar com as graças de um soberano terreno, seria lícito vender as do Soberano do Universo?

As preces pagas têm ainda outro inconveniente: é que aquele que as compra se julga, no mais das vezes, dispensado de orar por si mesmo, pois considera-se livre dessa obrigação, desde que deu o seu dinheiro. Sabemos que os Espíritos são tocados pelo fervor do pensamento dos que se interessam por eles. Mas qual pode ser o fervor daquele que paga um terceiro para orar por ele? E qual o fervor desse terceiro, quando delega o mandato a outro, e este a outro, e assim por diante? Não é isso reduzir a eficácia da prece ao valor da moeda corrente?

VENDILHÕES EXPULSOS DO TEMPLO

5. Chegaram pois a Jerusalém. E havendo entrado no templo, começou a lançar fora os que vendiam e compravam

no templo; e derrubou as mesas dos banqueiros, e as cadeiras dos que vendiam pombas; e não consentia que qualquer transportasse móvel algum pelo templo. E ele os ensinava, dizendo-lhes: Porventura não está escrito que a minha casa será chamada casa de oração entre todas as gentes? E vós tendes feito dela covil de ladrões. O que ouvindo os príncipes dos sacerdotes, e os escribas, andavam excogitando de que modo o haviam de perder, porque todo o povo admirava a sua doutrina e tinham medo dele.** (MARCOS, XI: 15-18; e semelhante em MATEUS, XXI: 12-13).

6. Jesus expulsou os vendilhões do templo, e assim condenou o tráfico das coisas santas, *sob qualquer forma que seja*. Deus não vende a sua bênção, nem o seu perdão, nem a entrada no Reino dos Céus. O homem não tem, portanto, o direito de cobrar nada disso.

MEDIUNIDADE GRATUITA

7. Os médiuns modernos, – pois os apóstolos também tinham mediunidade, – receberam igualmente de Deus um dom gratuito, que é o de serem intérpretes dos espíritos, para instruírem os homens, para lhes ensinarem o caminho do bem e levá-los à fé, e não para lhes venderem palavras que não lhes pertencem, pois que *não se originam nas suas ideias, nem nas suas pesquisas, nem em qualquer outra espécie de seu trabalho pessoal*. Deus deseja que a luz atinja a todos, e não que o mais pobre seja deserdado e possa dizer: Não tenho fé, porque não pude pagar; não tive a consolação de receber o estímulo e o testemunho de afeição daqueles por quem choro, pois sou pobre. Eis porque a mediunidade não é um privilégio, e se encontra por toda parte. Fazê-la pagar, seria portanto desviá-la de sua finalidade providencial.

8. Qualquer pessoa que conheça as condições em que os bons Espíritos se comunicam, sua repulsa a todas as formas de interesse egoísta, e saiba como pouca coisa basta para afastá-los, jamais poderá admitir que Espíritos Superiores estejam à disposição do primeiro que os convocar a tanto por sessão. O simples bom senso repele semelhante coisa. Não seria ainda uma profanação, evocar por dinheiro os seres que respeitamos ou que nos são caros? Não há dúvida que podemos obter manifestações dessa maneira, mas quem poderia garantir-lhes a sinceridade? Os Espíritos levianos, mentirosos e espertos, e toda a turba de Espíritos inferiores, muito pouco escrupulosos, atendem sempre a esses chamados, e estão prontos a responder ao que lhes perguntarem, sem qualquer preocupação com a verdade. Aquele, pois, que deseja comunicações sérias, deve primeiro procurá-las com seriedade, esclarecendo-se quanto à natureza das ligações do médium com os seres do mundo espiritual. Ora, a primeira condição para se conseguir a boa vontade dos bons Espíritos é a que decorre da humildade, do devotamento e da abnegação: o mais absoluto desinteresse *moral e material*.

9. Ao lado da questão moral, apresenta-se uma consideração de ordem positiva, não menos importante, que se refere à própria natureza da faculdade. A mediunidade séria não pode ser e não será jamais uma profissão, não somente porque isso a desacreditaria no plano moral, colocando os médiuns na mesma posição dos ledores da sorte, mas porque existe ainda uma dificuldade material para isso: é que se trata de uma faculdade essencialmente instável, fugidia, variável, com a qual ninguém pode contar na certa. Ela seria, portanto, para o seu explorador, um campo inteiramente incerto, que poderia escapar-lhe no momento mais necessário. Bem diversa é uma capacidade adquirida pelo estudo e pelo trabalho, e que, por isso mesmo, torna-se uma verdadeira propriedade, da qual é naturalmente lícito tirar proveitos. A mediunidade, porém, não é nem uma arte nem uma habilidade, e por isso não pode ser profissionalizada. Ela só existe graças ao concurso dos Espíritos; se estes faltarem, não há mediunidade, pois embora a aptidão possa subsistir, o exercício se torna impossível. Não há, portanto, um único médium no mundo, que possa garantir a obtenção de um fenômeno espírita em determinado momento. Explorar a mediunidade, como se vê, é querer dispor de uma coisa que realmente não se possui. Afirmar o contrário é enganar os que pagam. Mas há mais, porque não é de si mesmo que se dispõe, e sim dos Espíritos, das almas dos mortos, cujo concurso é posto à venda. Este pensamento repugna instintivamente. Foi esse tráfico, degenerado em abuso, explorado pelo charlatanismo, pela ignorância, a credulidade e a superstição, que provocou a proibição de Moisés. O Espiritismo moderno, compreendendo o aspecto sério do assunto, lançou o descrédito sobre essa exploração, e elevou a mediunidade à categoria de missão. *(Ver O Livro dos Médiuns, cap. XXVIII, e O Céu e o Inferno, cap. XI).*

10. A mediunidade é uma coisa sagrada, que deve ser praticada santamente, religiosamente. E se há uma espécie de mediunidade que requer esta condição de maneira ainda mais absoluta, é a mediunidade curadora. O médico oferece o resultado dos seus estudos, feitos ao peso de sacrifícios geralmente penosos; o magnetizador, o seu próprio fluido, e frequentemente a sua própria saúde: eles podem estipular um preço para isso. O médium curador transmite o fluido salutar dos bons Espíritos, e não tem o direito de vendê-lo. Jesus e os Apóstolos, embora pobres, não cobravam as curas que operavam.

Que aquele, pois, que não tem do que viver, procure outros recursos que não os da mediunidade; e que não lhe consagre, se necessário, senão o tempo de que materialmente possa dispor. Os Espíritos levarão em conta o seu devotamento e os seus sacrifícios, enquanto se afastarão dos que pretendem fazer da mediunidade um meio de subir na vida.

CAPÍTULO XXVII

PEDI E OBTEREIS

CONDIÇÕES DA PRECE – EFICÁCIA DA PRECE – AÇÃO DA PRECE – TRANSMISSÃO DO PENSAMENTO – PRECES INTELIGÍVEIS – DA PRECE PELOS MORTOS E PELOS ESPÍRITOS SOFREDORES – *INSTRUÇÕES DOS ESPÍRITOS:* MODO DE ORAR – VENTURA DA PRECE

CONDIÇÕES DA PRECE

1. E quando orais, não haveis de ser como os hipócritas, que gostam de orar em pé nas sinagogas, e nos cantos das ruas, para serem vistos dos homens; em verdade vos digo, que eles já receberam a sua recompensa. Mas tu, quando orares, entra no teu aposento, e fechada a porta, ora a teu Pai em secreto; e teu Pai, que vê o que se passa em secreto, te dará a paga. E quando orais não faleis muito, como os gentios; pois cuidam que pelo seu muito falar serão ouvidos. Não queirais portanto parecer-vos com eles; porque vosso Pai sabe o que vos é necessário, primeiro que vós lhe peçais. (MATEUS, VI: 5-8).

2. Mas quando vos puserdes em oração, se tendes alguma coisa contra alguém, perdoai-lhe, para que também vosso Pai, que está nos Céus, vos perdoe os vossos pecados. Porque se vós não perdoardes, também vosso Pai, que está nos céus, vos não há de perdoar vossos pecados. (MARCOS, XI: 25-26).

3. E propôs também esta parábola a uns que confiavam em si mesmos, como se fossem justos, e desprezavam os outros: Subiram dois homens ao templo, a fazer oração: um fariseu e outro publicano. O fariseu, posto em pé, orava lá no seu interior desta forma: Graças te dou, meu Deus, porque não sou como os

demais homens, que são uns ladrões, uns injustos, uns adúlteros, como é também este publicano; jejuo duas vezes na semana, pago o dízimo de tudo o que tenho. O publicano, pelo contrário, posto lá de longe, não ousava nem ainda levantar os olhos ao céu, mas batia no peito, dizendo: Meu Deus, sê propício a mim, pecador. Digo-vos que este voltou justificado para a sua casa, e não o outro; porque todo o que se exalta será humilhado, e todo o que se humilha será exaltado. (Lucas, XVIII: 9-14).

4. As condições da prece foram claramente definidas por Jesus. Quando orardes, diz ele, não vos coloqueis em evidência, mas orai em secreto. Não fingi orar demasiado, porque não será pelas muitas palavras que sereis atendidos, mas pela sinceridade delas. Antes de orar, se tiverdes qualquer coisa contra alguém, perdoai-a, porque a prece não poderia ser agradável a Deus, se não partisse de um coração purificado de todo sentimento contrário à caridade. Orai, enfim, com humildade, como o publicano, e não com orgulho, como o fariseu. Examinai os vossos defeitos, e não as vossas qualidades, e se vos comparardes aos outros, procurai o que existe de mau em vós. *(Ver cap. X, nº 7 e 8).*

EFICÁCIA DA PRECE

5. Por isso vos digo: todas as coisas que vós pedirdes orando, crede que as haveis de ter, e que assim vos sucederão. (Marcos, XI: 24).

6. Há pessoas que contestam a eficácia da prece, entendendo que, por conhecer Deus as nossas necessidades, é desnecessário expô-las a Ele. Acrescentam ainda que, tudo se encadeando no universo através de leis eternas, nossos votos não podem modificar os desígnios de Deus.

Há leis naturais e imutáveis, sem dúvida, que Deus não pode anular segundo os caprichos de cada um. Mas daí a acreditar que todas as circunstâncias da vida estejam submetidas à fatalidade, a distância é grande. Se assim fosse, o homem seria apenas um instrumento passivo, sem livre-arbítrio e sem iniciativa. Nessa hipótese, só lhe caberia curvar a fronte ante os golpes do destino, sem procurar evitá-los e não deveria esquivar-se dos perigos. Deus não lhe deu o entendimento e a inteligência para que não os utilizasse, a vontade para não querer, a atividade para cair na inação. O homem sendo livre de agir, num ou outro sentido, seus atos têm, para ele mesmo e para os outros, consequências subordinadas às suas decisões. Em virtude da sua iniciativa, há portanto acontecimentos que escapam, forçosamente, à fatalidade, e que nem por isso destroem a harmonia das leis universais, da mesma maneira que o avanço ou o atraso dos ponteiros de um relógio não destrói a lei do movimento, o que regula o mecanismo do aparelho. Deus pode, pois, atender a certos pedidos sem derrogar a imutabilidade das leis que regem o conjunto, dependendo sempre o atendimento da Sua vontade.

7. Será ilógico concluir-se, desta máxima: "Aquilo que pedirdes pela prece vos será dado", que basta pedir para obter, e injusto acusar a Providência se ela não atender a todos os pedidos que lhe fazem, porque ela sabe melhor do que nós o que nos convém. Assim procede o pai prudente, que recusa ao filho o que lhe seria prejudicial. O homem, geralmente, só vê o presente; mas, se o sofrimento é útil para a sua felicidade futura, Deus o deixará sofrer, como o cirurgião deixa o doente sofrer a operação que deve curá-lo.

O que Deus lhe concederá, se pedir com confiança, é a coragem, a paciência e a resignação. E o que ainda lhe concederá, são os meios de se livrar das dificuldades, com a ajuda da ideia que lhe serão sugeridas pelos Bons Espíritos, de maneira que lhe restará o mérito da ação. Deus assiste aos que se ajudam a si mesmos, segundo a máxima: "Ajuda-te e o céu te ajudará", e não aos que tudo esperam do socorro alheio, sem usar as próprias faculdades. Mas, na maioria da vezes, preferimos ser socorridos por um milagre, sem nada fazermos. *(Ver cap. XXV, nº 1 e segs.).*

8. Tomemos um exemplo. Um homem está perdido num deserto; sofre horrivelmente de sede; sente-se desfalecer e deixa-se cair ao chão. Ora, pedindo a ajuda de Deus, e espera; mas nenhum anjo vem lhe dar de beber. No entanto, um Bom Espírito lhe *sugere* o pensamento de levantar-se e seguir determinada direção. Então, por um impulso instintivo, reúne suas forças, levanta-se e avança ao acaso. Chegando a uma elevação do terreno, descobre ao longe um regato, e com isso a coragem. Se tiver fé, exclamará: "Graças, meu Deus, pelo pensamento que me inspiraste e pela força que me deste". Se não tiver fé, dirá: "Que boa ideia *tive eu! Que sorte eu tive,* de tomar o caminho da direita e não o da esquerda; o acaso, algumas vezes, nos ajuda de fato! Quanto me felicito pela *minha coragem* e por não me haver deixado abater!"

Mas, perguntarão, por que o Bom Espírito não lhe disse claramente: "Siga este caminho, e no fim encontrarás o que necessitas"? Por que não se mostrou a ele, para guiá-lo e sustentá-lo no seu abatimento? Dessa maneira o teria convencido da intervenção da Providência. Primeiramente, para lhe ensinar que é necessário ajudar-se a si mesmo e usar as próprias forças. Depois, porque, pela incerteza, Deus põe à prova a confiança e a submissão à sua vontade. Esse homem estava na situação da criança que, ao cair, vendo alguém, põe-se a gritar e espera que a levantem; mas, se não vê ninguém, esforça-se e levanta-se sozinha.

Se o anjo que acompanhou a Tobias lhe houvesse dito: "Fui enviado por Deus para te guiar na viagem e te preservar de todo perigo", Tobias não teria nenhum mérito. Foi por isso que o anjo só se deu a conhecer na volta.

AÇÃO DA PRECE.
TRANSMISSÃO DO PENSAMENTO

9. A prece é uma invocação: por ela nos pomos em relação mental com o ser a que nos dirigimos. Ela pode ter por objeto um pedido, um agradecimento ou um louvor. Podemos orar por nós mesmos ou pelos outros, pelos vivos ou pelos mortos. As preces dirigidas a Deus são ouvidas pelos Espíritos encarregados da execução dos seus desígnios; as que são dirigidas aos Bons Espíritos vão também para Deus. Quando oramos para outros seres, e não para Deus, aqueles nos servem apenas de intermediários, de intercessores, porque nada pode ser feito sem a vontade de Deus.

10. O Espiritismo nos faz compreender a ação da prece, ao explicar a forma de transmissão do pensamento, seja quando o ser a quem oramos atende ao nosso apelo, seja quando o nosso pensamento eleva-se a ele. Para se compreender o que ocorre nesse caso, é necessário imaginar todos os seres, encarnados e desencarnados, mergulhados no fluido universal que preenche o espaço, assim como na Terra estamos envolvidos pela atmosfera. Esse fluido é impulsionado pela vontade, pois é o veículo do pensamento, como o ar é o veículo do som, com a diferença de que as vibrações do ar são circunscritas, enquanto as do fluido universal se ampliam ao infinito. Quando, pois, o pensamento se dirige para algum ser, na Terra ou no espaço, de encarnado para desencarnado, ou vice-versa, uma corrente fluídica se estabelece de um a outro, transmitindo o pensamento, como o ar transmite o som.

A energia da corrente está na razão direta da energia do pensamento e da vontade. É assim que a prece é ouvida pelos Espíritos, onde quer que eles se encontrem, assim que os Espíritos se comunicam entre si, que nos transmitem as suas inspirações, e que as relações se estabelecem à distância entre os próprios encarnados.

Esta explicação se dirige sobretudo aos que não compreendem a utilidade da prece puramente mística. Não tem por fim materializar a prece, mas tornar compreensíveis os seus efeitos, ao mostrar que ela pode exercer a ação direta e positiva. Nem por isso está menos sujeita à vontade de Deus, juiz supremo em todas as coisas, e único que pode dar eficácia à sua ação.

11. Pela prece, o homem atrai o concurso dos Bons Espíritos, que o vem sustentar nas suas boas resoluções e inspirar-lhe bons pensamentos. Ele adquire assim a força moral necessária para vencer as dificuldades e voltar ao caminho reto, quando dele se afastou; e assim também pode desviar de si aos males que atrairia pelas suas próprias faltas. Um homem, por exemplo, sente a sua saúde arruinada pelos excessos que cometeu, e arrasta, até o fim dos seus dias, uma vida de sofrimentos. Tem o direito de queixar-se, se não conseguir a cura? Não, porque poderia encontrar na prece a força para resistir às tentações.

12. Se dividirmos os males da vida em duas categorias, sendo uma a dos que o homem não pode evitar, e outra a das atribuições que ele mesmo provoca, por sua incúria e pelos seus excessos *(Ver cap. V, nº 4)*, veremos que esta última é muito mais numerosa que a primeira. Torna-se pois evidente que o homem é o autor da maioria das suas aflições, e que poderia poupar-se, se agisse sempre com sabedoria e prudência.

É certo, também, que essas misérias resultam das nossas infrações às leis de Deus, e que, se as observássemos rigorosamente, seríamos perfeitamente felizes. Se não ultrapassássemos os limites do necessário, na satisfação das nossas exigências vitais, não sofreríamos as doenças que são provocadas pelos excessos, e as vicissitudes decorrentes dessas doenças. Se limitássemos as nossas ambições, não temeríamos a ruína. Se não quiséssemos subir mais alto do que podemos, não recearíamos a queda. Se fossemos humildes, não sofreríamos as decepções do orgulho abatido. Se praticássemos a lei de caridade, não seríamos maledicentes, nem invejosos, nem ciumentos, e evitaríamos as querelas e as dissenções. Se não fizéssemos nenhum mal a ninguém, não teríamos de temer as vinganças, e assim por diante.

Admitamos que o homem nada pudesse fazer contra os outros males; que todas as preces fossem inúteis para livrar-se deles; já não seria muito, poder afastar todos os que decorrem da sua própria conduta? Pois bem: neste caso concebe-se facilmente a ação da prece, que tem por fim atrair a inspiração salutar dos Bons Espíritos, pedir-lhes a força necessária para resistirmos aos maus pensamentos, cuja execução pode nos ser funesta. E, para nos atenderem nisto, *não é o mal que eles afastam de nós, mas é a nós que eles afastam do pensamento que nos pode causar o mal; não embaraçam em nada os desígnios de Deus, nem suspendem o curso das leis naturais, mas é a nós que impedem de infringirmos as leis, ao orientarem o nosso livre-arbítrio.* Mas o fazem sem o percebermos, de maneira oculta, para não prejudicarem a nossa vontade. O homem se encontra então na posição de quem solicita bons conselhos e os segue, mas conservando a liberdade de segui-los ou não. Deus quer que assim seja, para que ele tenha a responsabilidade dos seus atos e para lhe deixar o mérito da escolha entre o bem e o mal. É isso o que o homem sempre receberá, se pedir com fervor, e ao que se podem sobretudo aplicar estas palavras: "Pedi e obtereis".

A eficácia da prece, mesmo reduzida a essas proporções, não daria imenso resultado? Estava reservado ao Espiritismo provar a sua ação, pela revelação das relações entre o mundo corpóreo e o mundo espiritual. Mas não se limitam a isso os seus efeitos. A prece é recomendada por todos os Espíritos. Renunciar a ela é ignorar a bondade de Deus; é rejeitar para si mesmo a Sua assistência; e para os outros, o bem que se poderia fazer.

13. Ao atender o pedido que lhe é dirigido, Deus tem frequentemente em vista recompensar a intenção, o devotamento e a fé daquele que ora. Eis porque a prece do homem de bem tem mais merecimento aos olhos de Deus, e sempre maior eficácia. Porque o homem vicioso e mau não pode orar com o fervor e confiança que só o sentimento da verdadeira piedade pode dar. Do coração do egoísta, daquele que só ora com os lábios, não poderia sair mais do que palavras, e nunca os impulsos da caridade, que dão à prece toda a sua força. Compreende-se isso tão bem que, instintivamente, preferimos recomendar-nos às preces daqueles cuja conduta nos parece que deve agradar a Deus, pois que são melhor escutados.

14. Se a prece exerce uma espécie de ação magnética, podemos supor que o seu efeito estivesse subordinado à potência fluídica. Entretanto, não é assim. Desde que os Espíritos exercem esta ação sobre os homens, eles suprem, quando necessário, a insuficiência daquele que ora, seja através de uma ação direta *em seu nome*, seja ao lhe conferirem momentaneamente uma força excepcional, quando ele for julgado digno desse benefício, ou quando isso possa ser útil.

O homem que não se julga suficientemente bom para exercer uma influência salutar, não deve deixar de orar por outro, por pensar que não é digno de ser ouvido. A consciência de sua inferioridade é uma prova de humildade, sempre agradável a Deus, que leva em conta a sua intenção caridosa. Seu fervor e sua confiança em Deus constituem o primeiro passo do seu retorno ao bem, que os Bons Espíritos se sentem felizes de estimular. A prece que é repelida é a do *orgulhoso, que só tem fé no seu poder e nos seus méritos, e julga poder substituir-se à vontade do Eterno.*

15. O poder da prece está no pensamento, e não depende nem das palavras, nem do lugar, nem do momento em que é feita. Pode-se, pois, orar em qualquer lugar e a qualquer hora, a sós ou em conjunto. A influência do lugar ou do tempo depende das circunstâncias que possam favorecer o recolhimento. *A prece em comum tem ação mais poderosa, quando todos os que a fazem se associam de coração num mesmo pensamento e têm a mesma finalidade,* porque então é como se muitos clamassem juntos e em uníssono. Mas que importaria estarem reunidos em grande número, se cada qual agisse isoladamente e por sua própria conta? Cem pessoas reunidas podem orar como egoístas, enquanto duas ou três, ligadas por uma aspiração comum, orarão como verdadeiros irmãos em Deus, e sua prece terá mais força do que a daquelas cem. *(Ver cap. XXVIII, nº 4 e 5).*

PRECES INTELIGÍVEIS

16. Se eu pois não entender o que significam as palavras, serei um bárbaro para aquele a quem falo; e o que fala, se-lo-á para mim do mesmo modo. Porque se eu orar numa língua estrangeira, verdade é o que meu espírito ora, mas o meu entendimento fica sem fruto. Mas se louvares com o espírito, o que ocupa o lugar do simples povo como dirá Amém sobre a tua bênção, visto não entender ele o que tu dizes? Verdade é que tu dás bem as graças, mas o outro não é edificado. (S. Paulo, I Cor., XIV: 11, 14, 16-17).

17. A prece só tem valor pelo pensamento que a informa. Ora, é impossível ligar um pensamento àquilo que não se compreende, pois o que não se compreende não pode tocar o coração. Para a grande maioria, as preces numa língua desconhecida não passam de mistura de palavras que nada dizem ao espírito. Para que a prece toque o coração é necessário que cada palavra revele uma ideia, e se não a compreendermos, ela não pode revelar nenhuma. Podemos repeti-la como simples fórmula, cuja virtude estará apenas no menor ou maior número das repetições. Muitos oram por dever, alguns, mesmo, para seguir o costume; eis porque eles se julgam quites com o dever, depois de uma prece repetida por certo número de vezes e segundo determinada ordem. Mas Deus lê no íntimo dos corações; perscruta o nosso pensamento e a nossa sinceridade; e considerá-lo mais sensível à forma do que ao fundo seria rebaixá-lo. *(Ver cap. XXVIII, nº 2).*

DA PRECE PELOS MORTOS E PELOS ESPÍRITOS SOFREDORES

18. Os Espíritos sofredores reclamam preces, e essas lhe são de utilidade, pois ao verem que são lembrados, sentem-se menos abandonados e menos infelizes. Mas a prece tem sobre eles uma ação mais direta: reergue-se a coragem, excita-lhes o desejo de se elevarem, pelo arrependimento e a reparação, e pode desviá-los do pensamento do mal. É nesse sentido que ela pode não somente aliviar, mas abreviar-lhes os sofrimentos. *(Ver O Céu e o Inferno, IIª parte: Exemplos).*

19. Algumas pessoas não admitem a prece pelos mortos, porque acreditam que a alma só tem uma alternativa: ser salva ou condenada às penas eternas. Num e noutro caso, portanto, a prece seria inútil. Sem discutir o valor dessa crença, admitamos por um instante a realidade das penas eternas e irremissíveis, e que as nossas preces sejam impotentes para interrompê-las. Perguntamos se mesmo com essa hipótese, é lógico, é caridoso, é cristão, recusar a prece pelos réprobos? Essas preces, por mais impotentes que sejam para libertá-los, não serão para eles uma prova de piedade, que poderá minorar-lhes os sofrimentos? Na Terra, quando um homem é condenado à prisão perpétua, mesmo que não haja nenhuma esperança de obter-se a graça para ele, é proibido a uma pessoa caridosa auxiliá-lo a carregar o peso dos grilhões? Quando alguém está atacado de mal incurável, não havendo portanto nenhuma esperança de cura, deve-se abandoná-lo sem nenhum alívio? Pensai que entre os réprobos pode estar uma pessoa que vos seja cara: um amigo, talvez um pai, a mãe ou um filho, e só porque, segundo julgais, essa criatura não pode ser perdoada, poderíeis recusar-lhe um copo d'água para mitigar a sede, um bálsamo para secar-lhe as feridas? Não faríeis por ela o que faríeis por um prisioneiro? Não lhe daríeis uma prova de amor, uma consolação? Não, isso não seria cristão. Uma crença que endurece o coração não pode conciliar-se com a crença num Deus que coloca, como o primeiro de todos os deveres, o amor do próximo!

Negar a eternidade das penas não implica negar uma penalidade temporária, mesmo porque, na sua justiça, Deus não pode confundir o mal com o bem. Ora, nesse caso, negar a eficácia da prece seria negar a eficácia da consolação, dos estímulos e dos bons conselhos; e isso equivaleria a negar a força que haurimos de assistência moral dos que nos amam.

20. Outros se fundam numa razão mais especial: a imutabilidade dos desígnios divinos. Deus, dizem eles, não pode modificar as suas decisões a pedido das criaturas, pois caso contrário nada seria estável no mundo. O homem nada tem, portanto, de pedir a Deus, cabendo-lhe apenas submeter-se a adorá-lo.

Há nesta ideia uma falsa interpretação da imutabilidade da lei divina, ou melhor, ignorância da lei, no que concerne à penalidade futura. Essa lei é revelada pelos Espíritos do Senhor, hoje que o homem já amadureceu para compreender o que, na lei, é conforme ou contrário aos atributos divinos.

Segundo o dogma da eternidade absoluta das penas, nem os remorsos e o arrependimento são considerados a favor do culpado. Para ele, todo o desejo de melhorar-se é inútil: está condenado a permanecer eternamente no mal. Se foi condenado, entretanto, por um determinado tempo, a pena cessará no fim do prazo. Mas quem pode afirmar que ele terá então melhorado os seus sentimentos? Quem dirá que, a exemplo de muitos condenados da Terra, ao sair da prisão, ele não será tão mau quanto antes? No primeiro caso, seria manter sob a dor do castigo um homem que se tornara bom; no segundo, seria agraciar àquele que continua culpado. A lei de Deus é mais previdente: sempre justa, equitativa e misericordiosa, não fixa nenhuma duração para a pena, qualquer que seja. Ela se resume assim:

21. "O homem sofre sempre a consequência das suas faltas; não há uma única infração à lei de Deus, que não tenha a sua punição".

"A severidade do castigo é proporcional à gravidade da falta".

"A duração do castigo, para qualquer falta, *é indeterminada, pois fica subordinada ao arrependimento do culpado e ao seu retorno ao bem;* assim, a pena dura tanto quanto a obstinação do mal; seria perpétua, se a obstinação o fosse: é de curta duração, se o arrependimento vier logo".

"Desde que o culpado clame por misericórdia, Deus o ouve e lhe concede a esperança. Mas o simples remorso não basta: é necessária a reparação da falta. É por isso que o culpado se vê submetido a novas provas, nas quais ele pode, sempre pela sua própria vontade, fazer o bem para a reparação do mal anteriormente praticado".

"O homem é assim o árbitro constante da sua própria sorte.

Ele pode abreviar o seu suplício ou prolongá-lo indefinidamente. Sua felicidade ou sua desgraça dependem da sua vontade de fazer o bem".

Essa é a lei; lei *imutável* e conforme a bondade e a justiça de Deus.

O Espírito culpado e infeliz, dessa maneira, pode sempre salvar-se a si mesmo: a lei de Deus lhe diz sob quais condições ele pode fazê-lo. O que geralmente lhe falta é a vontade, a força e a coragem. Se, pelas nossas preces, lhe inspiramos essa vontade, se o amparamos e encorajamos; se, pelos nossos conselhos, lhe damos as luzes que lhe faltam, *em vez de solicitar a Deus que derrogue a sua lei, tornamo-nos instrumentos da execução dessa lei de amor e caridade*, da qual ele assim nos permite participar, para darmos nós mesmos uma prova de caridade. *(Ver* O Céu e o Inferno, *Iª parte, caps. IV, VII e VIII).*

INSTRUÇÕES DOS ESPÍRITOS

MODO DE ORAR

• V. Monod •
Bordeaux, 1862

22. O primeiro dever de toda criatura humana, o primeiro ato que deve assinalar o seu retorno à atividade diária, é a prece. Vós orais, quase todos, mas quão poucos sabem realmente orar! Que importam ao Senhor as frases que ligais maquinalmente uma às outras, porque já vos habituastes a repeti-las, porque é um dever que tendes de cumprir, e que vos pesa, como todo o dever?

A prece do cristão, do Espírita, principalmente, de qualquer culto que seja[1], deve ser feita no momento em que o Espírito retoma o jugo da carne, e deve elevar-se com humildade aos pés da Majestade Divina, mas também com profundeza, num impulso de reconhecimento por todos os benefícios recebidos até esse dia. E de agradecimento, ainda, pela noite transcorrida, durante a qual lhe foi permitido, embora não guarde a lembrança, retornar junto aos amigos e aos guias, para nesse contato haurir novas forças e mais perseverança. Deve elevar-se humilde aos pés do Senhor, pedindo pela sua fraqueza, suplicando o seu amparo, a sua indulgência, a sua misericórdia. E deve ser profunda, porque é a vossa alma que deve elevar-se ao Criador, e que deve transfigurar-se, como Jesus no Tabor, para chegar até Ele, branca e radiante de esperança e de amor.

Vossa prece deve encerrar o pedido das graças de que necessitais, mas de que necessitais realmente. Inútil, portanto, pedir ao Senhor que abrevie as vossas provas, o que vos dê alegrias e riquezas. Pedi-lhe antes os bens mais preciosos da paciência, da resignação e da fé. Evitai dizer, como o fazem muitos dentre vós: "Não vale a pena orar, porque Deus não me atende". O que pedis a Deus, na maioria das vezes? Já vos lembrastes de pedir a vossa melhoria moral? Oh, não, tão poucas vezes! O que vos lembrais de pedir é *o sucesso para os vossos empreendimentos terrenos*, e depois exclamais: "Deus não se preocupa conosco; se o fizesse, não haveria tantas injustiças!" Insensatos, ingratos! Se mergulhásseis no fundo da vossa consciência, quase sempre ali encontraríeis o motivo dos males de que vos queixais. Pedi, pois, antes de tudo, para vos tornardes melhores, e vereis que torrentes de graças e consolações se derramarão sobre vós! *(Ver cap. V, nº 4).*

Deveis orar incessantemente, sem para isso procurardes o vosso oratório ou cairdes de joelhos nas praças públicas. A prece diária é o próprio cumprimento dos vossos deveres, mas dos vossos deveres sem exceção, de qualquer natureza que sejam. Não é um ato de amor para com o Senhor assistirdes os vossos

---

(1) Nos primeiros tempos, os adeptos do Espiritismo ainda permaneciam muitas vezes ligados às igrejas de que provinham. O mesmo aconteceu também com o Cristianismo dos primeiros tempos. (N. do T.)

irmãos numa necessidade qualquer, moral ou física? Não é um ato de reconhecimento a elevação do vosso pensamento a Ele, quando uma felicidade vos chega, quando evitais um acidente, ou mesmo quando uma simples contrariedade vos aflora à alma, e dizeis mentalmente: "Seja bendito o Senhor!"? Não é um ato de contrição, quando sentis que falistes, dizerdes humilde para o Supremo Juiz, mesmo que seja num rápido pensamento: *"Perdoai-me Deus meu, pois que pequei (por orgulho, por egoísmo ou por falta de caridade); dai-me a força de não tornar a falir, e a coragem de reparar a minha falta"?*

Isto independe das preces regulares da manhã e da noite, e dos dias consagrados, pois, como vedes a prece pode ser de todos os instantes, sem interromper os vossos afazeres; e até, pelo contrário, assim feita, ela os santifica. E não duvideis de que um só desses pensamentos, partindo do coração, é mais ouvido por vosso Pai celestial do que as longas preces repetidas por hábito, quase sempre sem um motivo imediato, *apenas porque a hora convencional maquinalmente vos chama.*

VENTURA DA PRECE

• Santo Agostinho •
Paris, 1861

23. Vinde, todos vós que desejais crer. Acorrem os Espíritos celestes, e vêm anunciar-vos grandes coisas! Deus, meus filhos, abre os seus tesouros, para vos distribuir os seus benefícios. Homens incrédulos! Se soubésseis como a fé beneficia o coração, e leva a alma ao arrependimento e à prece! A prece. Ah! Como são tocantes as palavras que se desprendem dos lábios na hora da prece! Porque a prece é o orvalho divino, que suaviza o excessivo calor das paixões. Filha predileta da fé, leva-nos ao caminho que conduz a Deus. No recolhimento e na solidão, encontrai-vos com Deus; e para vós o mistério se desfaz, porque Ele se revela. Apóstolos do pensamento, a verdadeira vida se abre para vós! Vossa alma se liberta da matéria e se lança pelos mundos infinitos e etéreos, que a pobre Humanidade desconhece.

Marchai, marchai, pelos caminhos da prece, e ouvireis a voz dos Anjos! Que harmonia! Não são mais os ruídos confusos e as vozes gritantes da Terra. São as liras dos Arcanjos, as vozes doces e meigas dos Serafins, mais leves que as brisas da manhã, quando brincam nas ramagens dos vossos arvoredos. Com que alegria então marchais! Vossa linguagem terrena não poderá exprimir jamais essa ventura, que vos impregna por todos os poros, tão viva e refrescante é a fonte em que bebemos através da prece! Doces vozes, inebriantes perfumes, que a alma ouve e aspira, quando se lança, pela prece, a essas esferas desconhecidas e habitadas! São divinas todas as aspirações, quando livres dos desejos carnais. Vós também, como o Cristo, orai, carregando a vossa cruz para o Gólgota, para o vosso Calvário. Levai-a, e sentireis as doces emoções que lhe passavam pela alma, embora carregasse o madeiro infamante. Sim, porque ele ia morrer, mas para viver a vida celestial, na morada do Pai!

CAPÍTULO XXVIII

COLETÂNEA DE PRECES ESPÍRITAS

PREÂMBULO

1. Os Espíritos sempre disseram: "A forma não é nada, o pensamento é tudo. Faça cada qual a sua prece de acordo com as suas convicções, e de maneira que mais lhe agrade, pois um bom pensamento vale mais do que numerosas palavras que não tocam o coração."

Os Espíritos não prescrevem nenhuma fórmula absoluta de preces, e quando nos dão alguma, é para orientar as nossas ideias, e sobretudo para chamar a nossa atenção sobre certos princípios da doutrina espírita. Ou ainda com o fim de ajudar as pessoas que sentem dificuldades em exprimir suas ideias, pois estas não consideram haver realmente orado, se não formularam bem os seus pensamentos.

A coletânea de preces deste capítulo é uma seleção das que os Espíritos ditaram em várias ocasiões. Podem ter ditados outras, em termos diferentes, apropriadas a diversas ideias e ou a casos especiais. A finalidade da prece é levar nossa alma a Deus. A diversidade das fórmulas não devem estabelecer nenhuma diferença entre os que Nele creem, e menos ainda entre os adeptos do Espiritismo, porque Deus aceita a todas, quando sinceras.

Não se deve considerar, portanto, esta coletânea, como um formulário absoluto, mas como uma variante das instruções dos Espíritos. É uma forma de aplicação dos princípios da moral evangélica desenvolvidos neste livro, um complemento dos seus ditados sobre os nossos deveres para com Deus e o próximo, e no qual são relembrados todos os princípios da doutrina.

O Espiritismo reconhece como boas as preces de todos os cultos, desde que sejam ditas de coração, e não apenas com os lábios. Não impõe nem condena nenhuma. Deus é sumamente grande, segundo o Espiritismo, para repelir a voz que implora ou que canta louvores, somente por não o fazer desta ou daquela maneira. *Quem quer que condene as preces que não constem do seu formulário, demonstra desconhecer a grandeza de Deus.* Acreditar que Deus se apegue a determinada fórmula, é atribuir-lhe a pequenez e as paixões humanas.

Uma das condições essenciais da prece, segundo São Paulo *(Cap. XXVII, nº 16)* é a de ser inteligível, para que possa tocar o nosso espírito. Para isso, entretanto, não basta que ela seja proferida na língua habitual, pois há preces que, embora em termos populares, não dizem mais à nossa inteligência do que as de uma língua estranha, e por isso mesmo não nos tocam o coração. As poucas ideias que encerram são em geral sufocadas pela superabundância das palavras e o misticismo da linguagem.

A principal qualidade da prece é a clareza. Ela deve ser simples e concisa, sem fraseologia inútil ou excesso de adjetivação, que não passam de meros ouropéis. Cada palavra deve ter o seu valor, exprimir uma ideia, tocar uma fibra da alma. Enfim: deve levar à reflexão. E somente assim pode atingir o seu objetivo, pois, de outro modo *não passa de palavrório*. Veja-se, entretanto, com que distração e volubilidade elas são proferidas, na maioria das vezes. Percebemos que os lábios se agitam, mas, pela expressão fisionômica e pela própria voz, percebe-se que é um ato maquinal, puramente exterior, de que a alma não participa.

As preces aqui reunidas dividem-se em cinco categorias:

1ª) Preces gerais; 2ª) Preces pessoais; 3ª) Preces pelos outros; 4ª) Preces pelos Espíritos; 5ª) Preces pelos doentes e obsedados.

Com o fim de chamar mais particularmente a atenção para o objetivo de cada prece, e tornar mais compreensível o seu sentido, elas são precedidas de uma instrução preliminar, espécie de exposição de motivos, intitulada *prefácio*.

I. PRECES GERAIS
ORAÇÃO DOMINICAL

2. Prefácio – Os Espíritos recomendaram que abríssemos esta coletânea com a Oração Dominical, não somente como prece, mas também como símbolo. De todas as preces, é a que eles consideram em primeiro lugar, seja porque nos vem do próprio Jesus (MATEUS, VI: 9-13), seja porque ela pode substituir a todas as outras, conforme a intenção que se lhe atribua. É o mais perfeito modelo de concisão, verdadeira obra-prima de sublimidade, na sua simplicidade. Com efeito, sob a forma mais reduzida, ela consegue resumir todos os deveres do homem para com Deus, para consigo mesmo e para com o próximo. Encerra ainda uma profissão de fé, um ato de adoração e submissão, o pedido das coisas necessárias à vida terrena e o princípio da caridade. Dizê-la em intenção de alguém, é pedir para outro o que desejamos para nós mesmos.

Entretanto, em razão mesmo da sua brevidade, o sentido profundo que algumas das suas palavras encerram escapa à maioria. Isso porque geralmente a proferem sem pensar no sentido de cada uma de suas frases. Proferem-na como uma fórmula, cuja eficácia é proporcional ao número de vezes que for repetida. Esse número é quase sempre cabalístico: o três, o sete ou o nove, em virtude da antiga crença supersticiosa no poder dos números, e do seu uso nas práticas de magia.

Para preencher o vazio que a concisão desta prece nos deixa, ajuntamos a cada uma de suas proposições, segundo o conselho e com a assistência dos Bons Espíritos, um comentário que lhes esclarece o sentido e as aplicações. De acordo com as circunstâncias e o tempo de que se disponha, pode-se pois dizer a Oração Dominical em sua forma simples ou desenvolvida.

3. I – Pai nosso, que estais no céu, santificado seja o vosso nome!

Cremos em vós, Senhor, porque tudo nos revela o vosso poder e a vossa bondade. A harmonia do Universo é a prova de uma sabedoria, de uma prudência, e de uma previdência que ultrapassam todas as faculdades humanas. O nome de um Ser soberanamente grande e sábio está inscrito em todas as obras da criação, desde a relva humilde e do menor inseto, até os astros que se movem no espaço. Por toda parte, vemos a prova de uma solicitude paternal. Cego, pois, é aquele que não vos glorifica nas vossas obras, orgulhoso aquele que não vos louva, e ingrato aquele que não vos rende graças.

II – Venha a nós o vosso Reino!

Senhor, destes aos homens leis plenas de sabedoria, que os fariam felizes, se eles as observassem. Com essas leis, poderiam estabelecer a paz e a justiça, e poderiam ajudar-se mutuamente, em vez de mutuamente se prejudicarem, como o fazem. O forte ampararia o fraco, em vez de esmagá-lo. Evitados seriam os males que nascem dos abusos e dos excessos de toda espécie. Todas as misérias deste mundo decorrem da violação das vossas leis, porque não há uma única infração que não traga suas consequências fatais.

Destes ao animal o instinto que lhe traça os limites do necessário, e ele naturalmente se conforma com isso. Mas ao homem, além do instinto, destes a inteligência e a razão. E lhe destes ainda a liberdade de observar ou violar aquelas das vossas leis que pessoalmente lhe concernem, ou seja, a faculdade de escolher entre o bem e o mal, para que ele tenha o mérito e a responsabilidade dos seus atos.

Ninguém pode pretextar ignorância das vossas leis, porque, na vossa paternal providência, quisestes que elas fossem gravadas na consciência de cada um, sem nenhuma distinção de cultos ou de nacionalidades. Assim, aqueles que as violam, é porque vos desprezam.

Chegará o dia em que, segundo a vossa promessa, todos as praticarão. Então a incredulidade terá desaparecido, todos vos reconhecerão como o Soberano Senhor de todas as coisas, e o primado de vossas leis estabelecerá o vosso reino na Terra.

Dignai-vos, Senhor, de apressar o seu advento, dando aos homens a luz necessária para se conduzirem no caminho da verdade!

III – Seja feita a vossa vontade, assim na Terra como no céu!

Se a submissão é um dever do filho para com o pai, do inferior para com o superior, quanto maior não será a da criatura para com o seu Criador! Fazer a Vossa vontade, Senhor, é observar as Vossas leis e submeter-se sem lamentações aos Vossos desígnios divinos. O homem se tornará submisso, quando compreender que Sois a fonte de toda a sabedoria, e que sem Vós ele nada pode. Fará então a Vossa vontade na Terra, como os eleitos a fazem no céu.

IV – O pão nosso, de cada dia, dai-nos hoje!

Dai-nos o alimento necessário à manutenção das forças físicas, e dai-nos também o alimento espiritual, para o desenvolvimento do nosso espírito.

O animal encontra a sua pastagem, mas o homem deve o seu alimento à sua própria atividade e aos recursos da sua inteligência, porque o criastes livre.

Vós lhe dissestes: "Amassarás o teu pão com o suor do teu rosto", e com isso fizestes do trabalho uma obrigação, que o leva a exercitar a sua inteligência na procura dos meios de prover às suas necessidades e atender ao seu bem-estar: uns pelo trabalho material, outros pelo trabalho intelectual. Sem o trabalho, ele permaneceria estacionário e não poderia aspirar à felicidade dos Espíritos Superiores.

Assistis ao homem de boa vontade, que em Vós confia para o necessário, mas não àquele que se compraz na ociosidade e gostaria de tudo obter sem esforço, nem ao que busca o supérfluo. *(Cap. XXV).*

Quantos há que sucumbem por sua própria culpa, pela sua incúria, pela sua imprevidência ou pela sua ambição, por não terem querido contentar-se com o que lhes destes! São esses os artífices do próprio infortúnio, e não têm o direito de queixar-se, pois são punidos naquilo mesmo em que pecaram. Mas mesmo a eles não abandonais, porque Sois infinitamente misericordioso, e lhes estendeis a mão providencial, desde que, como filho pródigo, retornem sinceramente para Vós. *(Cap. V, nº 4).*

Antes de nos lamentarmos de nossa sorte, perguntemos se ela é a nossa própria obra; a cada desgraça que nos atinja, verifiquemos se não poderíamos tê-la evitado; repitamos a nós mesmos que Deus nos deu a inteligência para sairmos do atoleiro, e que de nós depende aplicá-la bem. Desde que a lei do trabalho condiciona a vida do homem na Terra, dai-nos a coragem e a força de cumpri-la: dai-nos também a prudência e a moderação, a fim de não pormos a perder os seus frutos.

Dai-nos pois, Senhor, o pão nosso de cada dia, ou seja, os meios de adquirir pelo trabalho as coisas necessárias, pois ninguém tem o direito de reclamar o supérfluo.

Se estivermos impossibilitados de trabalhar, que confiemos na Vossa divina providência.

Se estiver nos Vossos desígnios provar-nos com as mais duras privações, não obstante os nossos esforços, aceitamo-lo como uma justa expiação das faltas que tivermos podido cometer nesta vida ou numa vida anterior, porque sabemos que sois justo, e que não há penas imerecidas, pois jamais castigais sem causa.

Preservai-nos, oh! Senhor, de conceber a inveja contra os que possuem aquilo que não temos, ou mesmo contra os que dispõe do supérfluo, quando nos falta o necessário. Perdoai-lhes, se esquecem a lei de caridade e de amor ao próximo, que lhes ensinastes. *(Cap. XVI, nº 8).*

Afastai ainda do nosso espírito a ideia de negar a Vossa justiça, ao ver a prosperidade do mau e a infelicidade que abate às vezes o homem de bem. Pois já sabemos, graças às novas luzes que ainda nos destes, que a Vossa justiça sempre se cumpre e não faz exceção de ninguém; que a prosperidade material do maldoso é tão efêmera como a sua existência corporal, acarretando-lhe terríveis revezes, enquanto será eterno o júbilo daquele que sofre com resignação. *(Cap. V, nºs 7, 9, 12 e 18).*

V – Perdoai as nossas dívidas, assim como nós perdoamos os nossos devedores.

Cada uma das nossas infrações às Vossas leis, Senhor, é uma ofensa que Vos fazemos, e uma dívida contraída, que cedo ou tarde teremos de pagar. Solicitamos à Vossa infinita misericórdia a sua remissão, sob a promessa de empregarmos os nossos esforços em não contrair outras.

Fizestes da caridade, para todos nós, uma lei expressa; mas a caridade não consiste unicamente em assistirmos os nossos semelhantes nas suas necessidades, pois consiste ainda no esquecimento e no perdão das ofensas. Com que direito reclamaríamos a Vossa indulgência, se faltamos com ela para aqueles de que nos queixamos?

Dai-nos, Senhor, a força de sufocar em nosso íntimo todo ressentimento, todo ódio e todo rancor. *Fazei que a morte não nos surpreenda com nenhum desejo de vingança no coração.* Se Vos aprouver retirar-nos hoje mesmo deste mundo, fazei que possamos nos apresentar a Vós inteiramente limpos de animosidade, a exemplo do Cristo, cujas últimas palavras foram em favor dos seus algozes. *(Cap. X).*

As perseguições que os maus nos fazem sofrer são parte das nossas provas terrenas; devemos aceitá-las sem murmurar, como todas as outras provas, sem maldizer os que, com as suas perversidades, nos abrem o caminho da felicidade eterna, pois Vós nos dissestes, nas palavras de Jesus: "Bem-aventurados os que sofrem pela justiça!" Abençoemos, pois, a mão que nos fere e nos humilha, porque as mortificações do corpo nos fortalecem a alma, e seremos levantados da nossa humildade. *(Cap. XII, nº 4).*

Bendito seja o Vosso nome, Senhor, por nos haverdes ensinado que a nossa sorte não está irrevogavelmente fixada após a morte; que encontraremos, em outras existências, os meios de resgatar e reparar as nossas faltas passadas, e de realizar numa nova vida aquilo que nesta não pudemos fazer, para o nosso adiantamento. *(Cap. IV; cap. V, nº 5).*

Assim se explicam, enfim, todas as aparentes anomalias da vida: a luz é lançada sobre o nosso passado e o nosso futuro, como um sinal resplendente da Vossa soberana justiça e da Vossa infinita bondade.

VI — Não nos deixeis cair em tentação, mas livrai-nos do mal [1].

Dai-nos, Senhor, a força de resistir às sugestões dos maus espíritos, que tentarão desviar-nos da senda do bem, inspirando-nos maus pensamentos.

---

(1) Algumas traduções trazem: "Não nos induzais à tentação" (et ne nos inducas in tentationem), **mas essa forma daria a entender que a tentação vem de Deus, que impeliria voluntariamente os homens ao mal, pensamento evidentemente blasfemo, que assemelharia Deus a Satanás, e não pode ter sido o de Jesus. Ela está, por sinal, de acordo como a doutrina vulgar sobre o papel dos demônios.** (Ver O Céu e o Inferno, cap. X, "Os Demônios").

Mas nós somos, nós mesmos, Espíritos imperfeitos, encarnados na Terra para expiar nossas faltas e nos melhorarmos. A causa do mal está em nós próprios, e os maus Espíritos apenas se aproveitam de nossas tendências viciosas, nas quais nos entretêm, para nos tentarem.

Cada imperfeição é uma porta aberta às suas influências, enquanto eles são impotentes e renunciam a qualquer tentativa contra os seres perfeitos. Tudo o que possamos fazer para afastá-los será inútil, se não lhes opusermos uma vontade inquebrantável na prática do bem, com absoluta renúncia ao mal. É, pois, contra nós mesmos que devemos dirigir os nossos esforços, e então os maus Espíritos se afastarão naturalmente, porque o mal é o que os atrai, enquanto o bem os repele. *(Ver adiante: Preces pelos obsedados).*

Senhor, amparai-nos em nossa fraqueza, inspirai-nos, pela voz dos nossos anjos-guardiães e dos Bons Espíritos, a vontade de corrigirmos as nossas imperfeições, a fim de fecharmos a nossa alma ao acesso dos Espíritos impuros. *(Ver adiante: nº 11).*

O mal não é, portanto, Vossa obra, Senhor, porque a fonte de todo o bem não pode engendrar nenhum mal. Somos nós mesmos que o criamos, ao infringir as Vossas leis, e pelo mau uso que fazemos da liberdade que nos concedestes. Quando os homens observarem as Vossas leis, o mal desaparecerá da Terra, como já desapareceu dos mundos mais adiantados.

Não existe para ninguém a fatalidade do mal, que só parece irresistível para aqueles que nele se comprazem. Se temos vontade de fazê-lo, também poderemos ter a de fazer o bem. E é por isso, oh! Senhor, que solicitamos a vossa assistência e a dos Bons Espíritos, para resistirmos à tentação.

VII — Assim seja!

Que Vos apraza, Senhor, a realização dos nossos desejos! Inclinamo-nos, porém, diante da Vossa infinita sabedoria. Em todas as coisas que não nos é dado compreender, que sejam feitas segundo a Vossa santa vontade e não segundo a nossa, porque vós só quereis o nosso bem, e sabeis melhor do que nós o que nos convém.

Nós vos dirigimos esta prece, Senhor, por nós mesmos, mas também por todas as criaturas sofredoras, encarnadas e desencarnadas, por nossos amigos e por nossos inimigos, por todos os que reclamam a nossa assistência, e em particular por *Fulano*. Suplicamos para todos a Vossa misericórdia e a Vossa bênção. *(NOTA: Aqui podem ser feitos os agradecimentos a Deus pelas graças concedidas, e formulados os pedidos que se queiram, para si mesmo e para os outros. — Ver adiante: preces nºs 26 e 27).*

REUNIÕES ESPÍRITAS

4. Porque onde se acham dois ou três congregados em meu nome, aí estou eu no meio deles. (Mateus, XVIII: 20).

5. Prefácio – Para estarem reunidos em nome de Jesus, não basta a presença material, pois é necessário que o estejam espiritualmente, pela comunhão de intenções e de pensamentos, voltados para o bem. Então Jesus se encontra no meio da reunião, Ele ou os Espíritos puros que o representam. O Espiritismo nos faz compreender de que maneira os Espíritos podem estar entre nós. É graças ao seu corpo fluídico ou espiritual, e com a aparência que nos permitiria reconhecê-los, caso se tornassem visíveis. Quanto mais elevados na hierarquia, maior é o seu poder de irradiação, de maneira que, possuindo o dom de ubiquidade, podem estar simultaneamente em muitos lugares: para tanto, basta a emissão de um raio de seu pensamento.

Com essas palavras, Jesus quis mostrar o efeito da união e da fraternidade. Não é o maior ou menor número que atrai os Espíritos, pois se assim fosse, Ele podia ter dito, em vez de duas ou três pessoas, dez ou vinte, mas o sentimento de caridade que as anima reciprocamente. Ora, para isso, bastam duas pessoas, mas se essas duas orarem separadas, mesmo que se dirijam a Jesus, não há entre elas comunhão de pensamentos, sobretudo se não estão movidas por um sentimento de mútua benevolência. Se estiverem, então, animadas de mútua prevenção, com ódio, inveja ou ciúme, as correntes fluídicas de seus pensamentos se repelem, em vez de se unirem por um comum impulso de simpatia, e então *elas não estão reunidas em nome de Jesus*. Nesse caso, Jesus será apenas o pretexto da reunião, e não o seu verdadeiro motivo. *(Cap. XXVII, nº 9).*

Isso não quer dizer que Jesus não ouça uma pessoa só. Se ele não disse: "Atenderei a qualquer que me chame", é porque exige, antes de tudo, o amor do próximo, do qual se podem dar maiores provas em conjunto do que isoladamente, e porque todo sentimento pessoal o nega. Segue-se que, numa reunião numerosa, se duas ou três pessoas se ligassem pelo coração, num sentimento de verdadeira caridade, enquanto as outras permanecessem isoladas e concentradas em ideias egoístas ou mundanas, Jesus estaria com as primeiras e não com as demais. Não é, portanto, a simultaneidade das palavras, dos cânticos ou dos atos exteriores, que constitui a reunião em nome de Jesus, mas a comunhão de pensamentos, segundo o espírito da caridade por ele personificado. *(Caps. X: nºˢ 7 e 8; e XXVII: 2 a 4).*

Esse deve ser o caráter das reuniões espíritas sérias, em que sinceramente se deseja o concurso dos Bons Espíritos.

6. Prece *(Para o começo da reunião).*

Rogamos ao Senhor Deus Todo-Poderoso enviar-nos Bons Espíritos para nos assistirem, afastar aqueles que possam induzir-nos ao erro, e dar-nos a luz necessária para distinguirmos a verdade da impostura. Afastai também os Espíritos malfazejos, encarnados ou desencarnados, que poderiam tentar lançar a desunião entre nós, e com isso desviar-nos da caridade e do amor do próximo. Se alguns procurarem penetrar neste recinto, fazei que não encontrem acesso em nossos corações. Bons Espíritos, que vos dignais vir instruir-nos, tornai-nos dóceis aos vossos conselhos, afastai-nos de todo pensamento egoísta, ou de orgulho, de inveja e de ciúmes; inspira-nos a indulgência e a benevolência para com os nossos semelhantes presentes ou ausentes, amigos ou inimigos; fazei, enfim, que pelos sentimentos que nos animarem, possamos reconhecer a vossa salutar influência. Dai aos médiuns, que encarregardes de nos transmitir os vossos ensinamentos, a consciência da santidade do mandato que lhes é confiado e da gravidade do ato que vão praticar, a fim de que o façam com o fervor e o recolhimento necessários. Se estiverem entre nós pessoas que foram atraídas por outros sentimentos, que não o do bem, abri os seus olhos à luz, e perdoai-as, como nós as perdoamos, se vieram com intenções malfazejas. Pedimos especialmente ao espírito de ..., nosso guia espiritual, para nos assistir e velar por nós.

7. Prece *(Para o fim da reunião).*

Agradecemos aos Bons Espíritos que vieram comunicar-se conosco, pedimos que nos ajudem a por em prática as instruções que nos deram, e façam que cada um de nós, ao sair daqui, esteja fortificado na prática do bem e do amor ao próximo. Desejamos igualmente que essas lições sejam proveitosas para os Espíritos sofredores, ignorantes ou viciosos, que puderam assistir a esta reunião, e para os quais suplicamos a misericórdia de Deus.

8. E acontecerá nos últimos dias, diz o Senhor, que Eu derramarei do meu Espírito sobre toda a carne, e profetizarão os vossos filhos, e vossas filhas, e os vossos mancebos verão visões, e os vossos anciãos sonharão sonhos. E certamente naqueles dias derramarei do meu Espírito sobre os meus servos e sobre minhas servas, e profetizarão. (Atos, II: 17-18).

9. Prefácio – Quis o Senhor que a luz se fizesse para todos os homens, e que a voz dos Espíritos penetrasse por toda a parte, a fim de que cada um pudesse obter a prova da imortalidade. É com esse objetivo que os Espíritos se manifestam hoje por toda a Terra, e que a mediunidade, revelando-se entre as pessoas de todas as idades e de todas as condições, entre homens e mulheres, crianças e velhos, constitui um sinal de que os tempos chegaram. Para conhecer as coisas do mundo visível e descobrir os segredos da natureza material, Deus concedeu aos homens a vista física, os sentidos corporais e os instrumentos especiais. Com o telescópio, ele mergulha o seu olhar nas profundidades do espaço, e com o microscópio descobriu o mundo dos infinitamente pequenos. Para penetrar o mundo invisível, deu-lhe a mediunidade. Os médiuns são os intérpretes do ensino dos Espíritos, ou melhor, *são os instrumentos materiais pelos quais os Espíritos se exprimem, nas suas comunicações com os homens.* Sua missão é sagrada, porque tem por fim abrir-lhes os horizontes da vida eterna.

    Os Espíritos vêm instruir o homem sobre o seu futuro, para conduzi-lo ao caminho do bem e não para poupar-lhe o trabalho material que lhe cabe neste mundo, para o seu próprio adiantamento, nem para favorecer as suas ambições e a sua cupidez. Eis do que os médiuns devem compenetrar-se bem, para não fazerem mau uso de suas faculdades. Aquele que compreende a gravidade do mandato de que se acha investido, cumpre-o religiosamente. Sua consciência o condenaria como por um ato sacrílego, se transformasse em divertimento e distração, *para si mesmo e para os outros*, as faculdades que lhe foram dadas com uma finalidade séria, pondo-o em relação com os seres do outro mundo. Como intérpretes do ensinamento dos Espíritos, os médiuns devem desempenhar um papel importante na transformação moral que se opera. Os serviços que podem prestar estão na razão da boa orientação que derem às suas faculdades, pois os que seguem o mau caminho são mais prejudiciais do que úteis à causa do Espiritismo; pelas más impressões que produzem retardam mais de uma conversão. Eis porque terão de prestar contas do uso que fizeram das faculdades que lhes foram dadas para o bem dos seus semelhantes.

    O médium que não quer perder a assistência dos Bons Espíritos, deve trabalhar pela sua própria melhoria. O que deseja que a sua faculdade se engrandeça e desenvolva, deve engrandecer-se moralmente, abstendo-se de tudo o que possa desviá-la da sua finalidade providencial. Se os Bons Espíritos às vezes se servem de instrumentos imperfeitos, é para bem aconselhá-los e procurar levá-los ao bem; mas se encontram corações endurecidos, e se os seus conselhos não são ouvidos, retiram-se, e os maus têm então o campo livre. *(Cap. XXIV, nºs 11 e 12).* A experiência demonstra que, entre os que não aproveitam os conselhos dos Bons Espíritos, as comunicações, após haverem alguns clarões, durante certo tempo, acabam por cair no erro, na verbosidade vazia e no ridículo, sinal incontestável do afastamento dos Bons Espíritos.

Obter a assistência dos Bons Espíritos e livrar-se dos Espíritos levianos e mentirosos, deve ser o objetivo dos esforços constantes de todos os médiuns sérios. Sem isso a mediunidade é uma faculdade estéril, que pode mesmo reverter em prejuízo daquele que a possui, degenerando em obsessão perigosa. O médium que compreende o seu dever, em vez de orgulhar-se de uma faculdade que não lhe pertence, desde que pode ser retirada, atribui a Deus o que de bom consegue obter. Se as suas comunicações merecem elogios, ele não se envaidece com isso, por saber que eles independem do seu método pessoal, e agradece a Deus haver permitido que os Bons Espíritos se manifestassem através dele. Se dão motivo a críticas, não se ofende por isso, pois sabe que elas não foram produzidas por ele. Pelo contrário, reconhece não ter sido um bom instrumento e que não possui todas as qualidades necessárias para impedir a intromissão dos maus Espíritos. Trata, então, de adquirir essas qualidades, e pede, pela prece, a força que lhe falta.

10. Prece – Deus Todo-Poderoso, permiti que os Bons Espíritos me assistam na comunicação que solicito. Preservai-me da presunção de me julgar ao abrigo dos maus Espíritos; do orgulho que poderia me enganar sobre o valor do que obtenha; de todo sentimento contrário à caridade para com os outros médiuns. Se for induzido ao erro, inspirai a alguém a ideia de me advertir, e a mim, a humildade que me fará aceitar a crítica com reconhecimento, e aceitar para mim, e não para os outros, os conselhos que os Bons Espíritos queiram dar-me.

Se me sentir tentado a enganar, seja no que for, ou a me envaidecer da faculdade que vos aprouve conceder-me, peço-vos que a retireis de mim, antes que permitir seja ela desviada de sua finalidade providencial, que é o bem de todos e o meu próprio adiantamento moral.

II. PRECES PESSOAIS

Aos Anjos-Guardiães e Aos Espíritos Protetores

11. Prefácio – Todos nós temos um Bom Espírito, ligado a nós desde o nascimento, que nos tomou sob a sua proteção. Cumpre junto a nós a missão de um pai junto ao filho: a de nos conduzir no caminho do bem e do progresso, através das provas da vida. Ele se sente feliz quando correspondemos à solicitude, e sofre quando nos vê sucumbir. Seu nome pouco importa, pois que ele pode não ser nenhum nome conhecido na Terra. Invocamo-lo, então, como o nosso Anjo-Guardião, o nosso Bom Gênio. Podemos mesmo invocá-lo com o nome de um Espírito Superior, pelo qual sintamos uma simpatia especial.

Além do nosso Anjo-guardião, que é sempre um Espírito superior a nós, temos os Espíritos Protetores, que, por serem menos elevados, não são menos bons e generosos. São Espíritos de parentes ou amigos, e algumas vezes de pessoas que nem sequer conhecemos na atual existência. Eles nos ajudam com os seus conselhos, e frequentemente com a sua intervenção nos acontecimentos de nossa vida. Os Espíritos simpáticos são os que se ligam a nós por alguma semelhança de gostos e tendências. Podem ser bons ou maus, segundo a natureza das inclinações que os atraem para nós. Os Espíritos sedutores esforçam-se para nos desviar do caminho do bem, sugerindo-nos maus pensamentos. Aproveitando-se de todas as nossas fraquezas, como de outras tantas portas abertas, que lhes dão acesso à nossa alma. Há os que se agarram a nós como a uma presa, *mas afastam-se quando reconhecem a sua impotência para lutar contra a nossa vontade.*

Deus nos deu um guia principal e superior em nosso Anjo-Guardião, e como guias secundários os nossos Espíritos Protetores e Familiares. É um erro, entretanto, supor que tenhamos *forçosamente* um mau gênio junto a nós, para contrabalançar as boas influências daqueles. Os maus Espíritos nos procuram *voluntariamente*, desde que achem possível dominar-nos, em razão da nossa fraqueza ou da nossa negligência em seguir as inspirações dos Bons Espíritos, e somos nós, portanto, que os atraímos. Disso resulta que não somos nunca privados da assistência dos Bons Espíritos, e que depende de nós o afastamento dos maus. Pelas suas imperfeições, sendo ele mesmo a causa dos sofrimentos que o atingem, o homem é quase sempre o seu próprio mau gênio. *(Cap. V, nº 4).* A prece aos Anjos-Guardiães e aos Espíritos Protetores deve ter por fim solicitar a sua intervenção junto a Deus, pedir-lhe a força de que necessitamos para resistir às más sugestões, e a sua assistência para enfrentarmos as necessidades da vida.

12. Prece – Espíritos sábios e benevolentes, mensageiros de Deus, cuja missão é assistir aos homens e conduzi-los pelo bom caminho, amparai-me nas provas desta vida; dai-me a força de sofrê-las sem lamentações; desviai de mim os maus pensamentos, e fazei que eu não dê acesso a nenhum dos maus Espíritos que tentariam induzir-me ao mal. Esclarecei a minha consciência sobre os meus próprios defeitos, e tirai-me dos olhos o véu do orgulho, que poderia impedir-me de percebê-los e de confessá-los a mim mesmo. Vós, sobretudo, meu

Anjo-Guardião, que velais mais particularmente por mim, e vós todos, Espíritos Protetores, que vos interessais por mim fazei que eu me torne digno da vossa benevolência. Vós conheceis as minhas necessidades; que elas sejam satisfeitas segundo a vontade de Deus.

13. Prece – Meu Deus, permiti que os Bons Espíritos que me assistem possam ajudar-me, quando me achar em dificuldades, e amparar-me nas minhas vacilações. Senhor, que eles me inspirem a fé, a esperança e a caridade; que sejam para mim um apoio, uma esperança e uma prova da Vossa misericórdia. Fazei, enfim, que eu neles encontre a força que me faltar nas provas da vida, e para resistir às sugestões do mal, a fé que salva e o amor que consola.

14. Prece – Espíritos amados, Anjos-Guardiães, vós a quem Deus na sua infinita misericórdia, permite velarem, pelos homens, sede o nosso amparo nas provas desta vida terrena. Dai-nos a força, a coragem e a resignação; inspirai-nos na senda do bem, detendo-nos no declive do mal; que vossa doce influência impregne as nossas almas; fazei que sintamos a presença, ao nosso lado, de um amigo devotado, que assista os nossos sofrimentos e participe das nossas alegrias. E vós, meu Anjo Bom, nunca me abandoneis. Necessito de toda a vossa proteção, para suportar com fé e amor as provas que Deus quiser enviar-me.

Para Afastar os Maus Espíritos

15. Ai de vós, escribas e fariseus hipócritas, porque limpais o que está por fora do corpo e do prato, e por dentro estais cheios de rapina e de imundícias. Fariseu cego, purifica primeiro o interior do copo, e do prato, para que também o exterior fique limpo. Ai de vós, escribas e fariseus hipócritas, porque sois semelhantes aos sepulcros branqueados, que parecem por fora formosos aos homens, e por dentro estão cheios de ossos de mortos e de toda asquerosidade. Assim também vós outros, por fora vos mostrais na verdade justos aos homens, mas por dentro estais cheios de hipocrisia e iniquidade. (Mateus, XXIII: 25-28).

16. Prefácio – Os maus Espíritos só estão onde podem satisfazer a sua perversidade. Para afastá-los, não basta pedir, nem mesmo ordenar que se retirem: é necessário eliminar em nós aquilo que os atrai. Os Espíritos maus descobrem as chagas da alma, como as moscas descobrem as do corpo. Assim, pois, como limpais o corpo para evitar as bicheiras, limpai também a alma das suas impurezas, para evitar as obsessões. Como vivemos num mundo em que os maus Espíritos pululam, as boas qualidades do coração nem sempre nos livram das suas tentativas, mas nos dão a força necessária para resistir-lhes.

17. Prece – Em nome de Deus Todo-Poderoso, que os maus Espíritos se afastem de mim, e que os Bons me defendam deles! Espíritos malfazejos, que inspirais maus pensamentos aos homens; Espíritos enganadores e mentirosos, que os enganais; Espíritos zombeteiros, que zombais da sua credulidade, eu vos repilo com todas as minhas forças e fecho os meus ouvidos às vossas sugestões, mas peço para vós a misericórdia de Deus. Bons Espíritos, que me assistis, dai-me a força de resistir à influência dos maus Espíritos, e as luzes necessárias para não cair nas suas tramas. Preservai-me do orgulho e da presunção, afastai do meu coração o ciúme, o ódio, malevolência, e todos os sentimentos contrários à caridade, que são outras tantas portas abertas aos Espíritos maus.

PARA CORRIGIR UM DEFEITO

18. Prefácio – Nossos maus instintos são decorrentes da imperfeição do nosso próprio Espírito, e não da nossa organização física. Se assim não fosse, o homem estaria isento de toda e qualquer responsabilidade. De nós depende a nossa melhoria, pois todo homem que goza da plenitude de suas faculdades tem a liberdade de fazer ou não fazer qualquer coisa. Para fazer o bem, só lhe falta a vontade. *(Cap. XV, nº 10 e XIX, nº 12).*

19. Prece – Vós me destes, meu Deus, a inteligência necessária para distinguir o bem do mal. Assim, ao reconhecer que uma coisa é má, sou culpado de não me esforçar para resistir à sua tentação. Preservai-me do orgulho, que poderá me impedir de perceber os meus defeitos, e dos maus Espíritos, que poderiam me incitar a perseverar neles. Entre as minhas imperfeições, reconheço que sou particularmente inclinado a ..., e se não resisto ao seu arrastamento, é por causa do hábito que já adquiri de ceder-lhe. Vós não criastes culpado, porque sois justo, mas com igual aptidão para o bem e para o mal. Se preferi o mau caminho, foi em virtude do meu livre-arbítrio. Mas, pela mesma razão que tive a liberdade de fazer o mal, tenho também a de fazer o bem, e portanto a de mudar de caminho. Meus defeitos atuais são o resto das imperfeições que trouxe de minhas existências precedentes. São, pois, o meu pecado original, de que posso livrar-me pela minha vontade, com a assistência dos Bons Espíritos. Protegei-me, portanto, Espíritos bondosos, sobretudo vós, meu Anjo-Guardião, dando-me a força de resistir às más sugestões e de sair vitorioso da luta. Os defeitos são a barreira que nos separam de

Deus, e cada defeito superado é um passo que damos para nos aproximarmos Dele. Oh! Senhor, na sua infinita misericórdia, houve por bem conceder-me a existência atual, para que sirva ao meu adiantamento. Bons Espíritos, ajudai-me a aproveitá-la, a fim de que ela não se torne perdida para mim. E quando aprouver ao Senhor me retirar dela, que eu possa sair melhor do que entrei. *(Caps. V, nº 5 e XVII, nº 3).*

PARA RESISTIR A UMA TENTAÇÃO

20. Prefácio – Todo mau pensamento pode ter duas origens: a nossa própria imperfeição espiritual, ou uma funesta influência que age sobre ela. Neste último caso, temos a indicação de uma fraqueza que nos expõe a essas influências, e portanto de que a nossa alma é imperfeita. Dessa maneira, aquele que falir não poderá desculpar-se com a simples influência de um Espírito estranho, desde que *esse Espírito não poderia levá-lo ao mal, se o encontrasse inacessível à sedução.*

Quando temos um mau pensamento, podemos supor que um espírito malfazejo nos sugere o mal, cabendo-nos inteira liberdade de ceder ou resistir, como se estivéssemos diante da solicitação de uma pessoa viva. Devemos ao mesmo tempo imaginar o nosso Anjo-Guardião ou Espírito Protetor, que por sua vez combate em nós essa influência má, esperando com ansiedade a *decisão que vamos tomar.* Nossa hesitação em atender ao mal é devida à voz do Bom Espírito, que se faz ouvir pela nossa consciência.

Reconhece-se um mau pensamento quando ele se distancia da caridade, que é a base de toda moral verdadeira; quando vem carregado de orgulho, vaidade e egoísmo; quando a sua realização pode causar algum prejuízo a outra pessoa; quando, enfim, nos propõe fazer aos outros o que não quereríamos que os outros nos fizessem. *(Caps. XXVIII, nº 15 e XV, nº 10).*

21. Prece – Deus Todo-Poderoso, não me deixeis sucumbir à tentação de cair no erro! Espíritos benevolentes que me protegeis, desviai de mim este mau pensamento, e dai-me a força de resistir à sugestão do mal. Se eu sucumbir, merecerei a expiação da minha falta nesta mesma existência e em outra, porque sou livre para escolher.

GRAÇAS POR UMA VITÓRIA SOBRE A TENTAÇÃO

22. Prefácio – Aquele que resistiu a uma tentação, deve o fato à assistência dos Bons Espíritos, a cuja voz ouviu. Deve, pois, agradecer a Deus e ao seu Anjo-Guardião.

23. Prece – Meu Deus, eu vos agradeço por me haverdes permitido sair vitorioso da luta que tive de sustentar contra o mal. Fazei que esta vitória me dê a força de resistir a novas tentações. E vós, meu Anjo-Guardião, recebei o meu agradecimento pela assistência que me destes. Que a minha submissão aos vossos conselhos me faça merecer novamente a vossa proteção.

PARA PEDIR UM CONSELHO

24. Prefácio – Quando ficamos indecisos quanto a alguma coisa que temos por fazer, devemos propor-nos, antes de tudo, as seguintes questões: 1º) O que pretendo fazer pode causar algum prejuízo a outra pessoa? 2º) Pode ser útil a alguém? 3º) Se alguém fizesse o mesmo para mim, eu ficaria satisfeito? Se o que temos de fazer só interessa a nós mesmos, é conveniente pesar as vantagens e desvantagens pessoais que nos podem advir. Se interessa a outros, e se fazendo bem a um pode resultar em mal para outro, é igualmente de conveniência pesar as vantagens e desvantagens. Afinal, mesmo para as melhores coisas, é necessário considerar a oportunidade e as circunstâncias, porquanto uma coisa boa por si mesma pode dar maus resultados em mãos inábeis, ou se não for conduzida com prudência e circunspecção. Em todo caso, pode-se sempre pedir a assistência dos Espíritos protetores, lembrando-nos desta máxima de sabedoria: *Na dúvida, abstém-te! (Cap. XXVIII, nº 38)*.

25. Prece – Em nome de Deus Todo-Poderoso, vós, Bons Espíritos que me protegeis, inspirai-me a melhor decisão a tomar, na incerteza em que me encontro. Dirigi o meu pensamento para o bem, e desviai a influência dos que tentam enganar-me.

NAS AFLIÇÕES DA VIDA

26. Prefácio – Podemos solicitar a Deus benefícios terrenos, e Ele pode nos atender, quando tenham uma finalidade útil e séria. Mas, como julgamos a utilidade das coisas segundo a nossa visão imediatista, limitada ao presente, geralmente não vemos o lado mau daquilo que desejamos. Deus, que vê melhor que nós, e só deseja o nosso bem, pode então nos recusar o que pedimos, como um pai recusa ao filho aquilo que pode prejudicá-lo. Se aquilo que pedimos não nos é concedido, não devemos nos abater por isso. É necessário pensar, pelo contrário, que a privação nesse caso nos é imposta como prova ou expiação, e que a nossa recompensa será proporcional à resignação com que a suportamos *(Caps. XXVII, nº 6 e II, nºs 4, 6 e 7)*.

27. Prece – Deus Todo-Poderoso, que vedes as nossas misérias, dignai-Vos ouvir favoravelmente o pedido que Vos faço neste momento. Se for inconveniente o meu pedido, perdoai-me; e se for justo e útil aos vossos olhos, que os Bons Espíritos, executores de Vossos desígnios, venham ajudar-me na realização. Como quer que seja, meu Deus, seja feita a Vossa vontade. Se os meus desejos não forem atendidos, é que desejais experimentar-me, e submeto-me sem murmurar. Fazei que eu não me desanime de maneira alguma, e que nem a minha fé, nem a minha resignação sejam abaladas. *(Formular o pedido).*

GRAÇAS POR UM FAVOR OBTIDO

28. Prefácio – É necessário não considerarmos como felizes apenas os acontecimentos importantes, pois os que parecem insignificantes são frequentemente os que mais influem no nosso destino. O homem esquece facilmente o bem, e se lembra mais do que o aflige. Se diariamente notássemos os benefícios que recebemos, sem pedir, ficaríamos muitas vezes admirados de haver recebido tanta coisa que nos esquecemos, e nos sentiríamos humilhados pela nossa ingratidão.

Cada noite, elevando nossa alma a Deus, devemos recordar intimamente os favores que Ele nos concedeu durante o dia, e agradecê-los. É sobretudo no momento em que experimentamos os benefícios da sua bondade e da sua proteção que, espontaneamente, devemos testemunhar-lhe a nossa gratidão. Basta para isso um pensamento que lhe atribua o benefício, sem necessidade de interromper o trabalho.

Os favores de Deus não consistem apenas em benefícios materiais. Devemos igualmente agradecer-lhes as boas ideias, as inspirações felizes que nos são dadas. Enquanto o orgulhoso tudo atribui aos seus próprios méritos, e o incrédulo ao acaso, o homem de fé rende graças a Deus e aos Bons Espíritos pelo que recebeu. Para isso, são inúteis as longas frases. *"Obrigado, meu Deus, pelo bom pensamento que me inspiraste!"*, diz mais do que muitas palavras. O impulso espontâneo que nos faz atribuir a Deus tudo o que nos acontece de bom, é o testemunho natural de um hábito de reconhecimento e de humildade, que nos atrai a simpatia dos Bons Espíritos. *(Cap. XXVII, nºs 7 e 8).*

29. Prece – Deus infinitamente bom, humildemente agradeço os benefícios que me concedestes. Eu seria indigno de Vossa bondade, se os atribuísse ao acaso ou aos meus próprios méritos. Bons Espíritos, que executastes os desígnios de Deus, e vós sobretudo, meu Anjo-Guardião, aceitai o meu agradecimento. Afastai de mim a ideia de orgulhar-me, e de aplicar o que recebi em qualquer sentido que não seja o bem. Agradeço-vos particularmente... *(citar o benefício).*

SUBMISSÃO E RESIGNAÇÃO

30. Prefácio – Quando sofremos uma aflição, se procurarmos a sua causa, encontraremos sempre a nossa própria imprudência, a nossa imprevidência, ou alguma ação anterior. Nesses casos, como se vê, temos de atribuí-la a nós mesmos. Se a causa de uma infelicidade não depende absolutamente de nenhuma de nossas ações, trata-se de uma prova para a existência atual, ou de uma expiação de falta cometida em existência anterior e, neste caso, pela natureza da expiação podemos conhecer a natureza da falta, desde que somos sempre punidos naquilo em que pecamos. *(Cap. V, n°s 4, 6 e segs.).*

Naquilo que nos aflige, vemos em geral apenas o mal presente, e não as consequências ulteriores e favoráveis que ele pode ter. O bem é frequentemente a consequência de um mal passageiro, como a cura de um doente resulta dos meios dolorosos que se empregam para obtê-la. Em todos os casos, devemos submeter-nos à vontade de Deus, suportar corajosamente as atribulações da vida, se quisermos que elas nos sejam contadas, e que se apliquem a nós estas palavras do Cristo: Bem-aventurados os que sofrem. *(Cap. V, nº 18).*

31. Prece – Meu Deus, soberana é a Vossa justiça: todo sofrimento neste mundo, portanto, deve ter uma causa justa e a sua utilidade. Aceito a aflição que estou provando *(ou que acabo de provar)* como uma expiação para as minhas faltas passadas e uma prova com vistas ao futuro. Bons Espíritos que me protegem, dai-me a força de a suportar sem murmurar *(ou de a lembrar sem queixa);* fazei que eu a encare como uma advertência providencial; que ela enriqueça a minha experiência; que abata o meu orgulho e diminua a minha ambição, a minha tola vaidade e o meu egoísmo; que contribua, enfim, para o meu adiantamento.

32. Prece – Sinto, Meu Deus, a necessidade de orar para Vos pedir as forças necessárias a suportar as provas que me enviastes. Permiti que a luz se faça em meu espírito, com a devida intensidade, para que eu possa apreciar toda a extensão de um amor que me aflige porque me quer salvar! Submeto-me com resignação, oh! Meu Deus, ai de mim! É tão frágil a criatura humana que, se não me sustentardes, poderei sucumbir! Não me abandoneis, Senhor, pois sem o Vosso amparo eu nada posso!

33. Prece – Elevei o meu olhar para Ti, oh! Eterno, e me senti fortalecido. Porque és a minha força e te peço, meu Deus, que não me abandones! Estou esmagado ao peso das minhas iniquidades! Ajuda-me, pois conheces a fraqueza de minha carne! Não afastes de mim o teu olhar! Estou devorado por uma sede ardente. Faze brotar a fonte de água viva, que me dessedentará! Que meus lábios só se abram para te louvar, e não para reclamar das aflições da vida. Sou fraco, Senhor, mas o teu amor me sustentará. Oh! Eterno, só Tu és grande, só Tu é a razão e o fim da minha vida! Seja bendito o Teu nome, quando me feres, pois Tu és o Senhor e eu o servo infiel. Curvarei a fronte sem uma queixa, porque só Tu és grande, só Tu és o alvo das nossas vidas!

DIANTE DE UM PERIGO

34. Prefácio – Através dos perigos que enfrentamos, Deus nos lembra a nossa fragilidade e a condição efêmera da nossa existência. Ele nos mostra que a nossa vida está nas Suas mãos, ligadas por um fio, que pode romper-se no momento exato em que menos o esperamos. Ninguém é privilegiado, pois, grandes e pequenos, estão todos submetidos às mesmas condições. Se examinarmos a natureza e as consequências do perigo, veremos que, frequentemente, essas consequências, caso se verificassem, teriam sido a punição de uma falta ou de *um dever não cumprido*.

35. Prece – Deus Todo-Poderoso, e vós, meu Anjo-Guardião, socorrei-me! Se devo sucumbir, que se faça a vontade de Deus! Se for salvo, que possa reparar o mal praticado e do qual me arrependo!

AO ESCAPAR DE UM PERIGO

36. Prefácio – Pelo perigo que passamos, Deus nos mostra que, de um momento para outro, podemos ser chamados a prestar contas do emprego que demos à nossa vida. Adverte-nos, assim, que devemos examinar-nos e emendar-nos.

37. Prece – Meu Deus, e vós, meu Anjo-Guardião, agradeço-vos o socorro que me destes no perigo que me ameaçou. Que esse perigo seja uma advertência para mim, e que me esclareça sobre os motivos que o atraíram para a minha vida. Compreendo, Senhor, que ela está em Vossas mãos, e que podeis retirá-la quando quiserdes. Inspirai-me, através dos Bons Espíritos que me assistem, a ideia de bem empregar o tempo que me concedestes neste mundo! Meu Anjo-Guardião, sustentai-me na decisão de corrigir os meus erros e fazer todo o bem que estiver ao meu alcance, a fim de chegar ao mundo dos Espíritos com menos imperfeições, quando aprouver a Deus me chamar!

No Momento de Dormir

38. Prefácio – O sono é o repouso do corpo, mas o Espírito não necessita desse repouso. Enquanto os sentidos se entorpecem, a alma se liberta parcialmente da matéria, gozando das suas faculdades espirituais. O sono foi dado ao homem para a reparação de suas forças orgânicas e das suas forças morais, enquanto o corpo recupera as energias gastas no estado de vigília, o espírito vai se retemperar entre os outros Espíritos. É então que ele tira, de tudo o que vê, de tudo que percebe, e dos conselhos que lhe são dados, as ideias que lhe ocorrem depois, em forma de intuições. É o retorno temporário do exilado à sua verdadeira pátria, a liberdade momentaneamente concedida ao prisioneiro. Mas acontece, como no caso dos prisioneiros perversos, que o Espírito nem sempre aproveita esse momento de liberdade para o seu adiantamento. Se conserva maus instintos, em vez de procurar a companhia dos Bons Espíritos, busca a dos seus semelhantes, e dirige-se aos lugares em que pode liberar as suas más inclinações. Aquele que se acha compenetrado desta verdade eleve o seu pensamento, no momento em que sente aproximar-se o sono; solicite o conselho dos Bons Espíritos e daqueles cuja memória lhe seja cara, a fim de que venham assisti-lo, no breve intervalo que lhe é concedido. Se assim fizer, ao acordar se sentirá fortalecido contra o mal, com mais coragem para enfrentar as adversidades.

39. Prece – Minha alma vai encontrar-se por um instante com os outros Espíritos. Que venham os Bons ajudar-me com os seus conselhos. Meu Anjo-Guardião, fazei que ao acordar eu possa conservar uma impressão durável e benéfica desse encontro!

Prevendo a Morte Próxima

40. Prefácio – A fé no futuro, a elevação do pensamento, durante a vida, em direção aos destinos superiores do homem, ajudam a libertação do Espírito, enfraquecendo os laços que o prendem ao corpo. Frequentemente, a vida ainda não se extinguiu, e a alma, impaciente, já parte para a imensidade. Ao contrário, esses laços materiais são mais tenazes, no homem que concentra todos os seus pensamentos nos problemas imediatos, *e a separação se torna penosa e dolorosa*, seguida de um despertar cheio de perturbação e ansiedade no além-túmulo.

41. Prece – Meu Deus, creio em Vós e na Vossa infinita bondade! Eis porque não admito que tenhas dado ao homem a capacidade de Vos conhecer e a aspiração do futuro, para depois mergulhá-lo no absurdo do nada. Creio que o meu corpo é apenas o envoltório perecível da minha alma, e que ao cessar de viver neste mundo, despertarei no Mundo dos Espíritos. Deus Todo-Poderoso, sinto romperem-se os laços que ligam minha alma ao meu corpo, e bem logo irei prestar contas do emprego que fiz da minha vida. Irei sofrer as consequências do bem e do mal que tenha feito. Então, não haverá mais ilusões, nem subterfúgios possíveis, e todo o meu passado se desenrolará diante de mim, para que eu seja julgado segundo as minhas obras.

Não levarei nada dos bens terrenos. Honrarias, riquezas, satisfações da vaidade e do orgulho, tudo, enfim, que se refere à vida corporal, permanecerá neste mundo. Nem a menor parcela de tudo isso me seguirá, e nada disso me valerá de nada no Mundo dos Espíritos. Só levarei comigo o que pertence à alma, ou seja, as boas e as más qualidades, que serão pesadas na balança de uma rigorosa justiça. Serei julgado com tanto maior severidade, quanto mais a minha posição terrena tenha me facilitado as ocasiões de fazer o bem que não fiz. *(Cap. XVI, nº 9)*.

Deus de misericórdia, que meu arrependimento chegue até Vós! Dignai-vos estender sobre mim o manto da Vossa indulgência! Se vos aprouver prolongar a minha existência, que esse prolongamento seja empregado em reparar, quanto me for possível, o mal que eu tenha feito! Se a minha hora soou inexoravelmente, que eu leve comigo o pensamento consolador de que me será permitido resgatar-me através de novas provas para merecer um dia a felicidade dos eleitos! Pois se não me é dado gozar imediatamente dessa felicidade invariável, de que só participam os justos por excelência, sei, entretanto, que a esperança não me é interdita para sempre, e que pelo trabalho chegarei ao alvo, mais cedo ou mais tarde, segundo os meus esforços.

Sei que os Bons Espíritos e o meu Anjo-Guardião me receberão, e em breve os verei, como eles agora me veem. Sei que reencontrarei os que amei na Terra, *se o merecer*, e que irão reunir-se um dia comigo os que estou deixando neste mundo, para sempre continuarmos juntos; e que, enquanto os espero, poderei vir visitá-los. Sei ainda que encontrarei aqueles a quem ofendi; possam eles perdoar-me o que lhes fiz; meu orgulho, minha dureza, minhas injustiças sejam esquecidas para que a vergonha não me acabrunhe na sua presença. De minha parte, perdoo aos que me fizeram mal, ou quiseram mal na Terra, não levo nenhum ódio contra eles, e peço a Deus que os perdoe.

Senhor, dai-me a força de deixar sem pena os grosseiros prazeres deste mundo, que nada são perante as alegrias puras do mundo em que vou entrar! Pois sei que lá não há tormentos para os justos, nem sofrimentos e misérias, e somente o culpado está sujeito a sofrer, mas restando-lhe sempre o consolo da esperança. Bons Espíritos, e vós, meu Anjo-Guardião, não me deixeis falir neste momento supremo! Fazei brilhar aos meus olhos a divina luz, para que se reanime a minha fé, se ela vier a vacilar!

(Nota: Ver adiante o parágrafo V, "Preces para os doentes e obsedados").

III. PRECES PELOS OUTROS

Pelos Que Estão em Aflição

42. Prefácio – Se é conveniente ao aflito que a sua prova prossiga, o nosso pedido não a abreviará. Mas seria falta de piedade o abandonarmos, alegando que a nossa prece não será ouvida. Além disso, mesmo que a prova não seja interrompida, podemos obter alguma consolação, que lhe minore o sofrimento. O que é realmente útil para quem suporta uma prova é a coragem e a resignação, sem as quais o que ele passa não lhe trará resultados, pois que terá de passar novamente por ela. É para esse objetivo, portanto, que devemos dirigir os nossos esforços, seja pedindo aos Bons Espíritos em seu favor, seja levantando-lhe a moral através de conselhos e encorajamento, seja, enfim, assistindo-o materialmente, se isso for possível. A prece, nesse caso pode ainda ter um efeito direto, descarregando no aflito uma corrente fluídica, que lhe fortaleça o ânimo. *(Caps. V, n°s 5 e 27, XXVII, n°s 6 e 10).*

43. Prece – Meu Deus de infinita bondade, dignai-vos abrandar a amargura da situação de *Fulano*, se assim for da Vossa vontade! Bons Espíritos, em nome de Deus Todo-Poderoso eu vos peço assistência para as suas aflições. Se, no seu próprio benefício, elas não podem ser diminuídas, fazei-lhe compreender que elas são necessárias ao seu adiantamento. Dai-lhe a confiança em Deus e no futuro, que as tornará menos amargas. Dai-lhe também a força de não sucumbir ao desespero, o que lhe faria perder os benefícios e tornaria a sua situação futura ainda mais penosa. Revertei o meu pensamento para ele, e que assim eu possa ajudá-lo a sustentar a coragem necessária.

Graças Por Benefício Concedido a Outro

44. Prefácio – Quem não se deixa dominar pelo egoísmo rejubila-se com o bem do próximo, mesmo que não o tenha pedido por uma prece.

45. Prece – Senhor, agradeço-Vos a felicidade concedida a *Fulano*. Bons Espíritos, fazei que ele veja nesse benefício uma consequência da bondade de Deus. Se o bem que lhe é dado constitui uma prova, inspirai-lhe o pensamento de bem empregá-lo e de não se envaidecer para não transformá-lo em prejuízo futuro. Vós, meu Bom Espírito, que me protegeis e desejais a minha felicidade, afastai de mim qualquer sentimento de inveja ou de ciúme.

Para os Inimigos e os Que Nos Querem Mal

46. Prefácio – Jesus disse: *Amai os vossos inimigos.* Esta máxima nos revela o que há de mais sublime na caridade cristã. Mas Jesus não queria dizer que devemos ter pelos inimigos a mesma ternura que dedicamos aos amigos. Por essas palavras ensina-nos a perdoar as ofensas, perdoar todo o mal que nos fizerem e pagar o mal com o bem. Além do merecimento que tem essa conduta aos olhos de Deus, serve para mostrar aos homens o que é a verdadeira superioridade.

47. Prece – Meu Deus, perdoo a *Fulano* o mal que me fez e o que pretendia fazer-me, como desejo que me perdoeis, e que ele por sua vez me perdoe as faltas que eu tenha cometido. Se o pusestes no meu caminho como uma prova, seja feita a Vossa vontade. Afastai de mim, oh! Meu Deus, a ideia de maldizê-lo, e qualquer sentimento malévolo contra ele. Que eu não sinta jamais nenhuma alegria pelos males que o possam atingir, nem qualquer aborrecimento pelos benefícios que ele venha a receber, a fim de não manchar minha alma com sentimentos indignos de um cristão. Possa a Vossa bondade, Senhor, ao tocar-lhe o coração, induzi-lo a melhores sentimentos para comigo!

Bons Espíritos, inspirai-me o esquecimento do mal e a lembrança constante do bem! Que nem o ódio, nem o rancor, nem o desejo de lhe retribuir o mal com o mal, penetrem no meu coração, porque o ódio e a vingança são próprios unicamente dos maus Espíritos, encarnados e desencarnados! Que eu esteja, pelo contrário, sempre pronto a lhe estender a mão fraterna, a pagar-lhe o mal com o bem, e a ajudá-lo quando possível.

Desejo, para experimentar a sinceridade das minhas palavras, que se me apresente uma oportunidade de lhe ser útil. Mas, sobretudo, oh! Meu Deus, preservai-me de fazê-lo por orgulho ou ostentação, abatendo-o com uma generosidade humilhante, o que anularia os méritos da minha atitude. Porque, nesse caso, eu bem mereceria estas palavras do Cristo: *Já recebestes a vossa recompensa. (Cap. XIII, nºs 1 e segs.).*

GRAÇAS POR UM BEM CONCEDIDO AOS INIMIGOS

48. Prefácio – Não desejar o mal aos inimigos é ser caridoso apenas pela metade. A verdadeira caridade consiste em lhes desejarmos o bem, e em nos sentirmos felizes com o bem que lhes acontece. *(Cap. XII, nº 7 e 8).*

49. Prece – Meu Deus, na vossa justiça, decidistes alegrar o coração de *Fulano*, e eu vos agradeço por ele, não obstante o mal que me haja feito ou que procura fazer-me. Se desse benefício ele se aproveitasse para humilhar-me, eu o aceitaria como uma prova para a minha caridade. Bons Espíritos que me protegeis, não me deixeis ficar pesaroso por isso. Afastai de mim a inveja e o ciúme, que tanto nos rebaixam. Inspirai-me, pelo contrário, a generosidade que eleva. A humilhação decorre do mal e não do bem, e nós sabemos que, cedo ou tarde, justiça será feita a cada um segundo as suas obras.

PELOS INIMIGOS DO ESPIRITISMO

50. Bem-aventurados os que têm fome e sede de justiça, porque eles serão fartos. Bem-aventurados os que padecem perseguição por amor da justiça, porque deles é o Reino dos Céus. Bem-aventurados sois, quando vos injuriarem, e vos perseguirem, e disserem todo o mal contra vós, mentindo, por meu respeito. Folgai e exultai, porque o vosso galardão é copioso nos céus; pois assim também perseguiram os profetas, que foram antes de vós. (MATEUS, V: 6, 10-12).

E não temais os que matam o corpo, e não podem matar a alma: temei antes, porém, o que pode lançar no inferno tanto a alma como o corpo. (MATEUS, X: 28).

51. Prefácio – De todas as liberdades, a mais inviolável é a de pensar, que compreende também a liberdade de consciência. Lançar a anátema contra os que não pensam como nós, é reclamar essa liberdade para nós e recusá-la aos outros, e é violar o primeiro mandamento de Jesus: o da caridade e do amor do próximo. Perseguir os outros pela crença que professam, é atentar contra o mais sagrado direito do homem: o de crer no que lhe convém, adorando a Deus como lhe parece melhor. Constringi-los à prática de atos exteriores semelhantes aos nossos, é mostrar que nos apegamos mais a forma do que à essência, às aparências do que à convicção. A abjuração forçada jamais produziu a fé. Só pode fazer hipócritas. É um abuso da força material, que não prova a verdade. Porque *a verdade é segura de si mesma; convence e não persegue, porque não tem necessidade de fazê-lo.*

O Espiritismo é uma opinião, uma crença; fosse mesmo uma religião, por que não teriam os seus adeptos a liberdade de se dizerem espíritas, como a têm os católicos, os judeus e os protestantes, os partidários desta ou daquela doutrina filosófica, deste ou daquele sistema econômico? Esta crença é falsa ou verdadeira: se é falsa, cairá por si mesma, porque o erro não pode prevalecer contra a verdade, quando a luz se faz nas inteligências; e se é verdadeira, a perseguição não a tornará falsa.

A perseguição é o batismo de toda ideia nova, grande e justa, cuja propagação aumenta, na razão da grandeza e da importância da ideia. O furor e a cólera dos seus inimigos são equivalentes ao temor que ela lhes infunde. Foi essa a razão das perseguições ao Cristianismo na antiguidade, e essa a razão das perseguições ao Espiritismo, na atualidade, com a diferença de que o Cristianismo foi perseguido pelos pagãos, e o Espiritismo o é pelos cristãos. O tempo das perseguições sanguinárias já passou, é verdade, mas se hoje não matam o corpo, torturam a alma. Atacam-na até mesmo nos seus sentimentos mais profundos, nas suas mais caras afeições. As famílias são divididas incitando-se a mãe contra a filha, a mulher contra o marido. E mesmo a agressão física não falta, atacando-se o corpo no tocante às suas necessidades materiais, ao tirarem às pessoas o próprio ganha-pão, para reduzi-las à fome. *(Cap. XXIII, nº 9 e segs.).*

Espíritas, não vos aflijais com os golpes que vos desferem, pois são eles a prova de que estais com a verdade. Se não o estivésseis, vos deixariam em paz, não vos agrediriam. É uma prova para a vossa fé, pois é pela vossa coragem, pela vossa resignação, pela vossa perseverança, que Deus vos reconhece entre os seus fiéis servidores, os quais já está contando desde hoje, para dar a cada um a parte que lhe cabe, segundo suas obras.

A exemplo dos primeiros cristãos, orgulhai-vos de carregar a vossa cruz. Crede na palavra do Cristo, que disse: "Bem-aventurados os que sofrem perseguições pela justiça, porque deles é o Reino dos Céus. Não temais os que matam o corpo, mas não podem matar a alma". E acrescentou: "Amai aos vossos inimigos, fazei bem aos que vos fazem mal, e orai pelos que vos perseguem". Mostrai que sois os seus verdadeiros discípulos, e que a vossa doutrina é boa, fazendo, para isso, o que ele ensinou e exemplificou. A perseguição será temporária. Esperai, pois, pacientemente, o romper da aurora, porque a estrela da manhã já se levanta no horizonte. *(Cap. XXIV, nº 13 e segs.).*

52. Prece – Senhor, vós nos mandastes dizer por Jesus, o vosso Messias: "Bem-aventurados os que sofrem perseguição por amor da justiça; perdoai os vossos inimigos; orai pelos que vos perseguem"; e ele mesmo nos deu o exemplo, orando pelos seus algozes. Assim, apelamos à vossa misericórdia, Senhor, em favor dos que desprezam os vossos divinos preceitos, os únicos que realmente podem assegurar a paz, neste e no outro mundo. Como o Cristo, também nós vos pedimos: **"Perdoai-lhes, Pai, porque eles não sabem o que fazem!"** Dai-nos a força de suportar com paciência e resignação, como provas para a nossa fé e a nossa humildade, as zombarias, as injúrias, as calúnias e as perseguições que nos movem! Afastai-nos de qualquer ideia de represálias, pois a hora da vossa justiça soará para todos, e nós a esperamos, submetendo-nos à vossa santa vontade.

PRECE PARA UM NASCIMENTO

53. Prefácio – Os Espíritos só chegam à perfeição depois de haverem passado pelas provas da vida corporal. Os que estão na erraticidade esperam que Deus lhes permita voltar a uma existência que deverá proporcionar-lhes os meios de adiantamento, seja pela expiação de suas faltas passadas, mediante as vicissitudes a que estiverem sujeitos, seja pelo cumprimento de uma missão útil à Humanidade. Seu progresso e sua felicidade futura serão proporcionais ao emprego que derem ao tempo de sua nova passagem pela Terra. O encargo de lhes guiar os primeiros passos, dirigindo-os para o bem, é confiado aos pais, que responderão perante Deus pela maneira com que se desincumbirem do seu mandato. É para facilitar-lhes a execução, que Deus fez do amor paternal e do amor filial uma lei da natureza, lei que jamais será violada impunemente.

54. Prece – (Para ser dita pelos pais) – Espírito que vos encarnastes como nosso filho, sede bem-vindo entre nós. Agradecemos a Deus Todo-Poderoso, pela bênção que nos concedeu. É um depósito que nos confiou, e do qual teremos que prestar contas um dia. Se ele pertence à nova geração de Bons Espíritos, que devem povoar a Terra, obrigado Senhor, por mais esse favor! Se é uma alma imperfeita, nosso dever é o de ajudá-la no progresso, em direção ao bem, por nossos conselhos e nossos bons exemplos. Se cair no mal por nossa culpa, teremos de responder por isso perante Vós, porque não teremos cumprido nossa missão para com ele. Senhor, amparai-nos no cumprimento da nossa tarefa, e dai-nos a força e a vontade de bem realizá-la. Se esta criança tiver de ser por um motivo de provas para nós, seja feita a vossa vontade! Bons Espíritos, que viestes presidir ao seu nascimento e que deveis acompanhá-la durante a vida, jamais a abandoneis. Afastai os maus Espíritos que tentarem induzi-la ao mal. Dai-lhe a força de resistir às suas sugestões, e a coragem de sofrer com paciência e resignação as provas que a esperam na Terra. *(Cap. XIV, nº 9).*

55. Prece – Meu Deus, Vós me confiastes a sorte de um dos vossos filhos; fazei, pois, Senhor, que eu me torne digno da tarefa que me destes. Concedei-me a vossa proteção, e esclarecei a minha inteligência, para que eu possa discernir desde logo as tendências desse Espírito, que devo preparar para a vossa paz.

56. Prece – Deus de infinita bondade, já que te aprouve permitir ao Espírito desta criança voltar novamente às provas terrenas, para o seu próprio progresso, concede-lhe a luz necessária, a fim de aprender a conhecer-te, amar-te e adorar-te. Faze, pelo teu supremo poder, que esta alma se regenere na fonte dos teus divinos ensinamentos. Que, sob a proteção do seu Anjo da Guarda, sua inteligência se fortaleça e se desenvolva, aspirando a aproximar-se cada vez mais de Ti. Que a Ciência do Espiritismo seja a luz brilhante a iluminar o seu caminho, através dos escolhos da existência. Que ele saiba, enfim, compreender toda a extensão do teu amor, que nos submete à prova para nos purificar. Senhor, lança o teu olhar paterno sobre a família que confiaste esta alma, para que ela possa compreender a importância da sua missão, e faze germinar nesta criança as boas sementes, até o momento em que ela possa, por si mesma, Senhor, e através de suas próprias aspirações, elevar-se gloriosamente para Ti. Digna-te, oh! Meu Deus, ouvir esta humilde prece, em nome e pelos méritos Daquele que disse: "Deixai vir a mim os pequeninos, porque o Reino dos Céus é daqueles que se lhes assemelham!"

Por Um Agonizante

57. Prefácio – A agonia é o prelúdio da libertação da alma; pode dizer-se que, nesse momento, o homem tem apenas um pé neste mundo, e que já pôs um no outro. Essa passagem é algumas vezes penosa, para aqueles que se apegam à matéria e viveram mais para os bens deste mundo do que para os do outro, e cuja consciência se acha perturbada por mágoas e remorsos. Para os que, pelo contrário, mantiveram seus pensamentos elevados ao infinito e se desprenderam da matéria, os laços são mais fáceis de romper, e seus últimos momentos nada têm de dolorosos. A alma, então, prende-se ao corpo apenas por um fio, enquanto que, no outro caso, liga-se por raízes profundas. Em qualquer caso, a prece exerce poderosa ação no processo de separação. *(O Céu e o Inferno, IIª parte, cap. I, "A passagem").*

58. Prece – Deus poderoso e misericordioso, eis uma alma que deixa o seu envoltório terrestre, para voltar ao Mundo dos Espíritos, que é a sua verdadeira pátria! Que o possa fazer em paz, sob o amparo da vossa misericórdia. Bons Espíritos, que a acompanhastes na sua vida terrena, não a abandoneis neste momento supremo! Dai-lhe a força de bem suportar os últimos sofrimentos porque deve passar neste mundo, para o seu adiantamento futuro. Inspirai-a, para que ela consagre ao arrependimento de suas faltas os derradeiros lampejos da sua inteligência, ou os que momentaneamente ainda lhe advenham. Fazei que o meu pensamento possa agir de maneira a ajudá-la a separar-se com menos dificuldades, e que ela leve consigo, no momento de deixar a Terra, as consolações da esperança.

IV. PRECES PELOS ESPÍRITOS

Para Logo Após a Morte

59. Prefácio – As preces pelos Espíritos que acabam de deixar a Terra têm por fim, não apenas proporcionar-lhes uma prova de simpatia, mas também ajudá-los a se libertarem das ligações terrenas, abreviando a perturbação que segue sempre à separação do corpo, e tornando mais calmo o seu despertar. Mas ainda nesse caso, como em todas as demais circunstâncias, a eficácia da prece depende da sinceridade do pensamento, e não da abundância de palavras, ditas com maior ou menor ênfase, e das quais, na maioria das vezes, o coração não participa. As preces que partem realmente do coração encontram ressonância no Espírito a que se dirigem, e cujas ideias estão ainda em estado de confusão, como se fossem vozes amigas que vão despertá-lo do sono. *(Cap. XXVII, nº 10).*

60. Prece – Deus Todo-Poderoso, que vossa misericórdia se estenda sobre a alma de *Fulano*, que acabais de chamar para Vós. Possam ser contadas em seu favor as provas porque passou na Terra, e as nossas preces abrandar e abreviar as penas que ainda tenha de sofrer como Espírito! Vós, Bons Espíritos que viestes receber essa criatura, e vós, sobretudo, que sois o seu Anjo-Guardião, assisti-o, ajudando-o a se despojar da matéria. Dai-lhe a luz necessária, e a consciência de si mesmo, a fim de se livrar da perturbação que acompanha a passagem da vida corporal para a vida espiritual. Inspirai-lhe o arrependimento de suas faltas e o desejo de repará-las, para apressar o seu progresso rumo à eterna bem-aventurança.

A ti, *Fulano*, que acabas de entrar no Mundo dos Espíritos, quero dizer que, não obstante, aqui te encontras entre nós, e nos vê e nos ouve, pois apenas deixaste o corpo perecível, que logo será reduzido a poeira. Deixaste o envoltório grosseiro, sujeito às vicissitudes e à morte, e conservaste apenas o envoltório etéreo, imperecível e inacessível aos sofrimentos materiais. Se não vives mais pelo corpo, vives entretanto pelo Espírito, e essa vida espiritual está isenta das misérias que afligem a Humanidade. Não tens mais sobre os olhos o véu que nos oculta os esplendores da vida futura. Podes agora contemplar novas maravilhas, enquanto nós continuamos mergulhados nas trevas. Vais percorrer o espaço e visitar os mundos, em plena liberdade, enquanto nós rastejamos penosamente na Terra, presos ao nosso corpo material, semelhante a um pesado fardo. Os horizontes do infinito se desvendarão diante de ti, e ao ver tanta grandeza, compreenderás a vaidade das ambições terrenas, das nossas aspirações mundanas, e das alegrias fúteis a que os homens se entregam.

A morte, para os homens, é apenas uma separação momentânea, no plano material. Do exílio em que ainda nos mantém a vontade de Deus, e os deveres que ainda temos de cumprir neste mundo, nós te seguiremos pelo pensamento, até o momento em que nos seja permitido juntar-nos novamente contigo, como agora te reúnes aos que te precederam. Não podemos ir ao teu encalço, mas podes vir até nós. Vem, pois, atender os que te amam e que também amaste. Ampara-os nas provas da vida; vela pelos que te são caros; protege-os segundo as tuas possibilidades; suaviza-lhes as amarguras da saudade, sugerindo-lhes o pensamento de que estás agora mais feliz, e a consoladora certeza de que um dia estarão todos reunidos num mundo melhor. No mundo em que estás, todos os ressentimentos terrenos devem extinguir-se. Que possas, para a tua felicidade futura, permanecer agora inacessível a eles! Perdoa, pois, a todos os que possam ter cometido faltas para contigo, como aqueles para os quais erraste também te perdoam.

Nota – Podem-se juntar a esta prece, que se aplica a todos, algumas palavras especiais, segundo as circunstâncias particulares da família, ou das relações e da posição do falecido. Quando se trata de uma criança, sabemos, pelo Espiritismo, que não estamos diante de um Espírito recém-criado, mas que já viveu outras vidas, e que pode até mesmo ser bem adiantado. Se a sua última existência foi curta, é que necessitava de um complemento de provas, ou devia ser uma prova para os pais. *(Cap. V, nº 21).*

61. Prece – *(Ditada a um médium de Bordeaux, no momento em que passava diante da sua janela o enterro de um desconhecido)* – Senhor Todo-Poderoso, que vossa misericórdia se derrame sobre os nossos irmãos que acabam de deixar a Terra! Que brilhe a vossa luz aos seus olhos! Tirai-os das trevas, abri os seus olhos e os seus ouvidos! Que os Bons Espíritos os envolvam e lhes façam ouvir suas palavras de paz e de esperança! Senhor, por mais indignos que sejamos, temos a ousadia de implorar a vossa misericordiosa indulgência em favor deste nosso irmão que acabais de chamar do exílio. Fazei que o seu retorno seja o do filho pródigo. Esquecei, oh! Meu Deus, as faltas que tenha cometido, para vos lembrardes somente do bem que tenha podido fazer! Imutável é a vossa justiça, bem o sabemos, mas imenso é o vosso amor! Nós vos suplicamos que abrandeis a vossa justiça pela fonte de bondade que emana de vós!

Que a luz se faça para ti, meu irmão que acabas de deixar a Terra! Que os Bons Espíritos do Senhor venham socorrer-te, envolvendo-te e ajudando-te a sacudir para longe as tuas cadeias terrestres! Vê e compreende a grandeza de nosso Senhor; submete-te sem queixas à sua justiça; mas jamais te desesperes da sua misericórdia. Irmão! Que um profundo exame do teu passado te abra as portas do futuro, fazendo-te compreender as faltas que deixaste para trás, bem como o trabalho que te espera, para que possas repará-las! Que Deus te perdoe, e que os seus Bons Espíritos te amparem e encorajem! Teus irmãos da Terra orarão por ti, e te pedem que ores por eles.

Por Aqueles Que Amamos

62. Prefácio – Como é horrível a ideia do nada! Como são dignos de lástima os que pensam que uma voz do amigo que chora o seu amigo se perde no vácuo, sem encontrar o menor sinal de resposta! Eles jamais conheceram as afeições puras e santas. Como conhecer, se pensam que tudo morre com o corpo; que o gênio, depois de iluminar o mundo com a sua poderosa inteligência, extingue-se como um sopro, no apagar de um simples jogo de forças materiais; que do ser mais querido, como o pai, a mãe, um filho adorado, não resta mais do que um punhado de poeira, que o vento inevitavelmente dispersará? Como pode um homem sensível ficar indiferente a essa ideia? Como não o gela de horror a ideia de um aniquilamento absoluto, e não o faz pelo menos desejar que assim não seja? Se até agora a razão não foi suficiente para dissipar as suas dúvidas, eis que o Espiritismo o vem fazer, através das provas materiais da sobrevivência que nos proporciona, e consequentemente da existência dos seres de além-túmulo. Justamente por isso, essas provas são acolhidas por toda parte com satisfação. E a confiança renasce, pois o homem sabe, de agora em diante, que a vida terrena é apenas uma rápida passagem, que conduz a uma vida melhor. Seus trabalhos neste mundo não ficam mais perdidos para ele, e as suas mais santas afeições não são rompidas sem qualquer esperança. *(Caps. IV, nº 18 e V, nº 21).*

63. Prece – Acolhe favoravelmente, oh! Deus de bondade, a prece que vos dirijo pelo Espírito de *Fulano!* Faze-lhe perceber as tuas luzes divinas, e facilita-lhe o caminho da felicidade eterna! Permite que os Bons Espíritos levem até eles as minhas palavras e o meu pensamento. E tu, que eu tanto queria neste mundo, ouve a minha voz que te chama para dar-te uma nova prova da minha afeição! Deus permitiu que fosses libertado antes de mim, e eu não poderia lamentá-lo sem demonstrar egoísmo, porque isso equivaleria a desejar que continuasse sujeito às penas e aos sofrimentos da vida. Espero, pois, com resignação, o momento da nossa união, nesse mundo mais feliz, a que chegaste antes de mim. Bem sei que a nossa separação é apenas momentânea, e que, por mais longa ela possa me parecer, sua duração se esvai diante da eternidade de ventura que Deus promete aos seus eleitos. Que a sua bondade me livre de fazer qualquer coisa que possa retardar esse instante desejado, e que assim me poupe a dor de não te encontrar, ao sair do meu cativeiro terreno. Oh! Como é doce e consoladora a certeza de não haver, entre nós, mais do que um véu material, que te esconde ao meu olhar; a certeza de que podes estar aqui, ao meu lado, ver-me e ouvir-me como outrora; de que não esqueces, da mesma maneira como não te esqueço; de que os nossos pensamentos se confundem incessantemente, e de que o teu me segue e me ampara sempre! Que a paz do Senhor esteja contigo!

PELOS SOFREDORES QUE PEDEM PRECES

64. Prefácio – Para compreender o alívio que a prece pode proporcionar aos espíritos sofredores, é necessário lembrar o seu modo de ação, anteriormente explicado. *(Cap. XXVII, nº 8 e 9 e segs.)* Aquele que se compenetrou desta verdade, ora com mais fervor, em virtude da certeza de não fazê-lo em vão.

65. Prece – Deus clemente e misericordioso, que a vossa bondade se derrame sobre todos os Espíritos que se recomendam às nossas preces, e particularmente sobre o Espírito de *Fulano*. Bons Espíritos, que tendes o bem por ocupação única, intercedei comigo a favor deles! Fazei brilhar aos seus olhos um clarão de esperanças, e que a divina luz os esclareça quanto às imperfeições que os afastam dos bem-aventurados. Abri os seus corações ao arrependimento e ao desejo de se purificarem, para apressarem o seu adiantamento. Fazei-os compreender que, pelos seus esforços, podem abreviar o tempo de suas provas. Que Deus, na sua bondade, lhes dê a força de perseverarem nas suas boas resoluções! Possam estas palavras amigas suavizar-lhes as penas, mostrando-lhes que há, sobre a Terra, quem deles se compadece e lhes deseja toda a felicidade!

66. Prece – Derramai, Senhor, nós vos pedimos, sobre todos os que sofrem, como espíritos errantes, no espaço, ou entre nós, como Espíritos encarnados, as graças do vosso amor e da vossa misericórdia! Tende piedade das nossas fraquezas. Vós nos fizestes falíveis, mas nos destes a força de resistir o mal e de vencê-lo. Que a vossa misericórdia se estenda sobre todos os que não puderam resistir às suas más tendências, e ainda se encontram arrastados pelo caminho do mal. Que os Bons Espíritos os envolvam; que as vossas luzes brilhem aos seus olhos, e que, atraídos pelo seu calor vivificante, venham prosternar-se aos vossos pés, humildes, arrependidos e submissos.

Nós vos pedimos igualmente, Pai de Misericórdia, pelos nossos irmãos que não tiveram forças para suportar suas provas terrenas. Vós nos dais um fardo a carregar, Senhor, e só devemos depô-lo aos vossos pés! Mas a nossa fraqueza é demasiada, e a coragem nos falta algumas vezes em meio do caminho! Tende piedade desses servos indolentes, que abandonaram o trabalho antes da hora! Que a vossa justiça os poupe, e permiti, Senhor, que os Bons Espíritos lhe levem alívio, consolações e esperanças! A perspectiva do perdão fortalece as almas: abri-a, Senhor, para os culpados que se desesperam e, sustentados por essa esperança, eles encontrarão forças na própria intensidade de suas faltas e de seus sofrimentos, para resgatarem o seu passado e se predisporem à conquista do futuro.

POR UM INIMIGO QUE MORREU

67. Prefácio – A caridade para com os inimigos deve acompanhá-los no além-túmulo. Devemos pensar que o mal que eles nos fizeram foi para nós uma prova, que pode ser útil ao nosso adiantamento, se a soubermos aproveitar. Pode mesmo ser mais útil ainda que as aflições de ordem puramente material, por nos permitirem juntar, à coragem e à resignação, a caridade e o esquecimento das ofensas. *(Caps. X, nº 6, XII, nº 5 e 6).*

68. Prece – Senhor, quiseste chamar de mim o espírito de *Fulano*. Perdoo-lhe o mal que me fez e as más intenções que alimentou a meu respeito. Possa ele arrepender-se de tudo isso, agora que não está mais sob as ilusões deste mundo. Que a vossa misericórdia, meu Deus, se derrame sobre ele, e afastai de mim o pensamento de alegrar-me com a sua morte. Se também fui mau para com ele, que me perdoe, como me esqueço do que tenha feito contra mim.

POR UM CRIMINOSO

69. Prefácio – Se a eficácia das preces estivesse na razão da sua extensão, as mais longas deviam ser reservadas para os mais culpados, porque eles têm mais necessidade do que aqueles que viveram santamente. Recusá-las aos criminosos é faltar à caridade e desconhecer a misericórdia de Deus. Pensar que são inúteis, porque um homem cometeu faltas muito graves, seria prejulgar a justiça do Altíssimo. *(Cap. XI, nº 14).*

70. Prece – Senhor Deus de Misericórdia, não repudieis esse criminoso que acaba de deixar a Terra! A justiça dos homens pode condená-lo, mas isso não o livra da vossa justiça, caso o seu coração não tenha sido tocado pelo remorso. Tirai-lhe a venda que lhe oculta a gravidade de suas faltas, e possa o seu arrependimento merecer a vossa graça, para que se aliviem os sofrimentos de sua alma! Possam também as nossas preces, e a intercessão dos Bons Espíritos, levar-lhe a esperança e consolação; inspirar-lhe o desejo de reparar as suas más ações, através de uma nova existência; e dar-lhe a força necessária para não sucumbir nas novas lutas que terá de enfrentar! Senhor, tende piedade dele!

Por Um Suicida

71. Prefácio – O homem não tem jamais o direito de dispor da sua própria vida, pois só a Deus compete tirá-lo do cativeiro terreno, quando o julgar oportuno. Apesar disso, a justiça divina pode abrandar o seu rigor, em virtude de certas circunstâncias, reservando, porém, toda a sua severidade para aquele que quis furtar-se às provas da existência. O suicida assemelha-se ao prisioneiro que escapa da prisão antes de cumprir a sua pena, e que ao ser preso de novo será tratado com mais severidade. Assim acontece, pois, com o suicida, que pensa escapar às misérias presentes e mergulha em maiores desgraças. *(Cap. V, nº 14 e segs.).*

72. Prece – Sabemos qual a sorte que espera os que violam a vossa lei, Senhor, para abreviar voluntariamente os seus dias! Mas sabemos também que a vossa misericórdia é infinita. Estendei-a sobre o Espírito de *Fulano*, Senhor! E possam as nossas preces e a vossa comiseração abrandar as amarguras dos sofrimentos que suporta, por não ter tido a coragem de esperar o fim das suas provas! Bons Espíritos, cuja missão é assistir os infelizes, tomai-o sob a vossa proteção; inspirai-lhe o remorso pela falta cometida, e que a vossa assistência lhe dê a força de enfrentar com mais resignação as novas provas que terá de sofrer, para repará-la. Afastai dele os maus Espíritos, que poderiam levá-lo novamente ao mal, prolongando os seus sofrimentos, ao fazê-lo perder o fruto das novas experiências. E a ti, cuja desgraça provoca as nossas preces, que possa a nossa comiseração adoçar a tua amargura, fazendo nascer em teu coração a esperança de um futuro melhor! Esse futuro está nas tuas próprias mãos: confia na bondade de Deus, que espera sempre por todos os que se arrependem, e só é severo para os de coração empedernido.

Para os Espíritos em Arrependimento

73. Prefácio – Seria injusto colocar na categoria dos maus Espíritos os que estão em sofrimento e arrependimento, pedindo preces. Podem ter sido maus, mas já não o são, desde o momento em que reconhecem as suas faltas e as lamentam. São apenas infelizes. Alguns, até mesmo, já começam a gozar de uma felicidade relativa.

74. Prece – Deus de misericórdia, que aceitais o arrependimento sincero do pecador, encarnado ou desencarnado, eis aqui um Espírito que se comprometeu com o mal, mas que reconhece os seus erros e entra no bom caminho. Dignai-vos, Senhor, recebê-lo como um filho pródigo e dar-lhe o vosso perdão. Bons Espíritos, se ele desprezou as vossas vozes, agora deseja ouvi-las. Permiti-lhe entrever a felicidade dos eleitos do Senhor, para que persista no desejo de se purificar, a fim de atingi-la. Sustentai-o nas suas boas resoluções, e dai-lhe a força de resistir aos seus maus instintos. E a ti, Espírito de *Fulano*, nossas felicitações pela vossa modificação, e nossos agradecimentos aos Bons Espíritos que te ajudaram! Se antes te comprazias no mal, era porque não sabias como é doce e bom fazer o bem, e porque te julgavas demasiado baixo para o conseguir. Mas, desde o instante em que puseste o pé no bom caminho, uma nova luz se fez para ti. Começaste a gozar, então, de uma felicidade desconhecida, e a esperança brilhou no teu coração. É que Deus sempre escuta a prece do pecador em arrependimento, jamais repelindo os que o procuram. Para voltar completamente à graça do Senhor, aplica-te, de agora em diante, não só a evitar o mal, mas em fazer o bem, e sobretudo em reparar o mal que fizeste. Então terás satisfeito a justiça de Deus, pois cada boa ação apagará uma de tuas faltas passadas. O primeiro passo está dado; agora, quanto mais avançares, mais o caminho te parecerá fácil e agradável. Persevera, pois, e um dia terás a glória de ser contado entre os Bons Espíritos, entre os Espíritos Bem-aventurados.

PELOS ESPÍRITOS ENDURECIDOS

75. Prefácio – Os maus Espíritos são os que ainda não foram tocados pelo arrependimento; que se comprazem no mal e não sentem nenhuma pena pelo que fazem; que são insensíveis às repreensões, repelem a prece e frequentemente blasfemam contra Deus. São essas almas endurecidas que, após a morte, se vingam dos homens pelos sofrimentos que suportaram, e perseguem com o seu ódio aqueles a quem detestaram durante a vida, seja obsedando-os, seja perturbando-os com alguma falsa influência. *(Caps. X, nº 6 e XII, nº 5 e 6).*

Entre os Espíritos perversos, há duas categorias bem distintas: dos que são francamente maus, e a dos hipócritas. Os primeiros são infinitamente mais fáceis de serem conduzidos ao bem, do que os segundos. Porque são, na maioria das vezes, de natureza estúpida e grosseira, como podemos ver entre os homens, e como estes, fazem o mal mais por instinto do que por cálculo, e não pretendem passar por melhores do que são. Há neles um germe latente, que é necessário fazer germinar, o que se consegue quase sempre com perseverança, firmeza e benevolência, através de conselhos, da argumentação e da prece. Nas comunicações mediúnicas, a dificuldade que sentem para pronunciar o nome de Deus revela um temor instintivo, e uma recriminação da consciência, que os acusa de indignidade. Os que assim se apresentam estão no limiar da conversão, e tudo podemos esperar deles: basta encontrar-lhes o ponto vulnerável do coração.

Os Espíritos hipócritas são quase sempre muito inteligentes e não têm no coração nenhuma fibra sensível. Nada os toca. Fingem todos os bons sentimentos para ganhar a confiança, e ficam felizes quando encontram todos que os aceitam como Espíritos bons, pois então podem dirigi-los à vontade. O nome de Deus, longe de lhes inspirar o menor temor, serve-lhes de máscara para as suas torpezas. No mundo invisível, como no mundo visível, os hipócritas são os seres mais perigosos, porque agem na sombra, e deles não se desconfia. Eles têm as aparências da fé, mas não a sinceridade da fé.

76. Prece – Senhor, dignai-vos lançar um olhar de bondade aos Espíritos imperfeitos, que estão ainda nas trevas da ignorância e que vos desconhecem, principalmente ao Espírito de *Fulano*. Bons Espíritos, ajudai-nos a fazê-lo compreender que, induzindo aos homens o mal, obsedando-os e atormentando-os, prolonga os seus próprios sofrimentos; fazei que o exemplo da felicidade que gozais se torne um encorajamento para eles. Espírito que te comprazes ainda na prática do mal, ouviste a prece que fizemos por ti; ela deve provar-te que desejamos fazer-te o bem, embora faças o mal.

És infeliz, porque é impossível ser feliz praticando o mal. Por que, pois, permanecer no sofrimento, quando depende de ti sair dele? Não vês os Bons Espíritos que te cercam, como são felizes, e não te seria agradável gozar também dessa felicidade? Dirás que isso é impossível, mas nada é impossível para aquele que o quer, porque Deus te deu, como a todas as criaturas, a liberdade de escolher entre o bem e o mal, o que vale dizer: entre a felicidade e a desgraça, e ninguém é condenado a fazer o mal. Se tens a vontade de o fazer, podes ter também a de fazer o bem e ser feliz. Eleva os teus olhos a Deus; eleva o teu pensamento a Ele, apenas por um instante, e um raio de sua divina luz virá esclarecer-te. Dize conosco estas simples palavras: *Meu Deus, eu me arrependo, perdoa-me!* Tenta arrepender-te e fazer o bem em lugar do mal, e verás que prontamente a sua misericórdia descerá sobre ti, e um bem-estar desconhecido virá substituir as agonias que sofres.

Quando tiveres dado um passo no caminho do bem, o resto será fácil. Compreenderás, então, quanto tempo perdeste da tua felicidade, por tua própria culpa. Mas um futuro radioso e cheio de esperança se abrirá diante de ti, fazendo-te esquecer o teu miserável passado, cheio de perturbações e de torturas morais, que seriam para ti um inferno, se tivessem de durar eternamente. Chegará o dia em que essas torturas serão tais, que a todo custo quererás fazê-las cessar: porém, quanto mais esperares para tomar uma decisão, mais difícil te será escapares a elas. Não creias que ficarás sempre nesse estado. Não, porque isso é impossível. Tens duas perspectivas pela frente: uma, é a de sofreres muitíssimo mais do que até agora; outra, a de seres feliz como os Bons Espíritos que estão ao teu redor. A primeira é inevitável, se persistires na tua obstinação; para a segunda, basta um simples esforço da tua vontade, que te afastará do mau caminho. Apressa-te, portanto, pois cada dia de atraso é um dia de felicidade que perdeste!

Bons Espíritos, fazei que estas palavras encontrem acesso nessa alma ainda atrasada, e possam ajudá-la a aproximar-se de Deus! Nós vo-lo pedimos em nome de Jesus Cristo, que teve tão grande poder sobre os Espíritos maus.

V. PRECES PELOS DOENTES E OS OBSEDADOS

Pelos Doentes

77. Prefácio – As doenças pertencem às provas e às vicissitudes da vida terrena. São inerentes à grosseria da nossa natureza material e à inferioridade do mundo que habitamos. As paixões e os excessos de toda espécie, por sua vez, criam em nossos organismos condições malsãs, frequentemente transmissíveis pela hereditariedade. Nos mundos mais avançados, física e moralmente, o organismo humano, mais depurado e menos material, não está sujeito às mesmas enfermidades que o nosso, e o corpo não é minado secretamente pela devastação das paixões. *(Cap. III, nº 9).* É necessário, pois, que nos resignemos a sofrer as consequências do meio em que nos situa a nossa inferioridade, até que nos façamos dignos de uma transferência. Isso não deve impedir-nos de lutar para melhorar a nossa situação atual. Mas, se apesar dos nossos esforços, não pudermos fazê-lo, o Espiritismo nos ensina a suportar com resignação os nossos males passageiros. Se Deus não quisesse que pudéssemos curar ou aliviar os sofrimentos corporais, em certos casos, não teria colocado meios curativos à nossa disposição. Sua solicitude previdente, a esse respeito, confirmada pelo instinto de conservação, mostra que o nosso dever é procurá-los e aplicá-los. Ao lado da medicação ordinária, elaborada pela ciência, o magnetismo nos deu a conhecer o poder da ação fluídica, e depois o Espiritismo veio revelar-nos outra espécie de força, através da mediunidade curadora e da influência da prece. *(Veja-se, a seguir, notícia sobre mediunidade curadora, nº 81).*

78. Prece *(Para o doente pronunciar)* – Senhor, vós sóis todo justiça, e se me enviastes a doença é porque a mereci, pois não fazeis sofrer sem motivo. Coloco a minha cura, portanto, sob a vossa infinita misericórdia. Se for de vosso agrado, restabelecer-me a saúde, darei graças a vós; se, pelo contrário, eu tiver de continuar sofrendo, da mesma forma darei graças. Submeto-me sem murmurar aos vossos decretos divinos, porque tudo o que fazeis só pode ter por fim, o bem das vossas criaturas. Fazei, oh! Meu Deus, que esta doença seja para mim uma benéfica advertência, levando-me a examinar-me a mim mesmo. Aceito-a como uma expiação do passado e como uma prova para a minha fé e a minha submissão à vossa santa vontade. *(Ver sobre a prece o nº 40).*

79. Prece *(Por um doente)* – Meu Deus, são impenetráveis os vossos desígnios, e na vossa sabedoria enviastes a *Fulano* uma enfermidade. Voltai para ele, eu vos suplico, um olhar de compaixão, e dignai-vos por um termo aos seus sofrimentos! Bons Espíritos, vós que sois os ministros do Todo-Poderoso, secundai, eu vos peço, o meu desejo de aliviá-lo. Dirigi o meu pensamento, a fim de que possa derramar-se sobre o seu corpo como um bálsamo salutar, e sobre a sua alma como uma consolação. Inspirai-lhe a paciência e a submissão à vontade de Deus; e dai-lhe a força de suportar as suas dores com resignação cristã, para não perder os resultados desta prova porque está passando. *(Ver sobre a prece, nº 57).*

80. Prece *(Para o médium curador)* – Meu Deus, se quiserdes vos servir de mim, apesar de tão indigno, poderei curar este sofrimento, desde que seja essa a vossa vontade, porque tenho fé no vosso poder. Sem vós, porém, nada posso. Permiti aos Bons Espíritos impregnar-me com o seu fluido salutar, a fim de que o possa transmitir a este doente, e afastai de mim qualquer pensamento de orgulho e de egoísmo, que lhes poderia alterar a pureza.

Pelos Obsedados

81. Prefácio – A obsessão é a ação persistente de um mau Espírito sobre uma pessoa. Apresenta características muito diversas, desde a simples influência de ordem moral, sem sinais exteriores perceptíveis, até a completa perturbação do organismo e das faculdades mentais. Oblitera todas as faculdades mediúnicas. Na mediunidade psicográfica, ou de escrever, revela-se pela obstinação de um Espírito em se manifestar exclusivamente, sem permitir que outros o façam. Os maus Espíritos pululam ao redor da Terra, em consequência da inferioridade moral dos seus habitantes. Sua ação malfazeja faz parte dos flagelos que a Humanidade suporta neste mundo. A obsessão, como as doenças, e como todas as atribulações da vida, deve ser considerada, pois, como uma prova ou uma expiação, e aceita nessa condição.

Assim como as doenças são o resultado das imperfeições físicas, que tornam o corpo acessível às influências perniciosas do exterior, a obsessão é sempre o resultado de uma imperfeição moral, que dá acesso a um mau Espírito. A uma causa física, opõe-se uma força física; a uma causa moral, é necessário opor uma força moral. Para preservar das doenças, fortifica-se o corpo; para garantir contra a obsessão, é necessário fortificar a alma. Disso resulta que o obsedado precisa trabalhar pela sua própria melhoria, o que na maioria das vezes é suficiente para o livrar do obsessor, sem socorrer-se de outras pessoas. Esse socorro se torna necessário quando a obsessão degenera em subjugação e em possessão, porque o paciente perde, por vezes, a sua vontade própria e o seu livre-arbítrio.

A obsessão é quase sempre a ação vingativa de um Espírito, e na maioria das vezes tem sua origem nas relações do obsedado com o obsessor, em existência anterior. *(Cap. X, nº 6; e XII, nº 5 e 6)*.

Nos casos de obsessão grave, o obsedado está como envolvido e impregnado por um fluido pernicioso, que neutraliza a ação dos fluidos salutares e os repele. É necessário livrá-lo desse fluido. Mas um mau fluido não pode ser repelido por outro da mesma espécie. Por uma ação semelhante a que o médium curador exerce nos casos de doença, é preciso expulsar o fluido mau com a ajuda de um fluido melhor, que produz, de certo modo, o efeito de um reagente. Essa é a que podemos chamar de ação mecânica, mas não é suficiente. Faz-se também necessário, e acima de tudo, *agir sobre o ser inteligente*, com o qual se deve falar com autoridade, sendo que essa autoridade só é dada pela superioridade moral. Quanto maior for esta, tanto maior será a autoridade.

E ainda não é tudo, pois para assegurar a libertação, é preciso convencer o Espírito perverso a renunciar aos seus maus intentos; despertar-lhe o arrependimento e o desejo do bem, através de instruções habilmente dirigidas, com a ajuda de evocações particulares, feitas no interesse da sua educação moral. Então, pode-se ter a dupla satisfação de libertar um encarnado e converter um espírito imperfeito.

A tarefa se torna mais fácil, quando o obsedado, compreendendo a sua situação, oferece o concurso da sua vontade e das suas preces. Dá-se o contrário quando, seduzido pelo Espírito embusteiro, ele se mantém iludido quanto às qualidades da entidade que o domina, e se compraz nas suas mistificações, porque então, em vez de ajudar, ele mesmo repele qualquer assistência. É o caso da fascinação, sempre infinitamente mais rebelde do que a mais violenta subjugação. *(Ver* O Livro dos Médiuns, *cap. XXIII).* Em todos os casos de obsessão, a prece é o mais poderoso auxiliar da ação contra o Espírito obsessor.

82. Prece *(Para o obsedado proferir)* – Meu Deus, permiti aos Bons Espíritos me livrarem do Espírito malfazejo que se ligou a mim. Se é uma vingança que ele pretende exercer, em consequência dos males que eu lhe teria feito outrora, vós o permitistes, meu Deus, e eu sofro por minha própria culpa. Possa o meu arrependimento me fazer merecedor do vosso perdão e da minha liberdade! Mas, seja qual for o motivo, suplico a vossa misericórdia para ele. Facilitai-lhe, Senhor, a senda do progresso, de que se desviou pelo pensamento de fazer o mal. Possa eu, de meu lado, retribuindo-lhe o mal com o bem, encaminhá-lo a melhores sentimentos.

Mas sei também oh! Meu Deus, que são as minhas imperfeições que me tornam acessíveis às influências dos Espíritos imperfeitos. Dai-me a luz necessária para as reconhecer; e afastai sobretudo o meu orgulho, que me torna cego para os meus defeitos. Como deve ser grande a minha indignidade, para que um ser malfazejo me possa dominar! Fazei, oh! Meu Deus, que este golpe desferido na minha vaidade me sirva de lição para o futuro; que ele me fortaleça na decisão de me depurar pela prática do bem, da caridade e da humildade, a fim de que possa opor, daqui por diante, uma barreira ao ataque das más influências. Senhor, dai-me a força de suportar esta prova com paciência e resignação! Compreendo que, como todas as demais provas, ela deve contribuir para o meu adiantamento, se eu não comprometer os seus resultados, com as minhas lamentações, pois ela me oferece uma oportunidade de demonstrar a minha submissão, e de praticar a caridade para com um irmão infeliz, perdoando-lhe o mal que me tenha feito. *(Caps. XII, nº 5 e 6; XXVIII, nº 15 e segs.; 46-47).*

83. Prece *(Pelo obsedado)* — Deus Todo-Poderoso, dai-me o poder de livrar *Fulano* do Espírito que o obseda. Se está nos vossos desígnios por um fim a esta prova, concedei-me a graça de falar a esse espírito com a necessária autoridade. Bons Espíritos que me assistem, e vós, Anjo-Guardião de *Fulano*, dai-me o vosso concurso; ajudai-me a libertá-lo do fluido impuro que o envolveu. Em nome de Deus Todo-Poderoso, conjuro o Espírito malfazejo que o atormenta a se afastar.

84. Prece *(Pelo Espírito obsessor)* — Deus, infinitamente bom, suplico a vossa misericórdia para o Espírito que obseda *Fulano!* Fazei que ele perceba as divinas claridades, a fim de que reconheça a falsidade do caminho que está seguindo. Bons Espíritos, ajudai-me a fazê-lo compreender que ele tem tudo a perder na prática do mal, e tudo a ganhar na prática do bem!

Espírito que vos comprazeis em atormentar *Fulano* ouvi-me, pois, que vos falo em nome de Deus! Se quiserdes refletir, compreendereis que o mal não pode levar ao bem, e que não podeis ser mais forte do que Deus e os Bons Espíritos, que poderão preservar *Fulano* de qualquer atentado de vossa parte. Se não o fizeram, foi porque ele tinha uma prova a sofrer. Mas quando essa prova terminar, eles vos impedirão de agir sobre ele. O mal que lhe tiverdes feito, em vez de prejudicá-lo, terá servido para o seu adiantamento, tornando-o mais feliz. Assim, a vossa maldade terá sido em vão, mas tornará fatalmente contra vós.

Deus, que é Todo-Poderoso, e os Espíritos Superiores, seus servidores, que são mais poderosos do que vós, poderão então por um fim a essa obsessão, quando quiserem, e a vossa tenacidade se quebrará contra essa autoridade suprema. Mas, por ser bom, quer Deus vos deixar o mérito de interrompê-la pela vossa própria vontade. É uma concessão que vos faz, e se não a aproveitardes, tereis de sofrer deploráveis consequências, pois grandes castigos e duros sofrimentos vos esperam. Sereis forçado a implorar a sua piedade e as preces da vossa vítima, que já vos perdoou e ora por vós, o que é um grande mérito aos olhos de Deus e apressará a sua libertação. Refleti, pois, enquanto é tempo, porque a justiça de Deus pesará sobre vós, como sobre todos os Espíritos rebeldes. Lembrai-vos de que o mal que fazeis neste momento terá forçosamente um fim, enquanto que, se persistirdes no vosso endurecimento, os vossos sofrimentos aumentarão sem cessar.

Quando estivestes na Terra, não consideráveis estúpido sacrificar um grande bem por uma pequena e breve satisfação? O que ganhais com o que estais fazendo? O triste prazer de atormentar alguém, que nem sequer vos impede de ser infeliz, por mais que afirmeis o contrário, e mais infeliz ainda vos fará no futuro!

Ao lado disso, vede o que perdeis: observai os Bons Espíritos que vos cercam e dizei se a sua sorte não é preferível à vossa. A felicidade que desfrutam será também vossa, quando o quiserdes. O que é necessário para tanto? Implorar a Deus o seu auxílio, e fazer o bem em vez de fazer o mal. Bem sei que não podeis transformar-vos de um momento para outro; mas Deus não quer o impossível; o que deseja é apenas a boa vontade. Tentai, portanto, e nós vos ajudaremos. Fazei que bem logo possamos dizer em vosso favor a prece pelos Espíritos em arrependimento, (nº 73), e não mais vos classificar entre os maus Espíritos, enquanto esperarmos o momento de vos contar entre os bons. *(Ver acima, o nº 75: Preces pelos Espíritos endurecidos).*

Observação – A cura das obsessões graves requer muita paciência, perseverança e devotamento. Exige também tato e habilidade, para a condução ao bem de Espíritos quase sempre muito perversos, endurecidos e astuciosos, pois que os há rebeldes até o último grau. Na maioria dos casos, devemos guiar-nos pelas circunstâncias. Mas, seja qual for a natureza do Espírito, o certo é que nada se obtém pelo constrangimento ou pela ameaça, pois toda a influência depende do ascendente moral. Outra verdade, igualmente verificada pela experiência, e que a lógica comprova, *é a completa ineficácia de exorcismos, fórmulas, palavras sacramentais, amuletos, talismãs, práticas exteriores ou quaisquer símbolos materiais.*

A obsessão demasiado prolongada pode ocasionar desordens patológicas, exigindo por vezes um tratamento simultâneo ou consecutivo, seja magnético ou médico, para o restabelecimento do organismo. A causa tendo sido afastada, ainda resta combater os efeitos. (Ver O Livro dos Médiuns, *cap. XXIII, sobre a obsessão*; e a Revista Espírita, *número de fevereiro de 1864 e número de abril de 1865: exemplos de curas de obsessão*).

FIM

NOTA EXPLICATIVA

"Hoje creem e sua fé é inabalável, porque assentada na evidência e na demonstração, e porque satisfaz à razão. [...]. Tal é a fé dos espíritas, e a prova de sua força é que se esforçam por se tornarem melhores, domarem suas inclinações más e porem em prática as máximas do Cristo, olhando todos os homens como irmãos, sem acepção de raças, de castas, nem de seitas, perdoando aos seus inimigos, retribuindo o mal com o bem, a exemplo do divino modelo." (KARDEC, Allan. Revista Espírita, janeiro de 1868.)"

A investigação rigorosamente racional e científica de fatos que revelavam a comunicação dos homens com os Espíritos, realizada por Allan Kardec, resultou na estruturação da Doutrina Espírita, sistematizada sob os aspectos científico, filosófico e religioso.

A partir de 1854 até seu falecimento, em 1869, seu trabalho foi constituído de cinco obras básicas: "O Livro dos Espíritos" (1857), "O Livro dos Médiuns" (1861), "O Evangelho segundo o Espiritismo" (1864), "O Céu e o Inferno" (1865), "A Gênese" (1868), além da obra "O Que é o Espiritismo" (1859), de uma série de opúsculos e 136 edições da "Revista Espírita" (de janeiro de 1858 a abril de 1869). Após sua morte, foi editado o livro "Obras Póstumas" (1890).

O estudo meticuloso e isento dessas obras permite-nos extrair conclusões básicas: a) todos os seres humanos são Espíritos imortais criados por Deus em igualdade de condições, sujeitos às mesmas leis naturais de progresso que levam todos, gradativamente, à perfeição; b) o progresso ocorre através de sucessivas experiências, em inúmeras reencarnações, vivenciando necessariamente todos os segmentos sociais, única forma de o Espírito acumular o aprendizado necessário ao seu desenvolvimento; c) no período entre as reencarnações o Espírito permanece no Mundo Espiritual, podendo comunicar-se com os homens; d) o progresso obedece às leis morais ensinadas e vivenciadas por Jesus, nosso guia e modelo, referência para todos os homens que desejam desenvolver-se de forma consciente e voluntária.

Em diversos pontos de sua obra, o Codificador se refere aos Espíritos encarnados em tribos incultas e selvagens, então existentes em algumas regiões do Planeta, e que, em contato com outros pólos de civilização, vinham sofrendo inúmeras transformações, muitas com evidente benefício para os seus membros, decorrentes do progresso geral ao qual estão sujeitas todas as etnias, independentemente da coloração de sua pele.

Na época de Allan Kardec, as ideias frenológicas de Gall, e as da fisiognomonia de Lavater, eram aceitas por eminentes homens de Ciência, assim como provocou enorme agitação nos meios de comunicação e junto à intelectualidade e à população em geral, a publicação, em 1859 – dois anos depois do lançamento de O Livro dos Espíritos – do livro sobre a Evolução das Espécies, de Charles Darwin, com as naturais incorreções e incompreensões que toda ciência nova apresenta. Ademais, a crença de que os traços da fisionomia revelam o caráter da pessoa é muito antiga, pretendendo-se haver aparentes relações entre o físico e o aspecto moral.

O Codificador não concordava com diversos aspectos apresentados por essas assim chamadas ciências. Desse modo, procurou avaliar as conclusões desses eminentes pesquisadores à luz da revelação dos Espíritos, trazendo ao debate o elemento espiritual como fator decisivo no equacionamento das questões da diversidade e desigualdade humanas.

Allan Kardec encontrou, nos princípios da Doutrina Espírita, explicações que apontam para leis sábias e supremas, razão pela qual afirmou que o Espiritismo permite "resolver os milhares de problemas históricos, arqueológicos, antropológicos, teológicos, psicológicos, morais, sociais, etc." (Revista Espírita, 1862). De fato, as leis universais do amor, da caridade, da imortalidade da alma, da reencarnação, da evolução constituem novos parâmetros para a compreensão do desenvolvimento dos grupos humanos, nas diversas regiões do Orbe.

Essa compreensão das Leis Divinas permite a Allan Kardec afirmar que:

"O corpo deriva do corpo, mas o Espírito não procede do Espírito. Entre os descendentes das raças apenas há consanguinidade." (O Livro dos Espíritos, *item 207*).

"[...] o Espiritismo, restituindo ao Espírito o seu verdadeiro papel na Criação, constatando a superioridade da inteligência sobre a matéria, faz com que desapareçam, naturalmente, todas as distinções estabelecidas entre os homens, conforme as vantagens corporais e mundanas, sobre as quais só o orgulho fundou as castas e os estúpidos preconceitos de cor." (Revista Espírita, *1861)*

"Os privilégios de raças têm sua origem na abstração que os homens geralmente fazem do princípio espiritual, para considerar apenas o ser material exterior. Da força ou da fraqueza constitucional de uns, de uma diferença de cor em outros, do nascimento na opulência ou na miséria, da filiação consanguínea nobre ou plebeia, concluíram por uma superioridade ou uma inferioridade natural. Foi sobre este dado que estabeleceram suas leis sociais e os privilégios de raças. Deste ponto de vista circunscrito, são consequentes consigo mesmos, porquanto, não considerando senão a vida material, certas classes parecem pertencer, e realmente pertencem, a raças diferentes. Mas se se tomar seu ponto de vista do ser espiritual, do ser essencial e progressivo, numa palavra, do Espírito, preexistente e sobrevivente a tudo, cujo corpo não passa de um invólucro temporário,

variando, como a roupa, de forma e de cor; se, além disso, do estudo dos seres espirituais ressalta a prova de que esses seres são de natureza e de origem idênticas, que seu destino é o mesmo, que todos partem do mesmo ponto e tendem para o mesmo objetivo; que a vida corporal não passa de um incidente, uma das fases da vida do Espírito, necessária ao seu adiantamento intelectual e moral; que em vista desse avanço o Espírito pode sucessivamente revestir envoltórios diversos, nascer em posições diferentes, chega-se à consequência capital da igualdade de natureza e, a partir daí, à igualdade dos direitos sociais de todas as criaturas humanas e à abolição dos privilégios de raças. Eis o que ensina o Espiritismo. Vós que negais a existência do Espírito para considerar apenas o homem corporal, a perpetuidade do ser inteligente para só encarar a vida presente, repudiais o único princípio sobre o qual é fundada, com razão, a igualdade de direitos que reclamais para vós mesmos e para os vossos semelhantes." (Revista Espírita, *1867.)*

"Com a reencarnação, desaparecem os preconceitos de raças e de castas, pois o mesmo Espírito pode tornar a nascer rico ou pobre, capitalista ou proletário, chefe ou subordinado, livre ou escravo, homem ou mulher. De todos os argumentos invocados contra a injustiça da servidão e da escravidão, contra a sujeição da mulher à lei do mais forte, nenhum há que prime, em lógica, ao fato material da reencarnação. Se, pois, a reencarnação funda numa lei da Natureza o princípio da fraternidade universal, também funda na mesma lei o da igualdade dos direitos sociais e, por conseguinte, o da liberdade. (A Gênese, cap. I, item 36. Vide também Revista Espírita, *1867).*

Na época, Allan Kardec sabia apenas o que vários autores contavam a respeito dos selvagens africanos, sempre reduzidos ao embrutecimento quase total, quando não escravizados impiedosamente.

É baseado nesses informes "científicos" da época que o Codificador repete, com outras palavras, o que os pesquisadores europeus descreviam quando de volta das viagens que faziam à África negra.

Todavia, é peremptório ao abordar a questão do preconceito racial:

"Nós trabalhamos para dar a fé aos que em nada creem; para espalhar uma crença que os torna melhores uns para os outros, que lhes ensina a perdoar aos inimigos, a se olharem como irmãos, sem distinção de raça, casta, seita, cor, opinião política ou religiosa; numa palavra, uma crença que faz nascer o verdadeiro sentimento de caridade, de fraternidade e deveres sociais." (KARDEC, Allan. Revista Espírita *de janeiro de 1863.)*

*"O homem de bem é bom, humano e benevolente para com todos, sem distinção de raças, nem de crenças, porque em todos os homens vê irmãos seus." (*O Evangelho segundo o Espiritismo, Cap. XVII, item 3.)

É importante compreender, também, que os textos publicados por Allan Kardec na Revista Espírita tinham por finalidade submeter à avaliação geral as comunicações recebidas dos Espíritos, bem como aferir a correspondência desses ensinos com teorias e sistemas de pensamento vigentes à época. Em Nota ao Capitulo XI, item 43, do livro A Gênese, o Codificador explica essa metodologia:

"Quando, na Revista Espírita *de janeiro de 1862, publicamos um artigo sobre a "interpretação da doutrina dos anjos decaídos", apresentamos essa teoria como simples hipótese, sem outra autoridade afora a de uma opinião pessoal controversível, porque nos faltavam então elementos bastantes para uma afirmação peremptória. Expusemo-la a título de ensaio, tendo em vista provocar o exame da questão, decidido, porém, a abandoná-la ou modificá-la, se fosse preciso. Presentemente, essa teoria já passou pela prova do controle universal. Não só foi bem aceita pela maioria dos espíritas, como a mais racional e a mais concorde com a soberana justiça de Deus, mas também foi confirmada pela generalidade das instruções que os Espíritos deram sobre o assunto. O mesmo se verificou com a que concerne à origem da raça adâmica." (*A Gênese, *Cap. XI, item 43, Nota)*

Por fim, urge reconhecer que o escopo principal da Doutrina Espírita reside no aperfeiçoamento moral do ser humano, motivo pelo qual as indagações e perquirições científicas e/ou filosóficas ocupam posição secundária, conquanto importantes, haja vista o seu caráter provisório decorrente do progresso e do aperfeiçoamento geral. Nesse sentido, é justa a advertência do Codificador:

> *"É verdade que esta e outras questões se afastam do ponto de vista moral, que é a meta essencial do Espiritismo. Eis porque seria um equívoco fazê-las objeto de preocupações constantes. Sabemos, aliás, no que respeita ao princípio das coisas, que os Espíritos, por não saberem tudo, só dizem o que sabem ou o que pensam saber. Mas como há pessoas que poderiam tirar da divergência desses sistemas uma indução contra a unidade do Espiritismo, precisamente porque são formulados pelos Espíritos, é útil poder comparar as razões pró e contra, no interesse da própria doutrina, e apoiar no assentimento da maioria o julgamento que se pode fazer do valor de certas comunicações."* (Revista Espírita, *1862.*)

Feitas essas considerações, é lícito concluir que na Doutrina Espírita vigora o mais absoluto respeito à diversidade humana, cabendo ao Espírita o dever de cooperar para o progresso da Humanidade, exercendo a caridade no seu sentido mais abrangente *("benevolência para com todos, indulgência para as imperfeições dos outros e perdão das ofensas"),* tal como a entendia Jesus, nosso Guia e Modelo, sem preconceitos de nenhuma espécie: de cor, etnia, sexo, crença ou condição econômica, social ou moral.

A Editora